2015年中國大陸地區投資環境與風險調查

兩岸平台 展商機

最新
TEEMA
報告出爐

BWE
商周編輯顧問

台灣區電機電子工業同業公會　著

台灣區電機電子工業同業公會
「2015中國大陸地區投資環境與風險調查」
執行委員會暨審查委員會成員

理　事　長◆郭台強

大陸經貿委員會
主　任　委　員◆胡惠森

研　究　顧　問◆許士軍

計　畫　主　持　人◆呂鴻德

執　行　委　員◆毛恩洸、王美花、史芳銘、江文若
　　　　　　　　吳明機、呂榮海、李永然、杜啟堯
　　　　　　　　林祖嘉、洪明洲、徐基生、徐鉦鑑
　　　　　　　　高　長、高孔廉、張致遠、張銘斌
　　　　　　　　張寶誠、許介立、連玉蘋、陳文義
　　　　　　　　陳向榮、陳信宏、陳德昇、傅偉祥
　　　　　　　　黃文榮、黃慶堂、楊珍妮、詹文男
　　　　　　　　廖桂隆、劉漢廷、蔡豐賜、鄭富雄
　　　　　　　　賴文平、謝清福、羅懷家、蘇孟宗
　　　　　　　　（依姓氏筆劃排序）

研　究　人　員◆吳穗泉、李宗韓、林玫馨、柯元筑
　　　　　　　　張培軒、陳弘揚、傅偉程、彭心怡
　　　　　　　　劉柏辰、蔡承勳、蔣政宏

研　究　助　理◆吳雅雯、林妤濃

預應經濟新常態・搭建兩岸新平台

2014年10月國際貨幣基金總裁拉加德（Lagarde）在美國喬治城大學演講時，提出「新平庸」（new mediocre）的概念，強調：「全球經濟復甦仍緩慢、尚脆弱、不均衡、存風險」，是年11月，中國大陸習近平主席於北京APEC會議致詞時揭示「新常態」（new normal）一語，並以「速度變化、結構優化、動力轉化」三維度闡述中國大陸未來經濟發展的路徑，即：增長速度從高速增長向中高速增長發展；產業結構從傳統模式向優化升級轉變；驅動模式從要素規模、投資驅動向創新驅動蛻變。

值此全球經濟「新平庸」，加之大陸增長「新常態」之際，大陸台商正面臨著「重複或顛覆」、「定格或破格」、「虧本或固本」、「寸進或躍進」的策略大抉擇，2015《TEEMA調查報告》針對進退維谷的台商，提出九大預應策略：預應大陸「調整產業結構」加速「轉型升級」步伐；預應大陸「生態文明建設」轉向「綠色智能」製造；預應大陸「工資倍增計劃」朝向「中國製造2025」布局；預應大陸「中等收入陷阱」探尋「持續成長」動力；預應大陸「一帶一路」新政尋覓「先占卡位」商機；預應「眾創空間思維」培育「創客孵化」模式；預應「互聯網+」政策落實「跨界整合」策略；預應大陸「自貿區與新區」掌握「政策優惠」效益；預應「紅色供應鏈崛起」構建「產業競合」平台，希冀引領台商企業「謀轉型、掌新機、突困境、邁成長」。

2015《TEEMA調查報告》基於兩岸資源共享、優勢互補原則，特提出「一帶一路」、「四大自貿區」、「中國製造2025」、「互聯網+」、「亞投行」、「眾創空間」、「兩岸青年創業園」、「兩岸產業生態系統」、「兩岸樂活」、「中華品牌復興」等兩岸十大合作平台，搭建活絡兩岸經貿互動、活化台商成長動能的橋樑。

2015《TEEMA調查報告》付梓之際，感謝全體執行委員審查意見及研究顧問許士軍教授、計畫主持人呂鴻德教授、公會同仁與研究團隊的密切合作，才有如此詳實、精確的調查報告作為台商企業布局中國大陸的參考指南，電電公會未來將秉持「從優秀到卓越的理念，堅持不到最後一刻，追求完美的心，永不止息的精神」，讓未來的《TEEMA調查報告》能夠得到各界認可與肯定。

台灣區電機電子工業同業公會理事長

雁行新模式·台商新契機

1935年日本學者赤松要（Akamatsu）提出「雁行理論」模式，論述著以日本為雁行之排頭，而台灣、南韓、香港、新加坡亞洲四小龍緊跟在後，而後為印尼、馬來西亞、菲律賓、泰國的亞洲四小虎，形成了亞洲經濟發展理論基礎。然近年來日本經濟長期衰退，而中國大陸正積極扮演亞洲經濟發展新引擎，企圖建構新雁行理論。

2014年11月，中國大陸習近平主席於北京APEC工商領導人峰會開幕時強調：「要以創新思維辦好亞投行和絲路基金，為一帶一路做好總體布局」，而2015中國大陸中央經濟工作會議亦明確指出「一帶一路」是未來中國大陸區域發展的首要戰略，是實現「中國夢」的重要戰略舉措，因此西方把一帶一路稱為「中國版馬歇爾戰略」。「一帶一路」名目上有四個目的：即去化中國大陸過剩產能；有效運用中國大陸過高的外匯存底；分散過度集中的市場與通路；解決產業過度集中沿海沿江，忽略沿邊的問題。然而，實際的企圖則定位為：中國大陸經貿外交模式的升級版；中國大陸新一輪經濟成長發動機；中國大陸繼鄧小平改革開放後的中國崛起2.0版；中國大陸經濟新常態的新突破口。

當前台商布局中國大陸正面臨前所未有的轉型升級壓力，具「中小企業結構、加工貿易型態、傳統製造思維、勞力密集導向」的「四合一型」台商，經營更陷困頓，在兩岸「海基海協兩會會談」、兩岸「搭橋計畫」推動下，兩岸產業正朝「優勢互補、資源共用」、兩岸企業亦邁「策略聯盟、互利雙贏」之路前行，「以合作取代競爭、以互補取代對抗、以雙贏取代零合」，將是兩岸產業發展的重要選項。台灣有「視野國際化、人才優質化、經營效率化、研發專業化」的優勢，而中國大陸有「策略前瞻力、高效執行力、品牌發展力、內需市場力」的強項。

2015年5月，中國大陸習近平主席在與國民黨朱立倫主席會面時表示：「有關亞投行、一帶一路及RCEP等區域經濟整合議題，中國大陸願意優先對台灣開放、並擴大對台灣開放力度，對台灣加入亞投行持歡迎態度」。一帶一路大商機已成形，而真正符合台灣優勢的四大產業：大健康產業：包括健康管理、健康照護、老人安養、連鎖醫院、健診中心、移動診療；大智能產業：包括通訊軟體、智能製造、物聯網；大消費產業：包括連鎖加盟、創意市集、跨境電商、跨境物流；大環保產業：包括綠色產業、新能源產業、節能產業，將是台商企業掌握一帶一路布局的新契機與新商機。

電電公會大陸經貿委員會主委　胡惠森

建構兩岸產業平台‧創造互利雙贏新局

隨著中國大陸最低工資持續上揚、勞動力緊缺加劇，以「降低成本、薄利多銷」為導向的台商，面臨轉型升級的極大壓力，亟需思維轉升、觀念變革；隨著中國大陸「紅色供應鏈」崛起與衝擊，「大眾創業、萬眾創新」的創新驅動，以「代工生產、出口貿易」為導向的台商，正處於斷鏈的危機，亟需進行價值鏈整合。隨著中國大陸政府對經濟「新常態」的定調，以「傳統製造、勞力密集」為導向的台商，正陷入營運模式不可持續的窘境，亟需跳脫傳統經營窠臼，以尋求基業長青經營之道。所謂「沒有成功的企業，只有時代的企業」；「沒有夕陽產業，只有夕陽思維」，台商必須與時俱進、常存鮮活思維，方能開創新局，再造輝煌。

「只要思想不滑坡，辦法總比困難多」，台商面對中國大陸政經環境變遷、營商氛圍丕變，如何秉持「理想、行動、堅持、超越」的策略企圖；如何研擬「轉型、升級、創新、顛覆」的策略布局；如何發揮「瞬捷力、即戰力、專注力」的核心競爭力，來謀逆轉勝、來迎難而上、來御風而升，值此台商面對進退維谷的十字路口之際，2015《TEEMA調查報告》遂以「兩岸共建十大合作平台」為年度主題，冀盼能為台商企業尋覓新的第二曲線、新的機會窗口、新的成長動力。

當今全球經貿情勢正處於「結盟區域化、貿易自由化、分工競合化」的趨勢下，兩岸國際布局；兩岸自由貿易；兩岸智能製造；兩岸資訊平台；兩岸金融平台；兩岸創客平台；兩岸人才平台；兩岸產業平台；兩岸樂活平台；兩岸品牌復興等十大平台建構，藉由「一帶一路」將兩岸產業搭橋成果延伸至新興市場；藉由工業智能化思維讓大陸「中國製造2025」和台灣「生產力4.0」產生整合綜效；藉由「十三五規劃」中即將積極推動的「中華品牌復興大戰略」，結合兩岸品牌優勢，將兩岸自創品牌推升至國際舞台。

感謝台灣區電機電子工業同業公會歷任理事長堅持「不忘初心，方得始終」的理念，持續十六載付梓《中國大陸地區投資環境與風險調查報告》，為台商逐鹿中原，提供時代性的指引、提供即時性的資訊、提供策略性的建言，該報告影響力斐然，本人表達支持與肯定，並特此為序，加以發揚光大。

立法院院長　王金平

聚焦經貿情勢變化　掌握區域市場商機

中國大陸為台商對外投資主要聚集地區之一，近年由於中國大陸經貿法規及投資環境變化，帶給台商諸多挑戰與機會。在總體經濟表現方面，中國大陸經濟成長於2014年趨緩，面對勞動成本上升及環衛公安日益重視，勞資關係和諧、生產安全管理、平衡環境保護與產業發展，均成為台商發展營運的新課題。

另一方面，觀察中國大陸近年經建計畫內容，其經濟政策的主軸已朝調整產業結構、強化市場機制、推動制度改革與國際接軌，以及發展新興產業等方向，而推動成果展現於中國大陸本土供應鏈逐步完善，在地供應效果亦逐漸顯現，對台灣出口已造成挑戰，同時隨著中國大陸與周邊國家經貿關係的提升，對台商而言也代表潛在的市場商機。

所幸，兩岸自2010年簽署ECFA架構協議之後，持續透過兩岸經濟合作委員會機制，推動海關、貨品貿易、服務貿易、投資、爭端解決、產業合作與中小企業等領域之合作，以排除兩岸商貿往來障礙，協助業者拓展中國大陸市場。此外，經濟部持續整合資源，透過「海外台商輔導計畫」與「台商聯合服務中心」等機制，除協助解決海外投資糾紛與回台投資障礙，更積極引導海外台商強化與台灣之產業鏈連結，以促進兩岸產業的合理分工布局。

基於內外在環境的快速變化，精準掌握中國大陸經濟與產業環境變化與正確解讀政策意涵，成為台商成功經營中國大陸市場的關鍵。台灣區電機電子工業同業公會長期關注中國大陸經貿情勢，每一年均針對中國大陸地區投資環境與風險提出調查報告，使業者預先瞭解中國大陸經濟發展現況、主要城市投資風險及競爭力評比，能建構更完善的投資策略布局，極具參考價值，期盼透過本報告與相關研究成果，協助業者掌握經貿情勢脈動，馳騁兩岸及全球市場。

經濟部部長　鄧振中

掌推進兩岸經貿合作　時拓國際參與發展

　　「繁榮台灣、和平兩岸、友善國際」是政府的施政目標，自從97年5月兩岸恢復制度化協商至今，海基會與海協會已簽署21項攸關兩岸民眾民生與福祉之協議，除增加台灣產業商機及提升台灣經濟競爭力之外，政府也同時推動各項健全管理制度的配套措施，建構兩岸交流秩序，以達保護民眾權益之目的。

　　近年來，大陸經濟成長減緩、土地成本大幅提升、工資普遍上漲、勞動力短缺、經濟結構、產業結構快速轉變，整個經濟環境進入調整期，中國大陸政府面對經濟的「新常態」研擬「十三五」經濟政策規劃，並推出「一帶一路」、「亞投行」、「自由貿易試驗區」、「京津冀一體化」、「中國製造2025」、「互聯網十」等重要經濟戰略措施，我方宜就其對台灣經濟及產業可能帶來機會及挑戰，加以深入研析，並提出因應策略。

　　大陸近期相關經貿措施，顯示其希望藉由持續開放投資環境，協助其內部產業轉型升級。政府為因應其產業結構轉型對我造成之衝擊，除推動兩岸服務貿易協議及貨品貿易協議儘快生效及簽署外，亦加強推動「自由經濟示範區」協助海內外台商升級轉型，採全球布局策略，以及積極和其他國家洽簽FTA或加強經貿合作關餘，以增進我經濟發展動能。

　　此外，加入區域經濟整合不僅有助台灣經濟和亞太乃至全球市場的連結，對深化兩岸經貿交流亦將產生共乘效益，政府在推動兩岸經濟合作的同時，也雙軌推進區域經濟整合，為台灣經濟發展與國際接軌創造有利條件。

　　台灣區電機電子工業同業公會長期關注全球及大陸經貿發展趨勢，持續進行「中國大陸地區投資環境與風險調查」分析精闢深入，相信本報告書將能提供台商在大陸投資經營重要參考資訊。台商朋友是推動台灣經濟發展的重要動能，我們也期望台商持續支持政府相關政策，並為促進兩岸關係以及台灣經貿投資國際化共同努力，再創台灣經濟發展新境界。

行政院大陸委員會主任委員　夏立言

期待在本項調查報告之上的策略決策

　　產業活動，基本上建立在市場與供給兩方面。以台灣而言，過去有相當長時間，我們所重視和努力的，主要在供給方面；有如日行千里的良駒，到底向何方奔馳以及行止疾徐，乃由下訂單者掌握，終年辛勞仍然是為人作嫁。然而，像這本由電電公會所主導的「中國大陸地區投資環境與風險調查報告」，十五年來所努力的，卻在於將注意力朝向市場面轉變。希望經由對大陸市場深入瞭解其結構與趨勢，以供我廠商能夠規劃本身努力方向與重點，由被動改變為主動地位。

　　但是在供給與需求二方面間之關係，並非自然而然的產生，有賴建構不同層次的機制予以結合。此種機制，在宏觀層次，屬於政府之產業與投資政策；在業界層次，有賴發展供應鏈或生態合作模式；在個別業者方面，又有本身在策略上之選擇，採行某種國際化或產品線經營模式。

　　在此必須指出者，有關這些層次之規劃與決策，在這一系列投資環境與風險調查報告中，也嘗試提出一些建議。但究竟如何作為，仍然有賴政府、產業與個別廠商，發展願景，訂定目標，權衡利害，選擇方案。本系列報告所努力者，即希望在這方面對決策者有所裨益，對於這些決策，報告本身是難以越俎代庖的。

　　由於世界情勢迅速變化，而大陸之快速崛起，無論在國內政經產業結構和能力，或是在國際地位與影響力方面，更是年年不同，都使得每年調查報告必須努力掌握當年情勢發展，隨局勢推移予以評析，發掘商機，使得政府、業界和廠商獲有這一部分之基本資訊，做為釐訂本身策略與經營模式之參考。

　　整體而言，對於大陸市場之經營，有兩類基本政策之選擇，一者，究應在政策之擬訂上，應置於哪一機構層次上為重心？政府？產業？或由個別業者？或是隨不同產業由不同層次主導？以因應大陸方面政經情勢之改變。其次，以近日人們所提出所謂「紅色供應鏈」現象，台商究應採取何種對策：競爭？轉移？分工？融合？應該也有不同做法。總而言之，因應兩岸情勢重大改變，我們必須提高思維層次，在策略上謀求生存發展之道，而非只靠降低成本、調整規模或爭取訂單這類戰術或短期對策所能奏效。

逢甲大學人言講座教授

一帶一路新布局・兩岸合作新模式

　　1877年德國旅行家、地理地質學家李希霍芬（Ferdinand von Richthofen）第一次使用絲綢之路（Silk Road）來形容中國西部往歐洲的貿易路線，隨著時代的變遷，絲綢之路成為古代中國與西方政經文化往來通道的統稱。2013年9月，中國大陸習近平主席於哈薩克斯坦納扎爾巴耶夫大學首次提出共同建設「絲綢之路經濟帶」的策略倡議，是年10月，其在印尼國會發表演講時提出：願與東協國家發展友好海洋合作夥伴關係，共同建設21世紀海上絲綢之路，「一帶一路」策略雛型於焉而生。

　　「一帶一路」沿線國家涵蓋68個、總里程數約8.1萬公里、44億人口約占全世界63%、經濟規模達21兆美元，占全球GDP的 29%，貿易總額高達2.5兆美元，占全球24%，未來十年內總投資規模達1.6兆美元，堪稱是21世紀最大的區域經濟整合。從一帶一路的布局，可窺見中國大陸整體國家策略的創新與顛覆：全球策略從「西半球思維」向「東半球思考」的轉變；外交策略從「硬圍堵」到「巧突圍」的轉念；國家定位從「東亞大國」向「亞洲中心大國」的轉型。

　　「一個人可以走得很快，但一群人可以走得很遠」，隨著中國大陸加強與中亞與東南亞國家的經貿合作，「一帶一路」已成為推動亞太互聯互通、區域整合、互利雙贏的重要基石，若台灣無法整合到「一帶一路」的產業鏈、供應鏈、需求鏈之中，台灣恐將面對政治邊緣化、經濟邊緣化、全球社會主流邊緣化的危機。2015年5月，蕭萬長前副總統於兩岸企業家峰會指出：「若要搶食中國大陸一帶一路龐大商機，台灣各界應以大帶小、成群結隊，才能夠建構堅強團隊把握此商機。」顯然企業單打獨鬥模式已過去，聯合艦隊的時代已形成，結合台灣優勢產業、優勢的國際視野、優勢的專業人才，進行全球產業鏈價值整合、兩岸產業優勢互補、一帶一路利益共享，如此才能夠為台灣開創新藍海及開拓新白地。

　　兩岸經貿互動思維，從「兩岸合，賺世界人的錢」到「兩岸合，贏天下」再到「兩岸合，利天下」，值此2015《TEEMA調查報告》為序之際，冀盼兩岸政府建立一帶一路對話機制，共同研析一帶一路對兩岸產業、企業發展契機與商機，並於兩岸企業家高峰會成立一帶一路商機小組，集兩岸之智慧，為兩岸找到新的成長第二曲線。

計畫主持人　呂鴻德

2015年中國大陸地區投資環境與風險調查
|目錄|

第 1 篇 | 電電調查報告 | 新冀望

第 2 篇 | 全球經貿推移 | 新局勢

第 3 篇 | 中國大陸經濟 | 新評析

CONTENTS

電電調查報告新冀望

第 1 章

2015 TEEMA 報告台商新寄語

自2000年起,台灣區電機電子工業同業公會(Taiwan Electrical and Electronic Manufacturers' Association;以下簡稱 TEEMA)對中國大陸地區展開長期的投資環境及風險調查,針對中國大陸台商主要投資城市之投資環境與投資風險進行系統性評估,以期透過「城市綜合實力」排行,提供台商布局中國大陸參考依據。隨著中國大陸逐漸步入「新常態」,不但積極對內「擴內需、調結構」和對外「減順差、促平衡」,亦積極透過「亞投行」、「一帶一路」提升其在全球政經地位和影響力。中國大陸「十三五規劃」時程逐漸逼近,習李體制政經思維和改革藍圖更趨明朗,預計將以「調整中國大陸產業結構調整、鼓勵群眾創業」為核心任務,並針對中國大陸社會和經濟議題持續推動改革。2015《TEEMA 調查報告》特揭諸五大核心價值主張,即:(1)從「小確幸」到「大格局」;(2)從「老心態」到「新常態」;(3)從「循重覆」到「創顛覆」;(4)從「守定格」到「思破格」;(5)從「追效率」到「圖效能」,提供台商做為參考。

主張一:從「小確幸」到「大格局」

日本知名作家村上春樹(2012)在《蘭格漢斯島的午後》作品曾提出「小確幸」一詞,認為生活中隨處存在「微小而確實的幸福」,原意是希望人們在緊湊繁忙的生活中,不應只看見負面的事物,而應掌握生活中仍有的幸福,即是類似「惜福」的概念,並認為「小確幸」並非是種「追求」,而是種「發現」。然而,隨著文化差異和媒體渲染,「小確幸」概念已逐漸被扭曲,被視為「不知進取」、「故步自封」、「自掃門前雪」等較為負面的意義,與現今競爭激烈的商業環境有所背離,倘若企業上下皆奉行被扭曲後的「小確幸」,則企業恐將被迫提前喪失未來在市場競爭的門票。

　　隨著中國大陸政策改革推動、新興企業崛起以及優惠補助取消，「天時、地利、人和」皆出現劇烈變遷，台商企業不能再安逸於過往成功的軌跡及現有的「小確幸」成就。誠如前台灣大學管理學院院長柯承恩（2004）所言：「格局是種看事情的視野與自我期許。」而創新工場董事長李開復（2015）亦表示：「格局即是別人只見樹，而你卻能見林；當別人著眼當前，你卻預見未來。」越是動盪的環境，企業越需要以更為全面的大格局來面對挑戰。因此，企業高層不應僅將視野放在「內部最適化」的追求成本限縮和鞏固既有市場，而是應積極蒐集資訊、掌握產業趨勢脈絡，以更宏觀、更全面的審視外部的機會和威脅，依自身條件制定相應作為，重新調整資源與人員配置，從企業長遠發展為考量，積極尋覓戰機和規劃布局，為企業全體員工展示明確的發展途徑。

主張二：從「老心態」到「新常態」

　　過去中國大陸依靠其境內發展基期低、生產要素低廉且容易取得、人口紅利等因素，以及國際環境的全球化、科技創新、體制和結構改革等因素，創造出中國大陸經濟三十年「結構性高速成長」的成績，眾多台商企業掌握機會順勢而為，不但創造輝煌戰果，亦積累大量資產、經驗和人才。然而，數量型擴張的經濟模式終有盡頭，隨著現今中國大陸面臨產業結構調整、人口紅利消逝、資源配置和要素供給效率下滑、生產成本提高、產業惡性競爭、產能供過於求等困境，經濟成長態勢不復往日。眾多有形和無形資源日益匱乏，導致傳統生產模式無法提高產品附加價值，企業不能再如同過往採取粗耕放牧式掠奪資源開發。

　　中國大陸國家主席習近平於 2014 年北京 APEC 會議表示：「中國大陸經濟將進入『新常態』，且『速度變化、結構優化、動力轉化』為其三大主要特徵，長期而言有助中國大陸經濟健康發展。」即是未來中國大陸經濟將呈現「高速成長過渡中高速成長」、「經濟結構不斷優化升級」和「要素規模驅動、投資驅動轉型創新驅動」，終使中國大陸經濟成長進入「趨穩」和「蓄勢」階段。然而，隨著中國大陸經濟從舊常態過渡到新常態，舊成長模式的退場將是波動性的，且新成長模式的推動亦是不平穩的，短期內恐為中國大陸各產業形成不同程度的衝擊，若台商企業仍依循過往的經營方針，恐將拉長轉型陣痛期和增加營運損失。因此，台商企業應考量現有經營領域規模，以及中國大陸未來「新常態」之商業環境特性，必要時良性割捨事業單位和資源以收攏戰線，並積極整頓旗下業態和資源活化，依照企業未來發展目標和中國大陸政策方向，採取精耕細作的模式進行資源投放，尋求形成適應中國大陸未來商業環境之企業競爭力。

主張三：從「循重覆」到「創顛覆」

微軟創辦人 Gates（2010）曾說：「成功是個糟糕的老師，其誘使聰明人認為自己不會失敗。」一語道出因過去三十年全球市場呈現穩定發展局面，使得部分企業安逸於過往成功經驗，並逐漸累積形成慣性思維，如今面對變化快速且劇烈的時代，企業過往成功的經驗和要素漸不再適用，企業核心優勢存續的時間亦面臨嚴苛考驗。此外，管理大師 Porter（2011）亦認為：「將同件事情做得比對手好，或許是勝出的關鍵之一，但這亦會使企業逐漸失去獨特性。」顯示身處成熟產業或市場的企業面臨高度同質化隱憂，不但使企業獲利因市場競爭而逐漸降低，若技術環境發生巨變時，企業亦容易因來自不同產業競爭者跨界的破壞式創新而遭到顛覆。

在中國大陸產業競爭環境瞬息萬變的今日，許多產業面臨核心競爭優勢因環境變動而遭削弱、顛覆的危機，而過去管理者賴以強化競爭優勢的架構和系統，亦逐漸成為企業僵化的沉重負擔。管理大師 Collins 於 2013 年出版《十倍勝，絕不單靠運氣》一書中提出：「企業應先射子彈（多方嘗試），再射砲彈（集中攻擊）。」呼籲企業應積極透過低成本、低風險和低干擾的創新實驗，經分析、篩選後，推動成功機率較大的創新項目。此外，策略思想家 Mcgrath 亦於 2013 年出版《動態競爭優勢時代》一書表示：「在短期優勢下，企業可透過流程改造，延續資產、人力、競爭力等短期競爭優勢，並不斷嘗試創新，使企業得以在優勢耗盡、機會消逝前形成下個競爭優勢，並迅速將舊有優勢良性割捨。」突顯出企業應思考如何充分利用「短暫的優勢」，在商機耗盡前就向下一個上升軌跡邁進。因此，台商企業應將創造力和紀律相融合，在延續現有優勢之同時，亦進行多方嘗試，從而尋求下一波成長第二曲線，甚至主動顛覆既有產業、產品或商業模式。

主張四：從「守定格」到「思破格」

過往商場上，企業的策略常以過往經驗為決策基礎，追求創造「穩定且持久的競爭優勢」，然而，隨著環境不斷劇烈且快速變遷，此一運作模式漸受考驗，根據《換軌策略》作者 Moore（2012）表示：「想在快速變遷的商業環境中建立持久競爭優勢，就如同建立馬奇諾防線，不但把企業自身困在一處，既難以變動，亦無法有效抵禦競爭者入侵。」顯示隨著商業環境快速變遷和變數增加，企業的競爭優勢維持時效將較過往短暫，面對此種困境，管理大師 Collins 認為：「卓越企業從不相信『卓越』，其只相信持續的改善與改變。」一語道出企業應積極主動依循內部和外部變化而進行調整，不能再固守舊有思維和模式。

中國大陸產業疆界長期涇渭分明，台商企業較側重與同業競爭者的競爭，

以及阻擋潛在競爭者進入，然而隨著產業疆界日益模糊，加之網際網路、行動網路產業蓬勃發展，中國大陸商業環境的空間概念與時間概念出現劇烈變動，平台競爭、生態系建構、虛實整合等新興商業模式和思維方興未艾，跨界競爭漸趨激烈，過去以同業競爭為主的營運模式受到嚴重衝擊。有鑑於此，台商企業應開始從過往的「產業競爭」思維走向新興的「競技場競爭」思維，將目光從業內的常態性競爭轉向跨產業間的動態性競爭，並持續關注中國大陸政府對於巨量數據和平台生態等議題的戰略定位、政策和計畫，思索未來產業機會點和成長點，且一面注意能夠破壞現有模式的潛在威脅者的出現，一面透過持續創新、補強型併購以及跨界策略聯盟，尋求跨出產業疆域的新戰機，進而形成點、線、面的戰略延伸，開創整體合作綜效價值，降低被顛覆和被取代的可能性。

主張五：從「追效率」到「圖效能」

十九世紀英國詩人 Arnold 曾說：「世界是由『力量』與『正確』兩者所主宰，凡事應等正確的事情上路後，再以力量去推動。」而近代管理學大師 Drucker 亦表示：「當效率與效能有所衝突時，做對的事情，比把事情做對更重要。」一語道出雖效率與效能皆為企業所追求，然若必須擇一而為之，當以效能為重。過去因產業壁壘分明、營運目標明確、商業環境穩定且有跡可循，因此許多廠商對於「效率」的追求遠高於對「效能」的探索，如今許多既有的產業疆界正逐漸解離、變遷，企業不應再一味追求效率，而因仔細審視外部環境威脅和機會，透過頻繁、小規模的嘗試，在變局中掌握機會，逐步確立戰略方針。

全球經濟發展於 1987 年至 2007 年進入穩定繁榮二十年的「大緩和」（The Great Moderation）時期，台商趁勢挾著優勢的管理經驗和生產技術，在廣袤的中國大陸上站穩步伐，致力強化戰術的執行力道，追求利潤極大化，透過不斷精進生產流程、投入產品開發、優化管理形成「規模經濟」，從而降低生產成本、提高生產良率、強化作業效率。然而，當國際經濟局勢不再穩定和繁榮，且中國大陸生產成本持續上升、部分產業產能過剩深陷價格戰、市場開拓進程趨緩，導致台灣製造業者毛利不斷下滑，逐漸陷入困局。有鑑於此，誠如小米科技創辦人雷軍所言：「不要用戰術的勤奮，掩蓋戰略的懶惰。」過去台商長期專注於戰術層面的「效率」，較為忽略戰略層面的「效能」，常以防禦性的反射動作被動應對外來變動和挑戰，而非主動積極規畫下一步策略，如今隨著中國大陸競爭越趨激烈、國際經濟局勢仍撲朔迷離，穩定且有跡可循的商業環境已不復存，台商企業應暫時把營運重心從戰術執行層面轉回戰略經營層面，積極建構產業平台以及布局生態體系，以利應對往後艱困、多變的競爭環境。

第 2 章

台商順勢中國大陸全球影響力

中國大陸在習李新政下，大刀闊斧接連改革，更挾著計畫性建設、龐大內需、全球標的投資、具價格競爭力的出口，扮演影響世界經濟的重要核心。2015 年 4 月 17 日，國際貨幣基金（International Monetary Fund；IMF）總裁 Christine Lagarde 表示：「雖然國際貨幣基金（IMF）預計 2015 年中國大陸經濟增速略有減緩，但 2015 年全球 70% 的經濟增長仍然來自於新興市場和發展中國家，其中該國經濟仍毫無疑問地影響著世界經濟的走勢。」Lagarde 一席話明確點出中國大陸在國際角色重要性。

一、世界新格局下中國大陸典範移轉

2015 年 3 月 28 日中國大陸國家主席習近平，在出席博鰲論壇開幕演講中表示：「各國必須邁向命運共同體，必須堅持相互尊重、平等相待。各國體量有大小、國力有強弱、發展有先後，但都是國際社會平等的一員，都有平等參與地區和國際事務的權利。」命運共同體的構建，以及拉攏開發中國家的言論，反映中國大陸對西方傳統強國所領導霸權體系的挑戰。茲將習近平時代中國大陸新影響力論述如後：

1. 典範移轉一【從東亞霸主到亞洲共主】：自 18 世紀工業革命以降，全球政經情勢以美國等西方列強為主，直至 2008 年金融海嘯時期，中國大陸挾著四兆人民幣振興經濟方案與擴大內需政策，成為全球經濟復甦領頭羊，全球經濟態勢亦由「西潮」到「東望」，中國大陸成為東亞新霸主格局基本成型。在經濟上穩步成長的中國大陸，在東邊海上卻被美國以太平洋島鏈策略精巧的圍堵，因此，中國大陸便以「一帶一路」做為對外戰略，由東面轉向西面與南面突破。2015 年 4 月 20 日，俄羅斯《獨立報》（The Independent）就指出：「中國大陸與巴基斯坦共同合作，打造自新疆喀什至瓜德爾港的中巴經濟走廊，將削弱美

國與印度做為南亞地區主要玩家的地位，並使中國大陸成為亞洲中心。」「一帶一路」戰略的確認，打破自清末自強運動到鄧小平改革開放，主要基本架構和思維均為「模仿西方」的路數，現今中國大陸已大步跨出，打算藉由「一帶一路」與「亞投行（AIIB）」將影響力輻射至整個亞洲甚至歐洲，積極成為影響他國的亞洲共主，達至「不畏浮雲遮望眼，只緣身在最高層」氣勢。

2. 典範移轉二【從遊戲遵循者到遊戲制訂者】：1945 年世界大戰結束後，為幫助第二次世界大戰中被破壞國家的重建，成立的世界銀行（World Bank；WB），以及同年 12 月 27 日為監察貨幣匯率和各國貿易情況、提供技術和資金協助，確保全球金融制度運作正常所成立的國際貨幣基金（IMF），與戰後成為全球政經霸權美國所代表的美元，共同主宰全球金融秩序七十年，做為後續加入的中國大陸，只能遵守遊戲規則，並試圖融入國際社會與既定以西方為中心的運作模式。然做為「一帶一路」亞洲大戰略計畫融資與統合投資的亞洲基礎設施投資銀行（Asian Infrastructure Investment Bank；AIIB），已有 57 個國家正式成為其創始成員國，使中國大陸將從遵循國際遊戲規則者，搖身一變成為訂定遊戲規則的制定者，2015 年 4 月 29 日，《天下雜誌》刊登〈一帶一路商機與威脅〉文章中提出：「世界銀行（WB）、國際貨幣基金（IMF）和強勢美元，就是美國創立一個新國際經濟與金融秩序的工具與平台。而今中國大陸就是仿效美國的『世界銀行（WB）＋國際貨幣基金（IMF）＋美元』模式，打造自己的『亞投行（AIIB）＋絲路基金＋人民幣』模式，再加一個『一帶一路』戰略，建立中國大陸主導亞洲經濟與金融新秩序。」在「一帶一路」光的照亮下，中國大陸「影」也逐步擴散至歐亞板塊，中國大陸成為遊戲主導者態勢將越趨明顯。

3. 典範移轉三【從資源爭取者到資源整合者】：1978 年中國大陸改革開放後，為有效吸引外資投入資本，因此開啟一連串的優惠措施，1982-1991 年中國大陸以「築巢引鳳」策略，運用低廉勞動成本與天然資源，吸引勞力密集與加工出口產業；1992-2001 年中國大陸為平衡區域發展，開啟「西部大開發」，內需市場在此時期開始逐步爆發；2002-2011 年在面臨全球金融風暴與歐債危機衝擊下，中國大陸開始進行產業結構調整，希望藉由「轉型升級」，將經濟轉以技術密集產業，將追求規模成長轉型為價值創新的經營模式。至此段時間軸前，中國大陸在產業經濟上較偏向被動角色，目的是希望藉由政策優惠以及適當補助獲得投資，但在 2012 年習近平就任中國大陸國家主席一職後，確立中國大陸須深化改革開放一途，其於 2015 年 4 月 15 日確立亞投行（AIIB）初步規劃，希望藉由亞投行（AIIB）進行「一帶一路」區域內的投資整合。根據《今週刊》（2015）

刊登〈亞投行背後的中國權謀大戲〉一文寫到：「『一帶一路』涉及投資金額約 8,900 億美元，中國大陸主導亞投行（AIIB），邀集全球其他國家，將籌資一千億美元的資金額，並由中國大陸出資五百億美元，透過發債投資一帶一路經濟圈的鐵路、公路及港口等建設。」從價值 460 億美元從中國大陸新疆喀什到巴基斯坦瓜德爾港的「中巴經濟走廊」，到哈薩克在鋼鐵、水泥、平板玻璃、化工、機械、輕紡等產業領域進行深度對接，投資總額超過 230 億美元等，皆可看到中國大陸為布局「一帶一路」所做的計畫整合投資。中國大陸角色已由過去的「受」轉變為現在的「施」，更印證古云「施比受更有福」的道理。

4. 典範移轉四【從國家經濟貨幣到全球戰略貨幣】：1944 年 7 月西方主要國家，在美國新罕布夏州布列敦森林就貨幣兌換、國際收支調節、外匯儲備構成達成布列敦森林協定（Bretton Woods system），確立美元與黃金掛鉤，成員國貨幣和美元掛鉤規則，美國自此在全球經濟話語權中傲視群倫。但在經歷 2008 年金融海嘯後，美國經濟實力備受打擊，1999 年諾貝爾經濟學獎得主、歐元之父 Mundell（2003）曾表述：「一國貨幣能否成為世界貨幣，最終起決定作用的是該國的綜合經濟實力，關鍵貨幣是由最強大的經濟體提供。」2001 年諾貝爾經濟學獎得主 Stiglitz（2009）則認為：「美元做為價值儲存的角色大有問題，當今的儲備體系正在消耗殆盡，美元幾乎不能提供任何報酬，且具有高風險。」在時勢造英雄態勢下，中國大陸順勢崛起，2009 年 3 月中國大陸人民銀行行長周小川發表《關於改革國際貨幣體系的思考》一文，該文希望國際貨幣基金（IMF）成員國重新思考人民幣是否納入其特別提款權（Special Drawing Right；SDR），成為繼美元、歐元、英鎊及日圓後的計價標準籃（standard basket）成員，近期更隨著亞投行（AIIB）成形，其將以發行人民幣債券籌集資金，來投資「一帶一路」地區基礎設施，組織成員國更有機會成為人民幣離岸中心，提升人民幣在全球貨幣體系重要性，這也呼應歐元之父 Mundell 在 2013 年 5 月 27 日上海論壇演講中論點：「中國大陸新的領導上台後，希望進一步提高人民幣的幣種通兌性，更有可能進一步把人民幣打造成一個國際化貨幣，與美元和歐元在國際匯兌系統中扮演更重要角色。」預計在 2015 年年底正式成立的亞投行（AIIB）在中國大陸引導投資下，人民幣成為全球戰略貨幣概念將逐步成形。

二、知名研究機構、學者專家論中國世紀來臨

二次世界大戰後，美國挾著優越的經濟實力與強大的軍事武力，搭配一系列的國際組織鞏固權力，美國成為世界霸主為不爭論調，時至近代，中國大陸經

濟崛起，實力已不可同日而語，但機會與挑戰常伴隨於側，就像是名著《雙城記》（A Tale of Two Cities）作者 Dickens 文章寫到：「那是最好的時代，也是最壞的時代；我們的前途擁有一切，我們的前途一無所有。」中國大陸同樣面臨此一狀況，「一帶一路」的大發展將成為中國大陸再次成長主基調，但文化、種族、習性不同國家的協調更為挑戰，中國大陸是否能克服問題塑造中國大陸世紀成為全球中流砥柱，亦或僅為曇花一現落為南柯一夢，以下茲就「中國世紀是否來臨」做正反面論證描述：

1. 正面論述：

❶**諾貝爾經濟學獎得主、哥倫比亞大學教授 Stiglitz**：2007 年 1 月 11 日，在《時代週刊》（Time）中發表一篇標題為〈中國大陸：一個新王朝的開端〉（China：Dawn of A New Dynasty）文章，其內容寫到：「中國大陸和平崛起已是既定事實，21 世紀註定是中國大陸的世紀。更直指美國應拋開成見，更積極且主動地與中國大陸合作，這樣才利於其自身與全球經濟發展。」其更在 2015 年 1 月出刊的《名利場》（Vanity Fair）發表題為《中國世紀》（The Chinese Century）的文章中表述：「2014 年是美國做為世界最大經濟大國的最後一年。進入 2015 年，中國大陸將會占領那頂尖位置，即使不是永遠，亦會停留一段很長的時間，中國大陸又回到大部分的人類歷史中曾擁有的地位。」

❷**德國著名經濟學家、法蘭克福大學經濟理論史終身教授 Schefold**：2015 年 3 月 5 日表示：「中國大陸經濟規模超越美國是難以逆轉的趨勢，但中美在居民富裕程度上的差距依然巨大，而這也是中國大陸經濟繼續發展的潛力和空間所在。」

❸**倫敦政治經濟學院亞洲研究中心研究員 Jacques**：2010 年 4 月 2 日，Jacques 出版《當中國統治世界》（When China Rules the World：The Rise of the Middle Kingdom and the End of the Western World）一書，其中便寫道：「中國大陸不但是下一個經濟領域的超級大國，而且由它建構出來的世界秩序，將與在美國領導下所擁有的秩序大相逕庭。」其於 2015 年 3 月 5 日更認為：「以購買力平價來看中國大陸已成為全球最大經濟體，儘管增長速度有所放緩，但仍是美國經濟增長速度的三至四倍，中國大陸目前將可能成為世界最重要的經濟體。」

❹**日本三極經濟研究所董事長齊藤進**：2015 年 1 月 2 日於日本《世界經濟論壇》雙月刊中發表一篇題為〈世界經濟的結構性變化〉一文寫到：「從進出口規模看，2006 年時中國大陸就在出口額方面已超越美國。進口亦在迅速成長，不久將可能就會追上美國，無論是進口還是出口，中國大陸都已是能夠凌駕美國之上的貿易大國，經濟持續成長下，世界經濟平衡將進行反轉，中國大陸將回到

工業革命前世界霸主地位。」

❺**新加坡國立大學東亞研究所所長鄭永年**：2015 年 3 月 3 日表示：「關於中國世紀討論，從上世紀 80 年代開始就一直有，因為中國大陸正在崛起之中，即使現在中國經濟高增長時代已過去，但比起其他國家，增長幅度還是很高。中國大陸影響力越來越大，確實可説是『中國世紀』的到來。」

2. 反面論述：

❶**美國彼得森國際經濟研究所所長 Posen**：2015 年 3 月 7 日表示：「無論從中國大陸的人均收入，還是從美國投射力量的能力考慮，『中國世紀』完全是錯誤理解，美國依然擁有比中國大陸高的人均 GDP 和中國大陸所沒有的高端技術與可用資金，中國大陸要想在經濟、軍事、軟實力等方面趕超美國還有很長的一段路要走。」

❷**倫敦國際戰略研究所地緣經濟與戰略中心主任 Baru**：2015 年 3 月 2 日認為：「21 世紀將是『亞洲世紀』，而不是『中國世紀』。在 21 世紀，全球經濟的軌跡將圍繞印度洋、太平洋地區為中心。中國大陸將會是起主導作用的全球力量，但美國和其他許多國家，例如俄羅斯、日本、德國、印度和巴西等，也將成為重要的全球力量。中國大陸如果能夠與日本、印度、越南、韓國、印尼等國家一起確保實現和平，那麼 21 世紀將是屬於亞洲的。」

❸**日本東京大學教授、著名中國問題專家高原明生**：2015 年 3 月 3 日，認為中國大陸 GDP 超越美國是早晚的事情，國際社會對此早有心理準備；但僅以此就將 21 世紀命名為中國大陸世紀，既不準確，亦無必要。其認為，中國大陸經濟在獲得巨大的階段性成果之後，還會出現很多困難，其中既有尚未解決的老問題，也有陸續出現的新問題。因此，目前中國大陸必須思考如何實現長期穩定發展，並克服一些深層次矛盾。

❹**中國大陸人民大陸教授金燦榮**：2015 年 1 月 26 日接受《環球時代》（Global Times）時表示：「現在的中國大陸不過是 1872 年的美國，當年美國 GDP 按購買力平價第一次超過英國，而進入『美國世紀』要到第一次世界大戰後，因此，『中國世紀』元年尚未到來。」

❺**清華大學當代國際關係研究院院長閻學通**：2015 年 3 月 6 日表示：「『中國世紀』一詞，沿襲歷史上的 19 世紀『英國世紀』、和 20 世紀『美國世紀』説法，此説法是以這兩個國家曾經在一極格局中處於主導地位而言。雖不能排除中國大陸在未來 85 年裡有成為一極格局主導國的可能性，但以經濟實力為標準將 2015 年説成是『中國世紀元年』是不科學的。」

2

全球經貿推移新局勢

第 3 章
2015 全球經濟發展情勢新展望

2014 年告別受金融危機影響的經濟低迷情勢，全球經濟成長率呈現溫和復甦；而 2015 年的到來，由於石油價格走低，各研究機構如世界銀行（World Bank；WB）、聯合國（United Nations；UN）紛紛調降對 2015 年的全球經濟成長率預測。2015 年 3 月 19 日，根據德勤會計師事務所（Deloitte & Touche）發布《2015 年 Q1 全球經濟展望》（Global Economic Outlook Q1 2015）指出：「國際油價持續下跌，推升非產油國的消費力道，但弱化產油國的經濟成長，這將會影響國際情勢。」此外，美國 QE 政策終結，間接影響全球整體局勢，儘管全球經濟略有成長，但各國更注意國際趨勢以因應當前挑戰。

一、全球經濟成長率預測

　　2014 年全球經濟相當低迷，而在 2015 年的一開始，各方機構認為經濟仍無法擺脫陰霾，將遭遇諸多阻礙。根據經濟學人雜誌（The Economist）於 2014 年 12 月 20 日發表《過去與未來的緊張情勢》（Past and future tense）指出：「2015 年的全球經濟情況跟 20 世紀末期其實很類似，但因 2008 年發生的金融風暴，導致我們忘記可以借鏡當時的經驗。」此外，其更指出全球經濟將面臨三個不安因素，分別為：（1）美國經濟成長幅度遠高於其他國家，但只有一隻馬的馬車是拉不動龐大的世界經濟；（2）德國、日本等經濟強國經濟情況低迷，亦拖垮世界的經濟；（3）新興市場多仰賴天然資源，而一些依賴石油出口的國家亦嚴重受到油價下跌的連鎖效應。此外，2015 年 1 月 13 日，根據世界銀行（WB）首席經濟學家 Basu 表示：「現今全球經濟規模遠比以往大很多，而身為全球經濟指標的美國就像一個超過負荷的火車頭，拉不動後面的車廂，這對全世界前景並非好現象。」綜上所論，各國應參考過去經驗共擬對策以面對當前經濟

挑戰，否則 2015 年的全球經濟，依舊是一條崎嶇之路。茲將各研究機構對 2015 年全球經濟成長率預測彙整如下：

表 3-1 研究機構對 2015 年全球經濟成長率預測

國際組織機構			論述
研究機構	國際貨幣基金 （IMF）		發布《世界經濟展望》（World Economic Outlook）指出：「全球經濟呈現不均衡復甦，先進經濟體成長強勁，但新興市場及發展中經濟體成長緩慢，2016 年全球經濟增速預計提高至 3.8%。」
前次預測	2015/04/07	3.5%	
最新預測	2015/07/09	3.3%	
研究機構	世界銀行 （WB）		發布《全球經濟展望》（Global Economic Prospects）指出：「開發中國家在 2014 年經歷低迷的一年後，由於油價下跌、美國將展開生息政策及全球利率走低等因素，2015 年再度面臨挑戰。」
前次預測	2015/01/13	3.0%	
最新預測	2015/06/10	2.8%	
研究機構	經濟合作暨發展組織 （OECD）		發布《經濟展望》（OECD Economic Outlook）指出：「2014 年中期各國已開始調整匯率，而此引發的連鎖價格效應將會在 2015 年影響歐洲、日本及新興經濟體。」
前次預測	2014/11/25	3.7%	
最新預測	2015/06/19	3.1%	
研究機構	聯合國 （UN）		發布《世界經濟形勢與展望》（World Economic Situation and Prospects）指出：「因全球金融危機遺留問題、地緣政治衝突及伊波拉病毒等因素影響，2014 年經濟成長緩慢且不均衡，但 2015 年有所改善。」
前次預測	2015/01/19	3.1%	
最新預測	2015/05/19	2.8%	
證券金融機構			論述
研究機構	高盛集團 （Goldman Sachs）		發布《全球經濟週評》（Global Economics Weekly）指出：「中國大陸 2015 年初金融狀況緊張，因此新興市場經濟成長率開局疲軟，但未來幾個月將維持穩定成長。」
前次預測	2015/05/23	3.3%	
最新預測	2015/06/24	3.3%	
研究機構	花旗銀行 （Citi Bank）		發布《市場展望》（Market Outlook）指出：「由於中國大陸經濟放緩、希臘仍未脫離危機及美國即將啟動升息等因素，預計全球經濟成長有下降的趨勢。」
前次預測	2015/05/08	2.7%	
最新預測	2015/06/26	2.6%	
研究機構	德意志銀行 （Deutsche Bank）		發布《世界展望》（World Outlook）指出：「美元升值將影響到歐洲國家與日本等國家間的匯率波動；反觀，伴隨著能源價格走低及貨幣不易受到美元的影響，新興國家將因此受惠。」
前次預測	2015/06/01	3.3%	
最新預測	2015/06/29	3.2%	

表 3-1　研究機構對 2015 年全球經濟成長率預測（續）

證券金融機構			論述
研究機構	摩根士丹利（Morgan Stanley）		發布《全球宏觀經濟分析》（The Global Macro Analyst）指出：「2014 年出現一個警訊，沒有單一經濟體是會完全影響全球經濟的，儘管聯準會（Fed）發布升息的政策，全球經濟比想像中還要穩健成長。」
前次預測	2015/05/06	3.4%	
最新預測	2015/06/03	3.4%	
研究機構	瑞士信貸集團（Credit Suisse）		發布《核心觀點》（Core Views）指出：「全球各國政策分歧為 2015 年的核心主題，美國勞動市場持續緊縮，意味著其可能會在九月開始實施升息政策。」
前次預測	2015/04/07	2.8%	
最新預測	2015/06/10	2.5%	
智庫研究機構			論述
研究機構	環球透視（IHS Global Insight）		發布《世界經濟預測》（World Economic Forecast）指出：「2015 年全球經濟表現不如預期，但美國及日本經濟仍可望持續復甦；反之，新興國家成長力道仍舊不足，巴西、俄羅斯等國經濟更呈現負成長。」
前次預測	2015/05/15	2.7%	
最新預測	2015/06/15	2.6%	
信用評等機構			論述
研究機構	經濟學人智庫（EIU）		發布《全球經濟展望》（EIU Global Outlook Report）指出：「2015 年將下調中國大陸經濟成長率至 7%，而德國政在收購債券以刺激消費，因此上調歐元區之經濟成長率預測值。」
前次預測	2015/06/17	3.3%	
最新預測	2015/07/15	3.3%	
研究機構	惠譽國際信評機構（Fitch Ratings）		發布《全球經濟展望》（Global Economic Outlook）指出：「美國在第一季出現走軟的態勢，但透過改善基本面及提振消費信心，未來將持續看好，並以此帶動全球經濟的發展。」
前次預測	2015/03/17	2.7%	
最新預測	2015/07/02	2.4%	

資料來源：各研究機構、本研究整理

表 3-2　2015 年全球主要經濟體經濟成長率預測

發布預測機構		主要經濟體	前次預測	2015/07	
				2015 預測	**2016 預測**
聯合國 （UN）		歐　　盟	1.7%	1.9%	2.1%
		歐　元　區	1.3%	1.6%	1.9%
		拉丁美洲及 加勒比海地區	2.4%	0.5%	1.7%
		開發中國家	4.8%	4.4%	4.8%
		轉型經濟體	1.1%	-2.0%	0.9%
		已開發國家	2.1%	2.2%	2.2%
世界銀行 （WB）		開發中國家	4.8%	4.4%	5.2%
國際貨幣基金 （IMF）		已開發國家	2.4%	2.1%	2.4%
		新興經濟體及 開發中國家	4.3%	4.2%	4.7%
		歐　元　區	1.5%	1.5%	1.7%
		東協五國	5.2%	4.7%	5.1%
經濟合作暨發展組織 （OECD）		歐　元　區	1.4%	1.4%	2.1%
歐盟委員會 （EC）		歐　元　區	1.3%	1.5%	1.9%
		歐　　盟	1.7%	1.8%	2.1%
高盛集團 （Goldman Sachs）		已開發國家	2.0%	2.0%	2.4%
		歐　元　區	1.8%	1.8%	2.2%
		金磚四國	5.4%	5.4%	6.1%
		新興國家	4.7%	4.6%	5.5%
摩根士丹利 （Morgan Stanley）		新興國家	4.4%	4.4%	5.1%
		歐　元　區	1.4%	1.4%	2.2%
亞洲開發銀行 （ADB）		亞洲 開發中國家	6.3%	6.3%	6.3%
花旗銀行 （Citi Bank）		歐　元　區	1.5%	1.5%	2.1%
		新興國家	3.8%	3.7%	4.7%
經濟學人智庫 （EIU）		歐　元　區	1.5%	1.5%	1.6%
		西　　歐	1.6%	1.6%	1.8%
		中東北非	2.8%	2.5%	3.6%
		拉丁美洲	0.9%	0.7%	1.9%

表 3-2　2015 年全球主要經濟體經濟成長率預測（續）

發布預測機構		主要經濟體	前次預測	2015/07	
				2015 預測	2016 預測
GLOBAL INSIGHT	環球透視（GI）	新興經濟體及開發中國家	3.8%	3.9%	-

資料來源：各研究機構、本研究整理

註：【1】東亞新興經濟體：亞洲開發銀行定義的東亞新興經濟體包括汶萊、柬埔寨、中國大陸、香港、印尼、寮國、馬來西亞、緬甸、菲律賓、新加坡、韓國、台灣、泰國和越南，共 14 個經濟體。

　　【2】亞太新興地區：包含亞太地區 45 個經濟體。

　　【3】轉型經濟體：根據聯合國定義轉型經濟體為阿爾巴尼亞、波士尼亞與赫塞哥維納、蒙特內哥羅共和國、塞爾維亞、馬其頓前南斯拉夫馬其頓共和國、亞美尼亞、亞塞拜然、白俄羅斯、喬治亞、哈薩克、吉爾吉斯、摩爾多瓦、俄羅斯、塔吉克、土庫曼、烏克蘭、烏茲別克等 17 個經濟體。

二、全球經濟七大發展趨勢

　　2015 年經濟局勢趨於溫和，受美國及英國等主要經濟體的推動，全球經濟成長有望增速；此外，油價持續走低，中國大陸、俄羅斯及印度等新興國家成本減少，有助於刺激企業投資；延續上述各機構預測 2015 年經濟成長率，茲歸納 2015 年全球經貿變遷七大趨勢如下：

趨勢一：全球走向「新平庸」時代

　　在全球金融危機過後，經濟雖然有所復甦，但整體成長緩慢，展望 2015 年全球 甦力道趨緩，國際經濟開始進入長期經濟成長低於平均的「新平庸」階段。2014 年 10 月 2 日，國際貨幣基金（IMF）總裁 Lagarde 首度提出：「面對全球經濟復甦力道緩慢且不均，國際經濟已進入新平庸階段。」此外，總統府資政陳冲於 2014 年 12 月 19 日亦指出：「全球經濟成長呈現不均的態勢，低成長、低通膨、低投資、低利率的新平庸經濟將會崛起」，顯示全球經濟發展不均，各國勢必透過適當的財政政策來刺激投資需求，並進行結構性調整，來挽救全球低迷的經濟情勢，讓「新平庸」的經濟趨勢能有所改善。

趨勢二：油價驟降牽動全球經濟

　　全球石油價格持續下滑，各大石油重要輸出國家及石油相關產業皆受到影響。根據世界銀行（WB）於 2015 年 6 月 10 日發布《全球經濟展望》（Global Economic Prospects）指出：「開發中國家在 2014 年經歷低迷的一年後，由於油價下跌、美國將展開生息政策及全球利率走低等因素，2015 年再度面臨挑戰。」另一方面，2015 年 5 月 13 日，加拿大財政部長 Oliver 提及：「能源產業

占加拿大總體經濟的 19%，石油價格爆跌後讓加拿大遭受巨大的經濟壓力。」此外，2015 年 4 月 27 日，財政部長張盛和亦表示：「台灣主要出口產品包括電子產品、半導體、礦產品及塑化製品，其中，礦產品及塑化製品受油價影響深遠，因此牽連台灣 2015 年出口值多呈現負成長。」顯示石油價格持續走低，嚴重影響產油國及相關產品。

趨勢三：歐盟實施量化寬鬆政策

歐洲經濟歷經五年的衰退，各個歐洲國家已經逐漸擁有償還債務的能力，儘管危機已經過去，但歐洲經歷多年緊縮後，現正面臨著增長乏力及高失業率，因此，歐洲央行於 2015 年 3 月 9 日宣布正式實施量化寬鬆貨幣政策。2014 年 11 月 21 日，歐洲中央銀行（European Central Bank；ECB）行長 Draghi 表示：「歐洲經濟持續處於困境，市場對經濟復甦並不看好，導致投資力道不足，歐洲央行將採取必要措施以抵抗長期低通膨情勢。」此外，G20 亦於 2015 年 2 月 10 日的伊斯坦堡會議表示：「對於各國大力實施貨幣寬鬆政策以提振低迷的經濟表示贊同及支持。」綜上所知，為讓歐洲經濟復甦、減少通膨問題，歐洲央行實施量化寬鬆貨幣政策。2015 年 4 月 14 日，國際貨幣基金（International Monetary Fund；IMF）發表《世界經濟展望》（World Economic Outlook），將歐元區經濟成長預測數值上調為 1.5%，顯示對此表達支持，並看好此做法能有效提升歐洲經濟歷經多年的疲弱，恢復以往經濟強權的盛況。

趨勢四：新興亞洲經濟持續成長

中國大陸自 2013 年開始「穩增長、調結構、促改革」的改革政策，企圖放緩經濟快速成長的腳步，打穩國家整體經濟實力，但根據亞洲開發銀行（Asian Development Bank；ADB）於 2015 年 3 月 24 日發布《2015 年亞洲發展展望》（Asian Development Outlook 2015）顯示：「中國大陸 2015 年經濟預測仍然有 7.2% 的高成長。」此外，2015 年 1 月 13 日，世界銀行（WB）發布《世界經濟展望》（World Economic Outlook）指出：「儘管歐元區及日本經濟持續走軟，但以中國大陸為頭的新興國家，受益於油價下跌，未來經濟將持續加速。」綜上述可知，受惠於油價走低，導致開發中國家投資成本降低，將可促進投資需求，並以中國大陸及印度為核心之新興亞洲持續成長的帶動下，2015 年全球經濟動能依然以亞洲為中心點。

趨勢五：亞洲霸權重心逐漸移轉

中國大陸過去幾年經濟快速成長，在 2008 年金融危機過後，中國大陸一直是世界經濟的動力火車頭，然隨著經濟成長腳步放緩，火車頭位置漸漸轉移。

印度總理 Modi 於 2014 年 5 月 26 日上任後開始一系列的改革措施，企圖打造印度製造大國。2015 年 4 月 14 日，根據國際貨幣基金（IMF）發表《世界經濟展望》（World Economic Outlook）指出：「中國大陸經濟成長預測為 6.8%，而印度經濟成長預測將從前次 6.3% 上調為 7.5%。」此外，經濟合作發展組織（Organization for Economic Co-operation and Development；OECD）於 2015 年 3 月 18 日發布的《期中經濟評估》（Interim Economic Assessment）提及：「印度 2015 年經濟成長預測從前次 6.4% 上調至 7.7%。」顯示印度總理 Modi 上任以來，政策實施成效有目共睹，各機構亦看好印度未來經濟發展，因此紛紛上調經濟成長預測。

趨勢六：美國成長帶動全球發展

脫離 2014 年經濟低迷的陰霾，2015 年美國經濟復甦，隨著 QE 政策的停止，美國整體消費能力提升更帶動全球經濟成長。2015 年 4 月 20 日，普華永道聯合會計師事務所（KPMG）主席 Veihmeyer 表示：「2015 年受惠於油價走低及低利率的影響，擁有穩定基礎的美國消費力道復甦，進而帶動全球經濟成長，2015 年經濟成長預估為 3%。」此外，國際貨幣基金（IMF）首席經濟學家 Blanchard 於 2015 年 4 月 14 日提及：「儘管下修美國 2015 年的經濟預測，美國經濟基本面狀態非常有優勢，但對此仍非常看好。」綜上可知，2015 年美國經濟已逐漸復甦，民間投資力道恢復，資金流動性充足，這將有助於經濟發展，以致外界看好 2015 年美國經濟成長，並為帶動全球經濟發展之關鍵。

趨勢七：希臘危機拖累歐洲經濟

自 2009 年起希臘國債問題逐漸擴大，最終因償債能力不足而影響歐元區整體經濟，因此引爆歐債危機。在歷經數次的歐元紓困案後，希臘仍無法脫離泥沼。2015 年 5 月 5 日，根據歐洲委員會（European Commission；EC）發布的《歐洲經濟展望 2015》（European Economic Forecast Spring 2015）中提及：「2015 年希臘的 GDP 預測值將從原本的 2.5% 下調至 0.5%。」其預測值下降至幾乎接近零成長。此外，根據信評機構穆迪（Moody's Investors Service）總經理 Wilson 更於 2015 年 5 月 1 日表示：「希臘若脫離歐元區，可能會對歐元區投資信心，造成投資者外流的情況。」由上可反映出希臘與國際債權人間的政治僵局不僅對該國經濟造成的沉重打擊，更間接影響歐盟消費者的投資信心，導致投資者外流其他地區。希臘國債問題迫切需要解決，如處理不慎影響範圍不只是歐洲地區，將可能成為壓倒駱駝的最後一根稻草，進而延伸打擊全球經濟。

第4章
全球投資環境與潛力新布局

2015 年全球經濟有望復甦，但投資面仍面臨困境，2015 年 4 月 30 日，富蘭克林坦伯頓全球基金集團（Franklin Templeton Investments）發布《2015 年全球投資人情緒調查結果》數據顯示：「全球超過 60% 投資人看好美國及亞洲新興國家市場，其中又以美國及亞太地區最為看好。」一語道出美國經濟復甦力道強勁，加上消費者信心回復，將能有效吸引外國資金溢注，此外，受惠於低油價的亞太新興市場，配合各國政府優惠投資政策，亦成為全球投資者關注的重點投資市場。

一、全球最適宜投資國家排名

　　全球經濟貿易復甦力道緩慢，雖有所成長，但投資者仍保持保守的投資心態。因此，面對全球成長緩慢態勢，各國政府紛紛推出投資優惠政策以吸引外資，像是阿拉伯聯合大公國新設投資發展機構、泰國降低進口關稅及中國大陸增設自由貿易區等等，而這些政策實行後也有利於當地政府發展。茲將各研究機構對 2015 年全球最適宜投資國家排名彙整如下：

　　1. 科爾尼顧問公司（A.T.Kearney）：2015 年 4 月 28 日，美國科爾尼顧問公司（A.T.Kearney）公布《2015 全球外國直接投資信心指數》（2015 FDI Confidence Index；FDICI）報告指出：「美國與中國大陸已連續三年位居最具投資信心經濟體前兩位，其中，在前 25 名的國家中有四分之三為已開發國家。」此外，2015 年 4 月 28 日，科爾尼顧問公司全球商業政策委員會主席 Laudicina 表示：「在經歷金融危機後，全球境外投資者投資信心回復，其將目標轉移至新的投資標的。」顯示由於美國經濟持續復甦、中國大陸對於內部投資環境改革成效漸顯及整體投資環境信心上升等因素，使外國企業進入投資意願增高。

表 4-1　科爾尼顧問公司投資信心指數排行

最具投資信心經濟體	2015		2014		2013	
	排名	評分	排名	評分	排名	評分
美　　國	1	2.10	1	2.16	1	2.09
中國大陸	2	2.00	2	1.95	2	2.02
英　　國	3	1.95	4	1.91	8	1.81
加 拿 大	4	1.94	3	1.93	4	1.86
德　　國	5	1.89	6	1.84	7	1.83
巴　　西	6	1.87	5	1.91	3	1.97
日　　本	7	1.80	19	1.62	13	1.68
法　　國	8	1.80	10	1.74	12	1.71
墨 西 哥	9	1.79	12	1.75	9	1.77
澳　　洲	10	1.79	8	1.76	6	1.83

資料來源：科爾尼顧問公司（A.T.Kearney），《外國直接投資信心指數 2015；2014；2013》（FDI Confidence Index 2013、2014、2015）

2. 科爾尼顧問公司（A.T.Kearney）：2015 年 6 月 2 日，美國科爾尼顧問公司（A.T.Kearney）公布《2015 全球零售業發展指數指數報告》（2015 Global Retail Development Index；GRDI）指出：「2014 年投資者大多將眼光停留在開發中國家。其中，印度在一系列改革中，排名以從 20 名上升至 15 名，並預估 2020 年印度國內的零售市場總額將達 1.3 兆美元，未來將有更多品牌入駐。」顯示在過去一年投資者普遍看好新開發中國家，而印度同為開發中國家，在新任總理 Modi 上任後實施一系列改革政策，已明顯改善印度經商環境，在未來五年，將有更多的零售品牌被其龐大的內需市場吸引，印度的零售、快速消費品等相關產業將迎來一個重大機會。

表 4-2　科爾尼顧問公司全球最具吸引力零售市場排行

最具吸引力零售市場	2015		2014		2013	
	排名	評分	排名	評分	排名	評分
中國大陸	1	65.3	2	64.4	4	66.1
烏 拉 圭	2	65.1	3	63.4	3	66.5
智　　利	3	62.3	1	65.1	2	67.1
卡　　達	4	59.1	-	-	-	-
蒙　　古	5	58.8	-	-	7	62.5
喬 治 亞	6	58.4	7	55.9	8	61.4
阿拉伯聯合大公國	7	58.0	4	60.5	5	63.5

表 4-2　科爾尼顧問公司全球最具吸引力零售市場排行（續）

最具吸引力 零售市場	2015		2014		2013	
	排名	評分	排名	評分	排名	評分
巴　　西	8	57.9	5	60.3	1	69.5
馬來西亞	9	56.6	9	43.5	13	55.3
亞美尼亞	10	55.2	6	57.5	10	58.2

資料來源：科爾尼顧問公司（A.T.Kearney），《全球零售發展指數 2013；2014；2015》

3. 安永會計事務所（Ernst & Young；EY）：2014 年 11 月 19 日，安永會計事務所（EY）公布《歐洲投資吸引力報告 2015》（European Attractiveness Survey 2015）指出：「2014 年西歐與中國大陸分別占據外國直接投資前兩名，儘管 2014 年中國大陸在最具投資信心經濟體中排名下降，但整體而言對中國大陸投資仍具信心。」顯示中國大陸經濟放緩，但外國投資百分比仍保持上升趨勢，從 2013 年的 43% 上升至 2014 年的 44%。此外，安永會計事務所（EY）亦於 2015 年 4 月 22 日發布《中國對外直接投資展望》指出：「2014 年中國大陸對外投資達 1,160 億美元，較 2013 年成長 13%，位列世界第三。中國大陸 2014 年雙向投資趨於平衡，而 2015 年對外投資將有望超越國外投資額。」顯示隨著中國大陸政策頒布，其投資紅利將掀起新一波對外投資的熱潮。

表 4-3　安永會計事務所最具投資吸引力經濟體排行

最具投資信心 經濟體	2014		2013		2012	
	排名	百分比	排名	百分比	排名	百分比
西　　歐	1	45%	2	37%	2	33%
中國大陸	2	44%	1	43%	1	44%
北　　非	3	31%	3	29%	3	21%
中 東 歐	4	29%	4	28%	3	21%
俄 羅 斯	5	19%	6	20%	6	19%
印　　度	6	17%	7	19%	3	21%
巴　　西	7	13%	5	26%	7	18%

資料來源：安永會計事務所（Ernst & Young），《歐洲投資吸引力 2014；2013；2012》

4. 聯合國貿易發展委員會（United Nations Conference on Trade and Development；UNCTAD）：聯合國貿易發展委員會（UNCTAD）於 2015 年 6 月 24 日公布《世界投資報告 2015》（World Investment Report 2015）顯示：「2014 年境外投資總額為 1.23 兆美元，與 2013 年相比下降 16%。其中，中國

大陸吸引外達 1,290 億美元,超越美國躍升世界第一,成為全球最大的外資流入國。」此外,報告亦指出:「儘管全球經濟投資放緩,但東亞與東南亞受益於區域內基礎建設的國際資金投資,其外資流入量達 3,810 億美元,成長 10%。」綜上可知,中國大陸整體經濟轉型和「一帶一路」政策推動下,東亞與東南亞國家擁有地緣及低成本勞工優勢,亞洲投資環境及吸引力逐漸提升,使外界機構持續看好亞洲開發中國家發展。

表 4-4　聯合國貿易發展委員會最具投資吸引力經濟體排行

最具投資吸引力經濟體	2015		2014		2013	
	排名	FDI 總量	排名	FDI 總量	排名	FDI 總量
中國大陸	1	129	2	124	2	121
香　港	2	103	3	74	3	75
美　國	3	92	1	231	1	168
英　國	4	72	9	48	6	62
新加坡	5	68	6	65	8	57
巴　西	6	62	7	64	4	65
加拿大	7	54	4	71	10	45
澳　洲	8	52	8	54	7	57
印　度	9	34	15	28	15	26
荷　蘭	10	30	14	32	-	-

資料來源:聯合國貿易發展委員會(UNCTAD),《世界投資報告 2015;2014;2013》
註:單位:十億美元

中國大陸經濟新評析

第5章
中國大陸經濟發展
新展望

隨著中國大陸由「十二五規劃」向「十三五規劃」過渡，習李執政團隊對中國大陸未來發展的政治經濟思路亦已逐漸明朗。有鑒於時空背景物換星移，中國大陸經濟成長面臨內部與外部之發展困境，習李執政團隊一改過往執政團隊以經濟成長率為核心訴求的經濟思維，轉而以全面建構小康社會為目標，希冀建構更具持續性、均衡性和健全性的長期發展。對內倚仗初具成效之政策成果，積極透過產業結構調整、簡政放權、經濟再平衡等作為進行變革，以期建構「成長速度略緩、質量效益提升、可持續性增強、生態環境改善」之新常態經濟體系；對外則藉由「一帶一路」和「亞洲基礎設施投資銀行」將過往中國大陸零散之海外布局，透過系統性的串聯發揮綜效，從而提升中國大陸國際地位。由此可知，適逢中國大陸步入新的五年計畫，且執政團隊正以不同過往之經濟思維、政策工具面對諸多挑戰，從而開啟中國大陸社會經濟發展之新契機。

一、研究機構對中國大陸 GDP 預測

中國大陸國務院總理李克強於 2015 年 3 月 5 日「第十二屆全國人民代表大會第三次會議」開幕時表示：「2015 年中國大陸經濟下行壓力加劇，整體經濟發展步入新常態，現正處在爬坡過坎的關口，而在發展的同時，使得深層次的矛盾逐漸浮現，且體制機制弊端和結構性矛盾以『攔路虎』之姿橫攔於前，以及國際經濟情勢動向不明，導致 2015 年將面臨較過往更為艱困的局面」，由此可見，中國大陸經濟改革正步入關鍵時刻，其經濟成長短期內將因潛在問題浮現、政府改革作為，以及國際經濟情勢而受影響，然而若不深化改革和調整經濟結構，長期將難實現『中國夢』。本研究整理各研究機構之研究，針對中國大陸 2015 年GDP 提出預測與經濟趨勢觀點報告，茲將主要研究機構對中國大陸經濟成長率預測分述如下：

表 5-1　2015 年全球主要研究機構對中國大陸經濟成長率之預測

國際組織機構				論述
	研究機構	國際貨幣基金（IMF）		發布《世界經濟展望》（World Economic Outlook）指出：「因近兩年中國大陸房地產、信貸、投資出現進一步緊縮，導致經濟成長趨緩。」
	前次預測	2015/04/14	6.8%	
	最新預測	2015/07/09	6.3%	
	研究機構	世界銀行（WB）		發布《東亞與太平洋地區半年報》（East Asia Pacific Update）指出：「中國大陸未來兩年成長將溫和放緩至 7% 左右，且隨中國大陸從投資拉動型轉向消費主導型，其主要的挑戰是實施有利長期可持續成長的改革，促進成長的政策應支持結構重組的努力。」
	前次預測	2015/04/13	7.1%	
	最新預測	2015/06/10	7.0%	
	研究機構	經濟合作暨發展組織（OECD）		發布《OECD 中期經濟評估》（OECD Interim Economic Assessment）指出：「有鑒於中國大陸經濟再平衡，以及疲弱的房市活動，中國大陸私人需求成長持續放緩。導致中國大陸通貨膨脹亦維持疲弱態勢。」
	前次預測	2015/03/18	7.0%	
	最新預測	2015/06/03	7.0%	
	研究機構	聯合國（UN）		發布《世界經濟局勢與前景》（World Economic Situation and Prospects）指出：「中國大陸正朝消費和服務導向型經濟體過渡，期望建立更具環境可持續性之體系，而導致中國大陸經濟成長速度逐漸放緩。」
	前次預測	2015/01/19	7.0%	
	最新預測	2015/05/19	6.8%	
	研究機構	歐盟委員會（EC）		發布《2015 年春季預測》（Spring Forecast 2015）指出：「中國大陸於 2015 年初浮現經濟現再次衰退的警訊，因低廉油價有助經濟發展，且稍後恐因其國內需求而推動寬鬆政策。」
	前次預測	2015/02/05	7.1%	
	最新預測	2015/05/05	7.0%	
證券金融機構				論述
	研究機構	花旗銀行（Citi Bank）		發布《市場展望》（Market Outlook）指出：「因中國大陸第一季官方公布的 GDP 成長速度僅 7%，預計將頒布貨幣寬鬆政策，以支撐貨幣流動性和降低資金成本，並保持人民幣穩定。」
	前次預測	2015/04/03	6.9%	
	最新預測	2015/05/08	6.8%	
	研究機構	豐業銀行（Scotiabank）		發布《全球預測更新》（Global Forecast Update）指出：「若中國大陸房地產問題加劇，以及消費者支出持續疲軟，可能將加深企業債務承擔風險，進而導致中國大陸經濟成長放緩情形持續惡化。」
	前次預測	2015/04/30	7.0%	
	最新預測	2015/06/26	6.5%	

表 5-1 2015 年全球主要研究機構對中國大陸經濟成長率之預測（續）

證券金融機構				論述
Goldman Sachs	研究機構	高盛集團		發布《全球經濟週評》（Global Economics Weekly）表示：「2015 年初新興市場成長疲軟，使美國暫緩升息計畫以緩和經濟局勢，然若中國大陸決心解決槓桿上升問題以及放緩固定投資，意味著其成長空間將受抑制。」
		（Goldman Sachs）		
	前次預測	2015/03/26	7.0%	
	最新預測	2015/06/24	6.7%	
Merrill Lynch	研究機構	美銀美林		發布《投資策略》（Investment Strategy）：「有鑑於中國大陸 2015 年 Q1 多項經濟數據表現不佳，將預測下調至 7.0%，並預測中國大陸政府稍後將推動更多財政貨幣政策，因此中國大陸應不會發生『硬著陸』危機。」
		（BofA Merrill Lynch）		
	前次預測	2015/03/20	7.0%	
	最新預測	2015/04/13	7.0	
ASIAN DEVELOPMENT BANK	研究機構	亞洲開發銀行		發布《亞洲開發前景報告》（Asian Development Outlook）指出：「中國大陸現正針對疲軟房地產市場、工廠產能過剩和地方債務上升等問題推進改革，然若中國大陸經濟在步入新常態的轉變中發生意外，則恐重創全球經濟。」
		（ADB）		
	前次預測	2015/03/24	7.2%	
	最新預測	2015/07/16	6.8%	
Morgan Stanley	研究機構	摩根士丹利		發布《全球宏觀經濟分析》（The Global Macro Analyst）指出：「中國大陸需藉由更多寬鬆政策以支持微型循環，並聚焦於經濟再平衡和去槓桿化的市場改革。然而，推動這些措施，恐將犧牲中國大陸短期內的經濟表現。」
		（Morgan Stanley）		
	前次預測	2015/05/06	7.0%	
	最新預測	2015/06/03	7.0%	
Deutsche Bank	研究機構	德意志銀行		發布《世界展望》（World Outlook）指出：「隨著中國大陸推動經濟再平衡，其經濟成長如期趨緩，預計將落於 7% 成長速度。縱然如此，中國大陸仍是世界經濟成長的主要動力。」
		（Deutsche Bank）		
	前次預測	2015/03/30	7.0%	
	最新預測	2015/06/29	6.7%	
CREDIT SUISSE	研究機構	瑞士信貸集團		發布《核心觀點》（Core Views）指出：「即使中國大陸私人消費漸趨穩定，且出口和儲蓄狀況好轉，然因中國大陸政府漸可接受經濟成長放緩，以及房市疲軟、結構改革紅利薄弱等影響，使其仍有『硬著陸』的隱憂存在。」
		（Credit Suisse）		
	前次預測	2015/04/07	6.8%	
	最新預測	2015/06/10	7.0%	
智庫研究機構				**論述**
E·I·U The Economist Intelligence Unit	研究機構	經濟學人智庫		發布《EIU 全球經濟展望》（EIU Global Outlook Report）指出：「中國大陸當前正針對金融、財政及行政展開寧靜的革命，雖使其經濟成長率出現減緩，但整體經濟面卻將更加穩健，有效降低系統性風險發生機率。」
		（EIU）		
	前次預測	2015/04/15	7.0%	
	最新預測	2015/07/01	6.7%	

表 5-1 2015 年全球主要研究機構對中國大陸經濟成長率之預測（續）

智庫研究機構				論述
IHS GLOBAL INSIGHT	研究機構	全球透視		發布《世界經濟預測》（World Economic Forecast）指出：「中國大陸經濟面臨嚴峻考驗，房市低迷、工業產能過剩和高負債水準將削弱經濟動能。為此，中國大陸政府將透過降息和調降銀行存款準備率等方式提振經濟。」
		（IHS Global Insight）		
	前次預測	2015/03/15	6.5%	
	最新預測	2015/05/26	6.3%	
FitchRatings	研究機構	惠譽國際信評機構		發布《全球經濟展望》（Global Economic Outlook）指出：「雖中國大陸經濟成長放緩符合預期，但因房地產市場調控和趨弱的企業招聘意願導致下行風險加劇，進而促使中國大陸進一步放鬆政策。」
		（Fitch Ratings）		
	前次預測	2015/03/17	6.8%	
	最新預測	2015/06/17	6.5%	

資料來源：各研究機構、本研究整理

綜觀上述可知，雖各機構評比之調查研究過程、因素採納權重等不同，但仍能明顯看出多數研究機構皆認為中國大陸 2015 年經濟成長速度將低於 2014 年，且認同中國大陸因政策改革而加劇其所面臨之嚴峻挑戰。因此，台商企業在針對中國大陸地區之布局和決策時，應採取較為保守穩健的策略，並以中國大陸經濟成長速度趨緩為前提假設，避免過度樂觀和過度投資，進而導致不必要經營損失。

二、中國大陸經濟前景預測

中國大陸經濟發展模式，在面對充滿變數的內部與外部環境衝擊下，漸顯疲態，根據瑞士信貸集團（Credit Suisse）董事總經理陶冬於 2015 年 4 月 18 日表示：「近年以降，中國大陸已邁入後工業化時代。隨著工資暴漲、人民幣匯率飆升，使得中國大陸在 21 世紀首個十年內所向披靡的經濟成長模式遭遇瓶頸。」由此道出，中國大陸過往經濟成長模式正面臨嚴峻挑戰，從而衝擊其經濟成長速度。針對各界對中國大陸經濟前景預測之不同看法，茲整理中國大陸經濟前景四大類型預測評論，分別為：（1）優於官方目標；（2）與官方目標持平；（3）略低於官方目標；（4）遠低於官方目標，茲分述如下：

1. 類型一：優於官方目標

❶亞洲開發銀行（ADB）：2015 年 3 月 23 日，亞洲開發銀行表示：「中國大陸政府正透過經濟再平衡，有效改善過度依賴投資和出口的經濟模式，亦在

轉型過程中從側重數量轉往側重質量,並確保金融穩定性和逐步降低國營企業的地位。此外,偏低油價將有助提升中國大陸的購買力,預計中國大陸的經濟成長速度僅會小幅滑落至 7.2%,優於中國大陸官方所預期的 7.0%。」一語道出,中國大陸雖處轉型經濟階段,仍將維持良好的成長速度。

❷蘇格蘭皇家銀行(RBS):2015 年 4 月 15 日,蘇格蘭皇家銀行(RBS)首席中國大陸經濟學家 Louis Kuijs 表示:「有鑒於第一季經濟數據表現優於先前預測,2015 年經濟成長所面臨之挑戰獲得減輕,雖房地產建設疲軟引發經濟下行壓力將持續一陣子,然因未來幾個月經濟成長將受益於宏觀寬鬆政策,且全球需求動能預計將獲改善,因而上修 2015 年中國大陸經濟成長至 7.2%。」可見中國大陸經濟雖面臨下行風險,然因寬鬆貨幣政策調控,2015 年整體經濟將步入良好態勢。

2. 類型二:與官方目標持平

❶世界銀行(WB):2015 年 3 月 21 日,世界銀行(WB)前資深副總裁林毅夫表示:「目前中國大陸屬於中等收入國家,在資源開發、產業技術升級具備後發優勢,若以人均收入、人均 GDP 水平的差距做為衡量,中國大陸尚有五年、十年或更長的時間是具備 8% 的經濟成長潛力,且透過『十三五規劃』,中國大陸 2015 年實際經濟成長將達 7.0% 目標。」一語道出,中國大陸經濟發展雖不如過往飛速,然長期而言仍可在國家的轉型改革下步入良好成長速度。

❷德意志銀行(DB):2015 年 1 月 12 日,德意志銀行(DB)大中華區首席經濟學家張智威表示:「中國大陸正面臨嚴峻的財政下滑,導致整體經濟面臨諸多下行壓力,有鑒於此,中國大陸政府需適度介入調控,並持續推動結構性改革方案,從而轉換經濟體質以利未來發展,預計 2015 年中國大陸經濟成長速度將呈現『前低後高』趨勢,全年經濟成長速度應落在 7.0% 附近。」道出中國大陸 2015 上半年經濟雖表現不佳,若經由適當調控,仍可達成全年 7% 經濟成長之目標。

3. 類型三:略低於官方目標

❶瑞士銀行(UBS):2015 年 3 月 9 日,瑞士銀行(UBS)中國大陸首席經濟學家汪濤表示:「2015 年中國大陸處於『三期疊加』的轉型困難時期,而面對諸多不利因素,其成長率欲達 7.0% 之目標將極具挑戰性。有鑒於第一季經濟數據疲軟,預計中國大陸政府將加速推動相關有利經濟成長之改革措施,並採取放鬆貨幣政策,以維持貨幣政策之中性。」由此可見,中國大陸因同時面對諸多不利因素及經濟轉型陣痛期,2015 年中國大陸經濟成長可能略低於 7.0% 之目

標。

❷**野村證券（Nomura）**：2015 年 4 月 15 日，野村證券（Nomura）中國大陸首席經濟學家趙揚表示：「有鑒於中國大陸第一季度 GDP 成長速度下滑及較預期低迷的 3 月份經濟數據，顯示其經濟成長勢頭依然因房地產投資和基礎設施投資成長速度放緩而疲弱，進而需要進一步寬鬆政策。預計中國大陸 2015 年經濟成長率將平緩下滑至 6.8%。」一語道出，雖中國大陸因處於投資放緩及消費型成長力道尚未填補缺口，導致 2015 年中國大陸經濟成長將略低於官方預設目標。

4. 類型四：遠低於官方目標

❶**諾貝爾經濟學獎得主 Paul Krugman**：2015 年 1 月 21 日表示：「中國大陸投資占 GDP 比重過高、消費占比太低及嚴重土地財政問題，使其經濟成長模式難以持續，中國大陸雖積極從投資型經濟轉型成消費型經濟，然若執行速度不夠快、幅度不夠大，將拉長、加劇轉型陣痛期。此外，中國大陸近年信貸過度膨脹，一旦爆發經濟危機恐將迅速造成巨大傷亡。」凸顯出中國大陸經濟轉型處境艱難，若有不慎恐將導致中國大陸整體經濟落入萬劫不復之境。

❷**紐約大學教授「新末日博士」Nouriel Roubini**：2015 年 3 月 21 日表示：「世界上沒有國家能每年持續保持經濟高速成長，且由於中國大陸經濟存在結構性問題，若處理不當，在未來幾年內中國大陸經濟成長率將會持續下降至 6.2% 左右，甚至在未來十年內可能會落入 5.4% 或更低。」上述可知，中國大陸雖在經濟再平衡投入相當心力，然因過往已經過度投資，昔日之投資型經濟成長模式在未來幾年將面臨重大考驗。

第 6 章
中國大陸政經發展
新政策

習李政策日趨穩定,中國大陸投資環境與經濟成長力道持續被全球投資者所看好。隨著中國大陸人大及政協兩會召開,其政府陸續提出許多有關經濟的新發展方向及政策,諸如:中國大陸國家主席習近平主席於 2014 年 11 月 14 日所提出的「四個全面」施政理念以及中國大陸未來發展之「中國製造2025」、「眾創空間」及「互聯網+」重要議題,預示著中國大陸未來發展主軸。

一、習近平「四個全面」施政理念

2014 年 11 月 14 日,中國大陸國家主席習近平於福建訪查時提出「全面建成小康社會」、「全面深化改革」、「全面推進依法治國」等三個全面的概念,此外,2014 年 12 月於習近平主席於江蘇訪查時,加入「全面從嚴治黨」的概念,進一步將三個全面概念提升為以「四個全面」為主軸,以此做為中國大陸未來政治經濟路線的發展基礎。

1. 全面建成小康社會

小康社會的想法,最早為中國大陸國務院前總理鄧小平於 1979 年時提出的「中國大陸現代化所要達到的是小康狀態」此外,1997 年的中國大陸第十五次全國代表大會上,中國大陸前國家主席江澤民亦在報告中提出「建設小康社會」的想法,而在 2002 年第十六次中國大陸全國代表大會上,此想法被改變為「全面建設小康社會」而後在 2012 年第十八次中國大陸全國代表大會中,中國大陸前國家主席胡錦濤首度提出「全面建成小康社會」的新提案。

民生經濟為一切政治的根本,因此全面建立小康社會更成為四個全面布局的領頭羊,此一總體目標的達成,才能更進一步的全面深化改革、全面推進依法治國以及全面從嚴治黨。其中,在十六次中國大陸全國代表大會上所提出的「全面建設小康社會」提到幾項衡量小康社會的標準。(1)國內人均生產總值超過

3,000 美元；（2）城鎮居民人均可支配收入為 1.8 萬人民幣；（3）農村居民家庭人均純收入為 8,000 人民幣；（4）恩格爾係數低於 40%；（5）城鎮人均住房面積達 30 平方米；（6）城鎮化比率達 50%；（7）家庭電腦普及率達 20%；（8）大學入學率達 20%；（9）醫生人數每千人中有 2.8 人；（10）城鎮居民最低生活保障率 95% 以上。

2. 全面深化改革

最早在 1978 年中國大陸召開的第十一屆三中全會中，提出「對內改革、對外開放」的想法，進而於 2012 年的十八次中國大陸全國代表大會中由時任中國大陸國家主席胡錦濤提出「全面深化改革開放」，並於 2013 年所召開的中國大陸第十八屆三中全會中通過「中國大陸關於全面深化改革若干重大問題的決定」之中，將其簡稱為「全面深化改革」。

在十八屆三中全會中所提到的全面深化改革，分別針對土地、財稅、金融與收入分配等社會所關注的焦點問題與方案訂出改革的目標，總共通過 60 項具體內容，其中可分為：（1）全面深化改革的重大意義和指導思想；（2）堅持和完善基本經濟制度；（3）加快完善現代市場體系；（4）加快轉變政府職能；（5）深化財稅體制改革；（6）健全城鄉發展一體化體制機制；（7）建構開放型經濟新體制；（8）加強社會主義民主政治制度建設；（9）推進法治中國建設；（10）強化權力運行制約和監督體系；（11）推進文化體制機制創新；（12）推進社會事業改革創新；（13）創新社會治理體制；（14）加快生態文明制度建設；（15）深化國防和軍隊改革；（16）加強和改善黨對全面深化改革的領導等 16 個主要執行項目。

3. 全面推進依法治國

中國大陸國家主席習近平於 2014 年 10 月在北京所召開的第十八屆中央委員會的第四次全體會議中，提出並審議通過「中國大陸中央關於全面推進依法治國若干重大問題的決定」。主要的總體目標係在強調建設中國大陸特色社會主義法治體系與國家，以堅持中國大陸設為主義制度與貫徹社會主義法制理論為基礎，形成完善的法規體系，並推動依法治國、依法執政、依法行政等三大指標。同時亦要達成法治國家、法治政府及法治社會的一體建設，並實現科學立法、嚴格執法、公正司法與全民守法的四項指標，進而促進整體國家治理體系和治理能力的現代化。並於會議中，針對達成全民推進依法治國目標的重大問題，做出七項決策，如下所述：

❶**堅持走中國大陸特色社會主義法制道路，建設中國大陸特色社會主義法治體系**：貫徹與落實中國大陸十八大及十八屆三中全會的精神，提倡社會主義並

以馬克斯列寧主義、毛澤東思想及鄧小平理論做為基礎。堅持中國大陸特色社會主義法制道路、堅決維護憲法法律權威、依法維護人民權益、維護社會公平正義、維護國家安全穩定，同時實現「兩個一百年」的奮鬥目標。

❷**完善以憲法為核心的中國特色社會主義法治體系，加強憲法實施**：基於「法律是治國之重器、良法是善治之前提」的大原則下，欲建設中國大陸特色主義法治體系必須要能夠先堅持立法先行，發揮立法的引領及推動作用，同時能夠提高立法質量。並且恪守以民為本、立法為民的理念，進而可以貫徹社會主義的核心價值，使得每一項立法都能夠符合憲法精神、反映人民意志、得到人民的擁護。把公正、公平與公開的原則貫穿整個立法的過程，增強法規的及時性、系統性、針對性與有效性。而有關其主要的四個原則為：（1）健全憲法實施和監督制度；（2）完善立法制度；（3）深入推進科學立法、民主立法；（4）加強重點領域立法。

❸**深入推進依法行政，加快建設法治政府**：法律的權威性及存在性都在於能夠有效的落實，故需推動各級政府在法治的要求之下，能夠創新執法體制、完善執法制度、推進綜合執法、嚴格執法責任、建立權責與具權威和效力的行政體制。進而可以加速建成職能科學、權責法定、執法言明、公開公正、廉潔有效率與守法有誠信的法治政府。另外，針對加速建設法治政府的目標下亦訂立出：（1）依法全面履行政府職能；（2）健全依法決策機制；（3）深化行政執法體制改革；（4）堅持嚴格規範公正文明執法；（5）強化對行政權力的制約和監督；（6）全面推行政務公開等六大原則。

❹**保證公正司法，提高司法公信力**：公平公正是法治的存續基礎，司法公正對社會具有非常重要的指標性作用，一旦司法不公對於社會是有非常嚴重性的影響，故完善司法管理和權力運行的體制，規範司法行為並加強對司法活動的監督，進而讓人民都能夠感受到公平與正義則是重要且必須達成的目標。針對司法公正所擬定的原則有：（1）完善確保依法獨立公正行使審判權和檢察權的制度；（2）優化司法職權配置；（3）推進嚴格司法；（4）保障人民群眾參與司法；（5）加強人權司法保障；（6）加強對司法活動的監督。

❺**增強全民法治觀念，推進法治社會建設**：法律最主要的權威來自於人民內心真誠的擁護與信仰，人民擁護法律權威與法律保障人民權益是密不可分的，所以要強調社會主義法治精神，增強全民厲行法治的積極性和主動性，讓全體人民可以成為社會主義法治的堅持捍衛者。增強全民法治觀念的主要原則有：（1）推動全社會樹立法治意識；（2）推進多層次多領域依法治理；（3）建設完備的法律服務體系；（4）健全依法維權和化解糾紛機制。

❻**加強法治工作隊伍建設**：實施全面推進一法治國之前，最重要係提供法治工作團隊的思想政治素質、業務工作能力與職業道德水準。進而建立一群忠於國家、忠於人民及忠於法律的社會主義法治工作團隊，加快建設社會主義法治國家與提供強而有力的組織和人才保障。其主要原則有：（1）建設高素質法治專門團隊；（2）加強法律服務隊伍建設；（3）創新法治人才培養機制。

❼**加強國家和改進對全面推進依法治國的領導**：政黨的領導是全面推進依法治國與加快建設社會主義法治國家的最根本保證，故要能夠加強和改進政黨對法治工作的領導，並徹底貫徹到全面規進依法治國的過程之中。主要的原則有（1）堅持依法執政；（2）加強政黨法規制度建設；（3）提高政黨幹部法治思維和依法行政的能力；（4）推進基層治理法治化；（5）深入推進依法治軍與從嚴治軍；（6）依法保障「一國兩制」精神；（7）加強海外法律工作。

4. 全面從嚴治黨

全面從嚴治黨是中國大陸國家主席習近平所提出的第四個全面計畫，主要背景在於從中國大陸十八屆三中全會開始，中國大陸政府陸續展開多輪巡視，並提出「打鐵還要自身硬」與「踏石留印、抓帖有痕」的宣告。加上從「八項規定」到「四風掃蕩」以來，習近平高度重視黨建設，並在許多的公開場合強調要從嚴管黨與治黨，主要是希望能夠將「從嚴」成為中國大陸國家機關的新常態。然而，對於治黨來說，共包含至少三個層面，一是內容無死角，涵蓋黨的思想建設、組織建設、作風建設、反腐倡廉和制度建設各個領域，二是必須涵蓋到所有層面，從嚴治黨不僅僅是黨中央的責任，在各級的組織都必須要能夠貫徹從嚴治黨的要求，三是必須要能夠把從嚴治黨常態化與制度化，而非只是一次性的作為。

表 6-1 四個全面戰略思想內涵

序號	四個全面	內涵
1	【目標】 全面建成小康社會	確保到 2020 年實現經濟持續健康發展，人民民主不斷擴大，文化軟實力不斷增強，人民生活水平全面提高，資源節約型、環境友好型社會建設取得重大進展，為實現現代化和民族復興奠定基礎。
2	【動力】 全面深化改革	全面推進經濟體制、政治體制、文化體制、社會體制、生態文明體制和黨的建設制度改革，其總目標是「完善和發展中國特色社會主義制度，推進國家治理體系和治理能力現代化」。
3	【保障】 全面推進依法治國	堅持走中國特色社會主義法治道路，建設中國特色社會主義法制體系，建設社會主義法制國家。
4	【保證】 全面從嚴治黨	對鞏固和拓展教育實踐活動成果，加強黨的作風建設，全面推進從嚴治黨進行部屬。

二、中國大陸未來發展政策重點

為落實四個全面施政理念，2015年3月5日中國大陸國務院總理李克強於在北京第十二屆全國人民大會中提出「2015年中央政府工作報告」，除針對2014年全年的工作進行回顧與檢討之外，更針對2015的願景提出具體的工作計畫，其中更涵蓋總體部署、改革開放、穩定成長、調整結構、民生社會與政府建設等內容。在2015年中國大陸政府工作計畫中，針對於經濟社會發展有：（1）國內生產總值成長7%；（2）居民的消費價格漲幅3%；（3）城鎮新增就業1,000萬人以上；（4）城鎮登記失業率4.5%以內；（5）進出口成長6%左右；（7）國際收支基本平衡與；（8）居民收入成長與經濟發展同步等主要預期目標。以此經濟發展目標，更衍生出「中國製造2025」、「眾創空間」與「互聯網＋」等政策重點，茲將三大政策重點分別論述如下：

1. 政策重點一：中國製造2025

在工業4.0的時代席捲而來下，促使各國紛紛提出關於「再工業化」之計畫，實現資訊技術與先進製造業進行結合，帶動整體製造業新一輪之發展，如德國工業4.0計畫、台灣生產力4.0計畫等，而中國大陸為跟進此浪潮，亦積極由中國大陸院士與專家共同著手制定「中國製造2025」，並由國務院總理李克強於2015年3月25日主持的國務院常務會議中加快推動進行。主要目的在於擬定中國大陸製造業未來十年的設計規劃和路線圖，通過努力實踐：（1）中國製造向中國製造；（2）中國速度向中國質量；（3）中國產品向中國品牌三大轉變，進而可以推行中國大陸在2025年實現工業化的基礎，提升國際競爭力。「中國製造2025」主要精神展現有四大轉變，分別為：（1）由要素驅動向創新驅動轉變；（2）由低成本競爭優勢向質量效益競爭優勢轉變；（3）由資源消耗大、汙染物排放多的粗放製造向綠色製造轉變；（4）生產型製造向服務型製造轉變。

❶**由要素驅動向創新驅動轉變**：中國大陸這幾年來的經濟發展進入一個新常態，最重要的趨勢性變化就是要素的規模驅動力減弱，經濟成長讓更多依靠人力資本質量提升和技術進步。因此，在經濟成長的傳統動力減弱之下，則必須加大結構性的改革強度來加快實施創新驅動的發展策略，進而改造傳統與打造新的發展引擎。

❷**由低成本競爭優勢向質量效益競爭優勢轉變**：隨著近幾年來中國大陸經濟的突破性發展與基本工資不斷攀升的結果之下，低成本的競爭優勢已經消失於中國大陸市場，所有台商都面臨到轉型、升級與淘汰。若要持續維持在企業在中國大陸的經營優勢，轉型為質量效益競爭優勢是勢在必行的經營方針。

❸**由資源消耗大、汙染物排放多的粗放製造向綠色製造轉變：**為著重於經濟上的發展，過於嚴重的環境汙染與資源消耗長久以來都是中國大陸最主要的問題，甚於影響到民生生活的品質。若中國大陸在未來的幾年內要想提升全球競爭力，成為先進的已開發國家，資源耗損及汙染排放的重大議題絕對不容忽視，也是晉升為已開發國家的重要評估指標。所以逐漸轉向綠色製造產業，亦會是未來中國大陸生產製造業的發展重點。

❹**由生產型製造向服務型製造轉變：**隨著經濟近幾年成長，中國大陸已逐漸從主要外銷市場轉變為全世界最大內銷市場，更是全球重點品牌趨之若鶩的主要戰場。伴隨著人民消費力的提升與生活水平的改善，對服務的要求亦是日趨高漲。同時，又因為生產成本不斷的攀升導致許多以生產製造的產業外移，未來以服務型製造為主的產業型態，將會持續在中國大陸市場中發酵。

同時為達成「中國製造 2025」所擬定的四個轉變精神，中國大陸政府更以體現資訊技術與製造技術深度融合的數位化、網路化及智慧化為主要路線，並提升產品設計能力、完善製造業技術創新體系、強化製造基礎、提升產品質量、推行綠色製造、培養具有全球競爭力企業群體與優勢產業及發展現代製造服務業等八大執行戰略。

表 6-2　中國製造 2025、德國工業 4.0、台灣 4.0 生產力計畫比較

構面	中國製造 2025	德國工業 4.0	台灣生產力 4.0 計畫
發起者	中國大陸工信部工程院	德國工程院 弗勞恩霍夫協會 西門子公司	行政院與產官學各界合作共同擬訂
時間	2015 年	2013 年	2015 年
初衷	2025 成為世界強國；2035 超越德國與日本	增加國家製造業競爭力	解決勞動力、土地不足困境提高人均生產力與單位土地產值
目標	建國一百周年時，要實現中國大陸成為製造強國之行列	促進企業實現彈性工作制，使工作與生活得到最佳的平衡	十年內，要讓多數產業的員工達兩倍高值化產能與領三份薪水
發展傾向	強調利用智慧與網絡技術，來提升中國大陸製造業的產品品質、技術水平及商業模式	強調在滿足高度制化需求同時，亦保有生產製造的高效率	強調智慧自動化做基礎，生產即是價值而非製造，回歸製造業本質
重點領域	新一代資訊技術、機器人、航太裝備、海洋工程及高技術船舶、先進交通裝備、新能源汽車、電力裝備、農機裝備、新材料、生物與高性能醫療器械	物聯網、大數據、雲端、人工智慧	工具機、3C、醫療、農業、食品、醫療、物流、金屬加工

資料來源：本研究整理

2. 政策重點二：眾創空間

　　眾創空間的想法主要是在為了加快實施創新驅動發展策略的前提之下，中國大陸國務院針對如何適應和引領經濟發展新常態、順應網路時代大眾創業、萬眾創新新趨勢、加快發展眾創空間等新型創業服務平台、營造良好的創新創業生態環境、激發億萬群眾創造活力、打造經濟發展新引擎等的執行策略所提出的總體建議，並同時依照總體要求、重點任務及組織實施等三個面向來執行。

　　❶**總體要求**：要求能夠全面的落實中國大陸十八大和第十八屆二中、三中及四中全會的精神，依照中國大陸國務院的決策部屬，來達到良好創新創業生態環境的目標。同時還要能夠達到四個基本原則的要求。（1）堅持市場的導向，充分發揮市場配置資源的決定性作用，並以社會力量為主建構市場化的眾創空間，以滿足個性化與多樣化消費需求和用戶體驗為出發點，進而促進創新創意與市場需求和社會資本的有效對接；（2）進一步優化市場競爭環境，完善創新創業政策體系，同時可以加大政策的落實力度且降低成本來壯大創新創業的群體發展。並以完善股權激勵和利益分配機制與保障創新創業者的合法利益為目標；（3）能夠充分的運用互聯網的開源技術，建構開放創新創業平台來促進更多創業者願意加入集聚。同時加強跨區域和跨國技術的移轉，利用全球創新資源的整合來推動產學研究和科技資源的開放共享；（4）透過市場化的機制、專業化服務和資本化的途徑來集成創業服務資源，並且可以提供產業鏈式的價值服務，以強化創業輔導、培育企業家精神來發揮資本推力作用，提高創新創業效率。

　　❷**重點任務**：在中國大陸國務院提出的眾創空間總體建議之下，最主要的重點任務有（1）要加速建構眾創空間，充分利用國家自主創新示範區、國家高新技術產業開發區、科技企業孵化模式、小企業創業基地、大學科技園區等有利條件，發揮行業領軍企業、創業投資機構、社會組織等社會力量的主宰作用，建構一批低成本、便利化、全要賦予開放式的眾創空間；（2）深化商業制度的改革，有條件的讓地方政府能夠對眾創空間等新型機構的房租和用於創業服務的軟體及開發工具進行適當的財政補貼，進而鼓勵眾創空間的發展；（3）加快推動中國大陸及事業單位科技成果的應用，並完善科技人員創業股權的激勵機制。同時實施大學生的創業引領計畫，培育有創業能力的大學生並提供相關資源與場地，以創業帶動就業；（4）透過中國大陸政府的購買服務、無償資助及業務獎勵等方式來支持中小企業公共服務平台和機構的建立。同時亦利用電子商務平台來加強整體服務的效率及便利性，進而為中小企業提供全方位的優質服務，促進科技基礎條件平台的開放共享；（5）通過中小企業發展專項資金，並運用階段性參與股份、風險補助和投資保障的方式，引領創業投資機構願意投資初創的科

技型中小企業,發揮國家新興產業創業投資引領基金對於社會資源的帶動效用,提升新創科技型產業的發展;(6)發揮多層次的資本市場作用,為創新型企業提供綜合型的金融服務。利用開放互聯網股權的籌資與融資,增強為創新產業的服務能力;(7)持續舉辦創新創業大賽等賽事,並積極鼓勵參與國際型賽事,讓創業的能量能夠更加活絡與健全。同時,還必須要能夠鼓勵擁有豐富經驗和創業資源的企業家參與投入,組成輔導團隊,透過母雞帶小雞的模式進行創業人員的培養;(8)大力的塑造企業家精神和創業文化,將天馬行空的創新創意轉變為實際的創業活動,樹立創新創業的典範和社會風氣。

3. 政策重點三:互聯網+

中國大陸國務院總理李克強於 2015 年 3 月 9 日中國大陸第十二屆全國人民大會提出的《2015 政府工作報告》中,提出「互聯網+」的行動計畫。有關其提出之原因在於新興產業是競爭的高地,因此中國大陸政府希望能夠透過實施高端裝備、資訊網路、集成電路、新能源、新材料、生物醫藥、航空發動機以及燃油輪機等重大的項目,來把這一批新興的產業培育為主導產業。因此中國大陸政府已設立 400 億人民幣的新興產業創業投資引領基金,準備有計畫的推動移動互聯網、雲端計算、大數據、物聯網等技術與現在製造業互相結合,促進電子商務、工業互聯網和互聯網金融的健康發展,進而引導互聯網企業拓展國際市場,提升國際競爭力。

2015 年 3 月 13 日中國大陸騰訊 CEO 馬化騰所提出觀點,「互聯網+」是以互聯網平台做為基礎,利用訊息通信技術與各行業的跨界整合,進而推動產業轉型升級,不斷的創造新產品與新的業務,進而建構連接成一個新的產業生態。而中國大陸現在正面臨成長趨緩、生產過剩、外需不振等問題。故需透過互聯網打破訊息不對稱、降低交易成本、促進專業化分工、優化資源配置與提升勞動生產率的特點,為中國大陸的經濟轉型升級提供重要的發展動能。

❶「互聯網+」對於中國大陸經濟社會發展的影響:互聯網目前正在重新塑造中國大陸的傳統產業,推動訊息統信技術和傳統產業的全面結合。同時全面應用到第三產業上,形成互聯網金融、互聯網交通和互聯網教育等新產業型態。在工業方面,亦透過工業互聯網向從消費品工業向設備製造、能源及新材料領域發展,全面推動傳統工業生產方式的轉變。農業互聯網則是從電子商務等網路銷售環節朝生產領域發展。此外,互聯網的開放平台亦推動「生態協同式」的產業創新模式,形成大眾的創業與創新動能。如騰訊、阿里巴巴、百度等互聯網企業已經形成一定規模的產業生態系統,並創造出如移動支付與可穿戴設備等新的產業型態。互聯網主要是透過打破訊息的不對稱和減少中間多餘環節的方式,來提

升勞動生產率與資源使用效率。同時利用共享經濟的概念,有效率的提升資源的利用率,提升中國大陸經濟社會的發展。

❷「互聯網+」發展中面臨的主要問題:雖然互聯網能夠為中國大陸經濟社會的發展帶來許多的助益,但在發展中所遇到的一些潛在問題亦相對的不容忽視。(1)有一部分企業和個人缺乏對互聯網有正確的認知,同時伴隨著企業惰性,不願意接受與改變;(2)要想充分發揮互聯網的優勢,基礎建設相對也是重要的一環,目前與美國和日韓等國家相比,中國大陸的互聯網基礎設施建置仍有很大的努力空間;(3)目前有許多的企業對於現有的互聯網平台並未充分的應用,以中小企業而言,對於資訊化的需求相對的較高,但同時對企業而言也是一筆成本開銷,故如何充分應用互聯網,以低成本高效率的平台來提升中小企業競爭力就相對重要;(4)互聯網的快速發展,有時往往中國大陸政策改變的速度無法跟上,往往亦會造成政策限制拖垮經濟發展的情勢產生。

此外,中國大陸各地方政府對於「互聯網+」的發展十分積極,不再僅是一般的會議內容和中央領導官員考察行程。為能夠招攬「互聯網+」的網路菁英,許多批量的引導資金及政策優惠正蓄勢待發。對象不僅只限於阿里巴巴、百度及騰訊等全國性的互聯網巨頭,而是更進一步延伸到各地方的互聯網企業。目前,在國家層面的「互聯網+」行動計畫正由中國大陸國家發展和改革委員會帶頭制定,在地方層面的各個的地方政府也相繼訂定各自的「互聯網+」行動計畫,其中包含福建、江西、江蘇、廣東、四川、湖南與河南等,並以福建、重慶市和上海市為代表。

「互聯網+」是中國大陸未來幾年經濟發展重點,不再僅僅只是有少數部委或地方政府推動,而是延伸至全國性發展。有鑑於此,中國大陸政府的各部委也陸續為「互聯網+」提出各自的行動方針。目前已有包括國家發展和改革委員會、國家衛生和計畫生育委員會、工業和信息化部、交通運輸部、國家旅遊局、農業部、國家能源局、商務部等部門為此發聲,其中更以商務部率先提出第一個部委層面的「互聯網+」行動計畫。中國大陸商務部於2015年5月15日提出的「互聯網+」行動計畫主要著重在於電子商務領域,並提出:(1)在全國建立與培育200個電子商務近農村綜合示範縣,且示範縣的電子商務交易額在現有基礎上年成長不低於30%。;(2)建立60個國家級的電子商務示範基地,培育150家國家級電子商務示範企業,打造50個傳統流通及服務企業轉型的典型企業,並且培育100個網路服務品牌;(3)運用市場化機制,推動建設100個電子商務的海外據點;(4)指導地方建設50個電子商務培訓基地,並完成50萬人次的電子商務知識和技能培訓;(5)在2016年年底讓中國大陸的電子商

務機要額能夠達到 22 兆人民幣，網上零售額達到 5.5 兆人民幣的五大具體的發展目標。

對此五大目標，中國大陸商務部亦相對提出：（1）推動電子商務進農村、培育農村電商環境；（2）鼓勵電子商務進社區、拓展服務性網絡消費範圍；（3）支持電子商務進中小城市、提高網路消費便利性；（4）推動線上線下互動、激發 消費潛力；（5）促進跨境電子商務發展、拓展海外市場；（6）加快電子商務海外行銷通路建設；協助中國大陸電子商務企業走出國際六大重點工作任務。

於此同時，2015 年 6 月 24 日，中國大陸國務院總理李克強主持國務院常務會議，中國大陸政府正式啟動「互聯網＋」行動方案，鎖定涵蓋有「創業創新、協同製造、現代農業、智慧能源、普惠金融、益民服務、高效物流、電子商務、便捷交通、綠色生態、人工智慧」等 11 項領域優先執行。以改革創新和市場需求為導向，突出企業的主體作用，並同時強調中國大陸互聯網的規模和應用優勢，推動互聯網由消費領域向生產領域拓展，進而提升產業發展水準，增強各行業創新的能力並建構經濟社會發展的新優勢和動能。整體行動要求不外乎為一條主線、四著力點、五條原則以及四大目標，彙整如表 6-3 所示。

表 6-3 「互聯網＋」行動要求重點

行動要求	主要內容
一條主線	大力拓展互聯網與經濟社會各領域融合的深度和廣度，促進網路經濟與實體經濟共同互動發展。
四著力點	1. 著力於深化體制機制改革，釋放發展潛力和活力。 2. 著力做優存量，推動產業提升品質效益和轉型升級。 3. 著力做大增量，培育新興產業型態，打造新的成長點。 4. 著力於創新政府服務模式，落石網路發展基礎，營造安全網路環境，提升公共服務能力和水準。
五條原則	1. 堅持開放共用，營造良好的發展環境。 2. 堅持融合創新，打造經濟發展的新動力。 3. 堅持變革轉型，推動傳統產業和公共服務轉型升級。 4. 堅持引領跨越，建構科技革命和產業變革的競爭新優勢。 5. 堅持安全有序，建立科學有效市場監管方式，保障網路和市場安全。
四大目標	1. 經濟發展進一步提升品質效益，傳統產業轉型升級取得積極進展，基於互聯網的新興產業型態不斷湧現。 2. 社會服務進一步便捷普惠，公共服務資源配置不斷優化。 3. 基礎支撐進一步落實提升，網路設施和產業基礎有效鞏固加強，應用支撐及安全保障能力明顯提升。 4. 發展環境進一步開放包容，互聯網融合發展面臨的體制與機制障礙能有效的消除。

資料來源：本研究整理

第 7 章

中國大陸對台商政策剖析

一、中國大陸 62 號文

62 號文是由中國大陸國務院於 2014 年 11 月 27 日所發布的「國務院關於清理規範稅收等優惠政策」的通知,主要是規定中國大陸各級政府與相關部門需要在 2015 年三月底之前,向財政部呈報稅收等優惠措施的清理情況,在未來由中國大陸政府來統一稅收優惠,未來地方政府若未經中國大陸國務院的批准則不能自訂財政和租稅優惠。而 62 號文的推動主要是為糾正過去開放政策中的不一致,針對過去一些地方政府為了招商引資時,對於台商或外資企業所做的一些協調來用中國大陸法律來做為承諾與糾正。

1. 62 號文對台商衝擊

當初台資企業赴大陸投資時,所做的評估除了營運流程、市場評估、人力成本等因素之外,稅賦成本往往也是決策之一。而中國大陸地方政府為了能夠吸引到更多企業的投資,往往祭出取多的優惠政策,其中獎勵補貼、先增後返、稅收補貼及代繳社保等都是吸引台商投資的主要政策。但在 62 號文頒布之後,這些優惠政策將都不覆見,雖然中國大陸政府強調,62 號文並非只針對台商企業,然而在台商與陸資企業面臨不公平競爭的環境之下,對於台商所造成的衝擊遠遠大於陸資企業。

❶**獎勵補貼取消**:在 62 號文發布之前,中國大陸各級地方政府為了招商引資,針對台商與外資往往有許多不同的獎勵補貼措施。尤其是前幾年,配合中國大陸政府所提出的產業西進政策,台資企業只要願意前往西部投資,各地方政府無論是在土地與廠房租金、機器設備的貸款,甚至於人工成本的調節上,都紛紛端出牛肉來吸引資金進駐投資。一但獎勵補貼取消之後,許多土地及廠房的租金成本將大幅提升,造成利潤下滑,許多中小型台商即將面臨無法與當地陸資競爭的狀況而產生經營危機。

❶**先增後返取消**：先增後返政策對於台資企業而言是一種租稅上的優惠政策，主要是因為中國大陸政府為了鼓勵企業出口，提高「中國大陸製造」在國際市場上的競爭力，對產品全部直接出口的外商企業所需進口的設備，依法享有的稅收先征後返的租稅優惠。一旦先增後返的優惠取消後，變相的使得台商在中國大陸的經營成本大幅提升，已有台商指出，若取消財政返還，則約有 5% 至 10% 的利潤會消失，加上處於低毛利製造業激烈的競爭環境之下，開始讓很多台商已經對於中國大陸的投資環境萌生退意。

❷**稅收補貼取消**：過去政府為促進產業的發展，往往在稅收上會給予一些補貼與優惠，以深圳的台商為例，在過去為了促進創投產業的發展，於 2010 年開始給予創投企業中的合夥人較低稅率的個人所得稅優惠，上海更是有些地方多年來都未征收房產稅，而其他許多地方政府亦免收出口退稅抵免方面的附加稅額，但依據 62 號文的公布，這些稅收的補貼和優惠都將取消。對台商而言，即將增加許多的營運成本，對整體產業的衝擊不容小覷。

❸**代繳社保取消**：許多中國大陸的地方政府皆同意台資企業不需要對全部的員工都繳納包含養老保險、醫療保險、失業保險、工商保險、生育保險和住房公積金在內的五險一金，只要按照一定的比例繳納即可，或是地方政府同意不用按照員工實領工資繳納，而是只要按照當地法定基本工資繳納即可。然而這種擅自降低繳費比率或自行減免的地方政策，未來在 62 號文正式落實之後，將加速台商在中國大陸全員實繳五險一金，如此一來對於台商企業的人工成本將大幅的提升。

2. 62 號文中國大陸回應處理方式

62 號文發布，對於許多台商而言無疑是一個重大衝擊，尤其是已經投入多年及大量資源的電子與傳統產業，一方面需要面對因為優惠政策取消而產生的營運成本，一方面還要應付中資企業崛起的成本競爭壓力。在這樣雙重困境的情況之下，將會使許多台商無以生存。然而，換個角度思考，若是因為 62 號文的影響，使得許多台商紛紛從中國大陸撤資，再加上未來各國企業前往中國大陸投資的態度逐漸從積極轉而為觀望甚至怯步，對於目前經濟持續發展的中國大陸而言也不是一件樂意見到的效應。2015 年 3 月 10 日，四川省省長魏宏就曾提出：「因為 62 號文的影響，遂使得目前有約略數千億人民幣的投資案都因此而停擺。」

有鑑於此，中國大陸許多從地方到中央的政府官員開始紛紛對於 62 號文提出解釋和對台商投資政策影響的說明。主要以中國大陸國務院總理李克強在 2015 年 4 月 22 日福建及廈門考察時，特別針對了引起台商重大關注的 62 號文

做出了重大的宣示的效應最大。李克強強調在目前所給予台商的優惠政策將不會
有所改變，若是地方政府先前已制定的政策與和台商已簽訂的契約，將持續有
效。針對 62 號文的規範不會存在有溯及既往的問題。同時，面對中國大陸目前
經濟成長趨緩的壓力，政府方面一來會持續的加大宏觀調控的力度，二來也會持
續強化改革。

表 7-1　中國大陸政府官員對 62 號文說明

時間	政府官員	內涵
2015/03/06	財政部長樓繼偉	❖有關62號文並非針對台商，清理步驟要根據現在形勢適當進行考慮，未正式實施
2015/03/08	四川省長魏宏	❖總金額數千億人民幣的投資案都因62號文的影響而停擺
2015/03/12	海協會長陳德銘	❖中國大陸將依照自身法律與國際法規條約的承諾，對受害廠商予以補貼，或依照兩岸雙方協商，對台商同等優先處理
2015/03/16	總理李克強	❖中國大陸會繼續保持對台資企業及台商的合理優惠政策
2015/04/22	總理李克強	❖對台商優惠政策不會改變，已簽訂的合同繼續有效，不存在溯及既往的問題

對於中國大陸的善意回應，大多數的台商們多半給予正面的肯定，但除了
口頭承諾外，多數企業也希望中國大陸政府能夠具體的提出 62 號文不溯及既往
以及有關租稅政策影響的相關文件。同時，也提出若是地方政府因財政困難而無
法支應已承諾的優惠，則應由中央政府協助另闢財源空間，和在兩岸一家親的框
架下，給予台商的優惠待遇。對此訴求，2015 年 4 月 21 日中國大陸海協會會長
陳德銘提出：「62 號文是為了糾正過去在經濟開放政策中的不一致，以及過去
地方政府在招商引資時，對於外資和台資企業有些不合國家法律的承諾和條件來
進行糾正。」但相對，也會提出相對補償措施，持續保障台商企業利益。2015
年 5 月 10 日，中國大陸國務院發布「國務院關於稅收等優惠政策相關事項的通
知」（25 號文），明確指出各地政府與企業已簽訂合同中的優惠政策，將繼續
有效，已兌現的部分不溯及既往，有關 25 號文重大內涵如下所示。

表 7-2　中國大陸 25 號文內涵

序號		內涵
❶	基本原則	中央統一制定的投資優惠需落實
❷	按期執行	地方的投資優惠：有期限者執行至期限完畢，無期限但不合規定要調整的，設立過渡期
❸	不溯既往	地方政府與企業簽訂的投資優惠合同，持續有效
❹	新制上報	各地今後公布的各類稅收優惠，應報國務院批准後執行

資料來源：中國大陸國務院

　　雖然 25 號文發布雖然暫時停止 62 號文對台商在中國大陸衝擊，但台商自身競爭力才是重要關鍵，因為暫時停止並不代表未來不會執行，若是台商在這緩衝的短短幾年之內，不能夠有相對的對應方案或是企業轉型升級政策，一旦優惠合約期限一到，難免又將打回原形。不僅如此，伴隨著中國大陸變化迅速的投資環境以及風險，台商在三、五年後所面臨到的問題與挑戰，將會比現在的要在多上數倍，屆時若還是沒有做好準備，被市場所淘汰則是無法避免。

　　富蘭德林證券董事長劉芳榮（2015）表示：「任何一家企業若是過度仰賴補貼一定無法成長，25 號文只是幫台商爭取多一點緩衝的時間，起碼這三、五年為安全期，台商必須清楚意識到在中國大陸投資經營，已不能再靠補貼、優惠政策過活，長遠看的是企業自身競爭力的提升。」而商業總會理事長賴正鎰（2015）亦指出：「中國大陸頒布 25 號文僅僅是讓 62 號文對企業降低衝擊，但若未來地方政府招商時要給外商特別優惠，則需要經國務院核准，像是未來的「三免五減半」等優惠可能會大幅減少，這對台商競爭力仍造成影響。」

　　由此可知，在中國大陸投資環境變化快、競爭激烈變化快、法令政策變化快，所以未來台商享受的特殊待遇終究還是得面臨退場，因此台商要靠的不應再只是地方政府的補助及優惠措施，而是要能夠更進一步的評估自身優勢及各方面競爭力，不斷強化核心競爭力，進行產品定位或是轉型升級，以追求企業可持續發展。

第 8 章
中國大陸十三五規劃新議題

全球歷經金融海嘯、歐債危機衝擊，中國大陸扮演著全球經濟復甦的重要推手，但在多重環境因素影響下，中國大陸經濟成長也隨之受到影響，呈現下滑現象。中國大陸國務院總理李克強（2015）於《2015政府工作報告》指出：「2015年中國大陸官方將下調經濟成長率，力求保七」，此話道出中國大陸經濟成長率大幅增速時代已過去，即將步入另一新常態發展階段。然而，中國大陸在「十二五規劃」之末，即將步入「十三五規劃」之初，習李體制正著手擬定振興中國大陸迎接新常態之政策措施，期望能引領中國大陸進入新一波成長階段。

一、「十三五規劃」十大突破與 25 項議題

隨著全球經濟環境不斷推演，每五年皆會提出吸引全球投資目光的中國大陸，至今已邁入第十三個五年規劃。在過往的「十二五規劃」中，中國大陸的轉變全球有目共睹，從人民困苦到小康社會、世界工廠到世界市場，至今足以影響全球經濟發展的主要脈絡。中國大陸國務院總理李克強（2015）表示：「要堅持以發展為首要任務，改革創新並努力推動科學發展、改變發展方式、突破高層次困難，以促進中國大陸維持中高速的發展，實現增值升級。」因此，在「十二五規劃」的尾聲，新一代領導習李體制正如火如荼研究「十三五規劃」的發展藍圖，將更全面性規劃發展，增進中國大陸根基，衝破當局困境，帶領中國大陸邁向下一個新紀元。茲將「十三五規劃」發展歸納為十大突破 25 項議題，並分述如下：

1. 突破一：維持經濟成長

中國大陸為求在新常態環境下，能夠以更穩健腳步發展，挖掘出新經濟動力並厚植經濟優勢空間，希冀能將中國大陸推向另一高階，而提出對環境發展的相關議題，茲分述如下：

❶**國際環境變化**：自 2008 年全球金融海嘯後，全球經濟環境劇烈產生變化，

接連著發生歐美債務危機等影響全球的經濟風暴，導致各國在經濟發展面臨艱鉅挑戰，為減少全球性金融風暴的影響，中國大陸正極力研究制訂相關針對性政策，以減少風暴帶來衝擊。

❷**對外開放戰略及開放新格局**：中國大陸工信部原材料工業司副司長潘愛華（2015）表示：「在產業新常態發生的問題下，要貫徹『中國製造 2025』規劃的綱要精神，主張運用群眾路線的思維，制定規劃解放思想。」由此得知，中國大陸將以策略性的規劃，展現開放新思維。

❸**企業走出去發展戰略**：在全球經濟環境劇烈競爭下，中國大陸經濟發展已步入新階段。中國大陸國務院總理李克強（2015）表示：「在經濟發展進入新常態下，面臨新機遇及挑戰，應加快中國大陸企業與國際合作，並要互利共贏且防止惡性競爭。」此話道出，中國大陸不僅要拓展企業實力，更要增進產業間合作，以降低競爭壓力，提升企業自身價值。

❹**經濟轉型升級**：面對全球局勢影響，中國大陸經濟發展速度趨緩，為追求持續性的高經濟成長，尋求新經濟活水，以利帶動經濟轉型升級。中國大陸交通運輸部新聞發言人徐成光（2015）表示：「交通運輸承載與沿線 60 多個國家，構建基礎設施互通的使命，將從三個方向對接『一帶一路』建設，進而帶動相關產業轉型升級。」間接道出中國大陸透過交通建設發展，讓交通運輸「走出去」，促進經濟轉型升級。

❺**服務業發展**：在中國大陸極力推動「一帶一路」政策中，勾勒出陸上絲路的藍圖，連接海上絲路，促進貿易活動。中國大陸國務院總理李克強（2015）指出：「中國大陸將擴大開放，以穩定外貿，確定改善口岸工作相關政策措施，追求穩定發展。」由此可知，中國大陸為追求穩定的外貿活動，透露藉此穩定作為，以促使其輻射效果，帶動服務業發展。

2. 突破二：轉變經濟發展方式

中國大陸為呈現更有效率發展，未來將在「十三五規劃」當中，經濟發展將有所改變，茲將議題分述如下：

❶**經濟結構調整**：中國大陸經濟發展迅速崛起，至今在全球激烈競爭之下，面臨經濟結構轉折之交叉點，必須做出結構性調整，因應劇烈變化環境。中國大陸國務院總理李克強（2015）表示：「不希望靠人民幣貶值來刺激出口，中國大陸不能因要刺激出口而不注重內需，這不利中國大陸經濟結構調整。」道出中國大陸對經濟結構調整的重視，亦將是未來持續性的重要課題。

❷**擴大消費需求**：中國大陸國務院提出《國務院關於進一步推進戶籍制度

改革的意見》（2015）道出：「將透過鬆綁戶籍的限制，促成勞動力於城鄉間流動，以提高城鄉與農村民眾之所得，擴大居民消費、擴大內需。」由此可看出，中國大陸在未來「十三五規劃」將持續推動城鎮化來擴大內需市場。

3. 突破三：優化產業結構

中國大陸為近一步增加產業競爭力，提出產業改造計畫，預計將在 2025 年帶領中國大陸邁向新道路，掀開優化產業面貌，茲將其議題分述如下：

❶**工業結構升級**：中國大陸國務院總理李克強（2015）提出：「實施『中國製造 2025』策略，堅持創新驅動、智慧轉型、強化基礎、綠色發展，要加快製造大國邁向製造強國的腳步。」從而道出中國大陸將於工業製造作調整，以促進工業轉型升級之效。

❷**戰略性新興產業發展**：中國大陸為穩定與創造新一波的經濟動能，努力建構管道扶植新興產業發展，根據中國大陸國務院（2015）頒布《關於發展眾創空間推進大眾創新創業的指導意見》指出：「至 2020 年，欲形成一群專業眾創空間等新型創業服務平台、培育一群投資人及創投機構、培育創新微型企業、以創業促進就業及健全創新創業政策體制等五大目標。」由此道出，中國大陸正極力推動新創公司育成，強化創新創業文化氛圍，以利從中發展出戰略型新興產業。

4. 突破四：深化實施創新驅動發展策略

為在新常態經濟環境能夠突破重圍，深化實施各領域之全面創新，以增進各領域運作績效，進而得之改善發揮綜效，茲將議題分述如下：

❶**公共服務重點和財政保障機制**：為催生經濟社會發展新動力的產生，中國大陸推進結構性的改革，加強公共服務範圍，以提高公共服務的品質與效率。此外，為創造並維護穩健的金融環境，繼續實施穩健貨幣政策，加強改善宏觀財務管理，靈活運用公開市場操作、利率等貨幣政策，提供良好的經濟環境，以培育新的社會發展動能。

❷**完善金融市場體系**：中國大陸國務院總理李克強（2015）指出：「為維持經濟穩定的成長，未來將持續實施穩健貨幣政策及積極財政政策。」可知面對動盪的經濟環境，中國大陸未來將以打造更穩健的金融市場體系為原則，持續保持市場穩定。

❸**創新型國家建設**：面臨全球氣候暖化、天然災害不斷，影響並危害人類生活環境，如：日本 311 福島地震引發核災。中國大陸國家能源局核電司長劉寶華（2015）道出：「中國大陸國家能源局正在訂定核電『十三五規劃』，核電基礎創新的重大專項規劃正進行中。」由此可知，中國大陸為維護良好安全安

全的居住環境，正著手改善並創新發展。

❹**資訊經濟發展**：根據中國大陸清科研究中心（2015）指出：「中國大陸雲端運算服務的市場規模，正以每年平均 50% 的速度成長，將在『十二五規劃』底，其市場規模將達到 136.69 億美元。」可知中國大陸資訊經濟發展潛力無限。此外，中國大陸工業和信息化部軟體服務業司長陳偉（2015）道出：「工信部對於雲端運算的『十三五規劃』已經啟動。」可見中國大陸未來對雲端運算發展蓄勢待發的展開。

5. 突破五：加快農業現代化步伐

隨著中國大陸民眾生活水平不斷提升，對其民生環境、飲食等方面要求更不在話下，因此中國大陸當局為提高優質的糧食供應源頭，將實施糧食安全策略之相關規範，予以把關優質的糧食提供給民眾，詳細內容如下：

❶**現代農業發展與糧食安全戰略**：中國大陸城鎮化擴張及工業發展，帶來許多汙染，影響人民生活的環境，更影響糧食的耕種。中國大陸農業部副部長張桃林（2015）指出：「當前農業部正著手制定農業可持許發展之規劃，涉及農業汙染防治工作，其為『十三五規劃』的重要內容。」由此可知，中國大陸在經濟快速發展之下，著手制定糧食相關規範，更嚴謹把關糧食的安全。

6. 突破六：改革機制與體制

中國大陸為使各單位能夠發揮有效運作，將改革其機制與相關體制，希冀能夠透過此轉變，屏除發展惰性，維持發展動力，其分述如下：

❶**國有企業改革**：中國大陸財政部（2015）宣布：「2015 年 1 月至 2 月，中國大陸國有及國有控股企業的經濟營運情況顯示，總收入 65,908.2 億人民幣，較同期下降 5.4%。」由此看出中國大陸國有企業的營運表現衰退，因此中國大陸政府將於「十三五規劃」提出改革政策，優化資源配置，充分發揮市場機制，以促進強強聯合，有效解決現況問題。

❷**住房保障體系與房地產健全發展**：中國大陸對城鎮化政策推動，帶動工業、商業及服務業等發展，但為更健全穩定的發展，中國大陸國土資源部（2015）發布《關於優化 2015 年住房及用地供應結構促進房地產市場平穩健康發展的通知》指出：「制定改善住房需求、土地運用穩定等措施，以避免價格浮動異常，而造成衍伸問題。」從而道出中國大陸積極制定相關措施，希冀人民有良好的居住品質，避免受市場過度炒作，造成更大的負擔。

❸**建設社會主義文化**：中國大陸在實施「全面建成小康社會」政策中，以明確達成文化及民生之任務，並進一步宣導社會主義核心價值，中國大陸社會司（2015）

指出：「將圍繞文化體制改革及社會體制改革此兩大重點，將更好的保障改善民生，促進社會公平正義。」一語道出中國大陸將更深入促成基層民生的改善。

7. 突破七：協調發展

中國大陸為使經濟環境發展能得以協調進行，於國家戰略下予以播種，協調各區域間發展動能，期望能透過有效配套措施，展現強烈連結，進而發揮強大的效益，其分述如下：

❶**人力資源**：隨著中國大陸邁入人口成長轉折時期，中國大陸人力資源問題漸受各界所重視，其相關改革發展政策勢必成為「十三五規劃」的關鍵課題，諸如：提供完善的健康保障制度、改進口岸工作發展、增加吸引海外人才誘因、教育體系與業界掛勾、城鄉人才流動等議題，將牽動各方企業對於中國大陸布局考量，因此中國大陸中央及各地政府正致力研擬相關的配套政策，以力促成發展政策的達成。

❷**區域協調發展**：中國大陸在面對環境瞬息萬變的特性下，為鞏固經濟發展，減少外在因素的衝擊，強化區域協調機能，遂草擬共建絲綢之路及 21 世紀海上絲綢之路之規劃，而今推出「一帶一路」的建設總體藍圖，志在將其串聯發展形成綜效。中國大陸國家國家發展和改革委員會西部開發司副司長歐曉理（2015）指出：「『一帶一路』藍圖將根據各省份之特點，展現各自優勢並找出契合點，構建全方位的互通網絡。」可見為進一步釋放各地區經濟潛能，中國大陸政府正以「點、線、面」依序建構交通網絡，期望能串聯各地以擴大綜效。

8. 突破八：生態文明建設

在經濟快速起飛中國大陸，多方發展創造出大量的汙染源頭，為改善其發展經濟與維護生態平衡之矛盾，將於「十三五規劃」當中，祭出相關議題措施，其詳述內容分述如下：

❶**生態文明建設**：中國大陸國家發展改革委資源節約環境保護司長何炳光（2015）指出：「在經濟發展的新常態下，環境資源必須加快推進定位轉型，並建立完整的制度體系」，由此可知中國大陸正極力促成生態文明新體制，此外，在《加快推進生態文明建設的意見》中，亦提及著力破除制約生態文明建設，將以更完整的規範，讓生態文明建設制度化。

❷**環境治理**：在快速發展工商業發展下，帶來諸多對環境形成負擔的汙染源頭，中國大陸環境保護部部長陳吉寧（2015）表示：「除對大氣汙染防治外，更對水汙染防治及土壤汙染防治做足規範，並針對『十三五規劃』研擬環境保護政策。」由此可知，中國大陸為追求更好經濟發展與良好生活品質，正積極研究

汙染防制規範，朝著與大地互利共存的目標邁進。

❸綠色低碳發展：由中國大陸國家發展和改革委員會應對氣候變化司（2015）發起《低碳減排論壇》提出：「在『十二五規劃』之末期，中國大陸將發展低碳社區試點達 1,000 個，而『十三五規劃』時期將從中擇優做為國家級低碳示範社區，並將低碳能源基礎設施與營運管理被列為重要課題。」從而道出中國大陸面對環境的變化，正積極展開維護環境的相關措施。

9. 突破九：民生水準提升

對於經濟實力迅速崛起的中國大陸，民眾的生活水平也得以獲得改善，對於健康的要求等方面之意識，也隨之不斷提高，中國大陸照顧人民健康，亦制定相關議題，其分述如下：

❶人口發展：中國大陸國家發展改革委社會發展司長王威（2015）表示：「於新社會常態下，要促進社會事業發展，且不斷提高人民福祉。」此外，欲藉由《十三五人口發展規劃》政策，緊密圍繞基本公共服務、人口發展，藉此發會其引領的作用。

❷健康保障：在經濟水平不斷提高之下，人民對健康問題的課題，也隨之日趨重視，中國大陸國務院於 2015 年發布《全國醫療衛生服務體系規劃綱要（2015-2020）》，將推動智慧醫療、健康資訊、遠端醫療、移動醫療等服務，並且運用科技的進步，引用到互聯網、雲端運算、物聯網等技術上，以提供全面性的健康諮詢服務，來為人民建立完整健康保障。

10. 突破十：開發扶貧機制

在經濟快速起飛之下，中國大陸也造成相當大的貧富差距，為推動全面建成小康社會，承襲「十二五規劃」之延續，於「十三五規劃」將繼續其配套之執行，其詳細內容如下：

❶完善扶貧脫貧機制：中國大陸在城鎮化的政策推動下，將人口聚集於城鎮中，並努力提出相關配套政策，已達成「全面建成小康社會」的初步任務。此外，為近一步加快扶貧脫貧之政策，將明確於住房、土地、就業、產業及社會報帳等五方面，建立新配套政策，以加快推進扶貧脫貧機制的促成。

二、十三五規劃三重要發展戰略

中國大陸即將步入「十三五規劃」時期，當局政府正努力研究制定未來五年發展議題，為了有嶄新的開始，將政策格局從原本中國大陸市場，藉由「一帶一路」策略輻射影響到周遭鄰近國家，希冀能夠帶領中國大陸邁向另一高峰。

1. 戰略一：中華品牌復興計畫

中國大陸國家主席習近平（2015）指出：「要講好的中國大陸故事，傳播好的中國大陸聲音，相信在海外機遇難得、優勢明顯及地位突出之情況下，要更加彰顯優勢，並促進譜出新的樂章。」可見中國大陸對新策略發展，有新動作與新期待。此外，在過去「十二五規劃」期間，中國大陸大興土木輔佐文化創意產業發展，在台灣與中國大陸兩岸持續性的交流下，在國際舞台上提高競爭力，並更加深兩岸文化創意關係之發展。中國大陸上海社會科學文化產業研究中心主任花建（2015）表示：「於兩岸互連通之背景下，應掌握歷史契機，形成互聯通的產業結構，並加快各類資源的聚集，創造共同參與的文創機制。」可見未來中國大陸將更進一步的攜手兩岸關係，發展文化創意產業。從以上進一步透露，中國大陸欲透過文創產業的發展，來發展未來骨幹品牌產品，因為中國大陸當前強勢品牌區區可數，而在即將步入新的五年規劃之際，期許能在綜合策略架構下，創造出更多強勢的中華品牌，宣揚中華文化。

於「一帶一路」廣大策略格局下，不僅欲透過海上絲路、陸上絲路及未來將創建與各國聯通鐵路之經濟聯鎖效果外，更希冀能透過此策略輔佐復興中華品牌，讓國際舞台上能有中華品牌嶄露頭角之地。台灣兩岸文化創意產業聯盟協會榮譽理事長李永萍（2015）表示：「目前中國大陸發展『一帶一路』策略，兩岸應即時掌握此歷史機遇，共同攜手推動文化創意產業之『一帶一路』策略方向。」由此道出業界對「一帶一路」策略發展，抱持樂觀態度。另外，中國大陸傳媒大學文化發展研究院院長范周（2015）亦指出：「兩岸應加強文創互融，並共同鑄造大中華之品牌，聯手向世界傳播兩岸共同的文化價值。」由此可見學者在「一帶一路」策略下，面對新策略發展有更深層面的看法，希冀在此背景之下，能更深耕的紮下基礎，將策略影響層面擴及全球。

2. 戰略二：創客環境創新計畫

在全球資源有限的情況下，創新創意思考課題日漸趨重，鑒於能在有限資源環境下，以創造出大效益，目前當是世界各國努力的重要議題，而中國大陸對此亦投入心力制定相關輔佐研究議題，透過營造一個創新環境，希冀能夠孕育出新活水。因此，中國大陸國務院總理李克強於 2015 年兩會發布《2015 政府工作報告》提及「大眾創業、萬眾創新」之政策規劃，可見中國大陸正積極塑造創新環境空間，以吸引各界創新人才進駐，活化整體創新動能。2015 年 3 月 29 日，中國大陸上海市眾創空間大會暨 2015「創業在上海」正式展開，並以「創業浦江行動計畫」為推動目標，期望能在 2020 年將上海打造成全球影響力的創業中

心。由此可知，中國大陸所制定的政策議題，正全力實踐親為，深具野心強化其競爭力，盼透過創客環境營造，為中國大陸帶來更多元的創新動能。

此外，除中國大陸政府努力實施創客環境政策外，民間企業也隨之動起來，搭著中國大陸政府的政策順風車，進行創新人才招攬。阿里巴巴創辦人馬雲在 2015 年 2 月 1 日於香港宣布撥出 10 億港幣，成立「香港青年企業家基金」，以支持香港年輕人開拓事業，培養創業家精神；更在 2015 年 3 月 2 日宣布，設立一個非營利性質的基金，來扶植台灣年輕企業家發會其創意，鼓勵台灣青年實現創業夢想，金額高達新台幣 100 億元。綜上所述，中國大陸在新一代習李體制領導人帶領下，欲將中國大陸帶領到創新經濟時代，精心制定相關政策配套，進而引領民間企業參與，將其創新政策發揮綜效，其潛在新契機效益將指日可期。

3. 戰略三：陸企轉型接軌計畫

在即將展開「十三五規劃」之際，中國大陸國家主席習近平（2015）表示：「對當前中國大陸經濟強調穩定增長、調整結構、促進改革，並極力推動轉型等目標。」從而道出中國大陸從過往的促進增長轉向穩定增長，其可意識到中國大陸經濟不再像以往高成長，當前面臨經濟困境之轉折點；而在中國大陸國家「一帶一路」政策規劃下，為中國大陸企業展出一條與國際接軌的新道路，加強中國大陸企業海外投資，期許能開創更多元的經濟貿易活動。

中國大陸國務院於 2015 年 3 月 25 日之常務會議通過《中國製造 2025》推動方案，此被視為中國大陸國務院總理李克強的「王牌計畫」，但在實現此計畫將面臨許多高大的路障，其為：「製造業大而不強，自主創新能力低」、「產品等級不高，缺乏世界級知名品牌」、「資源利用率低汙染嚴重」、「產業結構不合理」、「資訊化水平不高，與工業化融合程度低」及「國際化程度不高」等問題，而在中國大陸極力促成陸企與國際接軌，將藉由與國際各界合作的情況下，有助於發展出新火花，以改善中國大陸當局所面臨的困境，並進而達到政府所推動的政策方案。

第9章
中國大陸創新驅動
新契機

綜觀全球經濟發展情勢，美國提出「再工業化」（Manufacturing Renaissance）戰略使其逐漸擺脫金融危機負累，持續穩固復甦；德國「工業4.0」（Industry 4.0）戰略推出兩年，各國紛紛仿效，再創新猷；法國致力打造「工業化新法國」（Nouvelle France industrielle），開啟法國新一輪工業革命；日本則渴望憑藉「日本再興戰略」，使經濟擺脫低迷，恢復正向循環。就某種意義而言，誰若能打贏「全球創新戰」，誰就能在全球經濟中占領優勢地位，進而為未來發展取得先發優勢。

2015年中國大陸兩會上，有關「創新」的討論令人振奮，中國大陸國務院總理李克強在進行《政府工作報告》時就38次提到「創新」，而「中國製造2025」、「大眾創業、萬眾創新」、「互聯網＋」等新詞在經濟新常態下頻出，「創新」在這個國家，受到信仰般的熱烈探討。曾經的中國大陸崛起，一度被打上「山寨文化」、「技術含量低」、「產品品質差」等負面標籤。然十年前，「加大自主創新」被上提到國家層面；三年前，「創新驅動發展」寫進基本國策。其中聯想、華為、中興等領跑科技製造業，而市場化程度最高的互聯網產業，英雄輩出，現在則由BAT（百度、阿里巴巴、騰訊）三巨頭領軍。聯發科董事長蔡明介曾用：「今日山寨，明日主流，山寨是低成本的創新。」來形容中國大陸山寨3C產品生命力，亦指出山寨機內含不少創新因子，如小米手機的模仿，就奠定顛覆式創新基礎。而中國大陸國家主席習近平（2015）更明示：「創新是引領發展的第一動力」、「抓創新就是抓發展，謀創新就是謀未來。」可見未來中國大陸將全面加速朝「創新大國」邁進。

一、專家媒體論述中國大陸創新能力

1. **經濟學人（The Economist）**：2014年6月11日，經濟學人（The

Economist）CEO Stibbs 指出：「製造是經濟發展的一個自然階段，所有的經濟都是從大規模製造開始，進而轉向消費主導經濟發展，中國大陸將變得更具創新性，並且已經如此。阿里巴巴已成為世界最大的 IPO，中國大陸亦催生各種社交媒體應用程式，和諸如華為等許多掌握最前沿技術的不錯的科技公司，未來中國大陸若要持續成長，就必須變的更有創新性。」中國大陸的經濟體系儼然進入另一階段，創新已成為必要過程。

2. 經濟合作暨發展組織（OECD）：2014 年 11 月，經濟合作暨發展組織發布《經合組織 2014 年科學技術與工業展望》報告指出：「中國大陸在研發領域投入自 1998 年起成長三倍，光 2008 至 2012 年間就翻了一番，成為全球研發的主要驅動力。未來，中國大陸的研發投入將超越歐盟和美國，在 2019 年前後躍居世界首位。」由上述可知，中國大陸於創新能力上的成長，亦被外界肯定。

3. 英國《金融時報》：2015 年 5 月 1 日，英國《金融時報》刊登題為〈中國成為全球創新者〉文章指出：「多年來，中國大陸一直被稱讚是全球製造大國，如今創新正在使這個全世界人口最多的國家蓬勃發展，它正迅速成為潮流引領者，未來將有望顛覆全球商業模式。」從中可看出，中國大陸帶來的顛覆創新，正帶領新一波改革潮流。

4. 德國《商報》：2015 年 3 月 14 日，德國《商報》在一篇題為〈從模仿者到創新者〉文章指出：「中國大陸的 IT 業擁有許多優越條件，頂級品牌如電腦製造商聯想、電子商務平台阿里巴巴或網路設備商華為及中興等 600 多家企業將參與漢諾威 CeBit 電子展。」顯示中國大陸企業創新的活躍程度。

5. 日本《日本經濟新聞》：2014 年 7 月 19 日，日本經濟新聞指出：「中國大陸已走向技術逆襲時代」，在高速鐵路、核電廠、區域型飛機等大型工業產品設備與基礎建設工程領域，中國大陸的技術創新逆襲與國際競爭力已急速提升。

6. 高瓴資本集團董事長兼首席執行官張磊：2015 年 4 月 26 日，第 18 屆哈佛中國論壇於波士頓召開，高瓴資本集團董事長兼首席執行官張磊指出：「中國大陸創業者從早期的海外模仿變成今天向全球輸出創新模式和創新產品。諸如：騰訊的微信在印尼戰勝其他國際產品，成為當地最暢銷的即時通訊軟體。」顯示中國大陸的創新企業在全球來看毫不遜色，創新創業更幫助中國大陸實現經濟轉型。

二、BAT 構建生態系統

2014 年 12 月 3 日，富比士（Forbes）刊登〈BAT 巔峰時刻〉一文指出：「2014 年無疑是中國大陸互聯網的黃金時代，BAT（百度（BaiDu）、阿里巴巴

（Alibaba）、騰訊（Tencent）影響力已擴散到互聯網以外的行業，而 BAT 藉由頻繁收購，不斷開拓新的空間，布局新的業務，使其產業疆界不斷擴張，更重要的是 BAT 影響的是整個企業生態。」此外，根據 21 世紀商業評論雜誌（21st Century Business）（2015）指出：「百度約用了 20 至 30 億美元，收購或投資 15 家公司，阿里巴巴則運用 60 至 70 億美元，投資或收購 36 家公司，而騰訊則是運用 70 至 80 億美元，投資或收購 44 家公司。截至 2015 年 3 月 18 日為止，BAT（百度、阿里巴巴、騰訊）三巨頭中，阿里巴巴市值約 2,123 億美元，騰訊市值約 1,642 億美元，百度市值約 711 億美元。」

僅 2014 年，騰訊就完成一連串的收購或入股：大眾點評、京東、58 同城、樂居、四維圖新、韓國遊戲公司 CJGAMES、丁香園。而阿里巴巴則入股中信 21 世紀、美國奢侈品電子商務網站 1stdibs、高德地圖、佰城旅行、文化中國、銀泰、美國乘車應用軟件 Lyf.、移動聊天和通話應用 Tango、華數傳媒、恆生電子、優酷土豆、恆大足球。至於百度則在這兩年的收購包括 91 無線、糯米、傳課等。使得 BAT 布局到更多領域，形成龐大的產業生態平台。根據國際數據資訊（International Data Corporation）（2014）預測指出：「2015 年中國大陸 IT 產業崛起，加之國內市場規模驅動，BAT 三巨頭將在未來的三至四年內，挑戰 Amazon、Microsoft、IBM 及 Google 的市場地位。」

互聯網時代來臨，企業若一味只想透過攻擊、占領來穩固鏈條上的霸主地位，這種單點獨霸思維，往往侷限企業成長，因任何產品都有其生命週期，亦可能很快被取代，行業疆界也可能被技術升級所打破，但生態系統就不是那麼容易被複製，因此，成為生態系統的盟主，拓展更多的盟員來協同共建和整合共用，並藉此鞏固自身核心競爭力，就成為互聯網時代的商業趨勢。未來 BAT 策略布局亦是依循此一「生態系統」概念：（1）百度串出一條線：百度從移動搜索、分發、LBS 占領主導地位，雲產品使用者數超越其他所有雲產品的總和，加大研發投入及對人工智慧的開發與研究等。（2）阿里巴巴織出一張網：致力於搭建生態系統，（3）騰訊一個中心輻射出多個點：騰訊將投資重點放在 O2O、醫療健康、旅遊、電商等四個垂直行業。正如同樂視 CEO 賈躍亭（2014）表示：「戰略競爭時代下，能否生態化將成為決勝關鍵，互聯網顛覆傳統行業的五大利器是用戶、前瞻、快速、協同、極致，而互聯網產品終極目標，不僅是單純把產品、服務賣給用戶，而是向用戶開放所有權，讓用戶與企業共同擁有產品，通過整合以構建完整生態系統」。

表 9-1　BAT 布局領域一覽表

O2O 布局		百度	阿里巴巴	騰訊
線上	搜索	百度搜索、91 無線	UC、淘寶、天貓	拍拍網、京東
引流	地圖	百度地圖	高德地圖	四維圖新、騰訊地圖
	社交	-	微博、來往、陌陌	QQ、微信
	視頻	愛奇藝、PPS	優庫土豆、華數傳媒	騰訊視頻
細分 O2O 領域	打車	Uber	快的打車	嘀嘀打車
	團購	百度糯米	美團網	大眾點評
	旅遊	百度旅遊、去哪兒	佰程旅行網、窮游、淘寶旅遊、去啊	同程網、藝龍
	生活信息	安居客	淘點點	58 同城
交易	支付工具	百度錢包	支付寶	財付通
線下服務	線下夥伴	地圖開放平台上的餐廳、酒店商家	銀泰商業集團、美佳便利商店等	王府井百貨、上品百貨、新世界百貨
	應用場景	餐飲、打車、酒店	服裝、百貨、打車、自動售貨機	餐飲、服務、百貨、打車、自動售貨機

資料來源：21 世紀商業評論雜誌（2015）

三、中國大陸創新能力排名

　　從全球產業發展趨勢可發現，當人均 GDP 達 1,000 美元時，產業從輕工業轉向重工業，當人均 GDP 進一步提升到 4,000 至 6,000 美元時，產業趨勢將逐漸從重工業轉向服務業及科技創新，而中國大陸人均 GDP 目前已超過 6,000 美元，傳統產業面臨產業升級的歷史拐點，即進入了「創新驅動」成長階段。茲將全球知名研究機構針對中國大陸創新排名論述如下：

1. 中國大陸創新排名：國家排名

❶彭博：世界最具創新力國家排名

　　2015 年 1 月 23 日，彭博（Bloomberg）發表《全球創新指標》（The Global Innovation Index），針對世界最具創新力的前 50 個國家進行排名，中國大陸整體排名雖位居第 22 名，但在「高科技專利技術」此一細項指標位居第三位，而在「高科技公司」細項指標排名僅次美國位居第二。根據 WPP 集團（Wire & Plastic Products Group）董事長 Martin Sorrell（2015）指出：「十五年後，中國大陸企業將成為全球創新力代表，許多創新產品將會以中國大陸為源起。近年來，中國大陸崛起的阿里巴巴已成為全球市值第六的公司，騰訊亦是千億美元市值，而百度也有幾百億美元，小米新一輪估值亦達 450 億美元，而四年前這個

公司還不存在。」可見中國大陸創新能力成長快速且不容忽視。

表 9-2　2015 年全球創新指標排名

排名	國　家	排名	國　家	排名	國　家
1	南　韓	11	丹　麥	21	愛爾蘭
2	日　本	12	加拿大	22	中國大陸
3	德　國	13	澳　洲	23	西班牙
4	芬　蘭	14	俄羅斯	24	義大利
5	以色列	15	挪　威	25	波　蘭
6	美　國	16	瑞　士	26	斯洛維尼亞
7	瑞　典	17	奧地利	27	馬來西亞
8	新加坡	18	紐西蘭	28	盧森堡
9	法　國	19	比利時	29	希　臘
10	英　國	20	荷　蘭	30	葡萄牙

資料來源：彭博（Bloomberg）（2015）

❷中國大陸常駐聯合國代表團科技組：G20 國家創新競爭力發展報告

　　全球競爭環境日益劇烈，掌握了先進科技，就掌握經濟社會發展的主導權，亦掌握了綜合國力競爭的主動權。換言之，科技實力決定著全球政治經濟影響力量，根據中國大陸常駐聯合國代表團科技組（2014）發布《G20 國家創新競爭力發展報告》（Report on the Group of Twenty National Innovation Competitiveness Development（2013-2014））指出：「中國大陸的創新競爭力在 G20 集團中排名第八，是 G20 唯一一個進入前十名的發展中國家。」顯示中國大陸十八大後實施創新驅動戰略，不斷加大科技投入和引進人才，對整體創新力提升發揮較大作用。

表 9-3　G20 國家創新競爭力發展報告排名

排名	2011-2012	2013-2014	排名	2011-2012	2013-2014
1	美　國	美　國	11	俄羅斯	俄羅斯
2	德　國	日　本	12	沙烏地阿拉伯	沙烏地阿拉伯
3	韓　國	德　國	13	巴　西	土耳其
4	日　本	韓　國	14	南　非	巴　西
5	英　國	澳　洲	15	土耳其	墨西哥
6	澳　洲	英　國	16	阿根廷	南　非
7	法　國	法　國	17	西哥	阿根廷

表 9-3　G20 國家創新競爭力發展報告排名（續）

排名	2011-2012	2013-2014	排名	2011-2012	2013-2014
8	加拿大	中國大陸	18	印　度	印　度
9	中國大陸	加拿大	19	印　尼	印　尼
10	義大利	義大利			

資料來源：中國大陸常駐聯合國代表團科技組（2014）

附註：此表為國家排名，故 G20 中的歐盟不列入彙整

❸中國科學技術發展戰略研究院：2014 國家創新指數報告

2015 年 7 月 8 日，中國科學技術發展戰略研究院發布《2014 國家創新指數報告》指出：「中國大陸國家創新指數得分與創新型國家差距進一步縮小，排名第 19 位，雖與去年持平，但得分較去年高 3.2 分。」

表 9-4　2014 國家創新指數排名

2014 排名	2013 排名	國　家	分數	2014 排名	2013 排名	國　家	分數
1	1	美　國	100.0	11	12	英　國	73.6
2	2	日　本	98.4	12	11	新加坡	72.6
3	3	瑞　士	90.4	13	13	法　國	71.9
4	4	韓　國	89.2	14	17	愛爾蘭	71.7
5	5	以色列	77.1	15	14	挪　威	70.8
6	9	丹　麥	76.2	16	15	奧地利	70.2
7	6	瑞　典	76.1	17	16	澳　洲	70.1
8	8	荷　蘭	75.4	18	18	比利時	69.4
9	10	德　國	75.1	19	19	中國大陸	68.4
10	7	芬　蘭	74.8	20	20	盧森堡	65.5

資料來源：中國科學技術發展戰略研究院（2015）

2. 中國大陸創新排名：企業排名

❶波士頓顧問集團：全球 50 家最具創新能力企業排名

2014 年 10 月 30 日，波士頓顧問集團（Boston Consulting Group；BCG）公布《2014 年全球 50 家最具創新能力企業排名》（Top 50 Most Innovative Companies），中國大陸共有四家企業上榜，較 2013 年的兩家多，分別是聯想（23 名）、小米（35 名）、騰訊（47 名）及華為（50 名），其中，小米更被選為未來最具創新潛力的新興企業。

表 9-5　全球最具創新能力企業排名

排名	2013	2014	排名	2013	2014
1	蘋果	蘋果	11	索尼	惠普
2	三星	Google	12	Facebook	通用汽車
3	Google	三星	13	通用汽車	Intel
4	微軟	微軟	14	福斯	思科
5	豐田	IBM	15	可口可樂	西門子
6	IBM	亞馬遜	16	惠普	可口可樂
7	亞馬遜	特斯拉	17	現代汽車	LG
8	福特	豐田	18	本田	BMW
9	BMW	Facebook	19	奧迪	福特汽車
10	奇異	索尼	20	戴姆勒	戴爾

中國企業排名	排名	2013	排名	2014
	22	聯想	23	聯想
	35	騰訊	35	小米
			47	騰訊
			50	華為

資料來源：波士頓顧問公司（BCG）（2013,2014）

❷思略特：2014 中國創新調查

2014 年 9 月 23 日，全球知名管理諮詢公司思略特（Strategy&）發布《2014 中國創新調查》報告指出：「有 65% 的外資受訪企業表示，中國大陸競爭對手的創新實力與其相當或更強。中國大陸企業不僅產品創新表現出眾，並且在服務、供應鏈和商業模式創新等方面發起更大挑戰，全球都是其創新樂土。」

表 9-6　最具創新精神的中國大陸企業與外資企業排名

排名	中國企業	排名	外資企業
1	華為	1	蘋果公司
2	騰訊	2	三星電子
3	阿里巴巴	3	大眾汽車
4	小米科技	4	Google
5	聯想集團	5	3M
6	海爾集團	6	微軟
7	百度	7	寶潔
8	比亞迪	8	萊雅集團
9	魅族科技	9	博世
10	招商銀行	10	可口可樂

資料來源：思略特（Strategy&）（2014）

第 10 章
中國大陸經貿發展
新困境

古人曾云：「不謀萬世者，不足謀一時；不謀全域者，不足謀一域」，意謂不從長遠規劃思考的人，即便想做好短期規劃也是徒勞；而不從全面局勢考量的人，想做好局部性的規劃亦是白費工夫。中國大陸在 1992 年改革開放後經濟快速發展，但在發展過程中卻埋下不少潛在危機與問題。由於近年環境變化快速，導致部分問題已逐漸浮上檯面，而潛藏問題的風險亦逐步提升，未來中國大陸政府之政策推動將為此所影響，而從政策中不難看出，中國大陸政府對於此些風險危機的重視，亦提及許多相關改善措施及因應之道，但其中仍有許多不足之處。以下茲就各研究機構及媒體對於中國大陸經貿發展困境之論述觀點進行歸納，藉此提供企業了解中國大陸經貿環境目前主要困境。

一、中國大陸經貿發展困境評述

過去中國大陸政府在上次金融危機中推出的四兆人民幣投資計畫來刺激經濟，種下諸多弊端。根據中信證券首席總體經濟學家諸建芳（2015）表示：「中國大陸政府於過去四兆元人民幣刺激計畫中，而產生產能過剩和融資平台問題，至今仍舊未完全消化。」然而，中國大陸國務院於 2014 年底已批准包含糧食水利、交通、生態環保、健康養老服務、資訊電網油氣重大網路工程、清潔能源、油氣及礦產資源保障工程等，總投資額近十兆元人民幣的七大類基礎設施項目。中國大陸政府試圖以政策推動方式度過其總體經濟所面臨之困境，然卻也存在相對衍伸風險，茲針對國際知名研究機構、媒體雜誌與學者專家對於中國大陸經貿發展環境存在困境之看法分述如下：

1. 研究機構論述中國大陸發展困境

❶**高盛集團（Goldman Sachs）**：2014 年 8 月 15 日，高盛集團（Goldman Sachs）經濟學家 Tilton 指出中國大陸發展三大挑戰分別為：（1）未富先老挑戰：

估計未來十年,中國大陸勞動力恐轉變為負成長,相較其他東南亞國家,中國大陸在較早發展階段即面臨嚴重人口問題;(2)債務負擔過高:就中國大陸而言,快速信貸增長減速將對經濟造成重大衝擊;(3)出口上限挑戰:目前中國大陸出口占 GDP 比重約 25.0%,這迫使中國大陸政策制定在相對較早的發展階段即面對棘手的「中等收入陷阱」困境,從資源成長外延(城市化、投資)轉向資源內涵(創新、勞動生產率增長)。

❷**摩根大通(JPMorgan Chase;JPM)**:摩根大通中國大陸首席經濟學家朱海斌(2015)表示:「2015 年最需要關注的為金融風險議題,其社會非金融部門的債務水準將持續成長,特別是在企業部門債務方面,這需要未來通過金融改革和經濟結構性的改革去慢慢解決。」此外,其亦表示:「隨著 2015 年貨幣政策更加寬鬆,使得中國大陸經濟出現強大下行壓力,尤其是傳統製造業和房地產方面,在低成長與低通貨膨脹的環境下,降息和降準都是未來十分可能使用的手段。」綜上可知,中國大陸存在的金融風險除影響各企業發展,亦將導致其他信貸緊縮及房地產泡沫等相關議題。

❸**美國經濟諮商會**:「2015 年中國大陸信貸供應將受三種催化劑干擾,使中國大陸經濟成長呈現下滑現象。首先,影子銀行將使信貸供應關係出現諸多違約事件;再者,為中國大陸房價暴跌及房地產泡沫化困境;以及美國升息所導致的資本外流、銀行流動性收縮等因素的干擾。」此外,其亦表示:「中國大陸經濟出現信貸緊縮情況,銀行的貸款意願將會下降,為此,中國大陸金融監管機構試圖以逐漸降低貸款的擴張速度方式,保持信貸穩定成長,然此種作法對於經濟成長而言,將可能造成一種擾亂效果,銀行間的利率上升就是這種情況的早期警告。」綜觀上述,中國大陸信貸供應方面因受影子銀行違約事件、房價暴跌及美國升息所導致的資本外流等因素影響,出現信貸緊縮現象。

❹**中國大陸國家發展和改革委員會**:中國大陸國家發展和改革委員會副主任劉鶴(2015)表示:「相較 1929 年的經濟大蕭條和 2008 年的國際金融危機,從起因及徵兆當中可發現,隨中國大陸經濟程度不同,其隱含著金融風險甚至危機發生的因素將有更顯著相關」。劉鶴將其風險彙整為八大構面,分別為:(1)經濟成長模式轉型緩慢,缺乏新的經濟成長支撐點;(2)收入分配差距過大,勞資矛盾逐步顯現;(3)房地產市場過度繁榮,房價飆升;(4)直接融資規模偏小,金融集中度偏高;(5)會計制度缺乏透明度,公允價值使用標準有待調整;(6)影子銀行,非正規金融以及地方投融資平台隱憂多;(7)國內信用評級機構缺乏,受制於國外評級機構;(8)金融監管體系相對分散,缺乏協

調統一。

　　❺**金融監督管理委員會**：金融監督管理委員會主委曾銘宗（2015）表示：「中國大陸當前的經濟兩大風險為『影子銀行』與『房地產下跌』。影子銀行方面，金管會已委託中華經濟研究院、金融研訓院與元大寶華研究院等智庫，進行長期性追蹤與研究分析影響；其次，房地產下跌方面，主要是指中國大陸於不動產價格下跌方面的風險，特別針對其二線城市之不動產。金管會已要求國銀在中國大陸的分行必須做好風險控管，並請銀行局和檢查局密切監控市場發展。」從而得知，影子銀行及房地產議題已成為台灣政府機構十分重視議題，其對台灣重要程度及影響程度非同一般。

　　2. 媒體雜誌論述中國大陸發展困境

　　中國大陸國務院發展研究中心研究員吳敬璉（2015）表示：「中國大陸政府總體經濟每次出現問題便以強刺激的辦法，實際上這是飲鴆止渴，使宏觀經濟狀況變得越來越脆弱，各級地方的政府及企業負債率皆飛快成長，已超出公認的警戒線」。由上述可看出，中國大陸經濟成長背後隱藏著許多潛在的不穩定因素，以下茲就《彭博新聞社》（Bloomberg News）與《金融時報》（Financial Times）專家及學者提出對中國大陸經貿發展環境存在的困境敘述如下：

　　❶**《彭博新聞社》（Bloomberg News）**：《彭博新聞社》在採訪經濟學家和分析師的觀點後，將中國大陸經濟風險進行彙整分為六大風險，分別為：（1）信貸緊縮所引發的影子銀行違約及資本外流；（2）外部衝擊將導致對中國大陸企業減少投資；（3）房屋銷售下滑導致房地產泡沫化；（4）政策失誤導致大量的破產和裁員；（5）美國利率上升；（6）地方債危機。光大證券首席經濟學家徐高（2015）向彭博新聞社表示：「如果未來中國大陸 GDP 成長仍持續放緩 0.5% 至 1%，很多公司將面臨破產，不復生存，而中國大陸離此『轉折點』已經不遠」。由上述可知，中國大陸於經濟體系上存在相當程度的系統性風險，其影響將導致經濟成長速度大幅下滑。

　　❷**《金融時報》（Financial Times）**：《金融時報》中文網財經專欄作家徐瑾發（2015）表示：「2015 年中國大陸經濟風險主要以五個方面體現，分別為：（1）國際環境動盪，強勢美元的回歸必然伴隨著資本回流美國，導致中國大陸資本外逃風險；（2）由於財政收入成長速度下降，土地出讓的收入減少，將可能面臨嚴峻的財政挑戰，形成中國大陸地方政府的財稅困境；（3）隨著營商環境惡化，導致產能過剩問題產生，公司成本利潤失衡及企業負債水平高企等企業風險產生；（4）金融機構風險，主要為影子銀行風險所造成；（5）由於國際市場、

地方政府、企業、金融機構等四大風險最終將會傳導至居民層面，進一步成為居民的投資風險。

3. 學者專家論述中國大陸發展困境

❶**中國科學院大學管理院院長成思危**：2014 年 7 月 22 日，成思危指出中國大陸現階段遇到三大挑戰，分別為：（1）環境汙染和能源消耗太多；（2）金融風險，特別是地方債務；（3）克服投資偏好症：早期中國大陸經濟騰飛都是以投資拉動，諸如：2009 年經濟成長率為 9.2%，僅投資就貢獻 8.7%。然而，雖然投資拉動經濟最為快速且容易，但經濟效益卻愈來愈低。

❷**經濟學家郎咸平**：2014 年 11 月 5 日，著名經濟學家郎咸平指出：「中國大陸經濟正逐漸走向危機，估計 2015 年中國大陸製造業將走向崩潰。」此外，其亦指出中國大陸正面臨四項危機，即：（1）資源浪費；（2）產能過剩；（3）債務危機；（4）消費危機。

❸**北京科技大學東凌經濟管理學院何維達教授**：2015 年 1 月 6 日，2015 年中國實體經濟形勢不容樂觀，可能面臨三大風險：（1）產能過剩：第二產業包括鋼鐵產業等製造業、採礦業、電力、煤炭、水泥、運輸等，受國外經濟復甦緩慢、國內產能過剩和推行節能環保政策影響等，持續下滑趨勢難以改善；（2）房地產量價齊跌：房地產開始調整，房價下跌可能發生；（3）地方政府債務危機：各地方政府瘋狂舉債，不顧後果，融資平台債務總量持續增加，加之缺乏有效監控，地方債務危機爆發可能性增高。

❹**中國社會科學院學部委員余永定**：2015 年 3 月 26 日，指出中國大陸面臨四大問題，分別為：（1）地方政府融資平台問題；（2）房地產泡沫崩潰問題；（3）企業債務問題；（4）資本外逃問題。

❺**中國人民大學國家發展與戰略研究院院長劉元春教授**：2015 年 6 月 21 日，指出中國大陸將面臨四大困境，分別為：（1）中國大陸宏觀經濟面臨失速風險；（2）生產領域通縮和企業高負債率疊加風險；（3）總體性政策失靈風險：因地方政府及職能部門的慵政、懶政現象及財務體制改革處於銜接期，國家預算對投資支持度在下滑；（4）利用股市繁榮達到啟動經濟風險提升。

表 10-1　研究機構、媒體雜誌、學者專家論述中國大陸經貿發展困境

機構／媒體名稱	主要面臨困境	機構／媒體名稱	主要面臨困境
① 高盛集團	❶ 未富先老挑戰 ❷ 地方債務危機 ❸ 出口上限挑戰	⑦《金融時報》	❶ 資本外流危機 ❷ 地方債務危機 ❸ 產能過剩危機 ❹ 製造業倒閉潮 ❺ 影子銀行危機 ❻ 吸引投資危機
② 摩根大通	❶ 信貸緊縮危機 ❷ 房地產泡沫化	⑧ 成思危院長	❶ 環境污染問題 ❷ 地方債務危機 ❸ 經濟結構調整
③ 美國經濟諮商會	❶ 影子銀行危機 ❷ 房地產泡沫化 ❸ 資本外流危機	⑨ 郎咸平教授	❶ 資源浪費危機 ❷ 產能過剩危機 ❸ 地方債務危機 ❹ 消費危機
④ 中國大陸國家發展和改革委員會	❶ 製造業倒閉潮 ❷ 中等收入陷阱 ❸ 房地產泡沫化 ❹ 吸引投資危機 ❺ 影子銀行危機	⑩ 何維達教授	❶ 產能過剩危機 ❷ 房地產泡沫化 ❸ 地方債務危機
⑤ 金融監督管理委員會	❶ 影子銀行危機 ❷ 房地產泡沫化	⑪ 余永定委員	❶ 地方政府融資 ❷ 房地產泡沫化 ❸ 企業債務問題 ❹ 資本外流危機
⑥《彭博新聞社》	❶ 信貸緊縮危機 ❷ 吸引投資危機 ❸ 房地產泡沫化 ❹ 製造業倒閉潮 ❺ 地方債務危機	⑫ 劉元春教授	❶ 經濟失速風險 ❷ 企業債務問題 ❸ 政策失靈風險 ❹ 股市泡沫危機

二、中國大陸經貿發展九大困境

綜合各研究機構、媒體雜誌及學者專家提出中國大陸經貿發展環境困境與挑戰之看法，本研究歸納出中國大陸經貿發展九大困境，分別為：（1）資本外流危機；（2）吸引投資危機；（3）地方債務危機；（4）信貸緊縮危機；（5）中等收入陷阱危機；（6）產能過剩危機；（7）房地產泡沫危機；（8）製造業倒閉危機；（9）影子銀行危機。茲將內容分述如下：

1. 困境一：【資本外流危機】

隨著 2014 年美國經濟逐漸復甦，美國聯準會（FED）遂於 2014 年 11 月結束實施六年的量化寬鬆貨幣政策（QE），導致美元逐漸由弱轉強，亦出現美元升息預期心理，吸引大量資金從中國大陸、印度等新興經濟體回流美國，對

各新興經濟體市場和貨幣價值造成衝擊，國泰君安證券（2015）即指出：「自
2014年6月，受美國退出QE和國際大宗商品價格下降雙重影響，出現資金從
新興市場國家回流到美國之現象。截至2014年12月，新興市場投資組合的贖
回資金即高達到115億美元。」根據2015年7月22日，《每日電訊報》（Daily
Telegraph）指出：「中國大陸資本外流在2015年第二季度便高達2,240億美元，
創下史無前例的紀錄」，而郎伯德街研究（Lombard Street Research）亦指出：
「中國大陸在2014年資本外流已達8,000億美元，此一數據讓人感到驚恐。」
此外，隨著中國大陸部分生產要素成本逐漸墊高，以及中國大陸市場競爭漸趨
激烈，迫使諸多獲利能力較低的勞力密集產業企業紛紛轉而尋求新的生產基地，
而印度、越南、泰國等亞洲新興國家亦提出諸多優惠條件，積極爭取企業進入投
資，不但使外資企業躍躍欲試，對中國大陸本土企業產生吸引力，最終導致中國
大陸面臨資本外流危機。

2. 困境二：【吸引投資危機】

隨著中國大陸經濟成長逐步趨緩及國際經濟局勢前景不明，外資企業布局
中國大陸市場投資步伐逐漸放緩。根據普華永道會計師事務所（Pricewaterhouse
Coopers；PwC）（2015）針對全球1,300名CEO信心調查結果指出：「中國大
陸企業家比2014年缺乏信心，僅有36%的中國大陸CEO對企業未來一年的銷
售成長具有信心，遠低於2014年的48%，反觀美國則是在過去五年來首次超過
中國大陸，成為全球CEO投資首選」，而PwC主席Dennis Nally（2015）亦表示：
「金融危機時期，新興市場是許多CEO們的投資首選，更是信心的保證。然隨
著市場不穩定情況的延續，CEO們逐漸厭倦其市場之不確定性。」顯示由於新
興市場環境漸趨不穩，以及政治、法律、民生等問題疑慮，導致新興市場的信心
保證光環逐漸喪失，並使投資者們對中國大陸市場前景的信心遞減，進而將投資
目光轉往成長幅度較低卻較為穩定的已開發國家，或是雖不穩定卻成長幅度較高
的邊境國家。

3. 困境三：【地方債務危機】

根據中國大陸國家審計署（2015）統計指出：「中國大陸地方債務成長速
度仍高於經濟成長速度，2014年中國大陸地方債務規模約達30兆人民幣，其中
具償還責任債務規模約達18兆人民幣。」而中國大陸國務院發展研究中心發展
戰略和區域經濟研究部部長侯永志（2015）表示：「中國大陸地方政府於投資
發展上已陷入一個惡性循環，只能藉由不斷推出更大的投資計畫，經濟成長才能
維持，導致地方債務負擔越來越難以承擔。」而野村證券（Nomura）（2015）

更指出：「截至 2014 年年底，地方政府使用的籌集資金的融資平台已帶來至少 19 兆人民幣的債務，構成了『對經濟的重大威脅』，而違約風險最高的地區集中在沿海和西部省份，包括青海、浙江、遼寧、海南、江蘇、福建、貴州、甘肅、重慶和黑龍江。」未來，隨著地方債務自發自還型態模式的逐漸惡化，地方債務將形成一債務循環體系，若中國大陸政府未妥善謹慎處理，最終恐導致連鎖效應重創整體經濟環境。

4. 困境四：【信貸緊縮危機】

中國大陸金融體系近年因過度借貸，且中國大陸政府適度緊縮信貸以控制借貸風險，導致中國大陸出現信貸緊縮危機，從而引發流動性資金短缺，進而削弱經濟擴張，不利中國大陸經濟成長，瑞士銀行（United Bank of Switzerland；UBS）信貸研究主管 Alberto Gallo（2015）表示：「中國大陸已進入信貸緊縮初期階段，其放款緊縮促使借貸成本上漲，導致企業借貸資金門檻提升，間接影響中國大陸經濟成長。」顯示中國大陸政府正面臨信貸風險與信貸緊縮的兩難困境，若操作不當將動搖中國大陸整體經濟。有鑒於此，中國大陸人民銀行預計下調銀行準備金利率，將大型銀行存款準備金率從 20% 下調至 19.5%；中小型銀行存款準備金率從 18% 下調至 17.5%，摩根大通（JPMorgan；JPM）證券分析師朱海濱（2015）表示：「中國大陸人民銀行削減銀行和金融機構存款準備金率，相當於對整體銀行系統釋出一千億美元資金，從而刺激資金流通活絡經濟。」顯示中國大陸政府正一面控制信貸規模過度擴張，一面化解信貸緊縮的負面效果。

5. 困境五：【中等收入陷阱危機】

近年中國大陸已進入中等收入水準國家之列，然而因相關法令、制度限制和生產要素成本上升等因素，以及外部世界經濟環境復甦力道軟弱且不平均，使其低端製造產業面臨低收入國家成本競爭侵蝕，而在高端科技產業亦難以與高收入國家競爭，導致經濟成長持續趨緩，中國大陸財政部部長樓繼偉（2015）表示：「雖然中國大陸政府擁有諸多相應對策，中國大陸在未來五至十年間仍有 50% 以上的機率陷入中等收入陷阱，且處理危機的反應時間將遠低於其他國家。」顯示中國大陸政府雖積極設法避免中等收入危機，但現實情況卻仍不樂觀。此外，若缺乏堅實的中產社會階級，將難以度過中等收入陷阱危機，而中國大陸現今貧富不均情況嚴重，已逐漸削弱其經濟體質，根據 2014 年中國大陸國家統計局調查顯示：「中國大陸基尼係數為 0.469，其指數處於偏高狀態，擁有較大的貧富差距。」因此中國大陸政府面對國民收入再分配以及稅收制度改革兩項議題之態度，亦將成為中國大陸是否能避開中等收入危機考驗的重要轉折。

6. 困境六：【產能過剩危機】

2009 年中國大陸政府為度過金融危機，前中國大陸總理溫家寶推行「四萬億」人民幣刺激政策，然因政策資金並未獲得妥善運用，造成過度投資特定產業，為中國大陸埋下產能過剩的禍源，且隨中國大陸內外需求及經濟成長速度的下滑，其產能過剩的狀況日益嚴重。中國大陸宏觀經濟學會秘書長王建（2015）指出：「中國大陸產能曲線不斷上升，需求曲線卻不斷下降，導致產能利用率下滑，形成產能過剩現象。」此外，中國大陸社會科學院副院長李揚（2015）亦表示：「中國大陸產能過剩已陷入癌症現象，由於經濟成長速度無法維持，需依賴投資來支撐，然而投資導致的產能上升，又將進一步導致整個體制糾結。」顯示因現有市場已漸趨飽和，中國大陸政府難以採用以往調控機制消化多餘產能以及挽救經濟，因此中國大陸政府遂積極攜手產業，除深化產學合作帶動產業科技研發，亦期望透過「一帶一路」、亞投行等作為將多餘產能向境外市場推銷，然若進展不如預期，將導致相關企業債務槓桿不斷提升，甚至引發連鎖性的金融危機。

7. 困境七：【房地產泡沫危機】

隨著中國大陸在經濟強勁成長後的逐漸放緩，過去因政策推動、預期心理和人文因素而追高的房地產市場逐漸浮現泡沫危機的隱憂。根據諮詢機構麥肯錫全球研究院（McKinsey Global Institute；MGI）於 2015 年 2 月 5 日發布《債務與些微槓桿去化》（Debt and （not much） deleveraging）指出：「中國大陸的債務總額與 2007 年相比已成長超過四倍，其債務總額已達到 GPD 總額的282%，且其中近半的債務來自房地產相關產業。」顯示大量中國大陸房地產業係依靠融資支撐，牽連層面甚廣，而根據國際貨幣基金（IMF）（2015）預估：「2015 年中國大陸的 GDP 將下降至 6.8%，至 2017 年將只剩下 6%。」顯示中國大陸經濟成長趨緩，進而導致諸多企業放緩擴張步伐，影響中國大陸二、三線城市住宅和商業地產市場走低，亦使近年漸受投資者青睞的物流地產開始出現泡沫跡象。整體而言，雖中國大陸 2015 年 4 月房市有所回穩，然泡沫擔憂不斷升高，加上貸款資金難以回收，房地產泡沫已成為其經濟成長以及經營環境的重大不穩定因素。

8. 困境八：【製造業倒閉危機】

有鑑於許多國家號召企業回流影響，諸多在中國大陸生產的外資高端製造業者逐漸回流已開發國家，而低端製造業因生產要素成本持續墊高，亦出現向東南亞和南亞諸國轉移的現象，顯示中國大陸製造業之投資優勢正逐步流失。而自

2012 年下半年以降，中國大陸生產者物價指數（PPI）已經連續 38 個月呈現下滑態勢，其官方製造業採購經理人指數（PMI）雖於 2015 年 3 月回升至 50.1，卻仍突顯中國大陸製造業正面臨衰退壓力。此外，自 2012 年後中國大陸勞動人口成長出現轉折，勞動供給逐漸不足且逐漸縮減，根據中國大陸國務院發展研究中心資源與環境政策研究所副所長李佐軍（2014）表示：「近期中國大陸發展模式出現重大調整，做為世界工廠的中國製造業及其相關產業之轉型升級，需考慮內部因素及外部情況，其不僅關係到未來的經濟發展品質，也與社會發展健全程度具高度的相關性。」過往中國大陸的製造產業多為粗放式，較側重產量及規模的提升，而忽視產品的品質及技術方面發展，導致形成「大而不強」局面，如今接連面臨外資企業移出、中國大陸製造業不景氣以及勞動供給缺口等問題，將迫使中國大陸政府和業界必須更審慎應對。

9. 困境九：【影子銀行危機】

中國大陸在過去金融自由化過程中為求發展而加快放款速度，然而銀行在融資借貸運作上存在諸多貸款限制，因此非正式貸款的類銀行金融機構如雨後春筍般湧現，並以高利貸方式予用於地方政府，藉此償還政府大量到期債務及平衡房地產市場或生產過剩的產業，此即所謂的「影子銀行」。根據國際貨幣基金（IMF）（2015）發布《全球金融穩定報告》（Global Financial Stability Report）指出：「中國大陸的影子銀行社會融資已升至 GDP 的 35%，成長速度為常規銀行信貸的兩倍，其規模和快速成長將導致地區性風險上升。」此外，中國大陸國務院發展研究中心金融所所長張承惠（2015）亦表示：「影子銀行和互聯網金融爆發式的成長背後是中國大陸金融管制過於嚴格、金融體系發育不全及金融服務效率不足的問題，這些問題使潛在的金融風險提升，也對其監管機制提出更大挑戰」。影子銀行對於正規金融銀行雖具有拾遺補缺的作用，但因權責不明、法律規範不清，若發展過快將提高信託風險，進而牽動金融產業整體穩健性。因此，如何有效防範影子銀行的潛在風險，已成為中國大陸政府不可忽視的議題。

至今，中國大陸已搖身成為第二大經濟體，正值經濟結構轉型時期，所面臨的問題已不同往昔，諸多過去優勢隨著時間移轉逐漸消失，甚至轉變成為經濟隱患。面對全新態勢，台資企業除掌握中國大陸最新政策推動方針外，亦應更加了解中國大陸整體經濟體系背後隱含的潛在危機，未雨綢繆先行做好風險管理，進而避開大環境下的危險路段，以利企業最佳發展。

第 11 章
中國大陸營商環境新變局

有鑒於全球經濟復甦力道疲軟，2015 年 3 月份中國大陸總體進出口數據均呈下滑態勢，導致中國大陸製造業同時面臨銷售衰退和成本提升的困境。2015 年 5 月 7 日，香港中文大學講座教授郎咸平表示：「2012 年後中國大陸製造業將陷入前所未有的困境，2013 年中國大陸民營製造業工廠數量為 19 萬家，較 2010 年銳減 8 萬家，關閉數量約達中國大陸製造業工廠的 30%。」一語道出中國大陸製造業近年面臨嚴重的衰退危機。愈來愈多企業被迫正視其嚴重性，美國危機管理權威 Coombs（2002）曾言：「危機雖不能預測，但並非不能預期。聰明的組織知道遲早會遭遇危機，只是不確定何時來臨，雖難以避免，卻可提前準備。」因此，部分企業積極尋覓新契機、開拓新市場以及加快轉型升級，亦有部分產業群聚醞釀集體遷移。以下茲以中國大陸、台灣及國外企業對於中國大陸投資環境之論述觀點進行歸納，藉此提供企業瞭解中國大陸經商環境目前主要困境。

一、中國大陸企業對中國大陸投資困境評述

隨著中國大陸經濟動能因生產成本墊高、勞動成本上漲、產能過剩等因素而持續疲軟，根據凱宏投資（Capital Economics）亞洲區首席經濟學家 Williams 於 2015 年 5 月 11 日表示：「中國大陸經濟動能較預期疲弱，必須擁有足夠的需求才能恢復其經濟恢復。」以下茲就「中國企業家調查系統」及「中國大陸工業和信息化部」機構提出中國大陸企業對於中國大陸投資環境遭遇的困境敘述如下：

1. 中國企業家調查系統

中國大陸國務院發展研究中心中國企業家調查系統（China Entrepreneurs Survey System；CESS）於 2014 年 11 月 20 日發布《企業經營者對宏觀形勢及

企業經營狀況的判斷、問題和建議—2014中國企業經營者問卷跟蹤調查報告》，
調查採用郵寄問卷方式，共回收有效問卷 2,446 份。調查指出營利情況為企業生
產經營健康與否之重要指標，因此針對企業 2014 年上半年營利情況做出分析，
結果顯示有 48.4% 的企業營利呈現平衡或虧損情況，而綜合歷年數據，企業營
利情況則與 2013 年基本持平。而調查更指出，「成本上升」（包含「人工成本
上升」和「社保、稅費負擔過重」）已蟬聯三年企業發展所面臨最主要的困難，
該調查報告列出「當前企業經營發展中遇到的最主要困難」項目，前五名分別為：
（1）人工成本上升；（2）社保、稅費負擔過重；（3）企業利潤率太低；（4）
整體行業產能過剩；（5）資金緊張。

表 11-1　2012-2014 年當前企業經營發展中遇到的最主要困難

排名	2014	2013	2012
1	人工成本上升	人工成本上升	人工成本上升
2	社保、稅費負擔過重	社保、稅費負擔過重	社保、稅費負擔過重
3	企業利潤率太低	企業利潤率太低	企業利潤率太低
4	行業產能過剩	行業產能過剩	資金緊張
5	資金緊張	資金緊張	能源、原材料成本上升
6	國內需求不足	國內需求不足	行業產能過剩
7	未來影響企業發展的不確定因素太多	缺乏人才	缺乏人才
8	缺乏人才	未來影響企業發展的不確定因素太多	未來影響企業發展的不確定因素太多
9	企業招工困難	能源、原材料成本上升	國內需求不足
10	能源、原材料成本上升	企業招工困難	企業招工困難

資料來源：中國企業家，《企業經營者對宏觀形勢及企業經營狀況的判斷、問題和建議—2014 年中國
　　　　　企業經營者問卷跟蹤調查報告》、本研究整理

2. 中國大陸工業和信息化部

2014 年 11 月 18 日，中國大陸工業和信息化部發布《全國企業負擔調查評
價報告》，透過網路填寫的形式收集問卷，共獲 3,434 個有效企業樣本。其中，
在「當前企業生產經營面臨的主要困難」的調查結果中，列出七項較為嚴重之問
題，分別為：（1）人工成本攀升（68.96%）；（2）資金壓力緊張（67.44%）；
（3）融資成本高（59.99%）；（4）招工困難（50.18%）；（5）市場增長乏力

（47.16%）；（6）市場惡性競爭（36.64%）；（7）其他（18.85%）。

表 11-2　當前企業生產經營面臨的主要困難

排名	七大問題	占比	排名	七大問題	占比
1	人工成本攀升	68.96%	5	市場增長乏力	47.16%
2	資金壓力緊張	67.44%	6	市場惡性競爭	36.64%
3	融資成本高	59.99%	7	其他	18.85%
4	招工困難	50.18%			

資料來源：中國大陸工業和信息化部（2014），《全國企業負擔調查評價報告》、本研究整理

二、台商對於中國大陸投資環境困境評述

中國大陸經濟歷經長期高速發展，近年表現漸趨疲軟，導致諸多積習和隱憂紛紛浮現，進而影響台商企業營運發展。此外，過往許多吸引台灣企業西進之優惠和補助政策，亦因中國大陸政府政策轉向而增添變數。以下透過「中華經濟研究院」調查台商在中國大陸面臨的主要困境：

1. 中華經濟研究院：

2014 年 12 月，由台灣經濟部投資審議委員會委託中華經濟研究院編撰《2014 年對海外投資事業營運狀況調查分析報告》，該報告指出 2014 年「台商赴中國大陸投資面臨困難」前十名分別為：（1）勞動成本持續上升（24.09%）；（2）同業競爭激烈（22.33%）；（3）法規不明確、地方攤派多、隱含成本高（14.86%）；（4）內銷市場開拓困難（12.42%）；（5）融資困難（5.96%）；（6）當地政府行政效果不彰（4.92%）；（7）貨款不易收回（4.06%）；（8）海關手續繁複（3.89%）；（9）利潤不易匯出（2.97%）；（10）物料存貨成本高（2.46%）。此外，亦列出 2013 年「台商赴中國大陸投資事業虧損原因」，前十名依序為：（1）未達經濟規模（24.56%）；（2）同業競爭激烈（24.42%）；（3）成本提高（20.33%）；（4）當地市場萎縮（7.37%）；（5）國外市場萎縮（5.66%）；（6）投資環境變差（3.96%）；（7）管理不善（3.75%）；（8）貨款收回不易（1.71%）；（9）財務操作不佳（0.34%）；（10）其他（7.91%）。

三、外商對於中國大陸投資困境評述

經過改革開放 30 年，中國大陸已於 2014 年末正式超越美國，躍居全球第一大經濟體。誠如前中國大陸國家總理溫家寶（2008）所言：「任何數字乘上

13 億都是大數字。」擁有廣袤幅員和眾多人口的中國大陸市場對外資企業極具
吸引力，引無數外資企業競折腰。以下茲就「中國美國商會」、「美中貿易全國
委員會」、「上海美國商會」、「中國德國商會」及「中國歐盟商會」機構提出
外資企業針對中國大陸經商環境報告論述如下：

1. 中國美國商會

2015 年 1 月 8 日，中國美國商會（The American Chamber of Commerce in
the People's Republic of China）公布第 17 年度《中國商務環境調查報告》（China
Business Climate Survey Report），調查報告以 525 家中國美國商會會員企業反
饋資訊為基礎完成，並首度邀請貝恩諮詢（Bain & Company）協助調查和分析
結果。報告內容顯示：「針對未來兩年中國大陸商業前景，因城鎮化與結構調整
釋放大量機遇，超過 70% 受訪企業持保持樂觀態度，然中國大陸經濟成長趨緩，
各類挑戰將持續考驗企業能耐。整體而言，2015 年將是中國大陸整體商業環境
機遇與挑戰並存的一年。」承上述所言，外資企業在中國大陸市場雖有機遇，亦
面臨諸多挑戰，在報告「企業在中國大陸經營面臨的商業挑戰」項目中，依序
為：（1）勞動成本提高（61%）；（2）法律與法條不明確（47%）；（3）合
格的勞動力短缺（42%）；（4）管理層人才匱乏（32%）；（5）中國大陸保護
主義增強（30%）；綜觀上述可知，外資主要面臨的經營挑戰中，有三項與人力
資源相關，有兩項與政府和法規相關，顯見解決中國大陸人力資源挑戰是外資企
業 2015 年的首要任務，而法規規範的模糊不清以及逐漸興起的保護主義亦已造
成中國大陸投資環境惡化，進而削弱外資企業投資中國大陸的意願。

2. 美中貿易全國委員會

2014 年 10 月 11 日，美國貿易全國委員會（The US-China Business
Council；USCBC）公布《2014 中國商業環境》報告，並指出：「雖然中國大陸
經濟成長速度放緩，卻仍優於全球其他市場，進而為外資企業提供重要機遇。然
而雖中國大陸正積極推行經濟改革，外資企業處境卻尚未從中獲得實質改善，而
來自中國大陸企業的競爭壓力和持續攀升的成本壓力，亦不斷壓縮外資企業的獲
利空間。」而調查報告詳實歸納出「美中貿易全國委員會會員公司最關注十大問
題」，排名依序為：（1）與中國大陸本土公司的競爭；（2）知識產權保護執法；
（3）外商投資限制；（4）人力資源：招聘和留住人才（並列第四）；（4）成
本上漲（並列第四）；（6）中國大陸法律和法規執法不均衡；（7）行政許可；
（8）透明度；（9）不平等 / 非國民待遇；（10）中國大陸市場產能過剩。此外，
報告中亦指出「影響在華業務利潤成長的主要制約因素」，前五名分別為：（1）

中國大陸國內競爭者的競爭（31%）；（2）成本上升（26%）；（3）中國大陸
政府政策／法規（20%）；（4）來自國際競爭者的競爭（8%）；（5）管理人
員短缺（8%）。而「與中國大陸本土公司的競爭」問題調查中顯示外國企業雖
不懼競爭，卻擔憂具偏袒性的競爭機制，而許多企業認為中國大陸企業享受到外
資企業不能享受到之優惠待遇，其中分別指出：（1）有29%的受訪企業認為中
國大陸「國有企業」競爭對手獲得優惠待遇，而懷疑但不確定者亦占67%；（2）
有19%的受訪企業認為中國大陸「非國有企業」競爭對手獲得優惠待遇，而懷
疑但不確定者亦占67%。

表 11-3　影響在華業務利潤成長的主要制約因素

排名	成本種類	占比
1	中國大陸國內競爭者的競爭	31%
2	成本上升	26%
3	中國大陸政府政策／法規	20%
4	來自國際競爭者的競爭	8%
5	管理人員短缺	8%
6	其他	6%
7	生產能力不足以滿足需求	1%

資料來源：美國貿易全國委員會，《2014年中國商業環境調查》、本研究整理

表 11-4　中國大陸本土競爭對手是否獲得優惠待遇之問題

排名	2014		2013	
	國有企業	非國有企業	國有企業	非國有企業
1	懷疑但不確定（67%）	懷疑但不確定（67%）	懷疑但不確定（67%）	懷疑但不確定（51%）
2	確定獲得優惠（29%）	確定獲得優惠（19%）	確定獲得優惠（34%）	確定獲得優惠（22%）
3	未獲得優惠（4%）	未獲得優惠（14%）	未獲得優惠（2%）	未獲得優惠（27%）

資料來源：美國貿易全國委員會，《2014年中國商業環境調查》、本研究整理

3. 上海美國商會（AmCham Shanghai）

2015年3月4日，上海美國商會（AmCham Shanghai）發布《2014-2015
年度中國商業報告》（China Business Report 2014-2015），報告指出雖中國大
陸經濟成長軌道呈下滑態勢，諸多美國企業仍看好中國大陸市場，且對於企業未
來五年內在中國大陸業務之前景，有42.6%受訪企業保持「樂觀」，亦有42%

受訪企業表示「略顯樂觀」,然而部分美國企業亦感受到漸增的生存壓力,諸如:
改革方案的不確定性、法規偏袒、持續墊高的經營成本等,皆削弱外資企業投資
中國大陸市場之意願。此外,報告中亦指出「最令企業擔憂的成本上升類型」,
前五名分別為:(1)勞動力成本(86.5%);(2)中國大陸的稅收(39.2%);
(3)原材料成本(31.1%);(4)能源和電力等(28.7%);(5)購地成本或
租金(25.3%)。而「影響企業業務最大的腐敗類型」,前五名分則別為:(1)
員工詐欺公司(56.2%);(2)給客戶銷售回扣的壓力(52.3%);(3)政府
投標(政府採購合約)(26.2%);(4)需給海關回扣的壓力(22.3%);(5)
工商管理行政回扣(13.5%)。由此可知,對中國大陸外資企業而言,2015年將
是多變和機運並存的一年。

表 11-5　最令企業擔憂的成本上升類型

排名	2014		排名	2013	
	類型	占比		類型	占比
01	勞動力成本	86.5%	01	勞動力成本	90.8%
02	中國大陸的稅收	39.2%	02	中國大陸的稅收	45.9%
03	原材料成本	31.1%	03	原材料成本	37.3%
04	能源和電力等	28.7%	04	購地成本或租金	31.9%
05	購地成本或租金	25.3%	05	能源和電力等	30.3%
06	成本上升對企業影響不大	12.2%	06	成本上升對企業影響不大	8.6%
07	沒感覺到成本上升	1.7%	07	沒感覺到成本上升	0.0%

資料來源:上海美國商會,《2014-2015年度中國商業報告》(2014-2015 China Business Report)

4. 中國德國商會

2014年6月19日,中國德國商會(German Chamber of Commerce in
China)公布《德國在華企業商業信心調查2014》(Business Confidence Survey
2014:German Business in China),報告由417家德國商會會員參與調查。報
告中列舉出「德國企業在中國大陸面臨的十大挑戰」,如表11-6所示。其中,
2014年調查的「勞動成本上漲」、「尋找合適的員工」、「留住合適的員工」
雖皆較2013年有所改善,但卻已連續三年成為德國企業在中國大陸面臨的前三

大挑戰，值得一提的是，「網路連接緩慢」占比與排名皆較 2013 年大幅提升，
首次成為德國企業在中國大陸所面臨的非人力資源領域的最大挑戰。

表 11-6　德國企業在中國大陸面臨的十大挑戰

排名	2014		排名	2013	
	十大挑戰	占比		十大挑戰	占比
01	勞動成本上漲	75.2%	01	勞動成本上漲	81%
02	尋找合適的員工	74.1%	02	尋找合適的員工	78%
03	留住合適的員工	67.2%	03	留住合適的員工	69%
04	網路連接緩慢	59.1%	04	官僚 / 行政上的障礙	59%
05	官僚 / 行政上的障礙	58.7%	05	腐敗問題	55%
06	知識財產權保護	57.7%	06	知識財產權保護	52%
07	國內保護主義	56.1%	07	增加大宗商品與能源價格	52%
08	增加大宗商品與能源價格	54.5%	08	網路連接緩慢	49%
09	優待中國大陸本土企業	50.2%	08	貨幣風險	48%
10	腐敗問題	49.1%	10	國內保護主義	47%

資料來源：中國德國商會，《德國在華企業商業信心調查 2014》（Business Confidence Survey 2014：
German Business in China）、本研究整理

5. 中國歐盟商會

2014 年 5 月 29 日，中國歐盟商會（The European Union Chamber of
Commerce in China；EUCCC）和國際管理顧問公司羅蘭貝格（Roland Berger）
聯合公布《中國歐盟商會商業信心調查 2014》（European Business in China：
Business Confidence Survey 2014）報告，報告共調查 552 家在華歐洲企業，而
報告中指出：「2/3 的大企業表示其在中國大陸的經營日益困難，半數受訪企業
認為外企在中國大陸的『黃金時代』已結束，且僅有 57% 的受訪企業計畫擴張
現有中國大陸業務，較 2013 年的 86% 大幅下降。」而報告中即列舉出「企業在
中國大陸面臨十大挑戰」，前五名依序為：（1）中國大陸經濟成長放緩（61%）；
（2）人力成本上升（56%）；（3）吸引和留住人才（55%）；（4）市場准入
障礙（52%）；（5）法規模稜兩可（52%）。

四、中國大陸十大困境與企業因應對策

綜合中國大陸企業、台灣企業及外國企業有關對於在中國大陸面臨經商困
境的情況彙整如表 11-7 所示，並歸納出企業在中國大陸主要面臨十大困境，分
別為：（1）勞動成本上漲；（2）人力資源缺乏；（3）政策不確定性；（4）

高稅負與社保；（5）生產成本墊高；（6）山寨侵權危機；（7）企業轉型壓力；
（8）資金取得困難；（9）法規模糊不定；（10）環境保護問題。

表 11-7　中國大陸、台灣、跨國企業在中國大陸面臨困境彙整

機構名稱		三大主要面臨的困境		
中國大陸 企業	中國大陸企業家 調查系統	人工成本上升	社保、稅費負擔 過重	企業利潤率太低
	中國大陸工業和 信息化部	人工成本攀升	資金壓力緊張	融資成本高
台商	中華經濟研究院	勞動成本持續上升	同業競爭激烈	法規不明確、地方攤 派多、隱含成本高
外資企業	美國商會	勞動成本提高	法律與法條不明 確	合格的勞動力短缺
	美中貿易全國委 員會	國內競爭激烈	成本上升	中國大陸政府政策／ 法規
	上海美國商會	勞動力成本	中國大陸的稅收	原材料成本
	德國商會	勞動成本上漲	尋找合適的員工	留住合適的員工
	歐盟商會	中國大陸經濟放緩	人力成本上升	吸引和留住人才

面對中國大陸整體經商困境，本研究將針對十大困境與相應策略分述如下：

1. 困境一：【勞動成本上漲】

隨中國大陸快速發發展的經濟，其過往擁有廉價勞動力的優勢正逐漸消逝。
2014 年 8 月 1 日根據台灣經濟部全球台商報告分析：「中國大陸各地區勞動成
本正節節攀升，其法定最低工資亦持續調升，諸如：北京從 2009 年的 800 元人
民幣已調升至 2014 的 1,560 元人民幣、上海從 2009 年的 860 元人民幣已調
升至 2014 年 1,820 元人民幣、深圳從 2009 年的 1,000 元人民幣已調升至 1,880 元，
年平均調升幅度約達 12%，2014 年上升幅度更達 16.9%。」顯示中國大陸工資
調升已蔚為趨勢，且其調升幅度亦高，導致企業面臨勞動成本上漲的窘境。茲將
台商面臨中國大陸勞動成本上漲之因應對策，論述如下：

❶對策一【產業升級創新】：當企業面臨人力成本上的壓力，獲利空間漸
受侵蝕，企業可透過積極展開產業轉型升級與創新布局，一面為潛在進入者和競
爭者設下障礙門檻，一面尋求戰機開拓市場，從而提升企業獲利空間以抵銷逐年
上漲的勞動成本，2015 年 4 月 27 日國家發展委員會副主委高仙桂表示：「產
業想提升競爭力必須得轉型與升級，並創造出區隔性的產品，而台商的優勢是在
於變動環境中有較強的適應能力。」顯示出台商企業應設法透過轉型升級和市場

開發提升自身競爭力,從而減緩勞動成本上漲的壓力。

❷**對策二【低階製程移出】**:過往許多成本導向且獲利率較低的低階技術企業,因中國大陸勞動成本飛速上升,已難以維持經營,遂積極尋找新的經營地點,而目前常見有兩種思維:(1)逐步向東南亞國家轉移,因其擁有低廉的勞動成本,以及吸引外資的優惠政策,然自2014年起越南發生多起勞資衝突,因此企業前往投資應注意當地社會氛圍和員工待遇;(2)向中國大陸內陸地區轉移,不但當地政府歡迎企業投資,亦擁有語言共通優勢,且諸多規範、體制亦不需再行轉換,轉換成本較低,然中國大陸內陸地區基礎建設尚不發達,且員工素質落差較大,企業仍應做好事前評估而後動。

2. 困境二:【人力資源缺乏】

因中國大陸長期實行的一胎化政策的影響,以及各國企業紛紛搶進中國大陸市場,導致即便是人口第一大國的中國大陸,亦面臨人才短缺困境,於2015年1月22日中國大陸國家統計局分析表示:「2014年其勞動年齡人口較2013年減少371萬人,已連續第三年下滑。」此外,萬寶華(ManpowerGroup)台灣專業人才顧問事業處處長吳璧昇亦表示:「中國大陸有24%企業(不分國籍)遭遇徵才困難,其主要缺乏技術型、業務型和管理型人才。」顯示中國大陸面臨各類人才短缺的現象,再加上中國大陸社會氛圍導致人才流動率高居不下,無疑加重企業經營的負擔。茲將企業面臨中國大陸人力資源缺乏之因應對策,描述如下:

❶**對策一【高階部門回台】**:有鑒於中國大陸高階人才薪水高歌猛進,業界間互相挖角亦為常態,為避免陷入人才掠奪的惡性競爭,台商企業可考慮將部分營運中心、研發中心或高端生產線等等需要中高階人才的部門轉移回台灣。根據全球最大的人資諮詢顧問公司韜睿惠悅(Towers Watson)針對亞太13國家4,065家企業樣本進行調查,並於2014年12月17日發布《2014年整體獎酬市場調查報告》指出:「台灣高階人才薪資水準約為中國大陸的一半,且加薪幅度位列受訪13國中倒數第4。」顯示台灣擁有許多薪水相對低廉、穩定性較高的優秀中堅人才,然而台商企業仍需參考各國競爭者薪資,從而給予員工業界合理之薪資水準,以避免人才遭到挖腳。

❷**對策二【無人工廠誕生】**:隨中國大陸人力成本上升,以及很多勞工逐步的回流二三線城市,中國大陸東南沿海缺工越來越嚴重,許多企業開始著手建置高度自動化的無人工廠。2015年2月28日鴻海董事長郭台銘表示:「鴻海將用約三年的時間,朝七成生產線達到自動化的目標邁進,並提高生產效率與良

率。」此外，國際機器人聯盟（International Federation of Robotics）（2014）亦表示：「中國大陸在 2013 年已經超越日本成為全世界工業機器人最大需求的市場，於 2014 年運作中的工業機器人約就已有 20 萬台，比其 2013 年成長 20%。」顯示面對中國大陸製造產業人力成本提高，製造產業企業投入無人工廠已漸為趨勢。

3. 困境三：【政策不確定性】

中國大陸國家主席習近平上任後，積極整頓中國大陸過往積習，逐一推動「依法治國」、「反貪腐」、「反壟斷」和「62 文」等措施，導致諸多台商企業在中國大陸過往的經營模式和經驗將不再適用，從而使台商企業人心惶惶、無所適從。此外，2014 年 6 月 23 日外貿協會副董事長單驥表示：「現在台灣企業正面臨經營層面的不確定，且中國大陸政策及態度亦不明朗，未來如何發展，將會牽涉台灣企業投資動向。」顯示在兩岸的特殊關係下，政治與經濟具備高度連動性，若其一方稍變動將牽動中國大陸台商企業營運方針，茲將企業面臨中國大陸政策不確定性因素之因應對策，論述如下：

❶對策一【降低政策依賴】：過去外資企業前進布局中國大陸，常係以中國大陸政府政優惠措施為導向，上海美國商會總裁 Jarrett 於 2015 年 3 月 27 日表示：「許多外資公司係以各區地方政府提供之稅收優惠做出商業決策，維持既有政策對利潤非常重要。」顯示各項優惠政策早已被企業納入商業考量範圍，若臨時有所更動，則將造成企業商業戰略必須面臨調整。此外，中國大陸政府優惠政策的不確定性，亦漸成為外資企業在中國大陸面臨的嚴峻挑戰。因此，面對中國大陸政策不確定性攀升，台商企業應開始評估降低對中國大陸政策依賴性的可行性，增加現金持有量，並以保守態勢面對新的投資布局。

❷對策二【建構研調體系】：隨著全球經濟局勢變遷快速，各地商業環境變動幅度不一，以及中國大陸各區地方級政府可因地制宜調整部分政策，從而導致中國大陸政策常具不確定性，企業較難以預測中國大陸政府施政動向。許多台商企業規模不大，人力、資金和規模皆不大，亦缺乏人才和精力研究中國大陸近期政策導向之應對方案。因此，各台資企業間可考慮共同透過第三方機構，抑或是共同建立研究調查體系，透過定期反饋各區域資訊和動向，使該體系藉由資料統整、數據分析，並針對中國大陸未來趨勢走向、中國大陸政策可能方向以及企業應對方針等議題，定期提出建議和資訊給參與企業。

4. 困境四：【高稅負與社保】

根據國家行政學院經濟學部教授馮俏彬於 2015 年 1 月 24 日表示：「從相

對指標看,中國大陸宏觀稅負水準非常高,其 2014 年上半年稅負水準約為 36% 左右,相較國際水準屬於中偏高。」一語道出企業在中國大陸面對偏高的稅負壓力。此外,中國大陸社會保險繳費基數以約達工資總額 40% 至 50%,相當於歐洲已開發國家之水準。隨著中國大陸經濟成長持續放緩,企業獲利空間隨之萎縮,偏高的企業稅負與社會保險逐漸形成企業沉重的營運負擔。茲將企業面臨中國大陸高稅收之因應對策,論述如下:

❶**對策一【洽簽租稅協議】**:近年中國大陸政府針對租稅問題逐漸對台商企業釋出善意,並於 2009 年開始談判有關租稅協議的問題與法令,然因細節牽扯雙方諸多部門以及法規修訂,至今仍尚未達成正式協議。2015 年 4 月 11 日台灣海峽交流基金會表示:「規劃簽署該協議中,兩岸租稅協議的障礙已排除不少,未來對於此協議有很高的期待。」此外,2015 年 4 月 13 日台北市商業會理事長王應傑表示:「過去許多優惠皆握於中國大陸地方政府,若未來兩岸簽署租稅協議後,將為台商企業省下諸多不確定的成本。」顯示兩岸愈早協商通過租稅協議,台商企業將能愈早擺脫模糊的稅制,進而可更精確掌握企業資產狀況,以利制定未來發展策略。

❷**對策二【精簡人事結構】**:中國大陸過去為照顧廣大民眾,而強制實施的「五險一金」社保政策,如今在約為 52.5% 工資的繳費率,以及經濟成長趨緩的態勢下,逐漸消磨中小企業的活力。TCL 集團董事長李東生於 2015 年 3 月 4 日表示:「過高的社保費率,已成為企業沉重的負擔,甚至影響企業的產能擴張和產業轉型。」而中國人民大學中國社會保障研究中心副主任楊立雄亦認為:「中國大陸較高的社保繳費率,已壓迫到其他社會保險以及企業的生存空間。」有鑒於此,隨著社保費率的增加,企業應精簡調整人事結構,並嚴選用人,以降低總體社保費用繳交。

5.困境五:【生產成本墊高】

過往中國大陸市場主要以出口為主,且憑藉兼具低廉生產成本、熟練的技術和大量的天然資源,進而形成一難以潰散之經濟體。然近年受到部分原物料價格攀升、運輸成本增加、日益高漲的土地成本等因素,導致企業生產成本抬高,根據美國波士頓顧問公司(BCG)(2014)發布《全球製造業大洗牌:世界成本競爭力的變動》指出:「2004 年中國大陸製造業平均成本約比墨西哥高 6%,至 2014 年則已上升至 13%。」因此,企業應及早制定應對策,以因應總體環境困境。茲將企業面臨中國大陸生產成本墊高之因應對策,論述如下:

❶**對策一【強化節能生產】**:根據北京美國商會副主席 Woodard(204)表

示：「中國大陸是全球少數工業用天然氣價格高於民用天然氣價格的市場之一」。此外，中國市場研究集團董事總經理雷小山（2014）亦表示：「中國大陸的能源成本太高，其石油價格高於美國20%，且主要能源的火力發電未來亦恐因環保政策推行而備受考驗。」顯示中國大陸能源議題已漸成影響生產成本的重要因素。有鑑於此，企業應優化生產流程，定期檢修保養機器，以降低因設備老化、作業流程所形成之額外耗能，並投入節能化生產機器研製，以期降低能源成本之支出。

❷對策二【聯合採購運輸】：相較於許多已開發經濟體，中國大陸物流成本長期相對偏高，2013年中國大陸總物流成本已突破10兆人民幣，約占同年GDP的18%，而2014年則為17.6%，皆遠高於美國平均總物流占GDP的8.7%，究其原因係因中國大陸多數的貨車為自主獨立經營，因此缺乏具備系統性的整體調度，導致中國大陸物流業者整體效率偏低。此外，若能集結對相同原物料需求之廠商，將能有效提增議價能力。有鑑於此，若台商企業能自主建構原物料聯合採購平台，並透過接洽各區域各類規模之運輸企業，以及上游原料廠商，將能有效提升採購效率、降低物流成本、提高對上游原物料供應商議價能力，並形成規模經濟降低成本。

6. 困境六：【山寨侵權危機】

中國大陸長年盛行山寨文化，或是剽竊商業機密，使許多企業蒙受損失，台灣與中國大陸雖已於2010年6月29日簽定《海峽兩岸智慧財產權保護合作協議》，其內容卻未獲得嚴格落實。2015年5月3日台北經管院院長陳明璋表示：「過往中國大陸業界認為『模仿』是『合理』與『合法』的，是企業茁壯必經之路。」然而，誠如日本美化協會創辦人鍵山秀三郎（2013）所言：「零到一，是全世界最遠的距離。」一語道出，獲得敲門磚是企業最關鍵的一步。然而透過剽竊獲取競爭對手情報和商業機密，中國大陸企業可縮短約60%的自行研發時間、省下40%的研發經費，進而用低廉的價格掠奪市場，嚴重侵害台商企業核心競爭力。茲將企業對於山寨侵權危機之因應對策論述如下：

❶對策一【共建智財組織】：2015年5月3日，根據台北經營管理研究院研究分析顯示：「台灣企業對於中國大陸智財權最關注的前三名分別為：（1）侵權保護不利高達58.4%；（2）仿冒合理化約48.9%；（3）仿冒集團非常強大約41.6%。」此外，2015年4月22日，美喆國際董事長陳本源亦表示：「中國大陸市場對智慧財產權的觀念尚待加強，雖有相關法令，但能實際作用有限，即使已申請歐美專利，卻在中國大陸無效，而興訟不但曠日廢時，成效亦不明顯，

導致台商企業傾向消極自我保護。」有鑒於此，若各地台商企業和台商協會若能
共建智財組織，培養專業團隊增加興訟成效和降低相關成本，將有助於企業循法
律途徑解決糾紛，亦能以此凝聚力量向中國大陸政府建言。

❷對策二【建立技術障礙】：時至今日，智慧產產權的防範是每間大型公
司都需要正視的問題，2014 年 10 月 6 日廣州台商協會會長張海亮表示：「比起
中國大陸諸多的山寨產品，台商企業仍能以精良的生產技術製造出品質較優之商
品，與山寨產品形成區隔，並積極接觸在地消費者和協力廠商，從而打開知名
度。」顯示中國大陸商業環境雖充斥著山寨思維，然若台商企業能透過技術研發
製造出較優質的產品，從而形成技術障礙，並透過在地化融入當地消費者和相關
廠商，將企業品牌滲透深根，從而減緩山寨力量的侵蝕。此外，亦可與台灣防偽
技術企業合作，延緩被山寨的時間以及堆高山寨成本。

7. 困境七：【企業轉型壓力】

隨著全球經濟成長疲緩，以及生產成本墊高，台商企業面對中國大陸企業
的競爭壓力節節攀升，迫使台商企業勢必展開轉型升級計畫。2015 年 4 月 7 日
經濟部表示：「未來持續幫助需要轉型的台灣企業，給予轉型輔導的需要與升級，
經濟部也會籌劃考察團到當地提供建議。」顯示台灣政府極為重視中國大陸台商
企業發展現況，茲將企業對於企業轉型的壓力之因應對策論述如下：

❶對策一【在地合作轉型】：面對競爭愈漸激烈的中國大陸市場，台商企
業致力尋求轉型契機，然而因單一企業力量與資源有限，部分台商遂尋求合作轉
型，昆山台協榮譽會長孫德聰於 2015 年 2 月 11 日表示：「台商企業就地轉型，
將是在中國大陸經濟新常態下最佳的選擇，透過創建自有品牌與暢通通路將是轉
型提升的關鍵因素。」而廣州台協番禺分會副會長何建亞亦於 2015 年 3 月 4 日
表示：「希望透過資源整合，以及企業間的優勢互補，將台商團結起來，共同發
展前進。」一語道出，台商企業應互相幫助，透過加強台商協會會內交流以強化
台商企業間的牽絆和資訊更新，整合有限資源共同謀求轉型升級。

❷對策二【募資促進轉型】：近幾年許多台商企業不約而同的因各類因素
而致力於轉型升級，然轉型升級絕非一蹴可之事，亦伴隨著高度風險，且需要
資金做為其執行後盾。面臨轉型升級困境之台商企業，往往缺乏資金，若無法順
利取得資金，則將愈漸陷入被動反應迴圈。有鑒於此，為穩定台商軍心，2015
年 4 月 13 日昆山市政府頒布《關於推進轉型升級創新發展財政扶持若干政策》
成立專項資金，預計每年投放 20 億人民幣，主要用於企業提轉型升級、流程優
化調整等，以延續台資企業在中國大陸之發展版圖。

8. 困境八：【資金取得困難】

資金週轉向來是台商在中國大陸發展的難題，雖有部分台商因其規模、名聲以及良好體質而能在當地獲得融資和貸款，然而因中國大陸國有企業和民營企業亦需借貸大量資金進行週轉，導致台商企業順位較為偏後。此外，因中國大陸近年信貸過度擴張，導致銀行融資風險逐漸升高，因此銀行對於借貸業務漸趨保守，根據中國大陸四川省工商聯副主席陳陸文於 2014 年 12 月 22 日表示：「因銀行貸款緊縮下，讓企業不敢投資，僅而引發部分中小企業與新創業者面臨營運危機，許多企業更因債務或稅務等壓力，紛紛出現倒閉潮。」一語道出中國大陸銀行因融資信貸風險升高，正逐漸採取緊縮，為台商難以借貸的困境雪上加霜。茲將企業對於資金取得困難之因應對策論述如下：

❶對策一【尋求台銀借貸】：在現今環境快速變遷、競爭愈發激烈的商場上，企業對於資金融資、借貸的週轉需求日益擴增，然而台商企業在與中國大陸銀行申請貸款時相對困難，除因程序繁瑣外，其擔保與徵信之審核條件亦較嚴苛。然而隨著台資銀行陸續前進布局中國大陸重要城市，以及上海自由貿易區後，此項困境將有望獲得舒緩。根據國泰世華銀行董事長陳祖培於 2014 年 7 月 28 日表示：「經過籌畫和研究後，部分台資銀行將進駐上海自由貿易區，並以服務區域內外貿企業為核心業務，初期將以貿易融資和現金管理等業務為主。」顯示台資銀行已意識到台商企業融資貸款困境，從而擴進布署，期望憑藉台商企業較為熟悉運作模式，協助台資企業資金週轉調度。

❷對策二【回台上市募資】：有鑑於諸多台商企業雖體質優良，卻因資金規模不足而錯失商機，而台灣資本市場具備高本益比、透明度高、流動性佳、殖利率高、二次籌資容易等優勢，因此部分台商企業遂興起回台募資的念頭。2015 年 1 月 27 日，普華永道聯合會計師事務所（PwC）駐中國大陸首席會計師林鈞堯表示：「近年中國大陸的經營模式的改變，中國大陸企快速崛起，在各產業中用運資金不斷併購，讓台商企業備感威脅。」而勤業眾信聯合會計師事務所（Deloitte Taiwan）總裁陳清祥亦於 2015 年 4 月 27 日表示：「中國大陸台商企業回台上市，已有 11 家成功掛牌並募資超過 43 億新台幣。」顯示台商企業若符合上市條件，回台上市將有利企業取得資金，進而掌握戰機。

9. 困境九：【法規模糊不定】

過去部分台灣企業西進至中國大陸，係因中國大陸各級政府給予諸多優惠，並積極配合企業設廠需求，從而大開方便之道，然而當初許多優惠並非訴諸紙本契約，甚至許多優惠難以在法律層面站穩步伐，導致習李執政團隊擬定「依法治

國」，立即引發許多企業擔憂過往行徑遭到清算，以及優惠政策遭到取消。此外，近年因中國大陸法律雖逐漸嚴謹、各類規範要求逐漸提高，然因各級、各地政府對於同項法律的見解不同，以及執法者之執法尺度和觀點亦有差異，從而導致外來企業較無所適從。茲將企業對於法規模糊不清定之因應對策論述如下：

❶對策一【確遵法定規範】：過去中國大陸為吸引外資企業投資，部分地方官員開出許多優惠條件，然其優惠條件卻並非都具備法源依據，此外，亦有部分企業為謀求方便或利潤，依循當地商業生態之潛規則，遊走於法律邊緣的灰色地帶。然而，隨著習李執政團隊上台推動「依法治國」，除部分台商企業過往因法規認知不足以及資訊不對稱，長年違反規範而遭到逐一清查外，亦有諸多台商面臨原有優惠措施遭到收回之困境，直至2015年3月16日中國大陸國務院總理李克強表示：「台灣企業原有與各地政府所簽署的優惠政策上不會變動。」台商企業生存壓力才暫時解緩。因此，往後台商企業為避免再次面對此窘境，應引覽當地法律人才深入了解，並確遵當地法定規範。

❷對策二【積極溝通協商】：台商企業過去西進中國大陸時，因當時法律規範和相關知識並不齊全，導致當時許多策略措施和執行標準並不符合現今規定，而各地方級政府亦常為增加招商引資的績效，部分優惠措施僅透過口頭答應而未透過紙本合約，甚至未依循法源，從而埋下優惠措施遭到撤銷，以及法律追訴的隱憂，台北經管研究院院長陳明璋（2015）述說：「中國大陸地緣廣闊，過去許多地方級政府很少依照中央指示行事。」一語道出中國大陸過往常因中國大陸中央政府與地方政府政令不同調，導致企業無所適從的困境。因此，面對因歷史共業所形成之問題，企業應積極與中國大陸政府溝通協調，釐清相關權責歸屬，並主動負起相關責任，依法落實相關補償措施。

10. 困境十：【環保處理問題】

隨著中國大陸過去三十年租放式的掠奪型經濟模式，許多地方環境生態以逼近所能承受之臨界，許多空氣、土壤和水資源等皆受到嚴重損害，根據2014年11月20日中國大陸水利部水資源管理司副司長陳明表示：「隨著全球氣候變遷，以及經濟發展帶的汙染影響，中國大陸正常每年缺少約500多億立方公尺的水資源。」一語道出，中國大陸境內縱有許多河川、湖泊，卻因經濟發展和環境汙染導致人均水資源量僅為全球平均水準的1/4，每年因此損失約2,400億元人民幣。有鑒於此，中國大陸自「十二五規劃」即針對環境保護等議題深入探討，並研擬相關法規和標準，台資企業應提前做好準備。茲將環保問題之因應對策論述如下：

❶對策一【減低廢氣排放】：2015 年 2 月，中國大陸中央電視主持人柴靜發表《穹頂之下》影片，其以紀錄片方式透過視覺傳達霾害的嚴重性，並以最直接的方式闡述中國大陸空氣汙染極為嚴重，迅速引發中國大陸各界關注，此外，中國大陸嚴重的空氣汙染，亦已影響吸引尖端人才前往中國大陸工作。有鑒於此，中國大陸官方正研擬相關對策，以期改善空氣汙染情況，而台商企業應著手檢查自家企業生產過程中之廢氣排放量，以及有無廢氣處理裝置和相關流程，從而以較充裕的時間進行調整和應對。

❷對策二【優化汙水處理】：中國大陸過往因側重經濟發展和缺乏汙染防治意識，導致其付出極大代價，至 2012 年止，中國大陸約有 20% 河流被評為具有毒性，亦有 40% 的河流被評為嚴重汙染，因此，中國大陸政府正積極制定相關環保法規。而許多台資企業因業務涉及造紙、化學藥劑、農藥、電鍍等領域而受影響，因此，台資企業不但應主動配合中國大陸政府規範，亦需即刻著手建構優化相關汙水處理系統，並藉由台資企業在汙水處理上擁有豐富經驗，以及台灣許多優秀的汙染防治規劃企業，為中國大陸各類企業樹立典範。

表 11-8　中國大陸十大經營困境與企業因應對策

困境	因應對策	困境	因應對策
⒈ 勞動成本上漲	❶產業升級創新 ❷低階製程移出	⒍ 山寨侵權危機	❶共建智財組織 ❷建立技術障礙
⒉ 人力資源缺乏	❶高端技術留台 ❷無人工廠誕生	⒎ 企業轉型壓力	❶在地合作轉型 ❷募資促進轉型
⒊ 政策不確定性	❶降低政策依賴 ❷建構調研體系	⒏ 資金取得困難	❶尋求台銀借貸 ❷回台上市募資
⒋ 高稅收與社保	❶洽簽租稅協議 ❷精簡人事結構	⒐ 法規模糊不定	❶確遵法定規範 ❷積極溝通協商
⒌ 生產成本墊高	❶強化節能生產 ❷聯合採購運輸	⒑ 環境保護問題	❶減低廢氣排放 ❷優化汙水處理

資料來源：本研究整理

兩岸平台建構新商機

第12章
中國大陸對外戰略布局
台商新契機

「**不**積跬步，無以至千里；不積小流，無以成江海」，一語出自《荀子勸學篇》，意指不積一步半步，就無法到達千里；不聚涓涓細流，就無法形成大海。根據中國大陸國家主席習近平（2015）表示：「中國大陸將對於發展中國家和周邊國家，做好對外之援助工作，共同建立互利共贏的關係。」由上可知，中國大陸若欲構建穩定健全的大國，則是始於周邊，共建良好關係，而中國大陸在推進和完善外交布局時，則強調落實正確義利觀，對於中國大陸長期友好而自身發展任務艱鉅之周邊與發展中國家，展開合作時多方考慮對方利益，絕不損人利己，以鄰為壑。正確義利觀，已成為現今對外發展的新形勢，亦是推動中國大陸外交布局之重要指南。

一、亞太自由貿易區（Free Trade Area of the Asia Pacific；FTAAP）

亞太自貿區（FTAAP）係指在亞洲太平洋經濟合作會議（Asia-Pacific Economic Cooperation；APEC）成員國之間消除貿易壁壘，並對於非成員國維持較高門檻之一種地區性自由貿易區，將打破亞太內部的封閉之門，敞開面向世界的開放之門。以下主要探討亞太自貿區（FTAAP）起源發展及對台商發展契機分述如下：

1. 亞太自貿區（Ftaap）的發展

❶**成立背景**：亞太自貿區（FTAAP）概念首見於 2004 年的亞太經濟合作組織企業諮詢委員會（APEC Business Advisory Council；ABAC）中，也在 2006 年被列入亞洲太平洋經濟合作會議（APEC）之長期目標發展，但之後卻始終未取得實質進展。而面對亞太地區當前各個自貿區過於重疊、碎片化情勢下，促使中國大陸國家主席習近平加速區域整合亞太地區之決心，因此在 2014 年中國大陸主辦的亞洲太平洋經濟合作會議（APEC）上，再次提出希望 2015 年啟動亞太自

貿區（FTAAP）可行性研究計畫，希冀藉此來制衡美國在亞太地區之影響力，並實現亞太地區貿易投資利益的最大化。

❷**具體內容**：中國大陸國家主席習近平在 2014 年 11 月 11 日提出「APEC推動實現 FTAAP 北京路線圖」的規劃，主要是針對亞太經合組織（APEC）中的中國大陸、日本、台灣、韓國、泰國、馬來西亞、澳洲與紐西蘭等 21 個會員國進行區域經濟整合，並以「各成員國經濟體自願協商、開放漸進」之精神，做為推動此次計畫的原則，而身為主辦國的中國大陸將捐款 1,000 萬美元，來支持亞太經合組織（APEC）機制與能力建設，並承諾未來三年將為該組織發展中成員提供 1,500 個培訓名額，用於貿易與投資等領域之能力建設項目，若能成功創立亞太自貿區（FTAAP），將能有效解決各類亞太自由貿易協定（Free Trade Agreement；FTA）相互排斥、競爭、碎片化之情勢，並整合區域內自貿協定標準，提升該區貿易便利化水平，在透過成員國秉持「互利合作」的新思維，以達成綜效之目標。

❸**未來展望**：根據淡江大學中國大陸研究所所長張五岳（2015）表示：「亞太自貿區（FTAAP）若實踐，將成為一個涵蓋世界前三大經濟體的自貿區，規模預計將達全球 46% 的貿易額、全球 57% 的生產總值。」由上可知，若能解決亞太地區過於零碎的問題，亦將提升其在全球經貿格局中之地位，進而改變世界經濟貿易與投資版圖。

2. 亞太自貿區（Ftaap）對台商契機

❶**契機一：突破經貿被邊緣化**

根據世界貿易組織（WTO）統計指出，截至 2015 年 2 月底止，全球約已有將近 400 個自由貿易協定（FTA）開始生效，然而，反觀台灣目前卻僅與七個貿易夥伴簽署，在全球覆蓋率僅約 9.7%，導致台灣正面臨重大隱憂，對此經濟部長杜紫軍（2014）表示：「經由中國大陸提倡加速整合亞太地區經貿整合計畫，台灣須以更積極的態度參與，若能成為亞太自貿區（FTAAP）的一員，將有望突破邊緣化之困境。」由上述可知，若台灣成功加入亞太自貿區（FTAAP），能有效降低跨境經濟活動之成本，對台商將是一項重要的關鍵契機。

❷**契機二：經濟資源有效配置**

北京大學光華管理學院院長蔡洪濱（2014）表示：「亞太自貿區（FTAAP）可促進區域各國成員間發揮各自的競爭優勢，並形成優勢產業，進而優化區內資源配置及產業布局。」由此可知，加入亞太自貿區（FTAAP）將不僅對於深化亞太區域經濟一體化，亦促進亞太地區的全球價值鏈（Global Value Chains；

GVCs）合作，若台灣加入將利於台商對經濟資源做最有效區域配置，導正過去台灣經濟過度地向中國大陸傾斜的偏差，此外，透過亞太地區經貿整合將可大幅減少進、出口貿易的交易行政成本，並且享有更大空間的商品及資金流動、人員移動便捷的優勢，進而強化台商的市場競爭力。

❸契機三：接軌國際經貿體系

面對經濟全球化的形勢下，加入區域經濟趨勢已是刻不容緩，而觀看台灣的情勢，若能加入亞太自貿區（FTAAP），台灣拓展國際經貿空間將是一項重大突破，對此中國銀行首席經濟學家曹遠征（2014）表示：「亞洲地區的自由貿易整合將是未來國際經貿合作之新模式，亦代表國際經貿的發展趨勢。」由上可知，台灣若能成為亞太自貿區（FTAAP）的成員，藉由參與區域經濟整合的過程中，對外強化企業與國際經貿接軌與連結；對內釐清本身產業發展方向的壓力與動力，才能適時調整自身的經濟體質，讓台灣在國際競賽浪潮中不被淘汰，並保有優勢，以獲取新契機。

3. 亞太自貿區（FTAAP）發展隱憂

經濟全球化（Economic Globalization）勢態下，台灣加入亞太自由貿易協定（FTA）進程緩慢，可能淪為「Everyone but Taiwan」被孤立之困境，且台灣是高度對外貿依存度之國家，亦無法杜絕於區域經濟整合之外，面對亞太自貿區（FTAAP）這個巨型化的亞太自由貿易協定（FTA）時，促使台灣積極欲加入亞太自貿區（FTAAP）的行列，來拓展台灣對外經貿之空間，然而，當各國紛紛欲加入亞太自貿區（FTAAP）的同時，應考慮其存在的風險亦是不可忽視，根據台灣經濟研究院（2014）發布《亞太自由貿易區對台灣經濟發展的利弊分析》指出：「台灣是以貿易出口為主的經濟體，關稅降低將會影響到台灣產業出口的國際競爭力，對台灣經貿成長將造成負面衝擊」，可知台灣須做好適當的保護措施，才能抵抗貿易自由化所帶來的衝擊。

4. 專家名人對亞太自貿區（FTAAP）評價

❶宏達電創辦人王雪紅：2014年11月10日接受《天下財經》訪問表示：「亞太自由貿易區（FTAAP）是更大範圍的自由貿易規則，能讓中小企業擁有更多平台使用，但亦對企業的創新力提出更高要求。未來，創新將是關鍵，企業要思考如何創造價值，不僅在高科技領域，而是在任何領域及面相創新。」

❷聯華神通董事長苗豐強：2014年11月11日表示：「由於台灣的中小企業於全球供應鏈的資源相較不足，因此台灣若無跟上這波亞太自由貿易區（FTAAP）的區域經濟整合之浪潮，避開關稅障礙，這將為台灣中小企業帶來嚴

重衝擊，台灣不得不審慎應對。」

　　❸**國泰金控董事長蔡宏圖**：2015 年 4 月 23 日表示：「以總貿易額來看，台灣自由貿易協定（FTA）占總貿易額只占 10%，與韓國的 18%、日本的 18%，以及新加坡的 77% 相較下，所參與區域經貿整合有限，台灣應更加積極，而此次由中國大陸主導的亞太自由貿易區（FTAAP），對台灣未來十分重要。」

二、「一帶一路」戰略

　　2013 年 9 月 7 日，中國大陸習近平主席於哈薩克斯坦納扎爾巴耶夫大學（Nazarbayev University）發表題為《弘揚人民友誼共創美好未來》演講，首次提出「五通合作重點」（即加強政策溝通、道路聯通、貿易暢通、貨幣流通、民心相通），共同建設「絲綢之路經濟帶」的戰略倡議，是年 10 月 3 日，其亦在印尼國會發表演講時提出：「中國將致力於加強同東協國家互聯互通建設，願與東協國家發展友好海洋合作夥伴關係，共同建設『21世紀海上絲綢之路』。」「一帶一路」戰略雛型於焉而生。是年 11 月 9 日，「一帶一路」便寫入中共十八大三中全會《全面深化改革若干重大問題的決定》，並提升至國家戰略，2015 中央經濟工作會議亦明確指出「一帶一路」是 2015 年中國區域發展的首要戰略，綜合上述，可明確洞悉「一帶一路」是中國大陸實現「中國夢」的強烈企圖。

1. 一帶一路發展

　　❶**建立背景**：由於中國大陸快速發展，積累過剩產能及過剩外匯資產，而必須尋找新的輸出管道，2009 年當時許多國家地區皆受到金融危機的損傷背景下，促使中國大陸率先提出「共用發展計畫」之概念，希望通過中國大陸企業「走出去」戰略，主動輸出中國大陸大量過剩的基礎建設產能，去投資、援助急待完善基礎建設，而卻又缺乏資金的發展中國家。中國大陸認為此作法不僅能帶動新興經濟體的發展，更能有效達成消化其過剩產能與推動人民幣國際化之目標，因此中國大陸在 2014 年展開更密集規劃發展資本輸出路線「一帶一路」，並且成立此計畫資本輸出平台，對全球基礎設施展開積極的投資與布局。

表 12-1　「一帶一路」相關內容

構面	具體內容		
目的	消化中國大陸過剩產能以及人民幣國際化		
資本輸出平台	機構	金磚國家開發銀行（BRICS）	亞洲基礎設施投資銀行（AIIB）
	成立時間	2014 年 7 月	2014 年 10 月
	起初資本	1,000 億美元	1,000 億美元
	參與國家	中國大陸、巴西、俄羅斯、印度、南非	中國大陸、印度、新加坡、汶萊、馬來西亞、泰國、尼泊爾等 57 個國家
資本輸出的路線	路線名稱	一帶一路	
		路上絲綢之路經濟帶	海上絲綢之路
	重點發展	為西部建設帶來重大發展，其中以新疆、陝西、甘肅、廣西最直接受益	將對將東南亞臨海港口，投資重點集中於東部廣東、福建、浙江、江蘇、廣西等地
	涵蓋範圍	涵蓋 26 個國家與地區，44 億人口，占全球 63%	
	區域經濟總量	約 21 兆美元，占全球三分之一	

資料來源：本研究整理

❷具體內容：「一帶一路」主要是由陸上的「絲綢之路經濟帶」打通從太平洋至波羅的海之運輸管道，逐步形成與東亞、南亞及西亞對接的交通運輸網路，再加上海上的「21 世紀海上之路」面向東協的地理優勢，將中國大陸和東南亞臨海港口的城市串連起來，強化中國大陸與鄰近各國互聯互通之關係。2015 年 3 月 28 日時，中國大陸國家發展改革委、外交部及商務部共同頒布《推動共建絲綢之路經濟帶和 21 世紀海上絲綢之路的願景與行動》指出西安、西藏、重慶、武漢、長沙、南昌、合肥等城市為「一帶一路」重要節點城市，如西安定位為「絲綢之路的新起點」、西藏則定位為「推進與國家邊境貿易及旅遊文化合作」等來加強各節點城市之地位。誠如中國大陸外交部長王毅（2015）所言：「一帶一路為亞洲整體振興插上兩隻強勁的翅膀」，其中一隻翅膀就是「一帶」，即「絲綢之路經濟帶」橫貫歐亞大陸從東亞通過中亞、南亞、中東、東歐、中歐直達西歐的經濟帶；另外一隻翅膀是「一路」，指的是從東亞經馬六甲海峽、印度洋、地中海、直達西歐的 21 世紀海上絲綢之路。「一帶一路」沿線國家涵蓋 68 個、總里程數約 8.1 萬公里、44 億人口約占全世界 63%、經濟規模達 21 兆美元，占全球 GDP 的 29%，貿易總額高達 2.5 兆美元，占全球 24%，未來十年內總投資規模達 1.6 兆美元，勘稱是 21 世紀最大的區域經濟整合。

圖 12-1　一帶一路示意圖

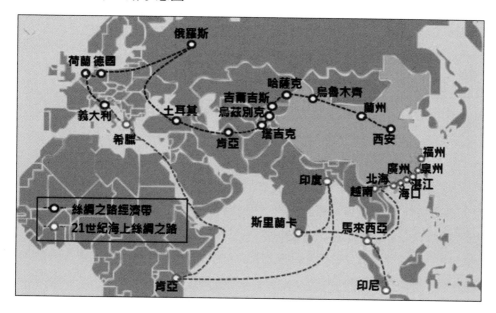

表 12-2　一帶一路涵蓋城市

一帶一路	涵蓋城市
絲綢之路經濟帶	義大利威尼斯、荷蘭鹿特丹、德國杜伊斯堡、俄羅斯莫斯科、土耳其伊斯坦堡、伊朗德黑蘭、塔吉克杜尚別、烏茲別克撒馬爾罕、吉爾吉斯比什凱克、哈薩克阿拉木圖、中國大陸霍爾果斯、中國大陸烏魯木齊、中國大陸蘭州、中國大陸西安
海上絲綢之路	希臘雅典、肯亞奈洛比、印度加爾各答、斯里蘭卡可倫坡、馬來西亞吉隆坡、印尼雅加達、越南河內、中國大陸北海、中國大陸海口、中國大陸湛江、中國大陸廣州、中國大陸泉州、中國大陸福州

資料來源：本研究整理

❸未來展望：

　　中國大陸國家主席習近平（2015）表示：「中國大陸所提出的『一帶一路』，將可在未來十年內，讓中國大陸與沿線國家之年貿易額突破 2.5 兆美元。」此外，上海市統計學會副會長陳新光（2015）亦表示：「『一帶一路』將帶動沿線國家經濟的快速成長，整個出口將會占據世界的三分之一。」綜觀上述，「一帶一路」規劃的啟動，促進中國大陸與世界建立更多聯繫，為全球經濟創造新動力，力爭實現共贏之良性局面。

2.「一帶一路」對台商契機

❶契機一：深耕廣西邊境市場

廣西是「路上絲綢之路經濟帶」與「海上絲綢之路」的重疊省份，以北部灣為西南出海最便捷的通道之一，且地處中國大陸海岸線的西南端，是中國大陸與東協國家海陸相連的唯一省區，而經由「一帶一路」可將再為廣西口岸經濟之發展與提升帶來全新機遇。廣西崇左市台商投資協會會長黃薇彤（2015）指出：「廣西做為中國大陸對接東協市場之橋頭堡，又是『一帶一路』銜接的重要門戶，而廣西的機會亦正是台商在投資創業的好時機。」由上可知，藉由「一帶一路」的發展，帶動廣西口岸經濟發展與提升，而台商可透過深耕廣西邊境，利用廣西不可複製之地理優勢開拓東協市場，進而挖掘嶄新商機。

❷契機二：發展跨境電商物流

中國大陸商務部外貿發展局副局長朱仲星（2015）表示：「自一帶一路開展後，跨境電商物流就持續升溫，而至今已有外貿電商平台企業已逾 5,000 家，發展跨境電商業務的外貿企業達 20 萬家以上。」一帶一路帶來的龐大跨境商品流通過程，促成跨境電商物流市場快速發展。台商面對如此市場環境更應搶占先機，藉由中國大陸電商的發展經驗，建立兩岸電商交流平台，並以中國大陸做為台商布局「一帶一路」沿線國家和地區之電商物流系統的產業聚集處，進一步將深具台灣特色之商品能夠配送到更多國家和地區，拓展無限商機。

❸契機三：連接歐亞體系樞紐

中國大陸「一帶一路」的政策落實，將貫穿其內陸和沿海各省市，其涵蓋範圍達到 77 個國家，形成「經濟新幹線」。而由其地理位置及歷史人文觀看，台灣將是連結歐洲、美洲、東南亞以及東北亞之重要門戶樞紐，全球財富趨勢大師蔡八來（2015）表示：「台灣是『一帶一路』連結歐洲經濟體及亞太經濟體的重要門戶，台灣應把握這千載難逢的轉型新契機，融入至全球的大整合。」。因此，在一帶一路策略下，台灣若能善用樞紐位置的優勢，取得亞太地區重要的經貿地位，亦將助於台灣融入新態勢之中，並掌握先機。

3.「一帶一路」發展隱憂

「任何潛在商機與利益之處，必然隱含潛在的風險與成本」，儘管「一帶一路」給亞洲諸國，甚至台商帶來無限的憧憬，如：「一帶一路」涵蓋政策紅利、人口紅利、資源紅利、市場紅利等，然隨著中國大陸崛起，全球諸多研究機構亦提出許多觀點與評述，「一帶一路」重點在基礎建設的投入，中國大陸國有企業已在一帶一路涵蓋區域進行蓋港口、建高鐵、買油田、築電站、修水庫、築核能，

但深怕一帶一路在沒有制度化、規範化、科學化、法制化的基礎運作下,恐引發:
(1)新一輪地方以政策騙取中央預算的戲碼;(2)新一輪政商腐化的溫床;
(3)新一輪國際爛尾工程的再現;(4)新一輪帝國過度擴張風險的重啟;(5)
新一輪地緣政治敏感神經的緊繃;(6)新一輪全球經貿版塊擠壓運動的升高。

　　而對台灣政府而言,若過度引領台商參與「一帶一路」,則會面臨以下風險:
(1)政治風險:過度向中國大陸傾斜,可能破壞美、中、台三者之間政經平衡
關係,如何維持好此一平衡乃是台灣政府當務之急;(2)經濟風險:由於「一
帶一路」涵蓋 68 個國家,各國法律法規不完善與不透明化、各國政府執政能力
和效率存在差異、各國金融體系完備度不一、各國貨幣穩定度差異甚劇,如何做
好風險管理實為台商走進「一帶一路」必須作好的基本動作;(3)社會風險:「一
帶一路」所處國家文化、宗教、習俗各異,人民政治取向有殊,台商布局之際,
若不能以跨文化融合、跨文化包容之心態,則恐難入鄉隨俗,而陷入自我參考準
則(Self-Reference Criterion)的國際行銷陷阱;(4)技術風險:由於「一帶一路」
乃是由中國大陸所主導,參與者必以中資企業為核心,台商要加入「一帶一路」
商機的產業鏈、供應鏈、需求鏈,則必須居於附屬之地位,主導權往往並非台商
所有,如何保護好智慧財產權及既有的國際主要客戶資源實為迫切課題。

4. 專家名人對「一帶一路」之評價

❶**兩岸共同市場基金會執行長陳德昇**:在 2015 年 3 月 25 日表示:「『一
帶一路』是由陸路與海路來連接歐、亞、非三大洲,並透過亞投行(AIIB)投資
沿線的基礎建設,若能有自由貿易協定(FTA)相連結,經濟整合之力量將不輸
於跨太平洋戰略經濟夥伴協定(TPP)。」

❷**台企聯會會長郭山輝**:在 2015 年 5 月 25 日表示:「台商過去不得其門
而入之市場,將可經由『一帶一路』的牽引進入此廊帶,並透過陸上絲路投資來
善用在地資源,強化市場之成本競爭力,掌握住龐大的基礎建設供應鏈及沿線市
場之需求取向,這將是台商轉型升級的出路。」

❸**外貿協會董事長梁國新**:2015 年 5 月 30 日表示:「台灣可透過參與『一
帶一路』,將有助於融入區域經濟整合,以及增加進入區域全面經濟夥伴協定
(RCEP)等其他自由貿易協定(FTA)機會,把更多商機拓展到東協、南亞、歐
洲的機會。」

三、亞洲基礎設施投資銀行（Asian Infrastructure Investment Bank；AIIB）

中國大陸國家主席習近平與印尼前總統 Susilo 於 2013 年 10 月 2 日在雅加達舉行展開倡議籌建亞投行（AIIB）之計畫，希冀透過資金的供給支援發展中國家基礎設施建設，促進亞太區域間互聯互通建設與經濟一體化進程，共同協助亞洲經濟持續穩定發展為提倡目的。以下是針對該行來進行論述說明。

1. 亞投行（AIIB）的起源與發展

❶發展背景：中國大陸國家主席習近平（2014）表示：「亞洲擁有全世界逾 60% 人口，且占據三分之一的經濟總量，為目前世界最具活力及發展潛力的大洲」，但卻部分國家及地區因資金有限，使其鐵路、橋樑、機場、港口和通訊等基礎建設出現嚴重不足之困境，並根據亞洲開發銀行（ADB）估計 2010 年至 2020 年的十年間，指出亞洲國家及地區若要維持現有經濟成長水準，平均每年需投資 8,000 億美元。但目前的兩大銀行亞洲開發銀行（Asian Development Bank；ADB）與世界銀行（World Bank；WB）每年卻只能供給亞洲國家及地區的資金約為 200 億美元，資金供給明顯不足。因此，中國大陸國家主席習近平於 2014 年 10 月 24 日展開籌備亞投行（AIIB）做為協助亞太地區基礎建設的供給的資金平台。

表 12-3　亞投行（AIIB）與其他國際金融機構比較

構面	亞洲基礎建設投資銀行（AIIB）	亞洲開發銀行（ADB）	世界銀行（WB）
主導國家	中國大陸	美國、日本	美國
總部位置	預定中國大陸北京	菲律賓馬尼拉	美國華府
成立時間	預計 2015 年底	1966 年	1944 年
資本額	1,000 億美元（中國大陸投入 500 億）	1,750 億美元	2,230 億美元
設立目的	為亞洲國家提升基礎建設所需資金的多邊開發機構	為亞太地區開發中國家或地區經濟發展籌集與提供資金	提供永久性放款，協助開發中國家進行各種生產及資源開發
目前成員	共 57 國（至 2015 年 4 月 15 日）	共 67 國	共 188 國
戰略意義	挑戰亞洲開發銀行（ADB）世界銀行（WB）之地位	協助亞洲國家開發、改善二戰後日本與周邊國家關係	主要任務是資助國家克服窮困

資料來源：本研究整理

❷**具體內容**：2014 年 10 月 24 日，中國大陸與印度、馬來西亞、寮國、尼泊爾、阿曼、菲律賓、新加坡、泰國、和越南等 21 國於北京正式簽署《籌建亞投行備忘錄》，共同籌建 1,000 億美元資本額的亞投行（AIIB），至 2015 年 4 月 15 日已有 57 個國家成為該行的創始會員國，該機構主要任務為提供亞洲國家及地區基礎設施建設資金平台的亞洲區多邊開發機構，成立目的是為促進亞洲區的互聯、互通建設和經濟一體化進程，進而提振歐、亞、非三大洲國家之間的貿易與經濟關係。此外，為挑戰長期由美國與日本所主導的世界銀行（WB）與亞洲開發銀行（ADB）的地位，亦是此次中國大陸籌建該行的重要戰略意義。

❸**未來展望**：政大金融系教授殷乃平（2015）表示：「亞投行（AIIB）在中國大陸『一帶一路』主導方向下，估計將有 28 兆美元的商機。」另外，根據台北商業大學財金系教授陳勝源（2015）亦表示：「亞投行（AIIB）不僅可解決中國大陸產能過剩問題，更發揮其外匯存底更大價值，推動人民幣國際化。」顯示籌建亞投行（AIIB）不僅為沿線國家創造龐大潛在商機，亦為人民幣國際化跨出一大步。

2. 亞投行（AIIB）對台商契機

❶**契機一：拓展國際合作平台**

根據台灣元大金融控股董事長王榮周（2015）表示：「加入亞投行（AIIB）具正面效益，將助於台灣在國際的經濟發展與拓展產業商機，亦促進台灣與其他會員國之關係更密集交流。」此外，根據中華開發金控副總理張立人（2015）亦表示：「亞投行（AIIB）所涉之目標地域較亞開行（ADB）廣泛，若台灣加入亞投行（AIIB）將是台灣與國際交流的大平台，利於相關產業朝向亞洲市場發展」。綜觀上述，台灣若能藉由此次機會加入，不僅可提升國際知名度，亦將是台商進入東協市場，甚至擴展到更多其他國家市場的好機會，藉此加速台灣拓展傳統市場之外的新市場。

❷**契機二：投資基礎建設市場**

根據財政部長張盛和（2015）表示：「估計亞投行（AIIB）未來十年將可帶動八兆美元的投資基礎建設金額，亦將促進亞太地區經濟發展。」亞投行（AIIB）投資基礎建設的龐大金額，吸引各國紛紛加入其的行列，此外，經濟部長鄧振中（2015）亦表示：「加入亞投行（AIIB）有助於開拓開發中國家的基礎建設商機，且台灣的工程顧問公司具優良能力，將能有望搶占基礎建設市場。」若台灣若能參與其中，不僅能為亞洲區域開發中國家的基礎建設做出貢獻，更可協助台灣企業在亞洲基礎設施投資浪潮下攫取可觀市場商機。

❸契機三：促金融業布局海外

亞投行（AIIB）做為支援亞洲基礎建設為主的多邊國際金融組織，促進區域金融合作，這對台灣國內金融業者而言，將是一個大好機會，永豐金融控股董事長何壽川（2015）表示：「亞投行（AIIB）是『全球金融業的重大變動』，對現有國際金融體制極具重要影響力，而台灣更是不能缺席。」此外，根據台灣金控董事長李紀珠（2015）亦表示：「亞投行（AIIB）將可加大台灣金融機構走出去的力道，並與更多國際金融機構進行合作關係，開發潛在商機。」綜觀上述，可知若台灣加入該行將對國內金融產業產生極大的正面效益，台商應把握此難得的發展契機。

3. 亞投行（AIIB）發展隱憂

中國大陸所籌設的亞投行（AIIB）迄今已有包括英、德、法、義、南韓等57國成為創始會員國。根據中國大陸與其他創始國在2014年在北京所簽署的《籌建亞投行備忘錄》指出，其運作及治理核心在於投票權，按各投資國之國內生產總值（GDP）的經濟權重進行分配，但觀看台灣官方宣布將出資22億元台幣，其所出資的金額與其他國家相較之下占比微小，未來台灣在亞投行（AIIB）的行列中，將可能不具影響力或喪失其發言權，導致22億元台幣變成「壁紙」之隱憂。對此，鴻海集團董事長郭台銘（2015）表示：「如果台灣沒有科技、研發、經濟實力，即便加入，只是拿錢給人家做莊。」台灣切勿盲目隨波逐流，仍須考慮台灣的財政是否有承擔22億元台幣成本支出的能力，以及其正面效益之多寡。

4. 專家名人對亞投行（AIIB）之評價

❶三三企業交流會會長江丙坤：在2015年3月13日表示：「亞投行（AIIB）在未來將會扮演重要角色，而台灣應極力爭取加入，若只為名稱而不參加就會失去眾多機會，假如能夠參與並得到合理公平待遇，這對台灣經濟來說才是具有實質幫助。」

❷中華民國國際關係學會會長楊永明：在2015年4月3日表示：「亞投行（AIIB）已廣受世界矚目，許多西方國家參與，就是因為亞洲經濟抬頭，而台灣應該要有大格局胸懷，做為亞洲地區重要成員及經濟體，台灣不能也不該自外其中。」

❸外貿協會董事長梁國新：2015年4月13日在國藝會活動表示：「台灣因為身分問題，而不能加入亞投行（AIIB）的成員是很現實的事，建議可比照亞洲太平洋經濟合作會議（APEC）的模式進行申請。」

第 13 章
中國大陸對內區域經濟
台商新展機

中國人民銀行鄭州培訓學院教授王勇（2014）表示：「區域經濟一體化為一國經濟發展必然經歷的過程，是全球經濟發展及經濟空間作用的必然結果。」顯示區域經濟發展的必要及重要性。綜觀中國大陸區域經濟之戰略布局，其目的在於構建以中國大陸為核心的全球區域經濟戰略棋盤，對外欲成立亞太自由貿易區（Free Trade Area of the Asia Pacific；FTAAP）及建設發展全球跨度最大、縱深最長的「一帶一路」策略，對內則以四大板塊、三大經濟支撐帶、自貿區與國家級新區為區域經濟戰略措施，此由外到內之經濟發展策略，可視為從宏觀總體區域經濟到微觀重點城市開放創新之戰略布局。政策所在，商機所向，本章著重於瞭解中國大陸對內經濟發展政策走向，以期台商跟隨時代浪潮並站在浪頭上前進，再度開創成長第二曲線。

一、區域經濟一體化

探本溯源中國大陸欲實施區域經濟一體化的戰略措施，乃因生產要素無合理之分配，根據環球經濟社社長林建山（2014）指出：「依過去諸多案例顯示區域性優惠政策，實為各地方諸侯經濟『畫地為牢』的表徵，結果深刻地割裂中國大陸的統一市場經濟體系，進而形成權責區域間『GDP 數字競爭』的結果。」因此，2013 年 11 月 9 日，中共十八屆三中全會提出市場化變革，要將整個中國大陸經濟社會轉變為「全國統一的市場體系」，發揮「市場」在資源配置中的角色，引導整體生產要素合理流動。2015 年 3 月 5 日，中國大陸第十二屆全國人大第三次會議，中國大陸國務院總理李克強更於政府工作報告提出：「拓展區域發展新空間，統籌實施『四大板塊』和『三個支撐帶』戰略組合。」顯示其區域經濟發展以一帶一路、京津冀協同發展及長江經濟帶等三大經濟支撐帶為戰略措施，並同時繼續施行西部開發、東北振興、中部崛起及東部率先的區域發展總體戰略。

1. 四大板塊

❶**發展源起**：中國大陸區域經濟布局自 90 年代後中國大陸國務院陸續發布西部大開發、東北地區等老工業基地振興戰略、促進中部地區崛起及東部地區率先發展等涵蓋中國大陸全境的四大區域經濟板塊。然而，中國大陸幅員廣大，為達各區域均衡發展之目的及加大其成效，因此其後中國大陸政府便陸續規劃頒布珠三角、長三角、天津濱海新區等區域經濟發展區以加強四大板塊的經濟發展力度。

❷**具體內容**：根據中國大陸國務院研究室訊息司司長劉應傑於 2015 年 4 月 12 日表示：「針對不同區域的實際情況，充分發揮各地區的比較優勢，實施差別化區域經濟政策。」西部大開發方面，針對：（1）交通；（2）能源；（3）水利；（4）生態；（5）民生等基礎設施及民生工程進行建設。而有關振興東北地區等老工業基地，中國大陸國務院於 2014 年 8 月 19 日發布《關於近期支持東北振興若干重大政策舉措的意見》中的 11 個方面 35 條政策措施，包含：（1）深化國有企業改革；（2）激發市場經濟活力；（3）依靠創新驅動發展；（4）全面提升產業競爭力；（5）推動重大基礎設施建設及城市轉型發展；（6）全方位擴大開放合作；（7）強化政策保障和組織實施；（8）加強生態環境保護；（9）增強農業可持續發展能力；（10）切實保障和改善民生。而促進中部地區崛起方面，則包含：（1）推動建設能源原材料基地；（2）現代裝備製造及高技術產業基地；（3）糧食生產基地及綜合交通運輸樞紐。最終，支持東部地區率先發展，進而在改革開放中先行先試，並引領中國大陸調整經濟結構、創新驅動與轉型升級，以率先達成小康社會與現代化為目標。

表 13-1 四大板塊政策重點

四大板塊		規劃範圍	政策重點
01	西部開發	寧夏、陝西、重慶、貴州、廣西、甘肅、四川、雲南、青海、西藏、新疆、內蒙	建設綜合交通、能源、水利、生態、民生等重大專案
02	東北振興	黑龍江、吉林、遼寧、內蒙（蒙東地區）	11 個方面 35 條政策措施
03	中部崛起	山西、河南、湖北、湖南、安徽、江西	推動「三個基地、一個樞紐」建設
04	東部率先	北京、天津、河北、上海、江蘇、浙江、福建、山東、廣東、海南	持續保持支撐全國經濟成長的戰略重心地位

資料來源：本研究整理

2. 三大經濟支撐帶

2013 年 9 月 3 日，中國大陸國務院總理李克強於南寧「中國—東協博覽會」表示：「要繼續提升長三角、珠三角、環渤海等東部沿海『舊三大經濟支撐帶』的發展層次和品質，並更進一步大力推動內陸地區的開發開放。現階段著力打造東北老工業基地、中西部沿長江區域、西南中南腹地的『新三大經濟支撐帶』。」其後，2015 年 3 月 5 日，中國大陸國務院政府工作報告又重新定義三個經濟支撐帶，分別為「一帶一路」、京津冀協同發展及長江經濟帶。

❶**一帶一路**：中國大陸國家主席習近平於 2013 年前往中亞及東協訪問期間便先後提出建設「絲綢之路經濟帶」及「21 世紀海上絲綢之路」之構想。而中國大陸國務院總理李克強（2015）亦表示：「將把『一帶一路』建設與區域開發開放結合起來，加強新亞歐大陸橋、陸海口岸支點建設。」中國大陸此一區域經濟建設策略其地理涵蓋範圍極廣，從中國大陸中西部經中亞、西亞、中東至歐洲的「陸上絲綢之路」，以及福建經東南亞、南亞、非洲到歐洲的「海上絲綢之路」，其沿線範圍多為新興經濟體，可謂發展潛力極大的經濟合作帶。中國大陸國務院研究室信息司司長劉應傑（2015）便指出：「『一帶一路』具有推動區域基礎設施的互聯互通、促進區域貿易活化與便利性、擴大沿線國家經貿合作投資及提高整體區域經濟一體化水平等優點」。

❷**京津冀協同發展**：京津冀肇始於 1982 年「首都圈」概念的提出，至今已發展變化三十餘年。然而，在過去發展歷史中，因三地缺乏統籌管理而導致各行，在產業結構及社會資源失衡下，甚至產生競爭大於融合的狀況。於此背景下便產生了京津冀協同發展打造新首都經濟圈的重大決策。2015 年中國大陸國務院總理李克強於政府工作報告表示：「推進京津冀協同發展，在交通一體化、生態環保、產業升級轉移等方面率先取得實質性突破。」此外，中國大陸國務院研究室信息司司長劉應傑（2015）亦指出：「京津冀將以優勢互補、互利共贏及區域一體為原則進行規劃發展。」由此道出，透過更緊密之連結，京津冀「首都圈」之經濟效益將不再僅限於紙上談兵。

❸**長江經濟帶**：在推動長江經濟帶建設方面，中國大陸國務院總理李克強（2015）指出：「有序進行黃金水道治理、沿江碼頭口岸等重大項目，構築綜合立體大通道，建設產業轉移示範區，引導產業由東向西梯度轉移。」長江經濟帶包含貴州、雲南、四川、湖北、湖南、重慶、安徽、江西、江蘇、浙江、上海等 11 省市，涵蓋面積約 205 萬平方公里，其人口和經濟總量超過中國大陸 40%。而根據中國大陸國務院研究室信息司司長劉應傑（2015）指出：「長江經濟帶的重點

任務，包含提升長江黃金水道功能、建設綜合立體交通走廊、驅動創新促進產業轉型升級、全面推進新型城鎮化、培育全方位對外開放新優勢、建設綠色生態廊道及創新區域協調發展體制機制等任務。」顯示長江經濟帶橫跨中國大陸東中西三大區域，為繼東部沿海經濟帶後最有發展潛力的經濟帶，若能有效發展區域互動合作機制及打破行政區各自為政等障礙，將有望成為「中國大陸經濟的脊梁」。

二、自貿區

中國大陸自 2013 年成立上海自貿區後，更於 2015 年一次通過天津、福建及廣東等三個自貿區。在中國大陸經濟新常態下，自貿區與一帶一路區域經濟策略對接，有助於優化中國大陸區域經濟發展戰略布局，且自貿區被中國大陸政府視為擴大改革開放，進一步融入經濟全球化之重要載體。摩根士丹利（Morgan Stanley）大中華區首席經濟學家喬虹（2015）便指出：「中國大陸的金融改革正如火如荼進行，透過自貿區進行資本項目開放與未來降低商業銀行較高的存款準備金率等，皆為人民幣國際化打好基礎。」而綜觀自貿區與三大經濟支撐帶之地理區位，天津之於京津冀、上海之於長江經濟帶、廈門、福州、平潭、廣州、深圳、珠海之於一帶一路的海上絲綢之路，各自貿區可謂為三大支撐帶之龍頭引擎，在自貿區的帶領舞動下，朝向區域經濟一體化與國際化方向邁進。

1. 上海自貿區

❶涵蓋範圍：上海自貿區於 2013 年 9 月 29 日正式掛牌成立，範圍包含外高橋保稅區、外高橋保稅物流園區、洋山保稅港區及上海浦東機場綜合保稅區等四個海關特殊監管區域，總面積為 28.78 平方公里。上海自貿區於 2015 年 4 月 21 日擴大自貿區範圍，新增陸家嘴金融區、金橋開發區以及張江高科技區等三區，面積擴大至 120.72 平方公里。

❷策略定位：根據 2013 年 9 月 27 日中國大陸國務院批准的《中國（上海）自由貿易試驗區總體方案》內文提及：「著力培育國際化和法治化的經商環境，力爭建設成為具有國際水準的投資貿易便利、貨幣兌換自由、監管高效便捷、法制環境規範的自由貿易試驗區。」而該方案訂定上海自貿區的主要任務，分別為加快政府職能轉變、擴大投資領域的開放、推進貿易發展方式轉變、深化金融領域的開放創新及完善法制領域的制度保障等五項主要任務。2015 年 4 月 20 日中國大陸國務院正式公布的天津、廣東、福建自由貿易試驗區總體方案，同時對四大自貿區定義其戰略定位，中國大陸商務部部長助理王受文（2015）指出：「上海自貿試驗區繼續在推進投資貿易便利化、貨幣兌換自由、監管高效便捷與法治

環境規範等方面擔當領頭羊。」一語道出，隨著新的自貿區興起，上海自貿區地位不減反增，將持續引領中國大陸經濟改革。

2. 天津自貿區

❶**涵蓋範圍**：天津自貿區於 2015 年 4 月 21 日正式掛牌成立，範圍包含天津港區 30 平方公里、天津機場區 43.1 平方公里及濱海新區中心商務區 46.8 平方公里，總面積為 119.9 平方公里。其中，天津港區包含東疆保稅港區十平方公里；天津機場區包括天津港保稅區空港部分一平方公里及濱海新區綜合保稅區 1.96 平方公里；濱海新區中心商務區則包含天津港保稅區海港部分及保稅物流園區四平方公里。

❷**策略定位**：根據 2015 年 4 月 20 日中國大陸國務院發布的《中國（天津）自由貿易試驗區總體方案》其中對於天津自貿區的戰略定位為：「以制度創新為核心任務，以可複製可推廣為基本要求，努力成為京津冀協同發展高水準對外開放平台、全國改革開放先行區與至度創新試驗田、面向世界的高水平自由貿易園區」。此外，天津市副市長閻慶民（2015）亦表示：「天津自貿區是服務京津冀的總體安排，其中包含增強口岸服務的輻射功能，並鼓勵京津冀跨區域合作實現產業轉型升級，同時亦會加快探索三地金融監管之統籌合作模式。」顯示天津自貿區將是中國大陸面相東北亞市場的重要門戶，從而釋放京津冀「首都圈」經濟效益，進而帶動環渤海和黃三角之發展。

3. 福建自貿區

❶**涵蓋範圍**：福建自貿區於 2015 年 4 月 21 日正式掛牌成立，範圍包含平潭區 43 平方公里、廈門區 43.78 平方公里及福州區 31.26 平方公里等三區，總面積為 118.04 平方公里。其中廈門區包含象嶼保稅區 0.6 平方公里、象嶼保稅物流園區 0.7 平方公里與廈門海滄保稅港區 9.51 平方公里；福州區則包括福州保稅區 0.6 平方公里、福州出口加工區 1.14 平方公里及福州保稅港區 9.26 平方公里。

❷**策略定位**：根據 2015 年 4 月 20 日中國大陸國務院發布的《中國（福建）自由貿易試驗區總體方案》其福建自貿區之戰略定位為：「圍繞立足兩岸、服務全國、面向世界的戰略要求，充分發揮改革先行優勢，營造國際化、市場化、法治化營商環境，把自貿試驗區建設為改革創新試驗田；充分發揮對台優勢，率先推進與台灣投資貿易自由化進程，把自貿試驗區建設成為深化兩岸經濟合作的示範區；充分發揮對外開放前沿優勢，建設 21 世紀海上絲綢之路核心區，打造面向 21 世紀海上絲綢之路沿線國家和地區開放合作新高地。」福建省副省長鄭柵潔（2015）表示，具體舉措包含探索閩台產業合作新模式、擴大對台服務貿易開

放、推動閩台貨物貿易自由化及兩岸金融合作先行先試等。因此，福建自貿區可謂為深化兩岸經濟合作及一帶一路策略中打造21世紀海上絲綢之路的前沿平台。

4. 廣東自貿區

❶涵蓋範圍：廣東自貿區於2015年4月21日正式掛牌成立，範圍包含廣州南沙新區60平方公里、深圳前海蛇口區28.2平方公里及珠海橫琴新區28平方公里等三區，總面積為116.2平方公里。其中廣州南沙新區包含廣州南沙保稅港區7.06平方公里；深圳前海蛇口區則包括深圳前海灣保稅港區3.71平方公里。

❷策略定位：根據2015年4月20日中國大陸國務院發布的《中國（廣東）自由貿易試驗區總體方案》，其中廣東自貿區之戰略定位為：「依託港澳、服務內地、面向世界，將自貿試驗區建設成為粵港澳深度合作示範區、21世紀海上絲綢之路重要樞紐和全國新一輪改革開放先行地。」一語道出廣東自貿區乘載著活絡珠江水系、串聯泛珠三角經濟體以及面向南海的使命。然而有別於上海和天津，福建及廣東自貿區均各自分布在三個城市，省政府雖設立管理機構，但仍考驗著其領導協調是否能排除行政、區域及各區競爭等障礙。

表 13-2　四大自貿區策略定位

自貿區	成立時間	面積（平方公里）	涵蓋範圍	策略定位
上海	2013/09/29	120.72	❶高橋保稅區及保稅物流區 ❷洋山保稅港區 ❸上海浦東機場綜合保稅區 ❹陸家嘴金融區 ❺金橋開發區 ❻張江高科技區	優先試行推進投資貿易便利化、貨幣兌換自由、監管高效便捷與法治環境規範
天津	2015/04/21	119.90	❶天津港區 ❷天津機場區 ❸濱海新區中心商務區	京津冀協同發展之對外開放平台
福建	2015/04/21	118.04	❶平潭區 ❷廈門區 ❸福州區	深化兩岸經濟合作及一帶一路策略中打造21世紀海上絲綢之路的前沿平台
廣東	2015/04/21	116.20	❶廣州南沙新區 ❷深圳前海蛇口區 ❸珠海橫琴新區	推動中國大陸與港澳經濟深度合作、成為海上絲綢之路重要樞紐

資料來源：本研究整理

三、國家級新區

根據 2015 年 4 月 15 日中國大陸國務院發布《關於促進國家級新區健康發展的指導意見》，其指導思想以圍繞四大板塊及三大支撐帶等重大國家戰略為總體布局，並以產城融合、宜居宜業、節約集約、集聚發展、改革創新、先行先試等為基本原則。中國大陸國家發展改革委員會國土開發與地區經濟研究所所長肖金成（2015）指出：「中國大陸國家級新區具有改革先行先試區及新產業聚集區等特徵，並透過建設完善基礎設施使新區的交通更便捷、經濟更繁榮、環境更美好。」因此，國家級新區可視為拉動周邊區域發展、內需消費及開放創新之戰略建設棋子。茲彙理中國大陸 2014 年後設立之國家級新區如下：

1. 貴州貴安新區

❶**涵蓋範圍**：貴州貴安新區於 2014 年 1 月 6 日設立，貴安新區位於貴州省貴陽市與安順市，區域範圍包含貴陽、安順兩市所轄四縣及 20 個鄉鎮，規劃面積為 1,795 平方公里。

❷**策略定位**：根據 2014 年 1 月 6 日中國大陸國務院批覆的《關於同意設立貴州貴安新區》中提及，貴州貴安新區將以調整經濟結構、提升對外開放力度、促進區域經濟協調發展與建設生態文明等為政策重點，將新區建設定位為：「內陸開放型經濟新高地、生態文明示範區、區域性商貿物流中心與科技創新中心。」

2. 陝西西咸新區

❶**涵蓋範圍**：陝西西咸新區於 2014 年 1 月 10 日設立，陝西西咸新區位於陝西省西安市及咸陽市建成區之間，區域範圍包含西安、咸陽兩市所轄 7 縣及 23 個鄉鎮，規劃面積為 882 平方公里。

❷**策略定位**：根據 2014 年 1 月 10 日中國大陸國務院批覆的《關於同意設立陝西西咸新區》中提及，陝西西咸新區將以成為絲綢之路經濟帶重要支點、統籌科技資源、發展高新技術產業、創新體制機制及城鄉發展一體化、保護生態環境及歷史文化等為政策重點，並定位新區建設為：「建設絲綢之路經濟帶的重要樞紐、西部大開發的新引擎及中國大陸特色新型城鎮化的示範區。」

3. 青島西海岸新區

❶**涵蓋範圍**：青島西海岸新區於 2014 年 6 月 3 日設立，青島西海岸新區位於膠州灣西岸，包括青島市黃島區之全部行政區域，新區規劃面積包含陸域面積 2,096 平方公里及海域面積約 5,000 平方公里。

❷**策略定位**：2014 年 6 月 3 日中國大陸國務院批覆的《關於同意設立青島

西海岸新區》中提及，青島西海岸新區將以統籌海洋與陸域經濟、資源開發與生態保護、新型工業化及城鎮化、推進創新驅動與體制機制創新等為政策重點，將新區建設定位為海洋經濟國際合作先導區、海洋科技自主創新領航區及陸海統籌發展試驗區。

4. 大連金普新區

❶**涵蓋範圍**：大連金普新區於 2014 年 6 月 23 日設立，大連金普新區位於遼寧省大連市中南部，區域範圍包含大連市金州區全部行政區域及普蘭店市部分地區，規劃面積為 2,299 平方公里。

❷**策略定位**：2014 年 6 月 23 日中國大陸國務院批覆的《關於同意設立大連金普新區》中提及，大連金普新區將以深入推進面向東北亞區域開放合作、引領東北地區全面振興、老工業基地轉變發展方式的先導區等為政策重點，將新區建設定位為東北亞國際航運中心及國際物流中心、全面振興及深化改革東北地區等老工業基地及促進東北亞區域開放合作。

5. 四川天府新區

❶**涵蓋範圍**：四川天府新區於 2014 年 10 月 2 日設立，四川天府新區位於四川省成都市主城區東南方，區域範圍包含成都、眉山、資陽三市所轄七縣，規劃面積為 1,578 平方公里。

❷**策略定位**：2014 年 10 月 2 日中國大陸國務院批覆的《關於同意設立四川天府新區》中提及，四川天府新區將以提升國際競爭能力、發展高端產業、建立完善現代產業體系、保護與傳承歷史文化、推進生態文明建設等為政策重點，將新區建設定位為現代製造業為主之國際化現代新區、宜業宜商宜居城市、現代高端產業聚集區及統籌城鄉一體化發展示範區。

6. 湖南湘江新區

❶**涵蓋範圍**：湖南湘江新區於 2015 年 4 月 8 日設立，湖南湘江新區位於湘江西岸，區域範圍包含長沙市岳麓區、望城區與寧鄉縣部分區域，規劃面積為490 平方公里。

❷**策略定位**：2015 年 4 月 8 日中國大陸國務院批覆的《關於同意設立湖南湘江新區》中提及，湖南湘江新區將以突出新型工業化及新型城鎮化融合、重視科技創新及自主創新、推動產業轉型升級與群聚發展等為政策重點，將新區建設定位為高端製造研發基地、創意產業聚集區、產城融合及城鄉一體之新型城鎮化示範區、長江經濟帶內陸開放高地、全國資源節約型和環境友好型社會建設引領區。

7. 南京江北新區

❶涵蓋範圍：南京江北新區於 2015 年 6 月 27 日設立，南京江北新區位於江蘇省南京市長江以北，區域範圍包含南京市浦口區、六合區及棲霞區八卦洲街道，規劃面積為 788 平方公里。

❷策略定位：2015 年 6 月 27 日中國大陸國務院批覆的《關於同意設立南京江北新區》中提及，南京江北新區為長江經濟帶及東部沿海經濟帶的重要交匯節點區域，發揮南京江北新區在創新驅動及新型城鎮化建設發展等方面的示範帶動作用，進而推動蘇南現代化建設和長江經濟帶的發展，將新區建設定位為自主創新先導區、新型城鎮化示範區、長三角地區現代產業集聚區、長江經濟帶對外開放合作重要平台。

四、中國大陸對內區域經濟台商新展機

中國大陸的改革開放可將 1980 年代的「四大經濟特區」視為里程碑，選定深圳、珠海、汕頭及廈門做為吸引外資、港澳台商，來達到提升生產技術目的。其後，直至 90 年代中國大陸確立採取發展「具有社會主義特色的市場經濟」意謂著在「計畫經濟」主導下，加大發展其「市場經濟」之尺度。而 2015 年在三大支撐帶與四個自貿區「3+4」的新區域經濟戰略布局下，勢必帶來新一輪的投資環境變化，台商除應避免變化可能帶來的風險，更應掌握總體經濟發展政策隨之而來的新拓展契機。

1. 展機一：產業合作新展機

隨著中國大陸新區域經濟布局策略發布，台商在面對經營環境變動下勢必會找尋新商機與避免即將出現的威脅。2015 年 6 月 4 日「第五屆兩岸產業合作論壇」經濟部工業局副局長蕭振榮提出：「共同出資、共同研發、共同開拓全球市場及共同創建華人品牌的新『四同』做為兩岸產業合作新思維。」在「一帶一路」合作中，應善用兩岸雙方產業優勢互補，建構兩岸產業供應鏈，進而推動兩岸共同參與區域經濟整合。另外，中華經濟研究院區域發展研究中心主任顧瑩華（2015）表示：「在『一帶一路』戰略下，兩岸產業合作目標是開拓第三方市場，不存在衝突性，可增加兩岸合作的機會，如在白色家電、汽車等領域跨產業合作，融入台灣資訊電子產業優勢，提升彼此競爭力。」而工業總會副秘書長蔡宏明（2015）亦指出，台灣具有資通訊產業優勢在「一帶一路」中可協助中國大陸在智慧製造、物流等產業進行轉型升級。然而，在「一帶一路」戰略涵蓋的國家，亦是台灣積極拓展的新興市場，為避免合作中形成彼此競爭而削弱綜效的

情況，需審慎規劃與思考可行的合作策略。

2. 展機二：國際布局新展機

在中共十八屆三中全會提出市場化變革，要將整個中國大陸經濟社會轉變為「全國統一的市場體系」，因此便迎來全面深化改革和對外開放之新格局。在三個支撐帶與四個自貿區的「3+4」大區域經濟發展戰略形成後，已勾勒出中國大陸改革開放新版圖。根據中國大陸海峽兩岸關係協會副會長鄭立中（2015）表示：「『一帶一路』是中國大陸推動經濟發展的大戰略，台灣不能缺席，除兩岸合作試驗區、四大自貿區以及經濟功能區等都做好準備，尋求跟台灣自由經濟示範區對接。」而中國大陸社會科學院世界經濟與政治研究所長助理宋泓（2015）亦指出：「台資企業可建立以中國大陸為中心的區域生產網路體系，讓產線轉移到『一帶一路』的國家上，產品則回銷中國大陸市場。」因此，台商在中國大陸的區域經濟發展策略中，需以宏觀角度全盤思考布局國際市場，以掌握區域經濟發展轉變的新商機。

3. 展機三：基建優化新展機

在中國版「馬歇爾計畫」「一帶一路」戰略布局下，預計將帶動沿線區域國家的基礎設施建設投資。根據經濟學家林毅夫（2015）表示：「『一帶一路』戰略帶動的基礎設施投資為重要經濟增長動力之一，將會創造很大的市場需求，同時為沿線國家帶來工業化發展機遇。」另外，台灣外貿協會董事長梁國新（2015）亦表示：「『一帶一路』將帶動沿線各國大力興建基礎設施，台灣外貿協會將協助台灣企業搶佔市場。」「一帶一路」以「互聯互通」的基礎建設為首要發展任務，除帶動相關基礎建設產業發展及投資外，即使非基建相關產業仍將因此帶來新展機，因基礎建設完善後的便利性正意謂著可帶來人流、物流、金流同時轉動的條件，亦為拓展及布局新市場帶來新的契機。

五、兩岸青年創新創業園區

根據國家信息中心專家委員會主任寧家駿（2015）指出：「推進『大眾創業、萬眾創新』是中國大陸經濟發展到目前階段的一個必然選擇，經濟要轉型升級，朝中高端邁進，關鍵在於要發揮千千萬萬人的智慧。」創業是許多人的夢想，創新與創意議題持續受到關注，然而創業並非條坦途，創新與創意亦非隨手可得，初期常需資金挹注，使創投資金支援更顯舉足輕重。台灣玉山科技協會理事長王伯元於2015年3月20日表示：「希冀藉由『四創』匯流帶動產業創新，透過『創投』的資金力量，協助『創新』與『創意』商品化，並將其落實於『創業』中。」

兩岸青年創新創業論壇已深耕多年，雙方透過議程分享經驗並尋求合作的機會，茲將近年兩岸青年創新創業論壇整理如下：

1. 第一屆兩岸青年創新創業論壇（2010）： 首屆地點選定北京，主題創新、創業、共享、共贏。此次論壇針對兩岸經濟合作架構協議（Economic Cooperation Framework Agreement；ECFA）簽署後，兩岸企業家所需面臨的挑戰，會議中亦針對創業者具備的特質、政府政策與自主創業、ECFA 對兩岸青年創業影響等議題進行討論，亦使有志創業者、年輕創業者以及成功企業家三者都有良好的互動，開始兩岸青年交流新里程碑。

2. 第二屆兩岸青年創新創業論壇（2011）： 大連為本次論壇舉辦城市，主題創新創業、共創雙贏。論壇中邀請成功企業家經驗分享與交流，提出台灣青年大連創業基地，冀望推動兩岸青年互動平台，促進合作並激勵青年創業熱情。

3. 第三屆兩岸青年創新創業論壇（2012）： 本次論壇地點仍為北京，主題為創意創造、共創未來。論壇議題以網路科技、影視傳媒、創意設計以及兩岸創業環境與機遇相關進行研討，進而討論中國大陸文化創意產業成長商機，兩岸青年渝文化創意產業未來的合作與發展機會。

4. 第四屆兩岸青年創新創業論壇（2013）： 論壇首度移師到台灣港都高雄舉辦，以創新合作、成就夢想為主題，而中國大陸首個文化創意人才服務機構兩岸文化創意人才服務基地與台灣中華傑出青年交流促進會、台灣國際文化創意產業發展協會、台灣中華工商業聯合協會等機構於本次簽訂戰略合作協議，期望透過交流為兩岸青年創新創業提供有利的機制與平台提升兩岸競爭力。

5. 第五屆兩岸青年創新創業論壇（2014）： 第五屆兩岸青年創新創業論壇暨北京國際設計週人才交流推介會於北京中華世紀壇揭幕，主題圍繞設計人才的創意、創造、融合、發展，會議中討論兩岸青年設計人才的培訓與發掘，本次活動頒發新銳設計競賽華燦獎，設置了視覺傳達、產品設計、數位動畫三個競賽項目，主要選拔有潛力參與國際設計競賽青年設計與團隊，並透過競賽增加兩岸設計人才的交流。

除舉辦兩岸青年創新創業外，中國大陸部分城市亦響應「大眾創業、萬眾創新」之雙創戰略，紛紛祭出優惠政策以鼓勵兩岸青年創新創業，諸如：2015年7月9日，福建平潭綜合實驗區管委會發布《關於鼓勵和支持兩岸青年入駐台灣創業園創業就業的實施意見》，支持和鼓勵兩岸青年入駐平潭台灣創業園創業，並於創業場所扶持、創業資金扶持、創業融資支援、創業人才扶持、創業服務獎勵等方面給予協助與支持，目的是希望打造具特色的兩岸青年創客創新創業

示範基地,而 2015 年 7 月 13 日,昆山市亦成立「兩岸青年創業園」,根據昆山市長杜小剛表示:「兩岸青年創業園是將台灣優秀人才、高等教育及研發創新等方面優勢,與昆山產業基礎及創新創業環境相互結合,進而將昆山打造成為國際化創新中心。」此外,昆山亦設立總規模 20 億元的創業投資引導基金,將加強投資初創期、成戰略性新興產業、創新創業人才等計畫。在中國大陸各地青年創業園區陸續成立之下,上海台協亦打算在上海協助推動台灣青年創業園,提供台灣年輕人赴中國大陸創業。

第 14 章
兩岸共建十大合作平台
台商新轉機

根據陳威如教授（2013）撰寫《平台戰略：正在席捲全球的商業模式革命》一書指出：「平台商業模式之重點在於打造一個完善且具有高度成長潛能的生態圈。它擁有標新立異的規範及機制系統，能有效激勵群體間的互動，達成平台企業的願景。」此外，該書亦指出：「企業轉型平台模式需要充分運用互聯網精神，從競爭到協同，將敵人轉變成合作夥伴，換言之，平台戰略的核心是『創造共贏生態圈』。」根據阿里巴巴集團創辦人馬雲（2015）表示：「平台型企業不是金字塔型的結構，也不是一個人自上而下的按下按鈕，未來世界就是大平台與大平台的競爭，諸多小企業就在這些平台上相互合作並彼此競爭。」而樂視CEO賈躍亭（2014）表示：「策略競爭時代下，企業能否生態化將成為未來決勝關鍵，互聯網顛覆傳統行業的五大利器是用戶、前瞻、快速、協同、極致，而互聯網產品終極目標，不僅是單純把產品、服務賣給用戶，而是向用戶開放所有權，讓用戶與企業共同擁有產品，通過整合以構建完整生態系統。」綜合上述，可窺見未來企業朝建立平台戰略、生態系統發展已是一大趨勢。

中國大陸國務院總理李克強於第十二屆全國人民代表大會第三次會議（2015）上發表《2015 政府工作報告》提及：「未來發展將統籌四大板塊與三個支撐帶發展區域經濟，透過『一帶一路』結合區域開發開放，實施『中國製造2025』帶動產業創新升級、制訂『互聯網＋』行動計畫發展國際電子商務市場，進而推動『大眾創業、萬眾創新』促進產業升級。」此外，海峽交流基金會董事長林中森（2015）表示：「走入全球化、自由化趨勢下，兩岸要相互融入全球各項區域經濟整合，開創國際品牌、掌握全球通路優勢、開拓全球新商機、引領全球趨勢發展，兩岸企業未來能共同進軍全球，創造更大的貢獻。」顯示建立兩岸合作平台，發展產業生態圈，迎向國際挑戰是重要的任務，茲將兩岸構建十大平台內涵分述如下：

表 14-1　兩岸十大合作平台與內涵

序號	平台	議題	序號	平台	議題
❶	國際布局平台	一帶一路戰略	❻	兩岸創客平台	眾創空間
❷	自由貿易平台	四大自貿區	❼	兩岸人才平台	青年創業園
❸	智能製造平台	中國製造 2025	❽	兩岸產業平台	產業生態系統
❹	兩岸資訊平台	互聯網 +	❾	兩岸樂活平台	大健康生活圈
❺	兩岸金融平台	亞投行	❿	兩岸品牌平台	中華品牌復興

資料來源：本研究整理

平台一：【國際布局平台：一帶一路戰略】

　　中國大陸所策劃的「一帶一路」戰略橫跨歐亞大陸，範圍涵蓋中國大陸、中亞、西亞、南亞、俄羅斯、歐洲、波斯灣、地中海、印度洋以及太平洋等區域，「一帶一路」覆蓋範圍之大，展現中國大陸對於全球布局發展之野心，根據中國大陸聯合國協會副會長王學賢（2015）表示：「中國大陸創立『一帶一路』為世界各國提供的社會性公共產品，更是中國大陸為自身利益發展全方位開放與對全球合作之總體戰略之布局。」此外，根據上海國際貿易促進委員會會長楊建榮（2015）表示：「『一帶一路』是中國大陸推動布局各國戰略的重要平台，藉由『一帶一路』這個國際舞台，兩岸企業可共同攜手走向世界舞台。未來，台灣經濟成長勢必攀上新高。」由上可知，「一帶一路」是帶領台灣朝向國際發展的轉機之一，台商應善用此次難得重要發展機遇，茲將「一帶一路」對於台商的未來發展說明如下：

1. 國際布局平台之論述

　　❶兩岸經濟合作會議：2015 年 1 月 29 日於台北圓山大飯店舉行第七次的兩岸經濟合作會議，中國大陸海協會常務副會長鄭立中（2015）在會中表示：「面對經濟全球化的世代下，尤其是區域經濟一體化步伐日益加快，不論中國大陸或者是台灣，都不能自外於世界潮流，而中國大陸所提倡之『一帶一路』策略，將進一步加強兩岸經濟合作制度化之建設，實現資源優化全面配置，進而提升中華民族在全世界的競爭力。」

　　❷兩岸產業合作論壇：2015 年 6 月 8 日於中國大陸昆山市舉辦第五屆兩岸產業合作論壇，探討當前全球化經濟與貿易自由化大趨勢下，兩岸產業合作進入新布局、新思維，並以全球視野來規劃兩岸產業合作。此外，2015 年 6 月 4 日，根據上海社會科學院部門經濟研究所所長楊建文表示：「在『一帶一路』策略的實施下，使得兩岸產業合作空間亦將得到極大拓展空間，成功之關鍵就是兩岸聯

手，依托台灣技術與中國大陸的市場，共同開拓歐洲與東南亞等第三方新興市場。」

2. 國際布局平台台商新轉機

❶**兩岸視野轉向世界視野**：中國大陸國家發展和改革委員會學術委員會秘書長張燕生（2015）表示：「『一帶一路』從『中國大陸窄視野』的13億人口市場，轉變為『世界廣視野』70億人的世界市場」。此外，中國大陸國際經濟交流中心秘書長魏建國（2015）表示：「通過21世紀海上絲綢經濟之路主要核心區的重要樞紐『福建省』，可搭建多個對外合作平台，並充分發揮與台灣對接之優勢，借鏡其台灣多年豐富經驗，共同攜手邁向世界。」兩岸跨境合作日趨頻繁，透過國際布局平台，企業在全球經濟整合過程中，攜手合作再造中華經濟共榮。

❷**基礎工程轉向產業供應鏈**：台灣長期與全球各國際大品牌合作，對於相關產業合作模式相當了解，且台灣不論工廠管理、產業鏈布局都具有優勢，是台灣在「一帶一路」策略中可發揮之處，根據渣打國際商業銀行首席經濟分析師符銘財（2015）表示：「台灣在基礎工程階段機會不大，但完成基礎建設後，將連動貿易成長的產業投資，產業供應鏈布局將為台灣創造新商機，亦是『一帶一路』政策努力的方向。」可知台灣企業應善用自身優勢尋求適合的發展模式，才能贏得勝利。

❸**封閉環境轉向對外開放**：「一帶一路」旨是希冀促進經濟能夠有序自由流動、資源高效配置，以及市場深度融合，促使沿線各國實現經濟政策之協調，展開大規模、高水平、深層次的區域合作，共同打造開放、包容、普惠，以及均衡的區域經濟合作架構，根據中華民國國際關係學會會長楊永明（2015）表示：「台灣市場對外發展過於侷限，若藉由『一帶一路』規劃將能使台灣打破現今封閉的經貿環境，並尋求翻轉向上的潛在機遇。」由上可知，藉此將可為台灣的經貿環境推向更開放，提升國際競爭力。

3. 國際布局平台合作新策略

❶**【新思維】開創兩岸新格局**：「一帶一路」橫跨歐、亞、非等26個國家，未來十年內擬投入的資金將達1.6兆美元，其中蘊藏著龐大的新機遇，根據淡江大學財務金融學系教授李沃牆（2015）表示：「中國大陸所提倡的『一帶一路』經濟戰略，不論是規模或是潛在商機均相當龐大，台灣應縝密思考，如何在適當的項目中切入，共同參與相關投資建設，並加深與各國的關係，亦可藉此突破兩岸經貿困境。」由此可知，「一帶一路」將打破兩岸經貿間僵局，為雙方帶來更好的新格局。

❷【新做法】加強雙方產業對接：工業技術研究院資深顧問蕭振榮（2015）表示：「中國大陸與台灣可藉由『一帶一路』策略合作，積極規劃兩岸特定區域建設來進行對接與合作，加強兩岸商機研究與資訊分享，並且可善用雙方產業的互補性，來強化優勢、補足較弱之處。」由上可知，「一帶一路」對於台灣企業將是一件重要投資轉型升級的新機遇與新起點，希冀透過兩岸經貿交流，深化兩岸產業合作關係，進而帶動新一波的經濟成長。

❸【新商機】共拓國際新市場：台灣社團法人全國中小企業總會理事長林慧瑛（2015）表示：「期盼中國大陸與台灣的中小企業可進行合作聯盟，共建兩岸中小企業均可參與的堅強團隊，才能進一步掌握『一帶一路』龐大商機，共同開拓全球市場。」對此，兩岸企業家峰會中國大陸代表副理事長盛華仁（2015）亦表示：「中國大陸企業藉由台灣中小企創業成長經驗中學習，並表達願攜手發展的誠意與決心，努力實現獲得實質性的合作成果。」可見兩岸中小企業的聯盟在「一帶一路」的規劃中，將期望獲得龐大的新商機。

平台二：【自由貿易平台：四大自貿區】

2013 年 11 月 9 日中共十八屆三中全會提出加速發展實施自由貿易區策略，以形成面向全球之高標準自由貿易區域網絡。自貿區可視為中國大陸進一步邁向經濟全球化、全面深化改革及建構開放型經濟體制的對外發展策略手段，而自貿區在中國大陸推進新一輪改革開放中的意義深遠，做為「改革開放排頭兵、創新發展先行者」，並以制度創新為核心。另外，透過中國大陸自貿區之建設，除與「一帶一路」戰略深度融合外，亦需分別鏈接「三個經濟支撐帶」，成為戰略聯動的關鍵節點，以有效發揮經濟區龍頭的作用。

1. 自由貿易平台之論述

❶第四屆共同家園論壇：2015 年 6 月 15 日舉辦第四屆共同家園論壇，主題為「兩岸自貿區創新與合作」，會中邀請兩岸自貿區官員及產官學界人士參與討論。福建平潭自貿區為深化兩岸合作，共提出四點計畫。首先，全面放開台商投資領域，施行負面清單管理，並吸引台中、新竹等縣市行業協會進駐。第二是推動兩岸產業融合發展與對接台灣自由經濟示範區，進一步建設高新技術產業園區、保稅物流園區、小額商品貿易市場。第三則為建構兩岸通道，爭取開通平潭至新竹海上航線及兩岸貨運固定航班。第四是深化兩岸全方位交流，舉辦共同家園論壇與建立兩岸教育合作園區。

❷ 2015 海峽金融論壇：2015 年 6 月 11 日於福建廈門開幕的「2015 海峽

金融論壇」，有來自海峽兩岸金融界 300 多位專家齊聚廈門，主要探討海峽兩岸在自貿區時代的金融合作。海峽兩岸保險業合作平台正式啟動，台灣保險事業發展中心董事長曾玉瓊（2015）表示：「自貿區給兩岸保險合作帶來一個空前機遇，海峽兩岸保險業合作平台啟動後，將在教育培訓上進行合作，並積極探討開發兩岸新的保險產品。」而台灣金融業如合作金庫、彰化銀行、華南銀行、第一金控等都已在福建開業營運，合作金庫商業銀行福州分行行長朱訓雄（2015）即表示：「福建自貿區的設立給予其企業帶來莫大商機。」

❸**第八屆津台投資合作洽談會**：2015 年 7 月 1 日於天津開幕「第八屆津台投資合作洽談會」，會中提及天津正面臨京津冀協同發展、自由貿易試驗區、自主創新示範區、「一帶一路」及濱海新區開發開放等五大策略疊加的重大歷史機遇。此次津台會特別突出天津發展新機遇，專門安排「天津自由貿易試驗區政策說明會」，使台商率先掌握相關政策，取得布局先機。另外，此次津台會特地邀請農漁民、中小企業及青年與會，專題舉辦青年創業創新和農業交流會，期望擴大台灣中小企業、農漁民及青年人的參與，達到增進彼此了解、擴大交流與共商合作的目的。

2. 自由貿易平台台商新轉機

❶**貿易限制轉向貿易自由**：2013 年上海自貿區成立之初便發布負面清單，而負面清單可視為自貿區開放與透明的標誌。上海自貿區負面清單於 2014 年更新後由 190 條減少至 139 條。2015 年 4 月 20 日發布的負面清單則再次縮減項目，且適用於四個自貿區，項目縮減至 122 條，調整幅度達到 12.2%。一些學者認為，負面清單長短意謂政府職能轉變思路的改變，對外資的管理由審核轉變為備案，只要列於負面清單上的行業和企業都可以進入，對中國大陸而言是個革命性的變化更是台灣的契機。

❷**分散多處窗口轉向聚焦單一窗口**：為提供便捷與法治完善的投資環境，廈門自貿區於象嶼設置綜合服務大廳，提供投資企業設立登記、變更及納稅等多項服務。共集合進駐 20 個單位，包含工商、地稅、關稅、品質監管等相關單位，同時設置 80 個窗口進行「一站式」服務以提高行政效率。此外，廈門也設置「國際商事仲裁院」與「國際商事協調中心」，以因應在自貿區設立後的商事糾紛。廈門自貿片區綜合組組長代斌（2015）便指出：「廈門自貿區實行『多規合一』的治理發展架構，並透過『一口受理、一表申報、一照一號』的方式辦理，在資料完整且正確的狀況下，將於三個工作天內完成申請手續。另外，如進出口貨物的申報時間已經從原來的四個小時，縮短到約 15 分鐘，船舶檢驗檢疫的申辦時間縮短為五分鐘，大幅提升行政效率。」

❸優惠政策轉向制度開放：中國大陸過去的經濟特區與自貿區的最大區別在於經濟特區為人造的「政策窪地」，透過優惠政策、關稅減免等手段吸引投資；而自貿區則是藉由「制度創新」，打造「制度高地」來加強對外開放尺度，以消除政策壁壘、行政管理簡化、投資自由化、貿易便利化、金融國際化為設立目的。上海社會科學院副院長王振（2015）表示：「官方設立自貿區的初衷是要推動『制度創新』，而非『優惠政策』，但市場上普遍對對於自貿區之優惠期望過高，所以等到政策推行後，才會讓企業感到失望。」因此，由過去台商習以為常的優惠政策轉向制度開放過程中，台商更應積極走向創新、創造增加競爭力，同時符合「一帶一路」、「中國製造2025」等政策走向，搭上新一輪經濟版圖布局及產業升級變化。

3. 自由貿易平台合作新策略

❶【新思維】破除既有貿易規則：福建自貿區的戰略定位之一便是將福建自貿區建設成為深化兩岸經濟合作的示範區，具體舉措包含探索閩台產業合作新模式、擴大對台服務貿易開放、推動閩台貨物貿易自由化及兩岸金融合作先行先試等。廈門海滄保稅港區管委會常務副主任熊衍良（2015）表示：「廈門自貿區加快融入『一帶一路』，台資企業可善用平台登陸。廈門自貿區對台資企業推動四大領域先試先行：（1）打造跨境貿易快速物流新通道；（2）推動食品農產品快速驗放機制；（3）兩岸金融合作創新；（4）建立兩岸青年三創基地。」

❷【新做法】建構金融服務平台：隨著自貿區金融創新的穩健推進，逐步建置完善金融服務平台，如在自貿區人民幣資本項目可兌換、自由貿易賬戶體系、金融市場利率市場化等方面，皆促進跨境投資及融資的便利性。台灣金融研訓院董事長洪茂蔚（2015）於海峽金融論壇指出：「中國大陸成立四個自由貿易區為兩岸金融合作帶來新契機，兩岸金融業應以創新與創造為主軸，積極探索兩岸合作新契機，為兩岸金融合作尋找源源不斷的動力。」台灣經濟研究院院長林建甫（2015）亦表示：「廈門市應善用其自貿區離岸金融業務，為兩岸金融先行優勢之發展，藉由開放或放寬投資中國大陸銀行間債券市場等方式，讓在台灣流動的人民幣可以透過廈門回流中國大陸市場。」

❸【新商機】打造互利雙贏局面：台灣金仁寶集團董事長許勝雄（2015）表示：「由於福建同時具備『自貿區』與『海上絲路』等發展契機，後續台灣與福建在產業合作上，將更緊密。台灣的頂端服務業及文化創意產業可結合福建優勢民生工業與製造業，互利共生，共同創新品牌，共同開拓全球市場。」而電電公會高級顧問尹啟銘（2015）亦指出：「自由貿易區與台灣自由經濟示範區，

重要的內容在於自由化，產業發展要有配套，如發展觀光旅遊、港口貿易，各行業所需條件不一樣；若要台資企業一同創造高端附加價值產業，兩岸必須共同努力成立規劃小組，做好各項合作項目、產業發展路徑及分工營運模式。」另外，福建三個自貿區亦籌設青創平台，為兩岸青年打造雙贏的局面，廈門海滄保稅港區管委會常務副主任熊衍良（2015）表示：「為加強台灣及廈門交流合作，建設兩岸青年『三創基地』，提供資金、場地、通路等資源，建立良好創業環境。」

平台三：【智能製造平台：中國製造 2025】

智能製造概念源於 90 年代日本工業界，其後則為形容利用資訊技術來提升生產效率的生產方式。而近年隨網路、智慧型行動裝置、3D 列印等技術的蓬勃發展，智慧製造的概念亦隨之更加豐富。2015 年 3 月 5 日，中國大陸國務院總理李克強於北京第十二屆全國人民大會的《2015 政府工作報告》提出「中國製造 2025」計畫，主要表現四大轉變、一條主線與八大對策，其核心內容包含九大任務、十大重點領域以及五項重大工程。其後，2015 年 3 月 25 日中國大陸國務院常務會議通過推動方案，並將成立「國家製造強國建設領導小組」，擬定「三個十年」策略，最終目標是要讓中國大陸在 2045 年成為世界強國的領先地位。而「中國製造 2025」被視為中國大陸版「工業 4.0」，其中「智能製造」便是促進資訊與工業相互結合的關鍵。

1. 智能製造平台之論述

❶ **2015 昆山電子電機暨設備博覽會**：2015 年 6 月 30 日舉辦第六屆昆山電子電機暨設備博覽會，以「先進製造、智慧生活、開創未來」為宗旨並增設「昆山智能自動化及機器人博覽會」，期望藉由昆博會平台，促成兩岸企業合作交流與採購，共同開創全球市場。台灣電子電機工業同業公會理事長郭台強（2015）指出：「『中國製造 2025』核心就是融合電子資訊產業的智慧製造，與昆博會宗旨不謀而合。昆博會堅持以工業自動化、節能減排、環境保護為主軸，為參展企業、採購企業搭建起一個開放的交流對接平台，在兩岸攜手合作的背景之下，昆博會必將辦得一年比一年更好，成為兩岸產業合作的最佳平台，促進兩岸產業發展欣欣向榮。」

❷ **第五屆兩岸產業合作論壇**：2015 年 6 月 4 日於昆山閉幕的「第五屆兩岸產業合作論壇」，結論以「四同」及「五專」做為兩岸合作原則，即兩岸共同出資、共同研發、共同開拓全球市場與共同創建華人品牌，以及專人、專責、專項、專款、專用的合作機制，期望兩岸產業合作目標一致，提升華人競爭力、共同開

拓全球商機。另外，兩岸學者專家於「十三五期間兩岸產業合作展望」主題中，確立「互聯網＋」、「中國製造2025」及「一帶一路」為「十三五規劃」期間兩岸產業合作發展方向，建議兩岸政府及企業應儘速完善產業合作策略，設立共同願景與短中長期目標，並進一步規劃執行細節，做為策略執行之準則。

2. 智能製造平台台商新轉機

❶**製造工廠轉向智慧工廠：**中國大陸目前工業總量為全球最大但多為代工類型，「中國製造2025」順應而生，透過科技革命的資訊技術，將製造業轉變為數位化、智慧化，製造工廠轉型為智慧工廠，而台灣推動傳統產業創新轉型升級，加上既有的資通訊、工具機等電子電機產業優勢，在「中國製造2025」政策中，形成兩岸產業優勢互補，透過中國大陸資金導入與台灣經驗技術分享，提升雙方傳統產業創新升級條件，推動兩岸產業合作，共享雙贏局面。

❷**耗能汙染轉向綠色製造：**中國大陸工業高速發展的狀況下，整體環境與能源消耗日益增加，工業汙染的議題亦討論多時，經濟發展不能建立在破壞環境之上，「中國製造2025」將積極推動綠色製造，降低工業汙染及調整產業結構為首要任務，加上近年中國大陸官方及民眾皆意識到環境保護的重要性，台灣若能在綠色製造科技革命中扮演關鍵角色，藉此轉變契機爭取合作機會，台商除可投資或發展綠色相關產業，在構建中國大陸綠色經濟發展新引擎過程中，亦能帶動兩岸綠色產業合作契機。

❸**代工製造轉向技術研發：**此次「中國製造2025」政策欲擺脫位於價值鏈低端技術製造位置，轉向高技術研發製造，從「製造大國」成為「製造強國」。而政策構思乃鑑於「中國製造」仍停留於全球價值鏈的中低端，受到開發中國家與已開發國家的前後夾擊。低端製造業產能過剩，遭到來自東南亞國家的強力競爭；高端製造業則技術水準與歐美先進國家仍有差距而無力競爭，因此期望透過政府力量的支持與引導，轉變中國大陸製造大而不強的情況。另外，過去依賴代工、財稅補助，因而輕忽研發與設備升級的企業，恐將在此進程中被淘汰。台灣科技製造業具有研發創新優勢，可透過人才與技術交流，於未來中國大陸新一波製造業升級政策中，扮演產業價值鏈躍進的重要推手。

3. 智能製造平台合作新策略

❶**【新思維】跨產業鏈分工模式：**2015年5月3日經濟部常務次長沈榮津於「第六屆兩岸產業合作論壇」會中提出：「兩岸產業合作新思維，應摒除傳統產業供應鏈分工思維，轉化以『滿足使用者需求的應用服務』為核心的『服務型應用生態體系』合作平台，包含綠色、智慧城市、物聯網等體系，推動跨產業鏈、

跨領域，及涵蓋技術、製造、標準、服務、營運模式、實驗領域之合作。」未來兩岸「智能製造」相關之產業與企業，唯有突破傳統產業鏈分工的模式，創造新的產業合作體系網路，才能在全球製造業升級潮流中占據一席之地。

❷【新做法】加強產業政策協調：隨著全球產業經濟格局丕變，各國意識到製造業對於拉動國內經濟、推動技術進步與促進就業的重要性，陸續制訂一系列政策來「重返製造業」。如美國先後推出《美國製造業促進法案》、《重振美國製造業政策框架》、《先進製造業夥伴計畫》；德國提出「工業4.0」；中國大陸則為「中國製造2025」；台灣產業轉型則名為「生產力4.0」。觀察其政策發展方向可知，兩岸皆以「智能製造」為主軸，來推升製造業的轉型升級，因此未來兩岸應透過搭橋、產業合作等平台整合彼此資源與優勢，以促成工業政策的協調發展。

❸【新商機】深化產業合作交流：根據2015年6月16日天下雜誌《九大產業十年大計台灣宣布追趕工業4.0》指出：「工研院研究分析台灣現今製程自動化、資訊化與彈性化製造能力，以及機器人應用等三個階段的應用，介於2.0到3.0之間，其它層面皆僅達到2.0。」而各國兵家必爭的「工業4.0」產業升級政策中，三大關鍵產業為電子電機、機械與資通訊業，皆為台灣優勢產業，未來跨界整合成功與否，攸關台灣未來50年的榮枯。因此，透過兩岸智能平台的交流，深化兩岸高端產業鏈合作，讓製造業升級的時代潮流中，使兩岸智能製造核心產業取得良好發展。另亦可鼓勵兩岸企業、學校及科研機構進一步交流，累積產業升級能量。

平台四：【兩岸資訊平台：互聯網＋】

2015年3月5日十二屆全國人大三次會議，中國大陸國務院總理李克強提出將「互聯網＋行動計畫」納入未來發展重點，以穩定經濟成長與優化產業結構。然而，2013年11月WE大會中國大陸騰訊董事會主席馬化騰首度提出「互聯網＋」概念，並表示：「＋後面連結的是傳統行業的各行各業，譬如『互聯網＋通信』就是即時通信，『互聯網＋零售』就是電子商務，將衍生出無限新行業生態與商機」。網際網路的發展對於各產業的影響早已超過想像，有鑑於此，針對「互聯網＋行動計畫」台商未來發展說明如下：

1. 兩岸資訊平台之論述：

❶**兩岸互聯網發展論壇**：2014年9月10日舉辦的第六屆兩岸互聯網發展論壇，中國大陸互聯網協會秘書長盧衛表示：「近年來兩岸經濟合作不斷深化，兩岸各界交流與合作都取得豐碩成果。特別是在互聯網界，兩岸業界同仁在移動

互聯網、跨境電子商務與互聯網金融都開展廣泛的交流與合作，有效拓展兩岸信息消費市場，不斷提升兩岸互聯網企業競爭力，為兩岸人民生活帶來便利和實惠。兩岸互聯網產業合作已經成為推動兩岸經濟發展的加速器，希望能在這個平台上積極交流，彼此分享經驗，有更多的兩岸互聯網企業，甚至與傳統企業達成合作，共同促進兩岸經濟繁榮發展。」

❷**2014 台灣投資高峰論壇**：2014 年 11 月 7 日於台北舉行的「2014 台灣投資高峰論壇」主題探討兩岸科技金融互惠雙贏，議程內中國大陸中關村管委會副主任楊建華表示：「隨智慧型手機在中國大陸逐漸普及，行動互聯網市場進入擴張期。未來中國大陸產業發展將以行動互聯網為軸心，台灣企業不應該在此創新浪潮中缺席，可和中關村密切合作，藉此打通資本面與投資面，共同突破障礙，合作創造雙贏。因此兩岸企業的合作也將集中在網路跨界與網路金融上。」

❸**2015 移動互聯網兩岸年會**：2015 年 1 月 13 日於台北所舉辦的「首屆2015 移動互聯網兩岸年會」，英業達董事長暨台灣雲端運算產業協會理事長李詩欽於會議中表示：「台灣創業者是有強大實力的，只是需要再適度的宣傳、帶領與包裝，將台灣創業者推向世界舞台。未來兩岸關係密切，若加總起來力量將更大，預估未來十年將是移動互聯網平台的關鍵時刻，也將改變所有的產業，更是全民創業的十年。」

2. 兩岸資訊平台台商新轉機

❶**產業鏈轉向生態圈**：2015 年 4 月 15 日，騰訊交付部總經理翁詩雅於騰訊智慧思享會（亦稱騰訊 Mind Link）中表示：「互聯網 + 的大數據探索將更有效地做到受民眾、廣告主、媒體與廣告平台等達到多方共贏與共享，讓此生態圈更趨於完善和健康。」過去的商業模式強調個別產業間，基於特定的技術形成的鏈條式關係的產業鏈，然而，互聯網快速發展，使得許多產業競爭面臨更嚴峻的挑戰，訊息透過互聯網的交流變得透明且傳遞快速，產業鏈正在串連成一個由價值網交錯的產業生態圈，產業整合的考量面向，除垂直與水平之外，更向外擴大至消費者、競爭者，方能於此競爭態勢下不被淘汰，找出適者生存的產品與企業。

❷**間接交易轉向直接交易**：2015 年 5 月 27 日，創新工場董事長李開復在北京舉辦的「創投 2015 盛典矽谷：中國大陸眾創巡講」中表示：「互聯網是非常不可思議的，它最大的用途去中介化、扁平化與平等化等等。打破過去網路垂直市場的不公平現象。過去可能有多壟斷者，或許因為品牌或者是規模優勢或者訊息不對稱等等的理由達到壟斷。」互聯網的發展改變消費者的交易模式，也影響企業的商業模式，更縮短行銷通路的階層，透過資訊平台讓消費變得更簡便。

❸**本地銷售轉向跨境銷售**：2014 年 9 月 10 日 eBay 在北京發表的《商務 3.0：讓中國企業揚帆遠航》報告指出：「傳統貿易特色在於出口貿易，通常由少部分大型企業主導，大部分國家 90% 出口貿易由 5% 大型出口商完成。而電子商務的出現使跨境貿易變得簡單易行，不僅加快跨境貿易的頻率，而且覆蓋到更廣泛的市場。」過去企業僅能透過跨國投資方能取得市場，無論透過代理商或是直接投資，企業均須投入可觀的成本，而互聯網顛覆此銷售行為，跨境電商成為企業跨國銷售的新方法。

3. 兩岸資訊平台合作新策略

❶**【新思維】打破產業範疇**：2015 年 4 月 28 日於台北舉辦阿里巴巴創意開發及夢想資助計畫座談會，阿里巴巴集團副總裁王曦若（2015）表示：「移動互聯網正改變全球產業鏈迅速重組，從 PC 時代當天下單、隔天取貨，到現在移動手機下單、以分鐘甚至以秒取貨的時代，網際網路正為全球產業帶來許多創新、創意以及龐大的新藍海商機。」以淘寶網為例，不論台灣或中國大陸賣家，均可於淘寶網開設虛擬店面銷售，消費者可透過玉山銀行第三方支付，交易成功後由利豐物流進行配送，兩岸企業突破產業疆界互相合作，可開創更廣闊的兩岸市場。

❷**【新做法】活絡商業機能**：中國大陸的電子商務發展蓬勃，於「互聯網＋計畫」的帶動之下，可預見倍速發展的商機，有鑑於此，台商積極尋找雙方合作的契機，聯合國際行動支付股份有限公司旗下的「FLYBUY 飛購網」與中國大陸「通聯支付網路服務」跨境合作結盟，雙方透過第三方支付功能整合後，兩者電子商城的產品可交互上架，對當地消費者直接販售，未來飛購網（FLYBUY）更會推出 O2O 商品銷售功能，利用行動支付結合行動商務，打造「摸得到商品的電子商務平台」，將行動互聯網結合金流、資訊流與物流，於兩岸資訊平台開創更多的銷售機會。

❸**【新商機】資訊共享創造雙贏**：互聯網無國界的特性顛覆過去的商業模式，使得企業市場競爭已超越國界藩籬，尋求相關產業的合作有利於市場拓展，於此態勢之下兩岸企業更需攜手，拓展更寬闊的全球市場，台灣知名親子社群平台媽咪拜（MamiBuy）拓展中國大陸市場，於 2015 年 5 月 12 日宣布與中國大陸規模最大的育兒平台寶寶樹（Babytree）結盟，而寶寶樹（Babytree）也看中媽咪拜（MamiBuy）國際化能力與其經營的印尼與香港市場，希望可以透過雙方合作，打造華人育嬰品牌共創商機。

平台五：【兩岸金融平台：亞投行】

面對當今全球市場低迷、兩岸經濟轉型升級壓力日漸加劇，使金融對於實體經濟支援不足之弊端日益浮現，不僅制約台商於中國大陸的投資布局和競爭力，亦嚴重影響兩岸經貿關係之長期可持續發展，因此，推動兩岸金融合作已是成為必然趨勢，根據中國大陸人民大學教授吳曉求（2015）表示：「中國大陸金融體系尚未成熟，將期待兩岸共建金融平台，透過與台灣的交流改善經濟體質，共同攜手走向更好的金融環境。」中國大陸雖是經濟大國，但其經濟體系尚有待改善的地方，因此，積極建立金融合作平台，不論是在國際金融機構亞投行（AIIB），或是廣為討論的滬台通、深台通平台，都將更有助於兩岸金融方面的成長，茲將未來兩岸金融合作未來發展說明如下：

1. 兩岸金融平台之論述

❶ **2015 博鰲亞洲論壇**：2015 年 3 月 26 日於中國大陸海南省舉辦為期四天的博鰲亞洲論壇，以「亞洲新未來：邁向命運共同體」做為此次主題，論壇中海峽兩岸關係協會會長陳德銘表示：「亞投行（AIIB）是一個對外援助的國際金融機構，將按照國際金融的商務規律進行運作與管理，而台灣對第三世界國家之援助具備豐富的經驗，且許多非洲國家的某些地方至今仍然接受著台灣專家的幫助，這亦將是兩岸金融合作平台的一個橋梁與紐帶。」

❷ **2015 富邦金控暨台大財金系金融論壇**：2015 年 3 月 8 日，舉辦 2015 富邦金控暨台大財金系金融論壇，從兩岸金融交流分析金控發展趨勢。台灣金融研訓院院長鄭貞茂表示：「兩岸金融相互開通，相互成立營運據點，使得來台灣金融產業整體獲利水準不斷以倍數攀升，尤其近年來中國大陸政府積極從事金融方面改革，大力推出金融創新，以及推動人民幣走向國際化等。提供兩岸金融業者很大的契機，台灣金融業者應該把握此次契機，積極參與共同發展中國大陸市場。」

2. 兩岸金融平台台商新轉機

❶ **亞洲地區轉向全球市場**：台灣若能加入亞投行（AIIB）的成員，無論是在國際融資方面、爭取成為人民幣離岸中心，或者是對相關產業的發展皆有相當之商機，根據中央大學經濟系教授朱雲鵬（2015）指出：「台灣許多金融機構都渴望能夠打進亞洲盃，倘若進入亞投行（AIIB）參與國際聯貸，將能有效促使台灣金融機構走出台灣、走入亞洲、更能邁向全球跨出一大步。」由上可知，若能加入該行將為台灣邁向全球市場的重要轉機。

❷ **接受援助轉向協助引擎**：近年來亞洲國家透過區域整合，將於全球中扮演更重要經濟地位，根據安永會計師事務所（Ernst & Young；EY）全球董事長

暨執行長 Weinberger（2015）表示：「透過亞投行（AIIB）專注於亞洲國家基礎建設的投資，不僅成為亞太區域發展重要角色，未來亦將成協助全球經濟成長之引擎」。此外，國泰金控董事長蔡宏圖（2015）亦表示：「亞太國家與地區已從過去的接受國際援助，至今已將扮演協助引擎，正因中國大陸所發起的亞投行帶來之重大轉變。」可知，經由兩岸的金融平台合作，亦將攜手其他國家，共同帶動全球經濟成長。

❸**負向循環轉向正向循環：**兩岸推動企業合作已久，但對於金融產業的交流則有限，未來若能共搭金融資本平台，將為兩岸產業發展的重要里程碑，國台辦發言人馬曉光（2015）表示：「滬台通近來受到熱議，希冀透過深化兩岸的資本市場合作，為雙方經濟發展成果提供新平台。」近來中國大陸不論是在亞投行（AIIB）上，抑或是藉由「滬港通」的概念來推動滬台通、深台通，積極對接雙方金融資本產業，深化雙方合作機會。中華經濟研究院副院長王健全（2015）表示：「台灣若能順利加入亞投行（AIIB），至少可爭取更多加入國際經貿整合之機會，取得潛在的龐大商機，讓陷入『逆循環』的兩岸經貿逐漸轉變為『正循環』。」可知處於大環境改變之際，兩岸的關係日趨緊密打破雙方資本藩籬，創造兩岸經濟榮景。

3. 兩岸金融平台合作新策略

❶**【新思維】改善產業合作環境：**2014 年 12 月 26 日於台北舉辦的第五屆兩岸競爭力論壇，國家政策研究基金會召集人、台灣經濟研究院院長林建甫（2014）指出：「兩岸發展趨勢在於未來金融合作，特別在雙方金融行業皆處於階段性結構轉型之改革。台灣擁有中國大陸所不足技術、人才與經驗累積，中國大陸則擁有台灣最缺乏的市場潛力之基礎，雙方應互補創造推動彼此金融整合之動力，未來兩岸雙邊期待創出更為緊密的合作與互補之關係。」面對「工業4.0」時代的來臨，紅色供應鏈議題引起廣泛的討論，台商經營環境日趨嚴峻，因此改善投資環境為兩岸共同努力之方向，透過共同搭建兩岸金融合作平台，有利雙方產業合作。

❷**【新做法】兩岸經濟互動日趨深化：**發展資本互通平台為兩岸未來合作的新契機，陸委會主委夏立言（2015）表示：「台灣申請加入亞投行（AIIB），將有助於融入區域經濟整合，並且台灣在興辦基礎設施建設的技術上具備豐富經驗，若能成功加入該行列，對於兩岸發展與關係具有眾多益處。」此外，金融監督管理委員會主委曾銘宗（2015）亦表示：「若兩岸搭建起滬台通進資本合作，可先就指數相互授權與相關專業分享開始著手，並宜由近至遠、由簡易到複雜，

未來將能水到渠成。」由此可見，透過兩岸金融平台的建立，可為雙方經濟開啟另一扇大門、拓展新合作方式。

❸【新商機】促進兩岸企業多元交流：聯發科技於 2014 年 11 月 24 日對外宣布，將參與中國大陸上海市創業引導基金及武岳峰資本共同所發起之集成電路訊息產業基金，並在獲得相關單位主管機關審核同意後，將投資三億人民幣，參與中國大陸集成電路產業發展，進而促進兩岸高科技產業合作，未來面對全球的競爭，期望透過參與此基金的投資，兩岸能有更深的結盟與合作，在全球半導體的產業競爭上取得更佳的成績。建立兩岸金融對接窗口的建立，促進企業互動多元化，創造更多合作的機會。多元的投資管道與金融平台的搭建，可為雙方帶來新的機會點，也是台灣與中國大陸面對激烈的國際市場競爭，有更多的資源共享，將發展新的互動模式。

平台六：【兩岸創客平台：眾創空間】

趨勢大師 Anderson 於其著作《自造者時代：啟動人人製造的第三次工業革命》（2013）一書中提到：「『全民製造、量身客製』已成現實自造者將掀起第三次工業革命，改變世界。」顯示未來將是自造者的世代。此外，2015 年 3 月 11 日中國大陸國務院辦公廳頒布《國務院辦公廳關於發展眾創空間推進大眾創新創業的指導意見》目的是建構市場化的眾創空間，促進創意、市場需求與社會資本的嫁接，以加快建構眾創空間、降低創新創意門檻、鼓勵科技人員和大學生創業、支持創新創業公共服務、加強財政資金引導、完善創業投融資機制、豐富創新創業活動、營造創新創業文化氛圍為八大重點任務，冀望 2020 年創業氛圍濃厚且體系建置更為完善。兩岸創意產業交流頻繁，若能攜手合作將創新創意轉為創業，未來的亞洲市場商機無限。

1. 兩岸創客平台之論述

❶京台青年創業論壇：2015 年 4 月 21 日在中國大陸北京舉辦京台青年創業論壇，威盛集團副總裁徐濤（2015）表示：「新一代創業者要具備創業與創新精神，青年是兩岸未來，兩岸年輕人要攜手創新。台灣青年要有更大的心胸與格局，要走出來並參與中國大陸的發展；中國大陸亦需給予台灣青年幫助，以包容的態度與青年交流。台灣年輕人要利用空間，融入環境，把握平台與機會。兩岸青年未來要多接觸、交流，減少差異，把握機遇，發揮彼此優勢，共同創造未來。」

❷ 2015 台商產業轉型升級峰會：2015 年 5 月 29 日於中國大陸南通舉辦的 2015 台商產業轉型升級峰會，本次會議主題為「創業創新創優增強台商產業轉

型升級新動力」，中國大陸海峽兩岸關係協會會長陳德銘（2015）表示：「中國大陸招商引資正轉向創業、創新，即大眾創業、萬眾創新，2015 年兩會國務院總理李克強於 2015 年兩會期間提出創客一詞，創客將納入『十三五規劃』中，台商要抓住中國大陸發展『創客』的轉型新契機，也希望更多的台灣青年到中國大陸發展，有助兩岸年輕人接觸交流、碰撞出新亮點。」

❸**海峽兩岸青年創業交流座談會**：2015 年 6 月 18 日在深圳舉辦的海峽兩岸青年創業交流座談會中，中國大陸國務院台灣事務辦公室副主任龔清指出：「兩岸在創業領域銜接，首先中國大陸創業環境硬體設備與軟體服務均在進步，台灣的技術可以考慮進入新創的創客園區，第二創業就業環境是多樣性的，兩岸青年合作創業創新，不論線上線下應該是雙向開放。第三兩岸創業政策、服務平台等資源的整合，則是下一步待解決的問題。第四兩岸青年兩岸的未來，需要以和平的環境來保障。」

2. 兩岸創客平台台商新轉機

❶**世界工廠轉向創新基地**：2015 年 1 月 25 日，中國大陸總理李克強於瑞士達沃斯舉辦的世界經濟論壇（World Economic Forum；WEF）演講中提到：「中國大陸經濟要行穩致遠，必須全面深化改革。讓政府和市場兩隻手形成雙引擎，一方面要使市場在資源配置中起決定性作用，培育打造新引擎；另一方面要更好發揮政府作用，改造升級傳統引擎。而打造新引擎，就是推動『大眾創業、萬眾創新』，彙聚成巨大的推動力量。」由此可見，中國大陸積極的扭轉世界工廠的形象，要將創新與創業成為中國大陸調整產業結構的主軸。

❷**孤軍奮戰轉向資源共享**：創客（Maker）亦稱自造者，被視為未來創新的新動力。2014 年 12 月 9 日，Seeed Studio 及柴火創客空間創辦人潘昊在台北舉辦「Meet Taipei 2014 創新創業展」提到：「Maker 就是將與眾不同的想法變成實物的人，他們擁有最重要的兩個特質，一是折騰，二是炫耀，所謂的炫耀就是不斷把做的東西給別人看，相互交流，促成分享、創造的環境。」由此可見，創客與過去發明家最大的不同點為，強調技術分享與實體交流，並聚集實體開放空間內學習與互動。

❸**製造競爭轉向智造交流**：2015 年 5 月 23 日於廣州舉辦的第 17 屆中國大陸科協年會中，中國大陸科學技術部部長萬鋼發表《推進科技體制改革，推進大眾創新創業》的特邀報告中提及：「中國大陸迎來大眾創新創業的新時代，互聯網、大數據和開源軟硬體的發展，更快速地將創意和發明轉化為現實產品，其降低創新創業的門檻和成本。開放的社交網路，使用者成為產業生態中的重要角

色，直接參與到產品構思、設計、製造、改進等環節，讓創客的創意直接與用戶和市場溝通。個性化需求的增長，可以使創業者創造高品質的縫隙產品。」網際網路的發展使得人類的溝通更快速，無論是創造者之間或是創造者與使用者的交流，逐漸取代工業時代下技術競爭的局面。

3. 兩岸創客平台合作新思維

❶【新思維】：破除創意實現困境：《華爾街日報》（The Wall Street Jorunal）2013年10月24日刊載名為《In China Lessons of a hackerspace》報導，文中提及：「製造家運動（Maker Movement）逐漸在中國大陸開始盛行，過去發明家多獨自在車庫內研究，如今發明者可利用軟體設計，藉由3D列印機器等設備製作，更可在網路平台Kickstarter上得到資助。」此外，新車間創辦人李大維（2015）亦表示：「因為開放軟體和硬體的普及，只要有想法就能做出來，現在需要的是人文關懷與沉澱，上海還有各式各樣的政府出資孵化器與創業基地，兩岸青年合作創業的時代即將來臨。」科技發展日新月異，人類發明透過與新技術的結合，大幅降低將創意化為實際的困難度。

❷【新做法】兩岸創客共作空間：近年來創客運動風迷全球，創客們的交流平台也因應而生，前富士康行政總裁程天縱（2014）於微信開設「Terry & Friends」創客社群，提供創客們分享資訊與交流。目前兩岸有許多的實體創客空間，台灣的Taipei Hackerspace、Fablab Dynamic、Openlab Taipei與Makerbar Taipei，中國大陸則有上海的新車間、北京自造者空間、深圳柴火自造者空間、Tech Space與SZDIY Hackerspace等，讓創意得以實現。2014年12月9日於台北松山文創園區所舉辦主題為「Neo Generation 新世代力量」的Meet Taipei創新創業展，中國大陸Seeed Studio及深圳柴火創客空間創辦人潘昊（2014）於展中表示：「深圳的優勢是具備完整製造供應鏈，而台灣在軟體、設計方面有很強的實力，光是台北就有八個創客空間，這是很令人羨慕的，其實深圳最不缺的是工程師，最缺乏是與眾不同的創意，因此更應該要共同合作。」可見兩岸創客若能結合優勢、相互合作方能發揮極大效益。

❸【新商機】四創匯流實現眾創：創新與創意議題持續受到高度關注，中國大陸將大眾創業、萬眾創新列於《2015政府工作報告》中，然而創新與創意也非隨手可得，轉入創業的同時初期需要大量資金導入，創投資金支援更顯舉足輕重。台灣玉山科技協會理事長王伯元（2015）表示：「藉重『創投』的力量，將『創新』『創意』商品化，落實於『創業』，盼望四創合流帶動產業創新。」兩岸青年的創業平台也逐漸受到重視，2015年6月14日兩岸青年創新創業聯盟

於福建平潭成立,藉由平潭「實驗區＋自貿區＋國際旅遊島」的優勢,整合政、商、學創業資源打造兩岸青年創業的服務聯合體。2015 年 6 月 18 日海峽兩岸青年創業基地在於深圳的中芬設計園揭幕,透過「兩岸合作＋政府支持＋專業運營」的模式,打造兩岸創客的創業基地試點,兩岸青年創意得以實現。

平台七:【兩岸人才平台:青年創業園】

前通用電氣公司(General Electric Company;GE)執行長 Jack Welch(2007)對人才下這樣註解:「人對了,事就對了。」組織成長憑藉人才養分持續供給。隨著兩岸交流日益頻繁,人才跨區域活動,成為近期關注重點。2015 年 6 月 14 日第七屆海峽論壇中,全國台聯副會長楊毅周表示:「隨著兩岸關係和平發展進入新發展時期,兩岸青少年交流與合作比任何時候應當更加重要與急迫。」台灣在創意、創新與服務精緻化上具有較好優勢,中國大陸則具有龐大市場,全球菁英匯聚等優點,兩岸如能構建策略平台,計畫性培養人才,將視野放大至整個中華圈格局,創造梅迪奇效應(Medici Effect)。以下針對「兩岸人才平台」發展說明如下:

1. 兩岸人才平台之論述

❶**兩岸青少年新媒體文創論壇**:2015 年 6 月 14 日舉辦的 2015 海峽兩岸青少年新媒體文創論壇期間,全國台聯與集美區簽約建立「全國台聯海峽兩岸青少年新媒體文創交流基地」,意在推動兩岸青少年新媒體文創事業發展。福建省委常委、宣傳部部長李書磊(2015)表示:「兩岸共同努力數位新媒體技術與文化創意產業融合發展,推動閩台人才培育、作品創造、基地建設、環境營造等方面合作,提高青少年新媒體創作水準。」台灣青年發展基金會副執行長李德維(2015)亦表示:「藉由青少年新媒體文創論壇,可從中遴選並發現優秀的新媒體作品和創作人才,提高兩岸新媒體競爭力。」在現代追求附加價值產業中,文創經濟成為各國追求目標,期望平台的建立可吸引更多海文化創意企業,同打造兩岸青年文創商機。

❷**海峽兩岸人才交流合作大會**:2015 年 6 月 17 日在福州舉辦第八屆「海峽兩岸人才交流合作大會」,其旨在先行先試與深化海峽兩岸人才交流合作,引進台灣人才和人力資源服務機構資源,促進兩岸項目人才對接和兩岸人力資源機構對接合作,其間台灣人力資源機構 1111 人力銀行在平潭辦事處、廈門聯絡處分別揭牌成立。該會議平台自 2007 年舉辦,共達成兩岸人力資源機構和相關機構合作項目 60 多個,促成來閩合作項目 80 多個,成為海峽兩岸人才交流合作特色平台。

2. 兩岸人才平台台商新轉機

❶**經驗輸送轉向價值交流**：1978 年中國大陸改革開放後，台灣企業在生產要素具比較優勢下，帶著資金、技術與台灣經驗前往投資，期間中國大陸生產者稱為勞動者，並無提升太多附加價值。然而，在中國大陸市場越趨成熟下，全球精英人才不斷匯聚；在文化交流不斷衝擊下，處於當地台灣人才為面對市場變化，需不斷調整策略、方針，方能面對中國大陸市場各地差異化；以及多變的消費特性，也因多極市場變化的經驗學習，讓視野擴增的人才可返台進行多元經驗的傳承。目前已在兩岸布局的統一集團就有兩岸主管崗位輪調制度，透過不同市場歷練，將視野擴大，不再侷限單一市場。

❷**單一市場視線轉向兩岸區域視野**：2015 年 3 月 3 日在台大舉辦的「馬雲與青年有約 - 從夢想到成功創業」中，馬雲表示：「將拿出 100 億新台幣做為創業基金幫助青年創業，並從中提供技術與培訓，讓新創者可更有效將創意轉至產值。」馬雲旗下阿里巴巴與淘寶已成為大中華區影響力最大的虛擬通路平台，其希望台灣新創者透過與阿里巴巴系統，將台灣的農產品、創意新產品以及台灣的服務銷售到中國大陸甚至全世界。對馬雲而言，加入台灣元素的創意與產品可豐富淘寶虛擬通路豐富性，強化其領導者地位；對台灣青年而言，可獲得創業資源與銷售市場，擴大銷售區域。

❸**本地求才轉向跨境徵才**：隨著中國大陸經濟實力超日趕美，對人才需求若渴，在《天下雜誌》（2011）〈噓！我的老闆是大陸人〉一文中便指出：「愈來愈多台灣企業資深戰將被挖角到陸資企業，其提供的舞台、薪資、獵才積極度，令愈來愈多台灣人才陷入掙扎與抉擇。」台灣人才具備同文同種、經驗豐富特性，自然成為中國大陸企業首選。從 2013 年宏達電（HTC）高階主管跳槽外，2015年中國大陸第一高樓「上海中心大廈」開出超過兩倍的高薪，聘請台北 101 大樓事業處總經理，突顯中國大陸目前對人才的需求轉變為積極跨境求才。

3. 兩岸人才平台合作新策略

❶**【新思維】打破就業疆界**：隨著中國大陸經濟發展持續走強，兩岸經濟依存度越來越高，人才就業市場不再僅限於國內，因此，兩岸政府與民間針對人才的交流與合作建立系列相關平台。福建省官方便建立「兩岸人才交流合作平台」，於平台內可以獲取陸企求職招聘訊息、創業相關政策法令以及各項關於人才洽談會信息，此外，台灣人力資源機構 1111 人力銀行更開闢中國大陸求職專區，讓有意願前往中國大陸發展的人才，可透過多元管道蒐集相關資料與資訊。

❷**【新做法】人才流通，素質提升**：知識經濟時代，做為知識創新、累積

和運用主要載體的人才，成為國家發展的主要動能，目前許多專業人士至中國大陸就業，其市場規模與成長力道，利於打開視野、提升能力，成為國際人才，陸籍人才則可透過與台灣人才的互動，學習到更多經驗，強化其本質學能。如同《天下雜誌》（2015）「金融業機會增，人才流動加速」中指出：「隨者台灣金融業發展緩慢，有多年金融業經驗、又能提供風險管控諮詢服務的人才，紛紛在中國大陸找到更開闊的舞台。」中國大陸是一個集納 13 億人口智慧與力量的經濟體，在資訊、知識彼此交流，有助於創造雙贏局面，為兩岸創造更好價值。

❸【新商機】兩岸企業獲得多元化人才：隨市場不斷變化，互聯網改變過去傳統商業模式，來自於全球競爭，迫使企業需轉型升級，企業為追求更好發展，用人思維模式需更趨國際與多元化。兩岸合作從原先低成本、大量人力使用的重視量變，逐步轉化至兩岸人才專業分工的質變，加上全球 500 強企業持續加碼投資中國大陸，因而產生的磁吸效應，使更多知識、技術、優秀人才與各項資源不斷湧入，在此環境下人才競爭將產生更多元化的公民觀與市場觀，就如同台灣 104 獵才派遣事業群資深副總經理晉麗明（2015）所言：「人才去外面闖闖，打下江山帶創意回來，反而是典範。」古有云：「獨學而無友，則孤陋寡聞」隨著人才流通所帶來的成長，兩岸企業可用的人才將具有更加多元的價值觀與世界觀，並帶給企業新氣象。

平台八：【兩岸產業平台：產業生態系統】

現今許多經濟活動，都不是在單一產業下運行，而是跨產業的「商業生態系統」又稱「產業生態圈」（Ecosystem），此概念最早由 Moore（1993）提出。然而，在 Internet 興起後的組織間之連結性大幅提高，因此，企業善用網路科技，建構新的產業生態圈，並創造出新的價值。各產業都可以自成生態圈，包括電商生態圈、物聯生態圈、手機生態圈、母嬰生態圈、金融生態圈、創業生態圈與智慧旅遊生態圈等，其中 BAT 生態圈更是網際網路推助下最成功的代表。互聯網行業中有此一說：「產品型公司值十億美金，平台型公司值百億美金，生態型公司值千億美金。」以下針對「兩岸產業平台」發展說明如下：

1. 兩岸產業平台之論述

❶ 2015 台北國際電腦展高峰論壇：2015 年 6 月 3 日舉辦的台北國際電腦展高峰論壇中，宏碁創辦人暨榮譽董事長施振榮指出：「台灣不能永遠跟在美國後面跑，必須徹底改變過去台灣的生存方式。」聯發科技副總經理暨首席行銷長 Lodenius（2015）更強調：「物聯網生態圈需要完整多元的人脈，因為物聯網

的商業模式需要創新，有新的人加入，才有辦法激盪新的新篇章。」恩智浦半導體研發執行副總裁王海（2015）則認為：「目前的物聯網只知道潛在機會，尚未找出完整的獲利模式，因為市場過於零散，懂得整合生態圈力量的企業，將會成為該行業的領頭羊。」

❷ **CSMIC 2015 移動互聯網兩岸年會**：2015 年 1 月 13 日舉辦的 CSMIC 2015 移動互聯網兩岸年會中，宏碁創辦人暨榮譽董事長施振榮認為「台灣不缺人才，只缺施展武器的舞台」，意指政府與企業應負起建構整體生態圈之責任，讓台灣年輕人才，能夠有所發揮。

❸ **2014 兩岸企業家峰會**：2014 年 12 月 15 日招開的兩岸企業家台北峰會以「深化企業合作、推動轉型升級」為主題，希望透過兩岸共同合作，促進兩岸市場的整合。金仁寶集團董事長許勝雄（2014）指出：「兩岸企業應該要『同舟共濟』、『同訂標準』，以創造更大的效益，並『同創價值』及『同享成果』。」另外，中華電信數據分公司總經理鍾福貴（2014）表示：「未來應該加強兩岸合作，制訂互通互信國際標準、物聯網測試平台、雙向試點，未來並創造兩岸物聯網生態共榮圈。」此外，宏碁榮譽董事長暨智榮基金會董事長施振榮（2014）提及：「產業競爭態式已從垂直整合到垂直分工再到平台的競爭，未來各產業將會改變成垂直分工及開放平台的生態圈競爭，在此一趨勢下，應建構能創造多贏局面的兩岸跨界跨業生態平台，以期在全球脫穎而出。」

2. 兩岸產業平台台商新轉機

❶**單打獨鬥轉向團隊合作**：過去企業的合作模式，從單一企業到上下游整合的產業鏈、從垂直整合再到水平分工的產業平台，轉變為將一切所需資源整合的生態系統。尤其在物聯網時代下，尚未有公司能夠完整掌握其產品開發所需要的知識與技術，因此未來競爭考驗的不是單打獨鬥的能力，反倒尋求合作成為必然的選擇。如蘋果（Apple）公司最初只是個硬體製造商，逐漸移向「生態圈」的集結，包括軟體、服務、數據，和大量的合作伙伴，在 2003 年「iTunes Store」上線，蘋果的「生態圈」因此誕生，而消費者買單的不只是那隻手機而是背後提供的便利服務。中國大陸第一大、全球第三大的智慧型手機廠商且被西方媒體稱為「中國蘋果」的小米科技，其創辦人雷軍採取打造生態系統、投資新創公司的方式，結合足夠的產品服務讓消費者離不開它，並以「讓敵人變的少少的，朋友多多的」合作模式，自成一個生態圈，而台灣企業富士康則是小米合作進軍海外市場巴西的伙伴之一。

❷**直線服務轉向整合服務**：IBM 發表的《2012 全球 CEO 調查報告》（2012）

指出：「未來的創新模式，已經提升到跨業的產業生態圈創新，透過夥伴關係共同將市場做大，從而塑造新的產業規則」。如 PC 品牌大廠宏碁之 BYOC 雲端系統生態圈，於 2015 年 6 月正式結盟全球性半導體 IC 設計公司 Marvell、中國大陸前三大行動終端產品和智慧家電設計製造商 Hipad 以及廣受開發者採用的 Ubuntu Linux 的 Canonical 結盟，提供合作夥伴由晶片、OS 與智慧終端產品的垂直整合解決方案。未來使用者只要指定一台個人電腦做為 Personal Cloud Storage，便可跨平台連結 Windows、Android 與 iOS 等不同的裝置，結合雲端技術於行動裝置、來控制家庭電器，提升生活品質，享受數位的便利生活。

❸**核心價值轉向共創價值**：單一資源發揮到極限會形成核心價值，核心價值在同一平台發揮到極致就產生綜效。全球創業重鎮的矽谷就是經典例子，當團隊、人才、資金、市場、法律及行銷等周邊服務到位後，就形成創業生態圈。太一國際集團國際聯席主席 Sudarskis（2015）表示：「台灣不缺人才但連結不足，強化生態圈的連結機制是解決之道。阿里巴巴集團董事局主席馬雲 2014 年 12 月來台灣參加兩岸企業峰會即宣布正在建立的創業生態圈，提供新台幣 100 億元創業基金，要幫助台灣年輕人創業。單有創業基金是不夠的，還要有企業家、青年人、淘寶大學、湖畔大學、電子商務產業園區、阿里幫、大陸及台灣等配套。」

3. 兩岸產業平台合作新策略

❶**【新思維】突破既有產業思維**：平台的概念不但突破傳統的產業鏈，也跨越疆界的藩籬，網路科技與移動通訊設備的發展，亦為產業平台帶來巨大的變化。台灣在開放陸客自由行城市不斷增加，以及直航航點、航班逐年增加下，2014 年陸客來台自由行人數全年達 118 萬人次，於 2015 年 6 月 11 日舉辦的「第二屆台灣兩岸智慧旅遊產業高峰論壇」中，台灣地理資訊中心董事長孫志鴻期許表示：「透過論壇平台將串連起兩岸旅遊生態圈，並創造出可觀的績效」。2015 年 3 月 2 日的「跨界創新國際論壇」（IT Next Forum）演講中，雄獅旅遊總經理裴信祐表示：「旅遊業的演進從最初的『1.0 的量化經濟』，走向『2.0 的客製化分眾經濟』，再轉型為『3.0 的主題式社群經濟』，目前已經進入跨界『4.0 的體驗經濟』時代，如同雄獅正在打造的『智慧旅遊平台 O2O 共生系』，意即智慧旅遊生態圈。」其整合食、住、行、遊、購、娛等旅遊元件，並把航空公司機位、酒店，餐廳、交通工具，以及領隊和導遊資訊建立在「智慧旅遊雲平台」上，改變過去消費者只能單向接受旅行社提供的行程，遊客可以參與「行程設計」、「智慧組裝」與「動態加購」，完成旅遊平台的雙向溝通成效。

❷【新做法】各擅勝場、共建平台：各行各業皆有其核心競爭力，利用各自之優勢建立生態平台，以發揮綜效並將市場做大。例如台灣知名親子社群平台媽咪拜（MamiBuy）與中國大陸規模最大的育兒平台寶寶樹（Babytree）於2015年5月正式合作，MamiBuy擁有MIT優質產品之競爭力，而Babytree則是擁有每月超過一億活躍用戶之吸引力。兩岸透過共建母嬰生態平台，Mamibuy將三百多間廠商、一千多個品牌推向中國大陸市場，而Babytree用戶則可獲得最新的台灣育兒商品資訊。

❸【新商機】制定產業規則、創新市場機制：從自身優勢出發，透過合作、投資、併購與策略布局，建構起的生態圈，包含使用者、資金及該產業所需的一切資源，因而擁有足以制定產業規則與市場機制的能力。例如「BAT生態圈」中的阿里巴巴是從電商出發，擴張到支付、社群、媒體、影視、地圖、遊戲、叫車、旅遊、金融等，並採用雲端下的大數據（Big Data）資源共享，以及第三方支付平台的金融體系，三位一體建立起電子商務的新產業規則。此外，2015年初，鴻海聯手阿里巴巴布局電子商務、雲端和大數據，雙方的目標是智慧城市的系統解決方案，以富士康與阿里巴巴合作建設的「雲上貴州」為例，就是以智慧城市為藍圖。鴻海與阿里巴巴密切合作，是落實智慧城市藍圖和布局「雲移物大智網」的重要基礎。

平台九：【兩岸樂活平台：大健康生活圈】

隨著中國大陸國家整體經濟總量年年攀升，從而帶動生活水準提升，其社會的健康意識亦日益興起，除休閒運動觀念普及外，對於傳統中醫藥和健康農產業的需求亦逐漸增加，此外，另因過去實施一胎化政策所致，亦較其他國家提早迎來老齡化社會。2014年11月1日中國大陸國家主席習近平即表示：「現在中國大陸步入老年社會，其養老服務工作重要性日益提升，養老服務事業的從業人員應戮力而為。」顯現出中國大陸社會各年齡層對於健康樂活擁有龐大需求，有鑑於此，針對「兩岸樂活平台」台商未來發展說明如下：

1. 兩岸樂活平台之論述

❶第一屆海峽兩岸孫思邈中醫藥合作與發展研討會：2014年9月4日在陝西銅川舉辦「第一屆海峽兩岸孫思邈中醫藥合作與發展研討會」中，台灣中華藥王孫思邈研究院長鄭文鼎表示：「台灣中醫藥業者的製藥技術領域仍占據優勢，台灣業界無須過度擔憂兩岸中醫藥合作後會發生中國大陸中醫藥業者『大吃小』的狀況，且因台灣中醫藥產業現已90%原物料來自中國大陸，惟有讓兩岸中醫

藥產業持續交流，才能打破中國大陸現今『一條龍』的模式。」

❷**兩岸銀髮族健康與照護研討會**：2014 年 11 月 4 日於台北舉行的「兩岸銀髮族健康與照護研討會」中，中華民國養生休閒保健協會理事長周琼棠表示：「中國大陸過去推動一胎化政策，將比台灣早面臨養老照護的問題，亦面臨許多養老照護勞動力和產品的需求缺口，台灣雖然擁有完善的健保機制和先進的醫療、養老技術，然而因國際影響力不足，難以接觸國際醫療研討會，因此兩岸應積極合作互助，形成雙贏局面。」

❸**兩岸大健康大農業商機研討會暨推介會**：2015 年 5 月 15 日於上海舉辦的「兩岸大健康大農業商機研討會暨推介會」，主要探討農業走向現代化、健康化和快速消費化，以及現代人追求養生、健康和休閒，未來農業與健康產業的融合將是必然趨勢，會中昆明市農業局局長蔡德生（2015）即表示：「農業與健康產業是密不可分、互相扶持的，農業最終核心亦是追求健康，且隨著中國大陸民眾對健康的概念不再侷限於疾病治療，而開始關注平時健康和生活質量，意味著這將是 IT 產業後的『財富第五波』。」

2. 兩岸樂活平台台商新轉機

❶**壁壘分明轉向共同開發**：自兩岸政府於 2010 年簽訂「海峽兩岸醫藥衛生合作協議」起，兩岸醫療產業開始展開密切合作，除落實疫情通報、中藥品源頭控管等措施外，諸多台灣醫療機構更於 2015 年 1 月 11 日共同成立「海峽兩岸醫療產業基金」向各界募資，預計將前進布局中國大陸沿海地區，除與當地企業、政府等機構共同籌建醫院、醫學技術學校和健康養生園區，更積極向中國大陸網際網路和行動裝置產業取經，希冀透過跨界合作形成醫療產業網路化，從而降低醫療照護人力，並提升醫療照護品質，從而搶食中國大陸醫療照護市場，及加速兩岸醫療資源整合，為未來兩岸醫療產業對接鋪路。

❷**生病醫療轉向預防健康**：根據世界銀行（WB）《世界發展指標》（World Development Indicators）數據（2013）顯示，相較於美國健康管理產業約占其 GDP 的 17.1%、日本約占 10.3%，中國大陸目前健康產業僅占其 GDP 的 5.6%，甚至低於許多開發中國家，顯示其健康管理產業尚處於初步發展階段且極具發展潛力。隨著民間薪資水準逐年上升，其對於健康的觀念亦從「生病治病」轉為「預防健康」，導致民間對於健康產業需求大幅增加，而除年少得病、晚得病、病後得以根治的中醫藥產業隨之發展外，對於適度運動、健康飲食等養生文化亦漸生根，因此預計兩岸醫療產業未來將順應潮流，從「事後救援」性質的單純醫療，轉而涉入「事前預防」性質的健康保健和健康飲食領域。

❸量產農業轉向健康農業：隨中國大陸生活水準的提升，以及現代人重視健康飲食生活，對於農產品源頭的品質把關和飲食習慣搭配更加要求，從而引發健康農業的利基市場逐漸成形。而有別於過去傳統農業的集約耕作、追求產量的目標，健康農作強調與環境共融、減少用藥和單一農作品質，以維護農業從事人員和消費者的健康安全。根據上海現代服務業聯合會會長周禹鵬於 2015 年 5 月 16 日表示：「隨著經濟科技快速發展，農業與健康產業的疆界越漸模糊，未來農業將發展為現代化、健康化、品牌化發展，並與健康產業逐漸對接，而健康產業亦將往食品經濟化延伸」。而台灣的現代農業技術與健康產業思維較中國大陸成熟，在人才、管理和技術等面向皆積累一定優勢，中國大陸則有龐大市場和資金，若兩岸能進行合作，將有助於開發此一巨大商機。

3. 兩岸樂活平台合作新策略

❶【新思維】深化兩岸醫藥合作：雖然兩岸中醫藥界長年交流不斷，然而受限於法規和技術限制，常僅止於醫術討論，而未涉及中藥原料層面。由於台灣地狹人稠，以及氣候限制，導致許多中藥材仰賴中國大陸的進口，茲依據農委會《農業貿易統計要覽》顯示：「台灣 2013 年中藥材總進口量約達 44,191 公噸，其中由中國大陸進口藥材就占 68.9% 共 30,440 公噸。」惟因近年來食安問題層出不窮，使諸多消費者對於進口中藥材的安全性產生質疑，此外，中國大陸雖然盛產中藥材，然而因種植技術、採集技術、保存措施和物流體系，導致部分中藥材品質受到影響。有鑒於此，面對兩岸市場的中醫藥需求逐年擴大，兩岸應透過共建平台，針對中醫的醫學原理，以及中藥材的栽植技術、採集技術、植株保護、藥園發展、食安規範等層面進行交流，以利兩岸業者共同搶食中醫藥市場。台灣中天集團與中國大陸石藥集團更早於 2013 年 7 月 5 日宣布合作，針對藥品開發和銷售等面向，打造全面新藥合作，希冀成為具備全球性影響力的創新藥物聯盟。

❷【新做法】促進兩案照護商機：隨著中國大陸國務院於 2015 年 3 月 6 日頒布《全國醫療衛生服務體系規劃綱要》中明確指出中國大陸未來醫療照護體系的脈絡，其中有限的開放社會資本進入醫療服務體系，促進企業投資醫療照護產業的意願，除積極引進台灣醫療機構的管理模式和制度，亦對台灣醫療機構前往中國大陸布局張開歡迎的雙手，希冀以此促進兩岸醫療照護體系交流和進步。有鑒於此，台灣醫療照護體系長年積累諸多經驗，以及優質的照護體制，若能偕同當地醫療照護機構一同開發尚未飽和之醫療照護市場，將有助於兩岸相關產業發展和造福所需之人，根據摩根史坦利（Morgan Stanley；MS）亞洲區董事總

經理李彬於 2014 年 7 月 31 日表示：「中國大陸的醫療市場平均每年成長幅度高達 40%，然而其醫療水準仍有進步空間，且其存在極大的城鄉差距。」意味著中國大陸現有醫療體系無法滿足高端消費族群對於高階醫療的需求，遂成為長庚、明基等私立醫院前進布局中國大陸的利基市場。

❸【新商機】結合優勢搭建平台：2014 年 6 月 10 日於台北舉辦第一屆兩岸健康照護與醫院管理高峰會，由於中國大陸醫療政策多聚焦在新醫改趨勢和醫療保險政策，各級醫院特別關注醫療及服務品質，希望借鏡台灣醫療資訊產業及醫院品質的管理優勢，促進醫療產業升級與加速岸合作機會進行討論。中華兩岸科技交流促進會遂於 2014 年 8 月 18 日主導「兩岸生物 1+1」平台，積極與康寶盈、杏一、維康等台灣知名醫療器材企業接洽，初步擬定資金整合、店中店合作模式及直銷平台等三大未來合作方向，希望結合各方優勢，透過商業模式驅動運行，趁中國大陸醫療器材連鎖店尚未定型前，搶占先機分食市場。中國大陸民間消費水準增加、健康與老年意識抬頭，民眾對於照護需求日益迫切，兩岸不論是透過學術醫療單位研討，抑或是企業合作，建立兩岸健康醫療照護平台，共同交流與研發，打造華人健康照護生態圈。

平台十：【兩岸品牌平台：中華品牌復興】

全球化的競爭下，兩岸諸多企業不甘受限既有市場，而開始希望能邁向更遼闊的國際市場，然而中國大陸品牌企業大多缺乏國際經驗，而台商企業雖有國際化經驗卻缺乏資源導入，市場不但競爭激烈亦須注意文化差異等諸多面向，導致兩岸企業過往難以在國際立足，因此遂提出兩岸共建中華品牌平台的構想，希冀透過兩岸企業聯手突破當前困境，共創中華品牌邁向國際舞台，以下茲就台商未來發展說明如下：

1. 兩岸品牌平台之論述

❶ 2015 兩岸經營者俱樂部年度論壇：2015 年 1 月 16 日於上海所舉辦「2015 兩岸經營者俱樂部年度論壇」中，中華兩岸連鎖經營協會理事長王國安表示：「隨著多年的發展，兩岸企業間的合作越漸密切，而台商過往的經營經驗、品牌豎立、創新典範和價值導向，都是中國大陸企業所缺乏的，兩岸企業若能合作共建中華民族的共同品牌，將有助於合作共贏的黃金時代，而隨著兩岸經貿關係穩步推進，大中華經濟圈正強勢崛起。」

❷ 2015 海峽兩岸商標論壇：2015 年 4 月 23 日於台北舉行的「2015 海峽兩岸商標論壇」中，海峽兩岸商務協調會會長張平沼表示：「過去兩岸企業先後

踏上國際舞台搶占重要商機,如今正是兩岸步入交流、合作、發展的時代,兩岸應積極建構『民族品牌』,形成經濟戰略對話機制,形塑企業合作的有利大環境,並根據優勢互補、分工合作、共創雙贏為原則,以品牌、技術、服務分進合擊布局全球市場,創造互利共榮的新局面,從而成為大中華經濟圈向外擴進的契機。」

❸**兩岸經貿文化論壇**:2015 年 5 月 3 日於上海舉辦的「第十屆兩岸經貿文化論壇」中,中華文化聯誼會常務副會長侯湘華表示:「隨兩岸文化交流合作關係的不斷深化發展,文化產業交流與合作除為兩岸人民帶來文化交流的內容,亦是優化兩岸的文化產業結構,兩岸政府應適時商討簽署兩岸文化交流協議,從而增進互信、凝聚共識,以共建兩岸文化交流新格局,進一步提高兩岸品牌國際競爭力。」

2. 兩岸品牌平台台商新轉機

❶**各自為政轉向攜手並進**:2015 年 1 月 16 日,根據中華兩岸連鎖經營協會理事長王國安表示:「台灣企業經發展多年,在許多領域早已走在中國大陸企業前面,而中國大陸企業亦擁有其獨特的優勢,因此,兩岸企業若能互相取長補短,將有助於雙方企業形成具國際競爭力的中華產業、中華品牌及中華世界級企業。」顯示隨著時代變遷,過去兩岸企業品牌,在進軍國際市場布局時,多各自為政亦無呼應,從而因單一企業的資源不足、企業戰略不周全、品牌知覺低落、資訊不對稱等因素而受挫,然而,若能結合兩岸資源,從而建構中華品牌平台,不但有助於形成規模經濟和範疇經濟,亦能降低國際消費者的資訊蒐集成本,提高企業的品牌知名度,最終形成長尾效應,使過去難以接觸國際訂單的小型品牌亦有機會在國際舞台上揮灑精力。

❷**倚老賣老轉向與時俱進**:台北市進出口公會理事長黃呈琮於 2014 年 4 月 15 日表示:「中國大陸中華老字號品牌價值蘊含超過人民幣一兆元的無形資產,希冀兩岸企業能透過建立老字號平台,促進中華老字號與台灣企業合作。」雖中國大陸的中華老字號品牌遍布其境內各處,且擁有悠久的歷史文化做為品牌血統,然部分卻面臨品牌老化危機而逐漸走向衰亡,而相較之下,普遍相對年輕的台商企業品牌,雖航行於時代的前端,卻時常因面臨品牌文化底蘊有限、可用元素過少而在品牌經營上有所侷限。有鑒於此,兩岸企業應積極合作,透過中華老字號品牌的悠遠血統和歷史傳承,結合台商企業與時俱進的品牌管理和經營模式,重塑品牌形象,使其兼具歷史文化傳承與現代元素,既能維持原有核心價值,亦注入嶄新品牌元素,重新進入華人世界眼界,使其不僅是活在消費者過往

歲月的記憶中，更是活在當下的品牌。

❸**在地市場轉向國際市場**：台灣文化創意產業聯盟協會榮譽理事長李永萍於 2015 年 5 月 29 日表示：「隨著中國大陸『一帶一路』布局，將是中華文化和文創踏上國際的契機，中國大陸企業想成功走出去，須注重許多細緻和現代生活的元素，若能結合台灣經營品牌的高端服務業創新經驗，將有助於其在沿線國家形成結合中華文化和在地文化的時尚品牌。」中國大陸國國力漸增以及與國際間交流日益頻繁，海外人士對於中華文化的興趣漸增，因此企業若能將品牌和產品融入中華文化素材，並賦予其文化意涵，將有助於將品牌和產品順應潮流推向國際市場。

3. 兩岸品牌平台合作新策略

❶**【新思維】確保品牌商標**：隨著兩岸企業界交流日益頻繁，各方對於商標和智慧財產權日趨重視，可預見兩岸政府和企業界將持續針對智慧財產權和商標議題進行改善和討論。2015 年 5 月 12 日，中國大陸國家工商總局副局長劉俊臣表示：「在現今商業世代中，市場經濟的競爭即是商標品牌的競爭，兩岸應積極推動商標保護以促進兩岸間的經貿發展和品牌建設，中國大陸工商總局將持續高度重視對台灣商標品牌的保護。」一語道出，隨著兩岸政府的介入，台商品牌商標將受到更完整保護，成為兩岸企業品牌合作的信任基石，有利兩岸企業間合作共進全球市場。

❷**【新做法】共建中華價值**：由於兩岸主流文化同屬中華文化，因此在品牌精神、品牌形象等面向中，揉合中華文化的傳承。中國傳媒大學文化發展研究院院長范周（2015）表示：「兩岸品牌合作不應僅侷限於雙方品牌互相進駐，而應透過各自擁有的優勢和條件，透過雙方企業和人員互相交流、合作，從而強化雙方文創互融，共建兩岸皆熟知的大眾化中華品牌，並以此基礎向全球市場擴進，推廣兩岸共同的中華文化價值。」悠遠的中華文化不但是華人圈共同的記憶，亦影響相鄰國家的文化，因此，兩岸企業應透過密切的合作、交流，將中華文化內斂且迷人的底蘊和價值融入品牌之中，並以此為獨特的民族記憶與價值基礎向全球推廣。

❸**【新商機】品牌共構互融**：中國大陸品牌擁有豐厚的文化底蘊，台灣擁有國際化的經驗與創意，若兩岸知名品牌企業能攜手合作，透過品牌間的策略聯盟，針對專案產品組合進行塑造跨品牌一體化形象，並在國際各大商展、海外通路平台、技術交流、管理技巧等面向共享相融，將有助於集中企業海外資源，打響國際間大中華品牌名聲，進而帶動各企業的品牌形象，亦可使 MIT 微笑標章

在國際間的名聲和影響力獲得提升。而隨著兩岸品牌相融共構，使不同的企業能接觸到更多元的元素，從而迸發新的點子，例如：中國大陸世界邦旅行網與台灣 Petite Cafe 在台北共同成立「世界邦 Petite travel Cafe」，嘗試探索結合咖啡文化、書香氣息和旅遊資訊的商業模式；而台灣設計師陳俊良的「東裝」品牌亦嘗試融入中國大陸同源公司的蘇繡元素，期望藉此打造具備中華古典風格的東方時尚美學，突顯出兩岸品牌透過相融共構、多方交流，將可為企業注入與以往不同的元素，從而開闢新的商業路徑。

中國大陸城市新排名

第 15 章
2015 TEEMA 調查樣本結構剖析

一、2015 TEEMA 兩力兩度評估模式

2015 《TEEMA 調查報告》為使研究具一致性和比較基礎，且能進行縱貫式分析（longitudinal analysis），依舊延續 2000 至 2014 《TEEMA 調查報告》的基礎，以：（1）城市競爭力；（2）投資環境力；（3）投資風險度；（4）台商推薦度的「兩力兩度」模式建構最終「城市綜合實力」此一構面，茲將「兩力兩度」評估構面評述如下。

1. 城市競爭力： 包含八大構面，分別為：「基礎條件（10%）」、「財政條件（10%）」、「投資條件（20%）」、「經濟條件（20%）」、「就業條件（10%）」、「永續條件（10%）」、「消費條件（10%）」、「人文條件（10%）」。

2. 投資環境力： 包括十個構面，即「生態環境（10%）」、「基建環境（10%）」、「社會環境」（10%）、「法制環境」（15%）、「經濟環境（10%）」、「經營環境（10%）」、「創新環境（10%）」、「網通環境（10%）」、「內需環境（10%）」、「文創環境（5%）」，總計 72 個細項指標。

3. 投資風險度： 新增「道德風險」構面，形成六大構面，分別為：「社會風險（10%）」、「法制風險（15%）」、「經濟風險（20%）」、「經營風險（25%）」、「轉型風險（15%）」、「道德風險（15%）」，共計 42 個細項指標。

4. 台商推薦度： 延續 2014《TEEMA 調查報告》的「城市競爭力（10%）」、「投資環境力（10%）」、「投資風險度（10%）」、「城市發展潛力（10%）」、「整體投資效益（10%）」、「國際接軌程度（10%）」、「台商權益保護（10%）」、「政府行政效率（10%）」、「內銷市場前景（10%）」、「整體生活品質（10%）」，共計十項指標。

有關 2015《TEEMA 調查報告》構面與權重配置如表 15-1 所示。

表 15-1　2015 TEEMA「兩力兩度」評估模式構面與衡量指標

評估構面	衡量指標			
①城市競爭力【15%】	❶基礎條件	10%	❺就業條件	10%
	❷財務條件	10%	❻永續條件	10%
	❸投資條件	20%	❼消費條件	10%
	❹經濟條件	20%	❽人文條件	10%
②投資環境力【40%】	❶生態環境	10%	❻經營環境	10%
	❷基建環境	10%	❼創新環境	10%
	❸社會環境	10%	❽網通環境	10%
	❹法制環境	15%	❾內需環境	10%
	❺經濟環境	10%	❿文創環境	5%
③投資風險度【30%】	❶社會風險	10%	❹經營風險	25%
	❷法制風險	15%	❺轉型風險	15%
	❸經濟風險	20%	❻道德風險	15%
④台商推薦度【15%】	❶城市競爭力	10%	❻國際接軌程度	10%
	❷投資環境力	10%	❼台商權益保護	10%
	❸投資風險度	10%	❽政府行政效率	10%
	❹城市發展潛力	10%	❾內銷市場前景	10%
	❺整體投資效益	10%	❿整體生活品質	10%

二、2011 - 2015 TEEMA 樣本回收結構分析

　　在 2015《TEEMA 調查報告》使用的「兩力兩度」模式中，「城市競爭力」資料來源為次級資料，而其餘三大構面「投資環境力」、「投資風險度」及「台商推薦度」是由蒐集初級資料（primary data）取得，係為關於蒐集資料的方式得透過問卷調查及訪問對象進行訪談之方式而得知。2015《TEEMA 調查報告》問卷總回收數為 2,665 份，而其中有效問卷總計 2,456 份，無效問卷數量計 209 份，將回收無效問卷數量分成三項為：（1）填答未完整者，為 49 份；（2）填答有違反邏輯者，為 87 份；（3）操弄填答回卷數目，共計有 73 份。而 2015《TEEMA 調查報告》經由問卷回郵、人員親訪、傳真與中國大陸台商協會協助發放問卷填答之問卷回收數量計有 1,141 份，而透過固定樣本（panel）系統回收數量有 1,315 份，數量多於 2014 年的 1,309 份。有關 2015 年列入調查評比的城市數量為 118 個城市，多於 2014 年的 115 個城市，成長 2.61%。

　　2015《TEEMA 調查報告》回收問卷總計為 2,665 份，而其中有效問卷為 2,456 份，占總回收問卷數 92.16%。由表 15-2 樣本回收地區顯示，可得知七大調查區域的回收卷數依序分配為：（1）華東地區 997 份，40.59%；（2）華南地區 495 份，

20.15%；（3）華北地區 295 份，12.01%；（4）華中地區 306 份，12.46%；（5）西南地區 223 份，9.08%；（6）東北地區 96 份，3.91%；（7）西北地區 44 份，1.79%。此外，可觀察出歷年 2010-2014 年《TEEMA 調查報告》回收問卷結構得知，主要問卷回收區域分布華東地區與華南地區，其比例占 60.74%，可想而知台商主要投資市場依舊為一、二級主線城市。

表 15-2　2011- 2015 TEEMA 調查樣本回收地區別分析

區域	2011		2012		2013		2014		2015	
	回卷數	百分比	回卷數	百分比	回卷數	百分比	回卷數	百分比	回卷數	百分比
❶華東	1,222	43.72%	1,213	45.74%	1,073	41.82%	1024	40.99%	997	40.59%
❷華南	712	25.47%	610	23.00%	537	20.93%	545	21.82%	495	20.15%
❸華北	357	12.77%	295	11.12%	313	12.20%	296	11.85%	295	12.01%
❹華中	215	7.69%	236	8.90%	265	10.33%	281	11.25%	306	12.46%
❺西南	187	6.69%	196	7.39%	250	9.74%	229	9.17%	223	9.08%
❻東北	71	2.54%	70	2.64%	79	3.08%	79	3.16%	96	3.91%
❼西北	31	1.11%	32	1.21%	49	1.91%	44	1.76%	44	1.79%
總　　和	2,795	100.00%	2,652	100.00%	2,566	100.00%	2,498	100.00%	2,456	100.00%

資料來源：本研究整理

三、2015 TEEMA 樣本回卷台商產業類型分析

由表 15-3 顯示，發現於眾多產業的結構中，2015《TEEMA 調查報告》由電子電器產業回收問卷比例為最高（30.06%），次為機械製造產業（10.01%），再者為食品飲料產業（8.34%）為前三多回收問卷數。綜觀以上數據顯示，反應出母體主要結構狀況，因 2015《TEEMA 調查報告》訪問對象以電電公會之會員為主體，所以致使回收問卷產業類型，大部分以電子電器產業為主軸。

表 15-3　2011-2015 TEEMA 報告調查受訪廠商經營現況：產業類型

產業類型	2011	2012	2013	2014	2015
	N=2,795	N=2,652	N=2,566	N=2,498	N=2,456
電子電器	31.87%	32.61%	30.34%	30.18%	30.06%
機械製造	11.04%	10.88%	11.24%	10.65%	10.01%
食品飲料	6.46%	6.15%	7.75%	8.13%	8.34%
金屬材料	9.07%	8.62%	7.97%	7.29%	7.05%
化學製品	5.22%	4.91%	5.83%	6.05%	6.32%

表 15-3　2011-2015 TEEMA 報告調查受訪廠商經營現況：產業類型（續）

產業類型	2011	2012	2013	2014	2015
	N=2,795	N=2,652	N=2,566	N=2,498	N=2,456
塑膠製品	5.58%	5.34%	4.91%	4.42%	5.94%
精密器械	4.78%	4.10%	4.58%	4.83%	5.00%
餐飲服務	1.77%	2.05%	3.26%	4.36%	4.25%
紡織纖維	4.26%	4.23%	4.12%	4.04%	3.58%
貿易服務	3.17%	2.56%	2.84%	3.25%	3.11%
節能環保	2.65%	2.26%	2.45%	2.64%	2.87%
流通銷售	2.01%	2.13%	1.97%	1.80%	1.82%
房產開發	2.33%	2.13%	2.11%	1.97%	1.56%
農林漁牧	1.49%	1.49%	1.39%	1.41%	1.32%
資訊軟體	1.32%	1.41%	1.06%	1.16%	1.12%
諮詢服務	1.32%	1.45%	1.14%	1.13%	0.82%
生物科技	0.72%	0.73%	0.71%	0.68%	0.76%
金融服務	0.32%	0.30%	0.56%	0.62%	0.73%
運輸工具	1.16%	0.98%	0.94%	0.85%	0.64%
石化能源	0.40%	0.26%	0.24%	0.22%	0.18%
其　它	3.05%	5.42%	4.59%	4.32%	4.52%

資料來源：本研究整理

四、2015 TEEMA 樣本回卷台商投資區位分析

　　根據表 15-4 顯示，2015《TEEMA 調查報告》台商回收問卷之投資區位，仍由經濟開發區（41.56%）、一般市區（35.78%）、高新技術區（11.10%）為前三多主要投資區位，其與歷年《TEEMA 調查報告》之投資區位分析差異不大。

表 15-4　2011-2015 TEEMA 報告調查受訪廠商經營現況：投資區位

投資區位	2011	2012	2013	2014	2015
	N=2,795	N=2,652	N=2,566	N=2,498	N=2,456
❶經濟開發區	39.36%	42.31%	41.18%	41.32%	41.56%
❷一般市區	34.00%	31.49%	32.04%	34.08%	35.78%
❸高新技術區	11.62%	11.08%	12.46%	11.36%	11.10%
❹經濟特區	4.58%	4.64%	4.75%	4.83%	4.21%
❺保稅區	3.19%	3.15%	3.10%	3.04%	3.02%
❻其他	7.24%	7.31%	6.47%	5.37%	4.33%

資料來源：本研究整理

五、2015 TEEMA 樣本回卷台商企業未來布局規劃分析

在表 15-5 顯示,2015《TEEMA 調查報告》企業未來布局規劃調查分析,其比例「台灣母公司繼續生產營運」為最高(46.18%);其次為「擴大對大陸投資生產」(38.96%);第三為「台灣關閉廠房僅保留業務」(11.47%);第四為「與陸資企業合資經營」(10.56%);第五為「希望回台投資」(6.24%);第六為「結束在台灣業務」(4.22%);與最後為「希望回台上市融資」(6.85%)。

根據表 15-5 進一步得知,歷年 2011-2015《TEEMA 調查報告》變化,「擴大對大陸投資生產」此項目由 2011 年的 50.95% 降至 2015 年的 39.96%,其因中國大陸面臨新常態經濟結構轉型,勞資成本提高導致台商對擴大中國大陸投資意願降低;根據德國駐中國大陸大使 Michael Clauss(2015)表示:「中國大陸領導人欲大力促進生產力快速發展,但因工資增長幅度過大,如不在生產力發展方面有所提升,將失去其競爭力。」由此可見,在經濟快速成長的情況下,隨之基本工資快速提升,若僅強調快速經濟成長,將會使企業經營成本負擔過大,無力於擴大產業之投資。此外,在「與陸資企業合資經營」題項從 2011 年的 5.37% 升至 2015 年的 10.56%,可見在中國大陸在各方面的政策配套措施,輔佐陸資企業走向國際舞台,與各界企業合作,強化國際化經營合作經驗,如習李體制在制定「十三五規劃」之際,提及制定「企業走出去發展戰略」,可見當局政府欲透過相關政策配套,協助當地企業與國際企業合作,隨著中國大陸政府積極推動陸資企業國際化,以及其企業日益壯大,吸引外資企業競相與當地企業合作,以防止過度惡性競爭,降低競爭壓力,進一步拓展企業實力,以提升企業本身價值。

表 15-5　2011-2015 TEEMA 受訪廠商經營現況:企業未來布局規劃

企業未來 布局規劃	2011 N=2,795	2012 N=2,652	2013 N=2,566	2014 N=2,498	2015 N=2,456
❶台灣母公司繼續生產營運	40.68%	44.49%	46.34%	47.12%	46.18%
❷擴大對大陸投資生產	50.95%	49.39%	46.12%	40.28%	38.96%
❸台灣關閉廠房僅保留業務	15.24%	13.22%	11.18%	10.82%	11.47%
❹與陸資企業合資經營	5.37%	6.40%	8.63%	9.23%	10.56%
❺希望回台投資	5.26%	5.90%	7.14%	6.18%	6.24%
❻結束在台灣業務	7.69%	6.60%	4.56%	3.27%	4.22%

表 15-5　2011-2015 TEEMA 受訪廠商經營現況：企業未來布局規劃（續）

企業未來 布局規劃	2011	2012	2013	2014	2015
	N=2,795	N=2,652	N=2,566	N=2,498	N=2,456
❼希望回台上市 融資	2.54%	2.92%	4.08%	6.29%	6.85%
❽其他	7.12%	7.92%	7.02%	5.76%	6.03%

資料來源：本研究整理（此題為複選題）

六、2015 TEEMA 台商在中國大陸經營績效分析

　　由表 15-6 可知，2015《TEEMA 調查報告》回收的 2,456 份有效問卷中，分析關於台商在中國大陸經營績效分布，2014 年中國大陸事業淨利成長，負成長占所有淨利成長中的 60.4%，遠超過於正成長的 29.76%，由此可見，在全球經濟環境持續不穩定影響之下，台商在中國大陸之經營績效也隨之受到影響，加之歐美債務衝擊、新常態經濟等環境影響，致使中國大陸尚未走向新經濟步履，仍陷其經濟困境中。

表 15-6　2015 TEEMA 台商在中國大陸經營績效分布

2014 大陸 事業淨利成長	次數	百分比	2015 大陸 淨利成長預測	次數	百分比
❶ -50% 以上	82	4.07%	❶ -50% 以上	68	3.38%
❷ -10% 至 -50%	621	30.85%	❷ -10% 至 -50%	534	27.53%
❸ -1% 至 -10%	513	25.48%	❸ -1% 至 -10%	598	31.71%
❹持平	198	9.84%	❹持平	293	14.56%
❺ +1% 至 +10%	214	10.63%	❺ +1% 至 +10%	246	10.22%
❻ +10% 至 +50%	226	11.23%	❻ +10% 至 +50%	172	7.54%
❼ +50% 至 +100%	154	7.65%	❼ +50% 至 +100%	94	4.67%
❽ +100% 以上	5	0.25%	❽ +100% 以上	8	0.40%

資料來源：本研究整理

七、2015 TEEMA 台商在中國大陸發生經貿糾紛分析

　　2015《TEEMA 調查報告》針對 2,456 份有效問卷，進行中國大陸各區域間經貿糾紛發生次數、解決途徑與滿意度進行剖析，如表 15-7 所示。在總樣本數2,456 份中，發生糾紛次數總計為 3,673 件，乃是因此一部分在調查問卷中屬於「複選題」，因此台商可能發生糾紛情況為全部類型皆同時發生，抑或是台商於中國大陸經商時皆沒發生任何糾紛也是有可能，而有關地區發生糾紛次數依

序為：（1）華東地區（36.95%）；（2）華南地區（26.03%）；（3）華北地區
（12.14%）；（4）華中地區（11.38%）；（5）西南地區（8.19%）；（6）東
北地區（4.11%）；（7）西北地區（1.20%）。

此外，根據各地區對於解決經貿糾紛滿意度之比例，排序為：（1）西南地
區（60.74%）；（2）華東地區（59.61%）；（3）東北地區（55.21%）；（4）
西北地區（53.17%）；（5）華南地區（52.07%）；（6）華中地區（51.69%）；
（7）華北地區（49.08%）。

表 15-7　2015 TEEMA 調查區域別經貿糾紛發生分布

地區	樣本次數	糾紛次數	發生糾紛比例	占糾紛比例	司法途徑	當地政府	仲裁途徑	台商協會	私人管道	滿意度之比例
❶華東	1,128	1,357	120.30%	36.95%	293	234	101	112	98	59.61%
❷華南	598	956	159.87%	26.03%	175	145	75	94	62	52.07%
❸華北	303	446	147.19%	12.14%	85	90	52	75	55	49.08%
❹華中	246	418	169.92%	11.38%	74	68	49	76	46	51.69%
❺西南	214	301	140.65%	8.19%	50	62	40	34	32	60.74%
❻東北	86	151	175.58%	4.11%	27	21	18	13	19	55.21%
❼西北	32	44	137.50%	1.20%	9	7	4	5	1	53.17%
總　和	2,607	3,673	140.89%	100.00%	713	627	339	409	313	54.51%

資料來源：本研究整理

從表 15-8 可知，台商在中國大陸投資經貿糾紛成長比例分析所示，糾紛類
型共劃分為 12 項，依序為勞動糾紛、土地廠房、買賣糾紛、債務糾紛、合同糾
紛、合營糾紛、稅務糾紛、貿易糾紛、知識產權、關務糾紛、商標糾紛、醫療
保健等十二項，其中以「勞動糾紛」件數最高（1,095 件），次為「土地廠房」
（444 件），再為「買賣糾紛」（408 件）。此外，在經貿糾紛數成長排名中，
2014 年到 2015 年台商在中國大陸投資遭遇各項糾紛類型中，（因每年回收問卷
數不盡相同，為能將兩年度做客觀比較，因此將 2013 年樣本數標準化後，再與
2014 年相互比較）觀察 12 項經貿類型糾紛成長數最多依序為「土地廠房」、「合
營糾紛」及「商標糾紛」等為前三名。

表 15-8　2014-2015 台商在中國大陸投資經貿糾紛成長比例分析

糾紛類型	2014（N=2,498）	調整前成長百分比	2014調整值	調整後成長百分比	2015（N=2,456）	經貿糾紛數成長排名
❶勞動糾紛	965	13.47%	982	11.56%	1095	5
❷土地廠房	303	46.53%	308	44.07%	444	1
❸買賣糾紛	355	14.93%	361	13.00%	408	4
❹債務糾紛	324	8.64%	330	6.82%	352	6
❺合同糾紛	384	-18.49%	391	-19.86%	313	9
❻合營糾紛	198	21.72%	201	19.67%	241	2
❼稅務糾紛	185	4.32%	188	2.57%	193	7
❽貿易糾紛	143	2.80%	145	1.07%	147	8
❾知識產權	250	-44.00%	254	-44.94%	140	12
❿關務糾紛	161	-28.57%	164	-29.77%	115	11
⓫商標糾紛	101	19.80%	103	17.79%	121	3
⓬醫療保健	144	-27.78%	146	-28.99%	104	10
糾紛總數	3,513	4.55%	3573	2.80%	3,673	

資料來源：本研究整理

　　2015《TEEMA 調查報告》經貿糾紛解決滿意度及已解決途徑次數之剖析，係為了解台商在中國大陸面對貿易糾紛所透過的解決途徑與滿意度，如表 15-9 所顯示，台商在中國大陸遭遇經貿糾紛所採取的解決途徑排序如下：（1）司法途徑；（2）當地政府；（3）仲裁；（4）台商協會；（5）私人管道。進一步得知台商面對經貿糾紛時會優先採取的解決途徑為「司法途徑」，比例為 31.39%；次為「當地政府」，比例為 25.87%；再者為「仲裁」，比例為 13.77%。而其中在「非常滿意」之數據分析中，以「台商協會」比例為最高（28.61%），次為「司法途徑」（16.77%），再者為「仲裁」（15.44%）；反之，其「非常不滿意」之數據分析顯示，「當地政府」管道為最差。

表 15-9　2015 TEEMA 台商經貿糾紛滿意度與解決途徑次數分配表

糾紛解決途徑	尚未解決	非常滿意	滿意	不滿意	非常不滿意	總和
❶司法途徑	142	104	147	121	106	620
	22.90%	16.77%	23.71%	19.52%	17.10%	31.39%
❷當地政府	96	72	108	124	111	511
	18.79%	14.09%	21.14%	24.27%	21.72%	25.87%
❸仲　　裁	48	42	74	63	45	272
	17.65%	15.44%	27.21%	23.16%	16.54%	13.77%

表 15-9　2015 TEEMA 台商經貿糾紛滿意度與解決途徑次數分配表（續）

糾紛解決途徑	尚未解決	非常滿意	滿意	不滿意	非常不滿意	總和
❹台商協會	56	101	132	42	22	353
	15.86%	28.61%	37.39%	11.90%	6.23%	17.87%
❺私人管道	45	32	73	42	27	219
	20.55%	14.61%	33.33%	19.18%	12.33%	11.09%
總　　和	387	351	534	392	311	1,975
	19.59%	17.77%	27.04%	19.85%	15.75%	100.00%

資料來源：本研究整理

八、台商未來布局中國大陸城市分析

2015《TEEMA 調查報告》中，關於台商布局的 2,006 個城市之調查，其布局中國大陸城市調查項目，分析結果排序前十名為：（1）廈門（20.25.%）、（2）成都（17.68%）、（3）上海（12.90%）、（4）西安（10.23%）、（5）昆山（7.66%）、（6）重慶（6.45%）、（7）青島（4.94%）、（8）蘇州（4.13%）、（9）緬甸（3.27%）、（10）柬埔寨（2.82%）。值得注意的是，第九、十名分別為緬甸與柬埔寨，可發現台商在中國大陸投資布局面臨困境，使得台商企業紛紛思索轉向東南亞地區國家投資。而在歷年 2011-2015 年《TEEMA 調查報告》中，發現上海與成都仍舊成為台商投資布局優先考慮的城市，均位於前三名。綜上所述，可見台商未來布局中國大陸仍偏向一、二線城市，亦或是轉向到東南亞地區布局。

表 15-10　2011-2015 TEEMA 調查報告受訪廠商未來布局城市分析

排名	2011（N=2098）			2012（N=2034）			2013（N=2012）			2014（N=2006）			2015（N=1985）		
	布局城市	次數	百分比	布局城市	次數	百分比	布局城市	次數	百分比	布局城市	次數	百分比	布局城市	次數	百分比
❶	上海	378	13.25%	上海	367	18.04%	成都	268	13.32%	上海	301	15.00%	廈門	402	20.25%
❷	成都	212	8.10%	昆山	257	12.64%	上海	253	12.57%	成都	254	12.66%	成都	351	17.68%
❸	重慶	184	6.10%	成都	189	9.29%	昆山	201	9.99%	廈門	211	10.52%	上海	256	12.90%
❹	昆山	170	5.34%	蘇州	175	8.60%	蘇州	186	9.24%	昆山	196	9.77%	西安	203	10.23%
❺	北京	138	4.96%	北京	146	7.18%	北京	125	6.21%	西安	165	8.23%	昆山	152	7.66%
❻	天津	122	4.00%	杭州	112	5.51%	廈門	104	5.17%	蘇州	124	6.18%	重慶	128	6.45%
❼	廈門	86	3.43%	青島	93	4.57%	重慶	98	4.87%	北京	111	5.53%	青島	98	4.94%
❽	蘇州	84	3.38%	廈門	85	4.18%	杭州	86	4.27%	南京	98	4.89%	蘇州	82	4.13%
❾	杭州	70	3.34%	重慶	73	3.59%	南京	77	3.83%	杭州	86	4.29%	緬甸	65	3.27%
❿	南京	58	2.76%	天津	61	3.00%	青島	74	3.68%	青島	81	4.04%	柬埔寨	56	2.82%

資料來源：本研究整理

九、台商布局中國大陸城市依產業別分析

2015《TEEMA 調查報告》針對當今投資於中國大陸的台商未來之布局城市調查，更進一步剖析其投資產業類型，2015《TEEMA 調查報告》將其台商在中國大陸投資產業分類成三個類型，其為：（1）高科技產業，總計為 798 件；（2）傳統產業，為 702 件；（3）服務產業，為 505 件，如表 15-11 所示。

1. 以高科技產業而言： 2015《TEEMA 調查報告》中，台商投資高科技產業於中國大陸之城市，排序前十名為：（1）蘇州（13.31%）、（2）廈門（12.42%）、（3）成都（10.90%）、（4）昆山（10.14%）、（5）西安（9.13%）、（6）重慶（8.24%）、（7）南通（5.45%）、（8）淮安（5.32%）、（9）北京（4.82%）、10）無錫（4.44%）。

2. 以傳統產業而言： 2015《TEEMA 調查報告》中，台商投資傳統產業布局之城市，排序前十名為：（1）西安（14.10%）；（2）重慶（12.82%）；（3）合肥（9.83%）；（4）南通（9.26%）；（5）淮安（8.12%）；（6）蘇州（7.41%）；（7）昆山（6.55%）；（8）寧波（5.98%）；（9）長沙（5.41%）；（10）南寧（4.56%）。

3. 以服務產業而言： 2015《TEEMA 調查報告》中，台商投資服務產業布局之城市，排序前十名為：（1）上海（16.04%）；（2）北京（14.65%）；（3）深圳（12.87%）；（4）廣州（10.50%）；（5）廈門（8.71%）；（6）重慶（7.52%）；（7）成都（4.95%）；（8）杭州（4.36%）；（9）青島（3.56%）；（10）大連（2.97%）。

表 15-11　2015 TEEMA 調查報告受訪廠商產業別布局城市分析

高科技產業（N=798）				傳統產業（N=702）				服務產業（N=505）			
排名	城市	樣本	百分比	排名	城市	樣本	百分比	排名	城市	樣本	百分比
❶	蘇州	105	13.31%	❶	西安	99	14.10%	❶	上海	81	16.04%
❷	廈門	98	12.42%	❷	重慶	90	12.82%	❷	北京	74	14.65%
❸	成都	86	10.90%	❸	合肥	69	9.83%	❸	深圳	65	12.87%
❹	昆山	80	10.14%	❹	南通	65	9.26%	❹	廣州	53	10.50%
❺	西安	72	9.13%	❺	淮安	57	8.12%	❺	廈門	44	8.71%
❻	重慶	65	8.24%	❻	蘇州	52	7.41%	❻	重慶	38	7.52%
❼	南通	43	5.45%	❼	昆山	46	6.55%	❼	成都	25	4.95%
❽	淮安	42	5.32%	❽	寧波	42	5.98%	❽	杭州	22	4.36%
❾	北京	38	4.82%	❾	長沙	38	5.41%	❾	青島	18	3.56%
❿	無錫	35	4.44%	❿	南寧	32	4.56%	❿	大連	15	2.97%

資料來源：本研究整理

第 16 章
2015 TEEMA 中國大陸城市競爭力

2015《TEEMA 調查報告》乃經由八項構面分析，得知中國大陸各城市總體競爭力，其構面分別為：（1）基礎條件；（2）財政條件；（3）投資條件；（4）經濟條件；（5）就業條件；（6）永續條件；（7）消費條件；（8）人文條件。有關列入的地級市、省會、副省級城市與直轄市計有 82 個，並根據加權分數的高低分成 A 至 D 四個等級，整理如表 16-1 所示。

1. 以 A 級競爭力城市進行探討：2015《TEEMA 調查報告》中，被列入 A 級競爭力城市共有十個，其分別為：北京市、廣州市、上海市、武漢市、深圳市、杭州市、蘇州市、天津市、南京市及瀋陽市。其中，北京市仍與 2014 年持平維持第一名寶座，此外，武漢市更從 2014 年的第七名躍上第四名之列。

2. 以 B 級競爭力城市進行探討：在 B 級競爭力城市中，成都市（由 A03 下滑至 B04）從 A 級降至 B 級，因此 B 級競爭力城市從 2014 年的 28 個增加到 29 個，此外，常州市、昆明市、廈門市及唐山市降幅達五名；而東莞市、溫州市、惠州市及西安市之增幅均在五個名次以上，又以東莞市（由 B21 上升至 B12）更為突出，進步十個名次。

3. 以 C 級競爭力城市進行探討：在 2015《TEEMA 調查報告》中，從 2014 年的 35 個城市增加為 2015 的 38 個城市，其中，徐州市（由 B28 下滑至 C02）與鎮江市（由 B27 下滑至 C04）均從 B 級降至 C 級，而三亞市（由 D01 上升至 C31）、汕頭市（由 D02 上升至 C35）及北海市（由 D03 上升至 C38）都由 D 級升至 C 級。此外，名次升幅最高為珠海市，其升幅為六個名次。

4. 以 D 級競爭力城市進行探討：D 級競爭力城市部分，與 2014 年相同計有五個城市，分別為吉安市、綿陽市、德陽市、咸寧市及遂寧市，其中綿陽市（由 C29 下滑至 D02）與德陽市（由 C35 下滑至 D03）均從 C 級降至 D 級。

表 16-1 2015 TEEMA 中國大陸城市競爭力排名分析

區域	城市	❶基礎條件 評分	排名	❷財政條件 評分	排名	❸投資條件 評分	排名	❹經濟條件 評分	排名	❺就業條件 評分	排名	❻永續條件 評分	排名	❼消費條件 評分	排名	❽人文條件 評分	排名	2015 城市競爭力 評分	排名	等級	2014 城市競爭力 評分	排名	等級	排名變化
華北	北京市	84.033	6	98.765	2	96.708	1	76.955	9	90.123	2	67.012	27	99.671	1	99.341	2	88.627	1	A01	87.029	1	A01	0
華南	廣州市	91.111	1	94.568	6	87.490	9	96.379	1	79.506	15	64.642	36	97.037	2	85.185	10	87.979	2	A02	83.680	4	A04	2
華東	上海市	81.564	9	99.259	1	96.708	1	73.662	16	81.975	12	68.395	26	96.708	3	99.671	1	86.831	3	A03	86.405	2	A02	-1
華中	武漢市	86.831	4	91.605	4	88.477	7	89.794	3	78.518	20	73.136	18	85.514	8	95.062	3	86.721	4	A04	82.909	7	A07	3
華南	深圳市	87.325	3	96.543	3	82.551	13	92.757	2	93.086	1	74.321	14	77.613	16	85.185	9	86.469	5	A05	83.485	5	A05	0
華東	杭州市	83.045	8	91.358	8	89.794	9	70.041	23	87.407	4	70.963	21	81.893	13	95.062	3	82.940	6	A06	82.764	8	A08	2
華東	蘇州市	88.806	2	94.568	6	84.197	10	78.930	8	80.494	13	73.926	15	71.687	22	87.819	8	82.355	7	A07	82.407	9	A09	2
華北	天津市	79.424	11	97.284	5	77.284	19	87.490	4	85.185	8	66.025	31	85.185	10	63.457	37	80.611	8	A08	82.966	6	A06	-2
華東	南京市	84.033	5	88.642	13	75.967	20	79.259	7	85.679	7	58.123	53	85.514	8	93.086	5	80.553	9	A09	80.364	10	A10	2
東北	瀋陽市	73.004	21	88.148	14	92.099	4	68.395	27	70.864	29	74.914	11	86.173	6	88.806	6	80.290	10	A10	80.933	9	A09	0
華北	青島市	80.741	10	88.889	12	78.272	18	72.016	18	79.259	17	86.370	1	76.625	17	79.588	15	79.205	11	B01	79.875	12	B01	1
西南	重慶市	64.444	35	97.778	3	90.123	5	65.432	31	86.173	5	66.025	31	90.453	5	74.979	21	79.096	12	B02	77.325	15	B04	3
西北	西安市	73.333	20	75.309	23	83.539	23	69.053	24	85.926	6	72.741	19	82.881	12	88.148	7	78.352	13	B03	73.632	18	B07	5
西南	成都市	78.930	12	23.457	80	92.757	3	80.576	6	89.876	3	77.481	5	94.074	4	68.395	29	77.888	14	B04	85.056	3	A03	-11
華中	長沙市	61.317	43	82.716	17	79.259	16	83.210	5	78.765	19	66.420	28	83.539	11	79.588	14	77.728	15	B05	78.861	13	B02	-2
華東	寧波市	78.930	12	89.876	12	80.905	11	70.700	19	80.494	13	59.901	49	68.395	28	83.539	12	76.434	16	B06	75.195	17	B06	1
東北	大連市	68.889	23	90.123	10	88.477	7	75.309	11	73.827	27	61.876	42	75.967	18	65.432	35	76.369	17	B07	77.844	14	B03	-3
華東	無錫市	76.296	15	85.432	15	80.247	15	70.700	19	74.568	24	68.988	24	69.053	27	82.881	13	75.911	18	B08	77.053	16	B05	-2

表 16-1 2015 TEEMA 中國大陸城市競爭力排名分析（續）

區域	城市	❶基礎條件 評分	排名	❷財政條件 評分	排名	❸投資條件 評分	排名	❹經濟條件 評分	排名	❺就業條件 評分	排名	❻永續條件 評分	排名	❼消費條件 評分	排名	❽人文條件 評分	排名	2015 城市競爭力 評分	排名	等級	2014 城市競爭力 評分	排名	等級	排名變化
華中	鄭州市	67.737	26	85.185	16	83.868	11	74.979	13	60.988	37	53.975	58	71.687	22	73.992	22	73.126	19	B09	72.981	19	B08	0
華中	合肥市	59.506	46	79.506	19	72.346	23	74.321	14	84.197	9	75.309	10	61.152	35	77.942	16	73.095	20	B10	72.007	20	B09	0
華北	濟南市	76.461	14	72.346	28	66.749	30	61.811	37	79.012	18	73.926	15	81.893	13	76.955	18	71.771	21	B11	70.369	21	B10	0
華南	東莞市	83.704	7	74.815	25	72.346	23	75.309	11	76.049	23	61.679	43	57.202	39	59.506	39	70.826	22	B12	65.012	32	B21	10
華南	福州市	65.267	33	71.852	29	75.967	20	68.395	27	82.716	11	59.111	50	71.687	22	66.749	33	70.611	23	B13	67.607	25	B14	2
華南	佛山市	73.333	19	74.321	27	73.333	22	70.700	19	82.963	10	55.358	56	60.165	36	68.395	29	70.260	24	B14	67.603	26	B15	2
華東	南通市	64.280	37	81.975	18	66.090	32	66.090	30	74.074	25	76.691	8	62.798	32	77.613	17	70.179	25	B15	66.897	28	B17	3
東北	長春市	65.926	31	68.889	32	70.370	26	76.625	10	66.173	34	46.667	76	73.992	20	72.675	24	68.831	26	B16	68.591	24	B13	-2
華東	常州市	67.243	27	68.395	33	72.016	25	70.370	22	64.938	36	79.852	3	61.481	33	51.934	54	67.862	27	B17	70.036	22	B11	-5
西南	昆明市	67.243	27	43.210	59	78.930	17	69.053	24	78.272	21	59.111	50	74.650	19	57.202	43	67.565	28	B18	69.991	23	B12	-5
東北	哈爾濱市	60.658	44	75.802	22	69.053	27	55.885	50	59.753	40	52.395	62	85.844	7	83.868	11	66.820	29	B19	67.415	27	B16	-2
華北	煙臺市	68.724	24	74.815	24	61.152	36	59.506	43	68.395	31	68.593	25	70.041	25	73.333	23	66.522	30	B20	66.588	30	B19	0
華南	泉州市	66.420	30	66.667	35	62.469	35	68.395	27	77.778	22	61.086	44	54.239	42	68.066	31	65.598	31	B21	62.518	34	B23	3
華東	溫州市	74.650	16	70.123	30	59.506	40	59.835	40	72.839	28	58.123	53	65.761	29	71.358	26	65.154	32	B22	59.376	40	C01	8
華北	石家莊市	73.827	18	69.136	31	63.786	34	51.276	58	59.012	43	65.630	33	81.893	13	71.029	27	65.065	33	B23	65.626	31	B20	-2
華南	廈門市	73.992	17	74.568	26	67.078	29	58.518	45	79.259	16	63.457	40	49.959	54	55.226	47	64.765	34	B24	66.632	29	B18	-5
華東	嘉興市	62.304	40	60.000	38	66.749	30	61.481	30	67.407	32	72.148	20	50.946	50	75.967	20	64.523	35	B26	60.721	37	B26	2

表 16-1 2015 TEEMA 中國大陸城市競爭力排名分析（續）

區域	城市	❶基礎條件 評分	排名	❷財政條件 評分	排名	❸投資條件 評分	排名	❹經濟條件 評分	排名	❺就業條件 評分	排名	❻永續條件 評分	排名	❼消費條件 評分	排名	❽人文條件 評分	排名	2015城市競爭力 評分	排名	等級	2014城市競爭力 評分	排名	等級	排名變化
華南	惠州市	64.938	34	54.074	48	68.395	28	73.992	15	54.815	47	77.876	4	42.387	70	41.399	67	62.026	36	B26	57.465	43	C04	7
華東	紹興市	65.432	32	61.728	36	58.848	42	54.568	52	74.074	26	66.420	28	49.959	54	72.346	25	61.679	37	B27	61.061	36	B25	-1
華北	唐山市	66.749	29	67.654	34	59.177	41	58.848	44	66.420	33	51.210	63	69.712	26	53.909	51	61.170	38	B28	64.754	33	B22	-5
華中	南昌市	61.646	42	58.518	40	60.165	38	64.774	32	54.074	48	64.444	38	54.568	40	58.518	40	60.165	39	B29	61.884	35	B24	-4
華東	揚州市	47.160	59	56.296	44	57.202	44	63.786	34	70.370	30	74.321	13	47.654	59	54.897	48	59.267	40	C01	57.617	42	C03	2
華東	徐州市	55.062	51	78.025	20	55.226	48	55.885	50	59.506	41	62.272	41	61.481	33	52.263	52	59.083	41	C02	60.467	39	B28	-2
華東	台州市	63.951	38	58.518	39	52.922	50	47.984	64	65.679	35	76.889	7	52.922	46	70.700	28	59.047	42	C03	-	-	-	-
華東	鎮江市	57.531	49	51.605	51	57.531	43	68.724	26	48.642	56	69.975	23	51.934	48	45.021	63	57.722	43	C04	60.585	38	B27	-5
西南	南寧市	62.304	40	57.531	41	48.971	59	53.909	53	47.407	57	51.210	64	72.675	21	76.625	19	57.351	44	C05	54.894	46	C07	2
華南	珠海市	68.230	25	48.889	54	57.202	44	63.457	35	60.494	39	73.531	17	37.778	78	37.119	72	56.736	45	C06	53.680	51	C12	6
西南	貴陽市	56.214	50	29.877	73	65.761	33	63.128	36	56.049	45	50.222	65	54.568	40	56.543	45	56.125	46	C07	57.270	44	C05	-2
華北	太原市	70.535	22	55.062	47	55.556	47	42.058	72	59.012	44	47.852	72	63.457	30	65.761	34	55.690	47	C08	58.632	41	C02	-6
華南	中山市	60.329	45	51.111	52	54.897	49	61.152	41	60.741	38	65.432	34	42.058	72	41.070	69	55.284	48	C09	54.807	48	C09	0
華北	威海市	57.695	48	47.407	57	52.593	52	57.202	47	43.951	62	77.086	6	47.325	62	55.556	46	54.861	49	C10	54.053	50	C11	1
華中	洛陽市	64.280	36	57.037	42	56.214	46	42.716	71	49.630	55	48.247	71	63.128	31	68.066	31	54.825	50	C11	55.896	45	C06	-5
華東	鹽城市	44.856	64	76.049	21	52.922	50	56.543	49	46.420	58	42.321	79	53.580	45	48.313	56	53.047	51	C12	54.713	49	C10	-2
華中	蕪湖市	50.288	54	57.037	43	61.152	37	61.811	37	31.358	78	64.642	36	40.741	74	40.411	70	53.040	52	C13	54.832	47	C08	-5
華東	泰州市	46.996	61	54.074	48	49.300	58	61.481	39	50.123	53	63.654	39	42.058	71	48.313	56	52.678	53	C14	53.521	52	C13	-1

表 16-1 2015 TEEMA 中國大陸城市競爭力排名分析（續）

區域	城市	❶ 基礎條件 評分	排名	❷ 財政條件 評分	排名	❸ 投資條件 評分	排名	❹ 經濟條件 評分	排名	❺ 就業條件 評分	排名	❻ 永續條件 評分	排名	❼ 消費條件 評分	排名	❽ 人文條件 評分	排名	2015 城市競爭力 評分	排名	等級	2014 城市競爭力 評分	排名	等級	排名變化
華中	宜昌市	49.794	55	48.395	56	37.778	71	72.346	17	41.975	67	48.839	70	49.630	57	58.189	41	51.707	54	C15	50.330	55	C16	1
華東	湖州市	58.025	47	35.802	69	50.617	56	52.593	56	46.173	59	82.025	2	39.095	76	48.313	56	51.585	55	C16	49.055	56	C17	1
華東	淮安市	41.399	72	61.235	37	51.276	54	53.909	53	51.358	51	50.222	66	42.716	69	46.667	60	50.397	56	C17	52.330	53	C14	-3
東北	鞍山市	43.210	70	40.247	62	59.506	39	50.946	59	37.037	73	47.654	74	53.909	44	54.568	50	49.753	57	C18	-	-	-	-
華中	襄陽市	38.272	74	48.889	54	41.070	67	64.115	33	42.716	65	54.370	57	50.288	52	43.374	65	48.828	58	C19	46.885	58	C19	0
華北	保定市	63.457	39	50.864	53	44.033	63	36.461	80	41.235	68	47.259	75	58.848	37	65.103	36	48.775	59	C20	52.039	54	C15	-5
西北	蘭州市	53.580	53	34.321	72	37.778	71	57.860	46	59.506	41	38.568	81	58.518	38	46.008	62	48.178	60	C21	48.152	57	C18	-3
華南	漳州市	47.490	58	37.284	68	50.946	55	49.300	60	53.086	49	47.654	73	43.045	68	50.617	55	47.967	61	C22	46.253	61	C22	0
華中	九江市	45.679	63	46.420	58	39.753	68	52.593	56	44.938	61	60.494	47	43.374	67	52.263	52	47.786	62	C23	44.270	66	C27	4
華北	泰安市	43.539	67	39.259	64	37.119	73	48.642	63	50.123	54	76.099	9	49.959	53	41.399	68	47.190	63	C24	46.533	59	C20	-4
華中	馬鞍山市	43.374	68	39.506	63	51.605	53	37.119	79	55.309	46	61.086	44	37.119	79	46.337	61	46.018	64	C25	46.443	60	C21	-4
華南	海口市	47.160	60	23.951	79	49.630	57	44.362	69	43.704	64	70.173	22	54.239	42	31.193	77	45.840	65	C26	43.713	67	C28	2
華南	江門市	54.732	52	38.272	65	46.996	61	38.765	75	39.259	70	66.420	28	46.667	64	32.181	76	44.905	66	C27	42.229	70	C31	4
華北	廊坊市	47.654	57	42.963	60	46.996	62	40.411	74	36.296	75	60.099	48	51.934	48	35.144	73	44.891	67	C28	45.364	62	C23	-5
華東	連雲港市	43.868	66	55.556	46	38.765	69	44.362	69	43.951	63	39.358	80	48.642	58	45.021	63	44.265	68	C29	44.526	64	C25	-4
華中	贛州市	48.971	56	56.049	45	41.728	66	38.436	76	37.284	71	29.877	82	50.946	50	54.897	48	43.835	69	C30	41.103	72	C33	3

區域	城市	❶基礎條件 評分	排名	❷財政條件 評分	排名	❸投資條件 評分	排名	❹經濟條件 評分	排名	❺就業條件 評分	排名	❻永續條件 評分	排名	❼消費條件 評分	排名	❽人文條件 評分	排名	2015城市競爭力 評分	排名	等級	2014城市競爭力 評分	排名	等級	排名變化
華南	三亞市	36.296	77	24.444	78	48.971	59	56.872	48	33.086	76	58.321	52	47.654	59	22.634	82	43.412	70	C31	39.923	75	D01	5
華中	岳陽市	37.613	75	35.309	70	32.839	75	48.971	61	29.630	80	61.086	44	49.959	54	56.872	44	43.409	71	C32	44.607	63	C24	-8
西南	桂林市	40.905	73	38.025	66	31.193	78	44.691	68	32.593	77	49.235	69	52.593	47	63.457	37	42.858	72	C33	44.439	65	C26	-7
華東	宿遷市	37.119	76	52.346	50	43.374	64	47.984	64	46.173	59	43.704	78	30.864	81	31.193	77	42.411	73	C34	42.456	69	C30	-4
華南	汕頭市	46.502	62	34.321	71	32.839	75	37.778	77	52.839	50	52.790	61	47.654	59	43.374	65	41.872	74	C35	37.585	76	D02	2
華北	日照市	44.198	65	26.667	75	30.535	79	47.984	64	36.790	74	74.518	12	40.741	75	38.436	71	41.839	75	C36	41.619	71	C32	-4
華南	莆田市	42.881	71	28.889	74	43.374	64	46.008	67	42.222	66	65.432	34	28.560	82	26.914	81	41.366	76	C37	40.776	73	C34	-3
西南	北海市	36.296	77	22.963	81	38.436	70	52.922	55	37.284	71	53.383	60	43.704	66	28.889	80	40.523	77	C38	37.535	77	D03	0
華中	吉安市	34.156	80	42.222	61	31.523	77	41.399	73	25.185	81	50.025	67	41.070	73	58.189	41	39.669	78	D01	36.687	78	D04	0
西南	綿陽市	43.374	68	24.691	77	33.169	74	27.901	81	50.617	52	46.667	77	47.325	62	46.667	59	38.148	79	D02	43.308	68	C29	-11
西南	德陽市	35.638	79	37.778	67	25.267	81	37.449	78	41.235	68	55.556	55	35.473	80	34.156	74	36.527	80	D03	40.509	74	C35	-6
華中	咸寧市	30.041	82	24.691	76	27.901	80	48.971	61	24.444	82	49.432	68	46.008	65	29.877	79	35.824	81	D04	-	-	-	-
西南	遂寧市	30.206	81	22.222	82	24.280	82	25.267	82	30.123	79	53.580	59	38.436	77	32.839	75	30.650	82	D05	35.752	79	D05	-3

【註】：城市競爭力＝［基礎條件×10％］＋［財政條件×10％］＋［投資條件×10％］＋［經濟條件×20％］＋［就業條件×20％］＋［永續條件×10％］＋［消費條件×10％］＋［人文條件×10％］

第 17 章
2015 TEEMA 中國大陸投資環境力

2015《TEEMA 調查報告》之中國大陸投資環境力係以：（1）四項生態環境構面指標；（2）七項基建環境構面指標；（3）六項社會環境構面指標；（4）13 項法制環境構面指標；（5）七項經濟環境構面指標；（6）九項經營環境構面指標；（7）七項創新環境構面指標；（8）五項網通環境構面指標；（9）六項內需環境構面指標；（10）七項文創環境構面指標，共由十大構面與 71 項指標進行評估分析。

一、2015 TEEMA 中國大陸投資環境力評估指標分析

從表 17-2 可知，2015《TEEMA 調查報告》評比 118 個城市之投資環境力，其評分為 3.264 分，與 2014 年相比下降 0.062 分，從歷年《TEEMA 調查報告》可看出評分均呈現下降趨勢。茲針對 2015《TEEMA 調查報告》投資環境力十大評估構面、71 個細項指標及平均觀點剖析中國大陸投資環境力之論述如下：

1. 生態環境構面而言：由 2015《TEEMA 調查報告》中，從表 17-2 看出生態環境為 3.353 分，相較於 2014 年 3.393 分下降 0.040 分，但在投資環境力十大評價構面中，其生態環境分析構面從 2014 年的第二名上升至第一名，而細項指標中，更以「當地生態與地理環境符合企業發展的條件」為 71 個細項指標之冠，再者為「當地水電、燃料等能源充沛的程度」及「當地政府獎勵企業進行綠色製成生產」均在所有細項指標當中，位居前列，因此在投資環境力構面平均觀點評分中，拔得頭籌。根據中國大陸國家主席習近平（2015）表示：「將在『十三五規畫』期間，要努力發展經濟社會，欲維持經濟成長、轉變經濟發展方式、加快農業現代化腳步、推動協調發展、加強生態文明建設及保障和改善民生等方面，要爭取突破。」由此可見，中國大陸政積極對當地投資環境作改善，欲更深耕執行相關配套政策，此舉與 2015《TEEMA 調查報告》結果不謀而合，這

將有助於台商在中國大陸投資布局。

2. 基建環境構面而言：由 2015《TEEMA 調查報告》中，表 17-2 顯示 2015 年基建環境之平均觀點評價為 3.330 分，較 2014 年下降 0.072 分，並在投資環境力十大指標中位居第二位。其中，以「當地海、陸、空交通運輸便利程度」、「當地的物流、倉儲、流通相關商業設施」與「未來總體發展及建設規劃完善程度」等表現最為亮眼，均在 71 個細項指標中，位居前十名內。中國大陸國家主席習近平（2015）表示：「亞洲互聯網互通基礎建設中，扮演相當重要的角色，中國大陸將出資 400 億美金成立絲路基金，並在『一帶一路』的策略藍圖下，連結沿線國家基礎設施建設、資源開發及產業合作等相關支持。」由此可見，中國大陸正努力促成基礎建設之建造，以創造基礎建設所帶來更大的經濟效益，優化基礎建設的完善度。

3. 社會環境構面而言：在 2015《TEEMA 調查報告》中，從表 17-2 看出 2015 年社會環境平均觀點評分為 3.308 分，相較於 2014 年的 3.380 分，下降 0.072 分，而其名次與 2014 年持平。其中，以「民眾及政府歡迎台商投資態度」之名次表現最好，位居 71 個細項指標中的第二名；再者為「當地的社會治安」次之，位居第十名。而在「當地民眾感到幸福與快樂的程度」細項構面中，從 2014 年的第 32 名上升至 2015 年的第 23 名，由此道出中國大陸隨著經濟持續成長，不斷改善人民生活環境，間接也提升人民生活的幸福快樂程度。

4. 法制環境構面而言：由 2015《TEEMA 調查報告》中，從表 17-2 可看出 2015 年法制環境平均觀點評分為 3.271 分較 2014 年 3.380 分下降 0.081 分，其名次位居第五名。其中，以「行政命令與國家法令的一致程度」、「當地的政策優惠條件」、「當地的地方政府對台商投資承諾實現程度」、「當地的海關行政效率」及「當地的工商管理、稅務機關行政效率」等五項表現較為亮眼，然其名次與 2014 年相較，均呈下滑趨勢。而在名次下滑方面與 2014 年觀察比較，看出「當地的工商管理、稅務機關行政效率」的名次下滑最為嚴重，從 2014 年的第 19 名滑至 2015 年的第 26 名；此外在名次上升方面與 2014 年觀察比較，看出「當地的官員操守清廉程度」的名次上升最為明顯，從 2014 年的第 38 名滑至 2015 年的第 28 名。根據新加坡國立大學東亞研究所所長鄭永年（2015）表示：「力挺習近平提倡反腐，這是一個不可多得的機遇，如再過十年就會推不動了。」由此可見中國大陸國家主席習近平倡導反腐清廉社會此一舉措備受肯定。

5. 經濟環境構面而言：由 2015《TEEMA 調查報告》中，從表 17-2 看出 2015 年經濟環境的平均觀點評分為 3.308 分，較於 2014 年 3.379 分下降 0.071

分,但其名次從 2014 年的第四名上升至 2015 年的第三名。其中,以「該城市未來具有經濟發展潛力的程度」、「當地的商業及經濟發展相較於一般水平」、「當地政府改善外商投資環境積極」等三項細項指標表現較為亮眼。面臨即將到來「十三五規劃」,習李體制正努力研擬制定其相關政策議題,以期許能夠改善中國大陸目前遭遇的經濟困局,並透過「一帶一路」的策略意圖,力圖引領中國大陸邁向更寬廣的經濟環境格局,並創造出新一波經濟動能,以維持中國大陸未來經濟成長。

6. 經營環境構面而言:由 2015《TEEMA 調查報告》中,從表 17-2 看出 2015 年經營環境構面的平均觀點評分為 3.241 分,較 2014 年 3.298 分下降 0.057 分,其排名為第六名,較 2014 年上升一位。其中,「有利於形成上、下游產業供應鏈完整程度」、「台商企業在當地之勞資關係和諧程度」、「經營成本、廠房與相關設施成本合理程度」等三項細項指標於經營環境構面當中,相對表現突出,其名次與 2014 年相較,均呈上升趨勢。此外,在「當地政府對台商動遷配合的程度」細項指標中,其名次從 2014 年的第 62 名上升至 2015 年的第 57 名,由此可見台商對此評價有所改善。

7. 創新環境構面而言:由 2015《TEEMA 調查報告》中,從表 17-2 看出 2015 年創新環境構面的平均觀點評分為 3.209 分,較 2014 年 3.283 分下降 0.074 分,其名次為第九名,較 2014 年下降一名。其中,「當地台商享受政府自主創新獎勵的程度」、「當地政府積極推動產業、工業自動化程度」及「當地政府鼓勵兩岸企業共同研發程度」於其中細項指標表現相對亮眼,而中國大陸近期極力倡導創新環境的營造,欲藉此改善其創新環境,希冀能透過此行為帶動更多創新產品的出現。根據中國大陸國務院總理李克強(2015)表示:「政府工作報告確定營造大眾創業,萬眾創新及增加公共產品與公共服務雙引擎,以推進互聯網+行動計畫,實施中國製造 2025、推動裝備出走與國際大廠合作,以釋放強大內需潛能。」可見中國大陸對未來產業的塑造已經有相當的基礎思維,鼓勵全民創新,並在從中發掘創新與創意,進一步將新產品推向國際,以拓展更多國際合作機會。

8. 網通環境構面而言:由 2015《TEEMA 調查報告》中,由表 17-2 看出 2015 年網通環境的平均觀點評分為 3.212 分,較 2014 年 3.261 分低 0.049 分,其名次卻從第九名升至第八名。其中,以「通訊設備、資訊設備、網路建設完善程度」表現最為亮眼,排名為 71 個細項指標中之第六位,可見中國大陸在網路通訊設備之完善,但在「光纖資訊到戶的普及率」、「寬頻通信網路建設完備」

較差,位居末座之列,由此可見,中國大陸網通環境,尚還有很大的進步空間。根據 eMarketer 統計(2014)顯示,中國大陸將在 2016 年上網人口數突破 7 億人口大關,進而透漏網通環境投資市場將持續維持發展熱度,表示中國大陸正極力推動網通環境之普及,因此,此舉與《TEEMA 調查報告》之「通訊設備、資訊設備、網路建設完善程度」細項構面,在台商評價中,之所以表現亮眼有相當關聯。

9. 內需環境構面而言:由 2015《TEEMA 調查報告》中,從表 17-2 看出 2015 年內需環境構面的平均觀點評分為 3.240 分,較 2014 年 3.300 分低 0.060 分,其名次第七名較 2014 年低一名。其中,「市場未來發展潛力優異程度」、「適合台商發展內貿內銷市場的程度」兩者為其構面表現較為突出,其名次分別為第 13 名與第 15 名,其變化與 2014 年相比沒有太大差別。此外,在「居民購買力與消費潛力」細項指標中,看出從 2014 年的第 61 名升至 2015 年的第 56 名,可見中國大陸近年受國際環境的變化影響,經過幾年的改革轉變下,台商在中國大陸投資布局評價中國大陸之市場環境有所改變,漸漸走向樂觀道路。

10. 文創環境構面而言:由 2015《TEEMA 調查報告》中,從表 17-2 看出 2015 年文創環境構面的平均觀點評分為 3.169 分,較 2014 年 3.211 分低 0.042 分,其名次與歷年相較未有改變,均呈持平現象。其中,以「歷史古蹟、文物等文化資產豐沛」之細項指標表現較好,其名次在 71 個細項指標中,位居第 51 名之列;至於其他細項指標,都位居於後段班,因此造成文創環境構面敬陪末座。在中國大陸倡導要以文化強國,發揚中華文化,雖然自身擁有歷史悠久的文化資源,但其發展力道似乎不受台商認同,未來改善方向應著重多方合作,並對其文化相關知識產權有一套的配套措施,以給予文化工作者保障,並促進其文化環境之塑型,有效發展文化創意產業。

11. 就投資環境力而言:就 2015《TEEMA 調查報告》中,從表 17-2 看出十大投資環境力構面評價之順序,依序為:(1)生態環境;(2)基建環境;(3)社會環境;(4)經濟環境;(5)法制環境;(6)經營環境;(7)內需環境;(8)網通環境;(9)創新環境;(10)文創環境。其中,僅有生態環境、經營環境及網通環境名次有些許進步。而在整體分數方面,均呈下滑的趨勢,可知中國大陸應對此方面有所著手精進,以改善整體的投資環境力。

表 17-1　2015 TEEMA 中國大陸投資環境力指標評分與排名分析

投資環境力評估構面與指標	2011 評分	2011 排名	2012 評分	2012 排名	2013 評分	2013 排名	2014 評分	2014 排名	2015 評分	2015 排名	2011至2015 排名平均	總排名
生態 -01) 當地生態與地理環境符合企業發展的條件	3.758	6	3.727	4	3.617	5	3.482	3	3.451	1	3.607	4
生態 -02) 當地水電、燃料等能源充沛的程度	3.731	11	3.655	13	3.605	6	3.468	5	3.422	4	3.576	6
生態 -03) 當地政府獎勵企業進行綠色製造生產	-	-	-	-	3.496	29	3.365	23	3.337	12	3.399	43
生態 -04) 當地政府執行對節能、減排、降耗	-	-	-	-	3.360	56	3.259	52	3.202	53	3.274	55
基建 -01) 當地海、陸、空交通運輸便利程度	3.813	2	3.747	3	3.626	4	3.482	2	3.432	3	3.620	3
基建 -02) 當地的汙水、廢棄物處理設備完善程度	3.618	31	3.559	35	3.464	37	3.335	36	3.277	31	3.451	34
基建 -03) 當地的物流、倉儲、流通相關商業設施	3.738	7	3.666	10	3.572	10	3.424	12	3.365	9	3.553	10
基建 -04) 醫療、衛生、保健設施的質與量完備程度	3.667	17	3.595	22	3.488	31	3.349	31	3.268	36	3.473	27
基建 -05) 學校、教育、研究機構的質與量完備程度	3.631	27	3.588	27	3.513	22	3.366	21	3.286	27	3.477	24
基建 -06) 當地的企業運作商務環境完備程度	3.703	13	3.633	16	3.536	17	3.399	16	3.305	19	3.515	16
基建 -07) 未來總體發展及建設規劃完善程度	3.738	8	3.693	7	3.603	7	3.458	7	3.379	7	3.574	7
社會 -01) 當地的社會治安	3.677	16	3.656	12	3.570	11	3.426	11	3.356	10	3.537	13
社會 -02) 當地民眾生活素質及文化水準程度	3.547	42	3.498	41	3.416	44	3.307	42	3.241	40	3.402	42
社會 -03) 當地社會風氣及民眾的價值觀程度	3.538	43	3.491	43	3.415	45	3.318	40	3.250	39	3.402	41
社會 -04) 當地民眾的誠信與道德觀程度	3.552	41	3.524	40	3.451	39	3.354	28	3.269	35	3.430	37
社會 -05) 民眾及政府歡迎台商投資態度	3.809	3	3.784	1	3.695	1	3.535	1	3.435	2	3.652	1
社會 -06) 當地民眾感到幸福與快樂的程度	-	-	-	-	3.453	38	3.343	32	3.294	23	3.363	45
法制 -01) 行政命令與國家法令的一致性程度	3.717	12	3.660	11	3.563	12	3.427	10	3.322	14	3.538	12
法制 -02) 當地的政策優惠條件	3.694	14	3.636	15	3.539	16	3.420	13	3.307	17	3.519	15
法制 -03) 政府與執法機構秉持公正執法態度	3.640	23	3.608	19	3.511	23	3.360	26	3.283	29	3.480	22

表 17-1　2015 TEEMA 中國大陸投資環境力指標評分與排名分析（續）

投資環境力評估構面與指標	2011 評分	2011 排名	2012 評分	2012 排名	2013 評分	2013 排名	2014 評分	2014 排名	2015 評分	2015 排名	2011至2015 排名平均	2011至2015 總排名
法制 -04）當地解決糾紛的管道完善程度	3.606	34	3.566	33	3.476	36	3.325	39	3.235	42	3.442	36
法制 -05）當地的工商管理、稅務機關行政效率	3.635	25	3.606	20	3.519	20	3.372	19	3.286	26	3.484	20
法制 -06）當地的海關行政效率	3.641	22	3.592	26	3.500	28	3.365	22	3.293	24	3.478	23
法制 -07）勞工、工安、消防、衛生行政效率	3.599	35	3.559	36	3.476	35	3.333	37	3.272	34	3.448	35
法制 -08）當地的官員操守清廉程度	3.612	33	3.583	29	3.487	32	3.330	38	3.284	28	3.459	31
法制 -09）當地的地方政府對台商投資承諾實現程度	3.692	15	3.652	14	3.561	13	3.394	17	3.307	18	3.521	14
法制 -10）當地環保法規規定適切且合理程度	3.643	20	3.593	24	3.505	26	3.355	27	3.276	32	3.474	25
法制 -11）當地政府政策穩定性及透明度	3.635	26	3.594	23	3.495	30	3.341	35	3.236	41	3.460	30
法制 -12）當地政府對智慧財產權保護的態度	3.579	39	3.548	38	3.451	40	3.306	43	3.235	43	3.424	39
法制 -13）當地政府積極查處違劣仿冒品的力度	3.486	45	3.454	48	3.364	54	3.244	55	3.184	60	3.346	50
經濟 -01）當地的商業及經濟發展相較於一般水平	3.738	9	3.677	8	3.595	9	3.451	8	3.370	8	3.566	9
經濟 -02）金融體系完善的程度且貸款取得便利度	3.597	37	3.532	39	3.448	41	3.316	41	3.252	38	3.429	38
經濟 -03）當地的資金匯兌及利潤匯出便利程度	3.630	28	3.574	31	3.505	25	3.353	29	3.299	22	3.472	28
經濟 -04）當地經濟環境促使台商經營獲利程度	3.643	21	3.587	28	3.506	24	3.351	30	3.268	37	3.471	29
經濟 -05）該城市未來具有經濟發展潛力的程度	3.796	4	3.725	5	3.628	3	3.468	4	3.400	5	3.603	5
經濟 -06）當地政府改善外商投資環境積極程度	3.764	5	3.713	6	3.597	8	3.436	9	3.346	11	3.571	8
經濟 -07）當地政府執行兩岸租稅在地化的優固程度	-	-	-	-	-	-	3.279	46	3.221	46	3.250	59
經營 -01）當地的基層勞力供應充裕程度	3.554	40	3.497	42	3.447	42	3.305	44	3.225	44	3.406	40

表 17-1 2015 TEEMA 中國大陸投資環境力指標評分與排名分析（續）

投資環境力評估構面與指標	2011 評分	2011 排名	2012 評分	2012 排名	2013 評分	2013 排名	2014 評分	2014 排名	2015 評分	2015 排名	2011 至 2015 排名平均	2011 至 2015 總排名
經營 -02）當地的專業及技術人才供應充裕程度	3.507	44	3.443	50	3.387	52	3.241	56	3.185	58	3.353	47
經營 -03）台商企業在當地之勞資關係和諧程度	3.635	24	3.604	21	3.519	21	3.363	24	3.300	21	3.484	19
經營 -04）經營成本、廠房與相關設施成本合理程度	3.589	38	3.563	34	3.485	33	3.342	33	3.280	30	3.452	33
經營 -05）有利於形成上、下游產業供應鏈完整程度	3.656	19	3.620	18	3.526	18	3.369	20	3.311	16	3.496	18
經營 -06）同業、同行間公平且正當競爭的環境條件	3.616	32	3.571	32	3.485	34	3.341	34	3.273	33	3.457	32
經營 -07）環境適合台商做為製造業或生產基地移轉	3.442	49	3.474	46	3.393	49	3.254	54	3.197	54	3.352	48
經營 -08）環境適合台商發展自有品牌與精品城	3.428	51	3.452	49	3.402	47	3.260	51	3.208	49	3.350	49
經營 -09）當地政府對台商適配合的程度	-	-	-	-	-	-	3.211	62	3.188	57	3.200	70
創新 -01）當地台商享受政府自主創新獎勵的程度	3.628	30	3.592	25	3.519	19	3.376	18	3.301	20	3.483	21
創新 -02）當地擁有自主創新產品和國家級新產品數	-	-	-	-	3.341	58	3.235	58	3.196	55	3.257	57
創新 -03）當地政府協助台商轉型升級積極程度	3.453	48	3.478	45	3.412	46	3.262	48	3.202	52	3.361	46
創新 -04）當地政府鼓勵兩岸企業共同研發程度	3.477	46	3.490	44	3.428	43	3.287	45	3.221	47	3.381	44
創新 -05）政府鼓勵兩岸企業共同拓展國際市場程度	3.438	50	3.464	47	3.393	50	3.257	53	3.179	61	3.346	51
創新 -06）對外開放和國際科技合作程度	-	-	-	-	3.281	68	3.191	68	3.143	69	3.205	69
創新 -07）當地政府積極推動產業、工業自動化程度	-	-	-	-	3.369	53	3.262	49	3.223	45	3.285	54
網通 -01）通訊設備、資訊設施、網路建設完善程度	3.845	1	3.774	2	3.651	2	3.463	6	3.396	6	3.626	2
網通 -02）寬頻通信網路建設完備	-	-	3.275	52	3.309	67	3.179	70	3.143	68	3.227	66
網通 -03）光纖資訊到戶的普及率	-	-	3.202	53	3.251	69	3.130	71	3.098	71	3.170	71

表 17-1 2015 TEEMA 中國大陸投資環境力指標評分與排名分析（續）

投資環境力評估構面與指標	2011 評分	2011 排名	2012 評分	2012 排名	2013 評分	2013 排名	2014 評分	2014 排名	2015 評分	2015 排名	2011至2015 排名平均	2015 總排名
網通-04）政府法規對企業技術發展與應用支持	-	-	3.425	51	3.389	51	3.274	47	3.215	48	3.326	52
網通-05）政府推動智慧城市的積極程度	-	-	-	-	3.396	48	3.260	50	3.208	50	3.288	53
內需-01）政府獎勵台商自創品牌措施的程度	3.629	29	3.582	30	3.504	27	3.360	25	3.293	25	3.474	26
內需-02）適合台商發展內貿內銷市場的程度	3.665	18	3.627	17	3.549	14	3.402	15	3.319	15	3.512	17
內需-03）市場未來發展潛力優異程度	3.734	10	3.675	9	3.544	15	3.411	14	3.333	13	3.539	11
內需-04）政府採購過程對台資內資外資一視同仁	-	-	-	-	3.336	60	3.208	63	3.150	67	3.231	62
內需-05）政府協助台商從製造轉向內需擴展	-	-	-	-	3.329	62	3.200	67	3.152	65	3.227	65
內需-06）居民購買力與消費潛力	-	-	-	-	3.330	61	3.218	61	3.195	56	3.248	60
文創-01）歷史古蹟、文物等文化資產豐沛	-	-	-	-	3.363	55	3.238	57	3.206	51	3.269	56
文創-02）文化活動推動及推廣程度	-	-	-	-	3.321	64	3.201	66	3.164	64	3.229	63
文創-03）政府對文化創意產業政策推動與落實	-	-	-	-	3.339	59	3.219	60	3.185	59	3.248	60
文創-04）對文化創意產權的重視及保護	-	-	-	-	3.311	66	3.205	64	3.150	66	3.222	67
文創-05）居民對外來遊客包容與接納	-	-	-	-	3.354	57	3.228	59	3.173	62	3.252	58
文創-06）居民對於文化藝術表演消費潛力	-	-	-	-	3.326	63	3.184	69	3.138	70	3.216	68
文創-07）居民對於文化創意商品購買程度	-	-	-	-	3.315	65	3.202	65	3.168	63	3.228	64

資料來源：本研究整理

表 17-2　2015 TEEMA 中國大陸投資環境力構面平均觀點評分與排名

投資環境力評估構面	2011		2012		2013		2014		2015		2011至2015	
	評分	排名	評分	排名	評分	排名	評分	排名	評分	排名	評分	排名
❶生態環境	3.696	2	3.644	1	3.520	3	3.393	2	3.353	1	3.521	2
❷基建環境	3.719	1	3.640	2	3.543	2	3.402	1	3.330	2	3.527	1
❸社會環境	3.597	5	3.591	4	3.500	4	3.380	3	3.308	3	3.475	4
❹法制環境	3.629	4	3.588	5	3.496	5	3.352	5	3.271	5	3.467	5
❺經濟環境	3.694	3	3.635	3	3.546	1	3.379	4	3.308	3	3.512	3
❻經營環境	3.583	6	3.553	6	3.456	6	3.298	7	3.241	6	3.426	6
❼創新環境	3.525	7	3.521	7	3.392	9	3.283	8	3.209	9	3.386	7
❽網通環境	-	-	3.419	8	3.399	8	3.261	8	3.212	8	3.323	9
❾內需環境	-	-	-	-	3.432	7	3.300	6	3.240	7	3.324	8
❿文創環境	-	-	-	-	3.333	10	3.211	10	3.169	10	3.238	10
平均值	3.632		3.574		3.462		3.326		3.264		3.420	

資料來源：本研究整理

二、2014-2015 TEEMA 中國大陸投資環境力比較分析

2014-2015《TEEMA 調查報告》對中國大陸投資環境力指標比較如表 17-3，以投資環境力之十大構面對中國大陸進行分析，因此，將其分析結果與排名變化以表 17-4 所顯示。茲將其投資環境力比較分析分列敘述如下：

1. 就 71 項評估指標而言：在 2015《TEEMA 調查報告》中，投資環境力之評估指標評價結果如表 17-3 所示，可以明顯看出 71 個細項指標中，其分數差異變化排名均呈下跌趨勢。其中，又以法制環境的分數差異變化為嚴重，為十個構面當中，變化排名第一名。綜上可知，中國大陸在投資環境力中，分數一再下滑，表示台商對中國大陸投資環境力熱度降低，並在法制環境不斷調整，也造就台商對其環境充滿不安定性。

2. 就 71 項評估指標差異分析而言：2015《TEEMA 調查報告》與 2014 年的評估指標進行差異分析如表 17-3 所示，看出均呈現下降態勢，而其中以「當地的政策優惠條件（下降 0.113 分）」、「行政命令與國家法令的一致性程度（下降 0.105 分）」、「當地政府政策穩定性及透明度（下降 0.105 分）」、「民眾及政府歡迎台商投資態度（下降 0.100 分）」、「當地的企業運作商務環境完備程度（下降 0.094 分）」等為分數差異變化最大之前五名。由此可知，法制環境有兩項居於變化前五名內，顯示中國大陸近年法制環境變化之大，間接影響到台商在中國大陸投資意圖。

3. 就 71 項評估指標退步比例分析：從表 17-4 中，可看出十大構面中 71 個細項評估指標均呈現下降趨勢，比例為 100%。根據國際獨力投資研究機構 Morningstar（2015）發布《全球投資人經驗調查報告》指出：「研究投資者於北美、歐洲、亞洲與非洲等 25 個國家投資基金的經驗，顯示南韓與美國為基金投資人提供全球最優良的基金投資環境，而中國大陸的基金投資環境表現最差。」可見中國大陸投資環境往景不再，投資者對中國大陸投資觀念已有所改變。

4. 就十項評估構面而言：2015《TEEMA 調查報告》中，從表 17-4 看出十項構面評價均呈現下跌現象，並且以「法制環境」降幅為最大，從 2014 年 3.352 分下降至 2015 年 3.271 分，下降 0.081 分；其次為「創新環境」的構面評價，從 2014 年 3.283 分下降至 2015 年 3.209 分降幅 0.074 分；再者為「基建環境」的構面評價，從 2014 年 3.402 分降至 2015 年 3.330 分，下降 0.072 分，其「社會環境」構面亦是如此。綜觀以上，其投資環境力之構面評價，顯示中國大陸在高度且快速的經濟發展下，在環境與政策制度不斷轉變下，也影響中國大陸本身的投資環境，面臨新一波經濟轉折點，當前中國大陸應思考如何走出此泥沼，制定相關政策措施，著實改善當前投資環境困境。

表 17-3　2014-2015 TEEMA 投資環境力差異與排名變化分析

投資環境力評估構面與指標	2014 評分	2015 評分	2014至2015 差異分析	差異變化排名 ▲	差異變化排名 ▼	差異變化排名 新增
生態-01）當地生態與地理環境符合企業發展的條件	3.482	3.451	-0.031	-	68	-
生態-02）當地水電、燃料等能源充沛的程度	3.468	3.422	-0.046	-	58	-
生態-03）當地政府獎勵企業進行綠色製程生產	3.365	3.337	-0.028	-	69	-
生態-04）當地政府執行對節能、檢排、降耗	3.259	3.202	-0.057	-	45	-
基建-01）當地海、陸、空交通運輸便利程度	3.482	3.432	-0.050	-	53	-
基建-02）當地的汙水、廢棄物處理設備完善程度	3.335	3.277	-0.058	-	43	-
基建-03）當地的物流、倉儲、流通相關商業設施	3.424	3.365	-0.059	-	40	-
基建-04）醫療、衛生、保健設施的質與量完備程度	3.349	3.268	-0.081	-	14	-
基建-05）學校、教育、研究機構的質與量完備程度	3.366	3.286	-0.080	-	16	-
基建-06）當地的企業運作商務環境完備程度	3.399	3.305	-0.094	-	5	-
基建-07）未來總體發展及建設規劃完善程度	3.458	3.379	-0.079	-	18	-

表 17-3　2014-2015 TEEMA 投資環境力差異與排名變化分析（續）

投資環境力評估構面與指標	2014 評分	2015 評分	2014至2015 差異分析	差異變化排名 ▲	差異變化排名 ▼	差異變化排名 新增
社會-01）當地的社會治安	3.426	3.356	-0.070	-	25	-
社會-02）當地民眾生活素質及文化水準程度	3.307	3.241	-0.066	-	32	-
社會-03）當地社會風氣及民眾的價值觀程度	3.318	3.250	-0.068	-	27	-
社會-04）當地民眾的誠信與道德觀程度	3.354	3.269	-0.085	-	10	-
社會-05）民眾及政府歡迎台商投資態度	3.535	3.435	-0.100	-	4	-
社會-06）當地民眾感到幸福與快樂的程度	3.343	3.294	-0.049	-	54	-
法制-01）行政命令與國家法令的一致性程度	3.427	3.322	-0.105	-	2	-
法制-02）當地的政策優惠條件	3.420	3.307	-0.113	-	1	-
法制-03）政府與執法機構秉持公正執法態度	3.360	3.283	-0.077	-	21	-
法制-04）當地解決糾紛的管道完善程度	3.325	3.235	-0.090	-	7	-
法制-05）當地的工商管理、稅務機關行政效率	3.372	3.286	-0.086	-	9	-
法制-06）當地的海關行政效率	3.365	3.293	-0.072	-	23	-
法制-07）勞工、工安、消防、衛生行政效率	3.333	3.272	-0.061	-	36	-
法制-08）當地的官員操守清廉程度	3.33	3.284	-0.046	-	57	-
法制-09）當地的地方政府對台商投資承諾實現程度	3.394	3.307	-0.087	-	8	-
法制-10）當地環保法規規定適切且合理程度	3.355	3.276	-0.079	-	17	-
法制-11）當地政府政策穩定性及透明度	3.341	3.236	-0.105	-	3	-
法制-12）當地政府對智慧財產權保護的態度	3.306	3.235	-0.071	-	24	-
法制-13）當地政府積極查處違劣仿冒品的力度	3.244	3.184	-0.060	-	37	-
經濟-01）當地的商業及經濟發展相較於一般水平	3.451	3.370	-0.081	-	13	-
經濟-02）金融體系完善的程度且貸款取得便利程度	3.316	3.252	-0.064	-	33	-
經濟-03）當地的資金匯兌及利潤匯出便利程度	3.353	3.299	-0.054	-	50	-
經濟-04）當地經濟環境促使台商經營獲利程度	3.351	3.268	-0.083	-	12	-
經濟-05）該城市未來具有經濟發展潛力的程度	3.468	3.400	-0.068	-	28	-
經濟-06）當地政府改善外商投資環境積極程度	3.436	3.346	-0.090	-	6	-
經濟-07）當地政府執行繳稅在地化的僵固程度	3.279	3.221	-0.058	-	44	-
經營-01）當地的基層勞力供應充裕程度	3.305	3.225	-0.080	-	15	-
經營-02）當地的專業及技術人才供應充裕程度	3.241	3.185	-0.056	-	47	-
經營-03）台商企業在當地之勞資關係和諧程度	3.363	3.300	-0.063	-	34	-
經營-04）經營成本、廠房與相關設施成本合理程度	3.342	3.280	-0.062	-	35	-

表 17-3　2014-2015 TEEMA 投資環境力差異與排名變化分析（續）

投資環境力評估構面與指標	2014評分	2015評分	2014至2015差異分析	▲	▼	新增
經營-05）有利於形成上、下游產業供應鏈完整程度	3.369	3.311	-0.058	-	42	-
經營-06）同業、同行間公平且正當競爭的環境條件	3.341	3.273	-0.068	-	26	-
經營-07）環境適合台商做為製造業或生產基地移轉	3.254	3.197	-0.057	-	46	-
經營-08）環境適合台商發展自有品牌與精品城	3.260	3.208	-0.052	-	52	-
經營-09）當地政府對台商動遷配合的程度	3.211	3.188	-0.023	-	70	-
創新-01）當地台商享受政府自主創新獎勵的程度	3.376	3.301	-0.075	-	22	-
創新-02）當地擁有自主創新產品和國家級新產品數量	3.235	3.196	-0.039	-	60	-
創新-03）當地政府協助台商轉型升級積極程度	3.262	3.202	-0.060	-	38	-
創新-04）當地政府鼓勵兩岸企業共同研發程度	3.287	3.221	-0.066	-	31	-
創新-05）政府鼓勵兩岸企業共同開拓國際市場程度	3.257	3.179	-0.078	-	20	-
創新-06）對外開放和國際科技合作程度	3.191	3.143	-0.048	-	55	-
創新-07）當地政府積極推動產業、工業自動化程度	3.262	3.223	-0.039	-	61	-
網通-01）通訊設備、資訊設施、網路建設完善程度	3.463	3.396	-0.067	-	30	-
網通-02）寬頻通信網路建設完備	3.179	3.143	-0.036	-	63	-
網通-03）光纖資訊到戶的普及率	3.130	3.098	-0.032	-	67	-
網通-04）政府法規對企業技術發展與應用支持	3.274	3.215	-0.059	-	39	-
網通-05）政府推動智慧城市的積極程度	3.26	3.208	-0.052	-	51	-
內需-01）政府獎勵台商自創品牌措施的程度	3.360	3.293	-0.067	-	29	-
內需-02）適合台商發展內貿內銷市場的程度	3.402	3.319	-0.083	-	11	-
內需-03）市場未來發展潛力優異程度	3.411	3.333	-0.078	-	19	-
內需-04）政府採購過程對台資內資外資一視同仁	3.208	3.150	-0.058	-	41	-
內需-05）政府協助台商從製造轉向內需擴展	3.200	3.152	-0.048	-	56	-
內需-06）居民購買力與消費潛力	3.218	3.195	-0.023	-	71	-
文創-01）歷史古蹟、文物等文化資產豐沛	3.238	3.206	-0.032	-	66	-
文創-02）文化活動推動及推廣程度	3.201	3.164	-0.037	-	62	-
文創-03）政府對文化創意產業政策推動與落實	3.219	3.185	-0.034	-	64	-
文創-04）對文化創意產權的重視及保護	3.205	3.150	-0.055	-	48	-

表 17-3　2014-2015 TEEMA 投資環境力差異與排名變化分析（續）

投資環境力評估構面與指標	2014評分	2015評分	2014至2015差異分析	差異變化排名 ▲	差異變化排名 ▼	差異變化排名 新增
文創-05）居民對外來遊客包容與接納	3.228	3.173	-0.055	-	49	-
文創-06）居民對於文化藝術表演消費潛力	3.184	3.138	-0.046	-	59	-
文創-07）居民對於文化創意商品購買程度	3.202	3.168	-0.034	-	65	-

資料來源：本研究整理

表 17-4　2014-2015 TEEMA 投資環境力細項指標變化排名分析

投資環境力構面	2014評分	2015評分	2014 至 2015差異分析	名次	評估指標升降 指標數	評估指標升降 ▲	評估指標升降 ▼	評估指標升降 新增
❶生態環境	3.393	3.353	-0.040	❿	4	0	4	0
❷基建環境	3.402	3.330	-0.072	❸	7	0	7	0
❸社會環境	3.380	3.308	-0.072	❸	6	0	6	0
❹法制環境	3.352	3.271	-0.081	❶	13	0	13	0
❺經濟環境	3.379	3.308	-0.071	❺	7	0	7	0
❻經營環境	3.298	3.241	-0.057	❼	9	0	9	0
❼創新環境	3.283	3.209	-0.074	❷	7	0	7	0
❽網通環境	3.261	3.212	-0.049	❽	5	0	5	0
❾內需環境	3.300	3.240	-0.060	❻	6	0	6	0
❿文創環境	3.211	3.169	-0.042	❾	7	0	7	0
投資環境力平均	3.326	3.164	-0.162	-	71	0	71	0
百分比					100.00%	0.00%	100 .0%	0.00 %

資料來源：本研究整理

在 2015《TEEMA 調查報告》表 17-5 顯示，投資環境力評估結果排名最優前十名評估指標依序為：（1）當地生態與地理環境符合企業發展的條件；（2）民眾及政府歡迎台商投資態度；（3）當地海、陸、空交通運輸便利程度；（4）當地水電、燃料等能源充沛的程度；（5）該城市未來具有經濟發展潛力的程度；（6）通訊設備、資訊設備、網路建設完善程度；（7）未來總體發展及建設規劃完善程度；（8）當地的商業及經濟發展相較於一般水準；（9）當地的物流、倉儲、流通相關商業設施；（10）當地的社會治安。其中，「當地的物流、倉儲、流通相關商業設施」此細項指標從 2014 年第 12 名踏入 2015 年第九名，可見中國大陸對其基礎建設的鋪建營造，台商在中國大陸得於肯定之評價。此外，「當地的社會治安」此細項指標從 2014 年的第 11 名邁向 2015 年第十名，由此道出

中國大陸在經濟環境獲得改善後，希望人民可以擁有更好的生活安定品質，其努力的成果也深受台商的青睞肯定。

表 17-5　2015 TEEMA 投資環境力排名十大最優指標

投資環境力排名10大最優指標	2014		2015	
	評分	排名	評分	排名
生態-01）當地生態與地理環境符合企業發展的條件	3.482	2	3.451	1
社會-05）民眾及政府歡迎台商投資態度	3.535	1	3.435	2
基建-01）當地海、陸、空交通運輸便利程度	3.482	2	3.432	3
生態-02）當地水電、燃料等能源充沛的程度	3.468	4	3.422	4
經濟-05）該城市未來具有經濟發展潛力的程度	3.468	4	3.400	5
網通-01）通訊設備、資訊設施、網路建設完善程度	3.463	6	3.396	6
基建-07）未來總體發展及建設規劃完善程度	3.458	7	3.379	7
經濟-01）當地的商業及經濟發展相較於一般水平	3.451	8	3.370	8
基建-03）當地的物流、倉儲、流通相關商業設施	3.424	12	3.365	9
社會-01）當地的社會治安	3.426	11	3.356	10

資料來源：本研究整理

　　在 2015《TEEMA 調查報告》表 17-6 顯示，投資環境力評估結果較差排名前十名評估指標依序為：（1）光纖資訊到戶的普及率；（2）居民對於文化藝術表演消費潛力；（3）對外開放和國際科技合作程度；（4）寬頻通信網路建設完被；（5）政府採購過程對台資內資外資一視同仁；（6）對文化創意產權的重視及保護；（7）政府協助台商從製造轉向內需擴展；（8）文化活動推動及推廣程度；（9）居民對於文化創意商品購買程度；（10）居民對外來遊客包容與接納。其中，「光纖資訊到戶的普及率」仍位於投資環境力評估結果之末位，可見中國大陸光纖資訊的普及率仍有很大的進步空間。此外，「居民對外來遊客包容與接納」此細項指標從 2014 年的第 12 名邁向 2015 年的第十名，進入前十名之列，道出中國大陸在長期對外改革開放下與國際緊密接軌，並在政策制定促進各國的文化交流，增進人民對外來遊客的包容度。

表 17-6　2015 TEEMA 投資環境力排名十大劣勢指標

投資環境力排名十大劣勢指標	2014		2015	
	評分	排名	評分	排名
網通 -03）光纖資訊到戶的普及率	3.130	1	3.098	1
文創 -06）居民對於文化藝術表演消費潛力	3.184	3	3.138	2
創新 -06）對外開放和國際科技合作程度	3.191	4	3.143	3
網通 -02）寬頻通信網路建設完備	3.179	2	3.143	3
內需 -04）政府採購過程對台資內資外資一視同仁	3.208	9	3.150	5
文創 -04）對文化創意產權的重視及保護	3.205	8	3.150	6
內需 -05）政府協助台商從製造轉向內需擴展	3.200	5	3.152	7
文創 -02）文化活動推動及推廣程度	3.201	6	3.164	8
文創 -07）居民對於文化創意商品購買程度	3.202	7	3.168	9
文創 -05）居民對外來遊客包容與接納	3.228	12	3.173	10

資料來源：本研究整理

　　2015《TEEMA 調查報告》對 2014 年與 2015 年投資環境力調查指標作差異分析，其評估指標下降幅度最多前十項指標如表 17-7 所顯示，分別為：（1）當地的政策優惠條件；（2）行政命令與國家法令的一致性程度；（3）當地政府政策穩定性及透明度；（4）民眾及政府歡迎台商投資態度；（5）當地的企業運作商務環境完備程度；（6）當地政府改善外商投資環境基及程度；（7）當地解決糾紛的管道完善程度；（8）當地的地方政府對台商投資承諾實現程度；（9）當地的工商管理、稅務機關行政效率；（10）當地民眾的誠信與道德觀程度。綜上所述，可發現法制環境構面之細項指標下降幅度前十名就占有六席次，其中以「當地的政策優惠條件」降幅為最大，進一步道出中國大陸以往敞開大門歡迎各界進場投資，而今雖大門仍為敞開，但對環境、政策等相關配套策略考量，有所侷限制定措施，因而法制環境構面的評量結果，台商評價反應最為明顯。

表 17-7　2014-2015 TEEMA 投資環境力指標下降前十排名

投資環境力評分下降幅度前十指標	2014 至 2015 評分下降	2014 至 2015 下降排名
法制 -02）當地的政策優惠條件	-0.113	1
法制 -01）行政命令與國家法令的一致性程度	-0.105	2
法制 -11）當地政府政策穩定性及透明度	-0.105	2

表 17-7　2014-2015 TEEMA 投資環境力指標下降前十排名（續）

投資環境力評分下降幅度前十指標	2014 至 2015 評分下降	2014 至 2015 下降排名
社會 -05）民眾及政府歡迎台商投資態度	-0.100	4
基建 -06）當地的企業運作商務環境完備程度	-0.094	5
經濟 -06）當地政府改善外商投資環境積極程度	-0.090	6
法制 -04）當地解決糾紛的管道完善程度	-0.090	6
法制 -09）當地的地方政府對台商投資承諾實現程度	-0.087	8
法制 -05）當地的工商管理、稅務機關行政效率	-0.086	9
社會 -04）當地民眾的誠信與道德觀程度	-0.085	10

三、2015 TEEMA 中國大陸城市投資環境力分析

2015《TEEMA 調查報告》將所列入評比的 118 個城市，進行投資環境力分析，如表 17-8 所顯示，茲將其投資環境力重要論述分述如下：

1. 就投資環境力十佳城市而言：根據 2015《TEEMA 調查報告》所示，看出投資環境力前十佳城市排序為：（1）廈門島外；（2）蘇州工業區；（3）蘇州昆山；（4）成都；（5）杭州蕭山；（6）蘇州市區；（7）蘇州新區；（8）青島；（9）廈門島內；（10）淮安。從而得知，廈門島外、蘇州工業區、蘇州昆山、成都、杭州蕭山、蘇州市區、蘇州新區、廈門島內等八城市，繼 2014 年後又於 2015 年蟬聯進入前十佳城市。此外，青島與淮安更從十名外，進入前十佳城市之列，道出台商對兩城市未來發展評價指日可期。

2. 就投資環境力十劣城市而言：根據 2015《TEEMA 調查報告》顯示，得知投資環境力排名前十劣的城市，其排序為：（1）贛州；（2）吉安；（3）九江；（4）東莞清溪；（5）東莞長安；（6）深圳龍崗；（7）東莞厚街；（8）東莞虎門；（9）深最寶安；（10）岳陽。從而得知，在東莞附近區域城市位列十劣城市中，就占其四席，可見台商對東莞地區投資環境力評價不佳。根據前東莞台商協會會長張漢文（2015）表示：「以往在東莞地區工廠規模 1,000 多人，算是小工廠；而今在環境變化下，1,000 多人在東莞地區算是大工廠」，此話道出企業紛紛撤離以往投資黃金重地，環境不再如以往受台商青睞，亦因不斷的罷工活動發生，而導致台商投資環境力評價不佳之主因。

表 17-8　2015 TEEMA 中國大陸城市投資環境力排名分析

排名	地區	城市	❶生態環境 評分	排名	❷基建環境 評分	排名	❸社會環境 評分	排名	❹法制環境 評分	排名	❺經濟環境 評分	排名	❻經營環境 評分	排名	❼創新環境 評分	排名	❽網通環境 評分	排名	❾內需環境 評分	排名	❿文創環境 評分	排名	投資環境力 評分	加權分數
1	華南	廈門島外	4.357	1	4.313	1	4.333	1	4.440	1	4.592	1	4.169	1	4.105	2	3.971	3	4.048	2	4.075	2	4.259	99.609
2	華東	蘇州工業區	4.080	4	4.091	3	4.121	3	4.161	2	4.227	2	4.101	2	4.118	1	3.645	17	4.053	1	3.571	26	4.046	96.690
3	華東	蘇州昆山	4.178	3	4.080	4	4.003	5	4.017	7	3.961	8	3.886	5	3.982	3	3.973	2	3.909	6	3.905	6	3.995	96.648
4	西南	成都	3.822	12	3.851	14	3.956	7	3.954	8	4.006	5	3.963	4	3.924	4	4.022	1	3.963	4	3.981	5	3.943	95.294
5	華東	杭州蕭山	4.183	2	4.049	7	3.929	9	4.027	5	3.940	10	3.560	25	3.838	6	3.892	4	4.013	3	4.033	3	3.946	94.491
6	華東	蘇州市區	4.000	5	4.126	2	4.282	2	4.041	2	3.923	11	4.013	3	3.869	5	3.492	31	3.827	8	3.527	29	3.936	93.560
7	華東	蘇州新區	3.846	11	3.912	12	3.949	8	3.861	10	3.896	13	3.872	6	3.823	8	3.723	11	3.962	5	3.720	14	3.863	92.714
8	華北	青島	3.817	13	4.055	5	3.821	14	4.024	6	3.978	6	3.859	8	3.615	17	3.477	33	3.801	10	3.742	13	3.833	90.472
9	華南	廈門島內	3.960	8	4.063	5	3.847	11	3.917	9	3.897	12	3.773	11	3.616	16	3.792	7	3.653	25	3.509	31	3.823	90.345
10	華東	淮安	3.759	18	3.735	22	3.804	15	3.687	18	3.643	28	3.619	19	3.729	11	3.786	8	3.774	11	3.684	18	3.722	85.861
11	華東	南通	3.654	31	3.396	53	3.744	18	3.837	11	4.027	3	3.868	7	3.692	13	3.577	23	3.827	9	3.588	25	3.733	85.099
12	華東	上海市區	3.914	10	3.926	10	3.592	33	3.637	29	3.788	19	3.590	24	3.538	34	3.752	10	3.730	13	4.030	4	3.730	84.042
13	華東	上海浦東	3.960	9	3.994	9	3.827	13	3.828	13	3.977	7	3.507	31	3.360	47	3.592	22	3.533	39	3.777	11	3.738	83.745
14	華東	上海閔行	3.740	20	3.917	11	3.632	27	3.728	21	3.744	22	3.657	17	3.592	20	3.525	27	3.660	24	3.696	15	3.691	83.322
15	華東	寧波市區	4.000	5	3.783	18	3.673	24	3.760	19	3.754	21	3.489	36	3.448	43	3.776	9	3.707	15	3.606	23	3.707	82.984
16	華北	天津濱海	3.607	35	3.782	19	3.730	19	3.828	12	3.959	9	3.783	10	3.543	31	3.495	30	3.675	21	3.401	39	3.702	82.942
17	華東	無錫江陰	3.569	39	3.746	21	3.759	17	4.038	4	4.016	4	3.611	21	3.744	10	3.600	20	3.407	48	3.262	53	3.714	82.857
18	華東	連雲港	3.512	48	3.544	38	3.571	36	3.762	18	3.816	15	3.619	20	3.829	7	3.886	5	3.690	20	3.544	28	3.688	81.376
19	西北	西安	3.815	14	4.016	8	4.068	4	3.772	17	3.439	47	3.593	22	3.607	19	3.415	44	3.630	26	3.349	44	3.691	81.250
20	華東	杭州市區	3.675	27	3.836	15	3.692	23	3.750	20	3.621	32	3.667	15	3.540	33	3.570	25	3.592	34	4.157	1	3.690	80.996
21	西南	重慶	3.705	23	3.853	13	3.722	20	3.797	16	3.797	18	3.495	34	3.552	27	3.327	51	3.692	19	3.602	24	3.664	80.446
22	華東	南京市區	3.542	42	3.698	28	3.917	10	3.825	14	3.683	27	3.654	18	3.556	24	3.500	28	3.611	31	3.508	32	3.665	80.107
23	華東	南京江寧	3.681	26	3.722	23	3.602	30	3.594	33	3.810	16	3.790	9	3.611	18	3.611	19	3.565	37	3.254	55	3.641	79.261
24	華東	揚州	3.768	17	3.704	26	3.554	40	3.687	25	3.694	25	3.496	33	3.714	12	3.443	39	3.429	46	3.689	16	3.618	76.850
25	華東	無錫市區	3.710	22	3.720	24	3.840	12	3.822	15	3.806	17	3.591	23	3.504	37	3.432	41	3.380	51	3.069	74	3.625	76.596

表 17-8 2015 TEEMA 中國大陸城市投資環境力排名分析（續）

排名	地區	城市	❶生態環境 評分	❶生態環境 排名	❷基建環境 評分	❷基建環境 排名	❸社會環境 評分	❸社會環境 排名	❹法制環境 評分	❹法制環境 排名	❺經濟環境 評分	❺經濟環境 排名	❻經營環境 評分	❻經營環境 排名	❼創新環境 評分	❼創新環境 排名	❽網通環境 評分	❽網通環境 排名	❾內需環境 評分	❾內需環境 排名	❿文創環境 評分	❿文創環境 排名	投資環境力 評分	投資環境力 加權分數
26	東北	大連	3.481	50	3.753	20	3.513	43	3.544	36	3.775	20	3.769	12	3.492	39	3.631	18	3.744	12	3.324	47	3.614	76.173
27	華東	寧波慈溪	3.536	44	3.619	31	3.595	32	3.700	23	3.639	29	3.455	40	3.552	26	3.667	13	3.667	22	3.320	48	3.594	75.835
28	華東	宿遷	3.769	16	3.513	41	3.599	31	3.621	31	3.370	56	3.329	53	3.659	14	3.800	6	3.710	14	3.286	52	3.582	75.158
29	西南	遂寧	3.813	15	3.464	49	3.635	26	3.500	39	3.580	38	3.681	14	3.550	28	3.313	54	3.698	18	3.402	38	3.568	73.804
30	華東	無錫宜興	3.452	51	3.707	25	3.540	42	3.454	43	3.687	26	3.540	28	3.581	21	3.438	40	3.619	29	3.810	9	3.565	72.831
31	華中	馬鞍山	3.693	24	3.513	42	3.455	49	3.622	30	3.610	36	3.414	45	3.800	9	3.500	28	3.439	44	3.338	45	3.553	71.689
32	華東	寧波北侖	3.567	40	3.562	36	3.394	53	3.487	41	3.405	52	3.430	41	3.553	25	3.693	12	3.700	17	3.567	27	3.532	71.139
33	西南	綿陽	3.750	19	3.554	37	3.542	37	3.644	28	3.616	35	3.458	38	3.575	22	3.150	71	3.604	32	3.482	34	3.546	70.885
34	華北	北京市區	3.344	64	3.613	33	3.556	37	3.369	53	3.857	14	3.551	27	3.542	32	3.658	15	3.431	45	3.643	20	3.543	70.674
35	華北	北京亦庄	3.636	32	3.701	27	3.659	25	3.685	26	3.701	24	3.490	35	3.100	73	3.473	34	3.311	55	3.513	30	3.536	70.462
36	西南	德陽	3.711	21	3.617	32	3.789	16	3.518	38	3.444	46	3.415	44	3.274	59	3.274	55	3.702	16	3.376	40	3.519	69.870
37	華中	合肥	3.667	28	3.452	50	3.583	35	3.708	22	3.637	30	3.361	49	3.342	49	3.333	50	3.625	27	3.488	33	3.531	69.743
38	華東	上海松江	3.538	43	3.800	17	3.467	47	3.392	50	3.436	48	3.306	58	3.320	53	3.660	14	3.625	27	3.821	8	3.515	68.178
38	華東	蘇州張家港	3.309	69	3.815	16	3.716	21	3.588	34	3.395	53	3.418	42	3.235	63	3.224	58	3.833	7	3.748	12	3.520	68.178
40	華中	蕪湖	3.688	25	3.393	54	3.292	63	3.620	32	3.491	43	3.729	13	3.488	40	3.388	47	3.615	30	3.170	63	3.510	67.459
41	華南	深圳市區	3.597	37	3.333	63	3.259	70	3.303	61	3.722	23	3.556	26	3.389	45	3.656	16	3.667	22	3.825	7	3.505	67.247
42	華東	蘇州吳江	3.533	45	3.506	43	3.380	56	3.324	56	3.457	45	3.406	46	3.517	36	3.478	32	3.565	36	3.646	19	3.465	64.244
43	華東	寧波奉化	3.597	37	3.611	34	3.694	22	3.470	42	3.579	39	3.469	37	3.311	54	3.222	59	3.287	58	3.143	65	3.455	63.990
44	華南	福州市區	3.524	46	3.673	30	3.960	6	3.557	35	3.374	55	3.339	52	3.200	64	3.324	52	3.286	59	3.224	57	3.463	63.186
45	華東	常州	3.614	34	3.487	46	3.439	51	3.423	47	3.617	33	3.530	29	3.545	30	3.173	67	3.348	53	3.162	64	3.447	63.144
45	華北	廊坊	3.972	7	3.325	67	3.602	29	3.244	66	3.357	57	3.296	60	3.356	48	3.467	35	3.602	33	3.635	21	3.466	63.144
47	華南	泉州	3.607	36	3.333	62	3.556	37	3.319	57	3.252	67	3.243	67	3.648	15	3.543	26	3.540	38	3.469	35	3.443	62.678
48	華南	珠海	3.663	29	3.500	44	3.200	78	3.315	59	3.307	60	3.289	61	3.420	44	3.390	46	3.500	41	3.686	17	3.408	58.533
49	華北	煙台	3.422	52	3.393	54	3.354	57	3.423	46	3.598	37	3.458	38	3.538	35	3.075	79	3.458	43	3.080	73	3.397	58.490
50	華中	洛陽	3.283	70	3.267	74	3.389	54	3.672	27	3.495	42	3.659	16	3.547	29	3.360	48	2.711	103	3.219	58	3.383	58.067

表 17-8　2015 TEEMA 中國大陸城市投資環境力排名分析（續）

排名	地區	城市	❶生態環境 評分	❶生態環境 排名	❷基建環境 評分	❷基建環境 排名	❸社會環境 評分	❸社會環境 排名	❹法制環境 評分	❹法制環境 排名	❺經濟環境 評分	❺經濟環境 排名	❻經營環境 評分	❻經營環境 排名	❼創新環境 評分	❼創新環境 排名	❽網通環境 評分	❽網通環境 排名	❾內需環境 評分	❾內需環境 排名	❿文創環境 評分	❿文創環境 排名	投資環境力 評分	投資環境力 加權分數
51	華中	南昌	3.521	47	3.518	40	3.556	37	3.452	45	3.435	49	3.356	51	3.375	46	2.925	91	3.271	61	3.429	37	3.385	57.856
52	華南	廣州市區	3.386	59	3.338	61	3.447	50	3.217	69	3.331	58	3.318	56	3.191	67	3.573	24	3.568	35	3.805	10	3.388	56.967
53	華東	鹽城	3.632	33	3.338	60	3.465	48	3.413	48	3.383	54	3.415	43	3.495	38	3.189	65	3.158	66	2.947	83	3.367	56.798
54	華東	上海嘉定	3.357	62	3.687	29	3.429	52	3.245	65	3.537	41	3.265	65	3.276	57	3.210	62	3.381	50	3.374	41	3.370	55.487
55	華東	鎮江	3.159	90	3.390	56	3.220	74	3.490	40	3.630	40	3.505	32	3.573	23	3.200	63	2.977	88	2.714	97	3.324	52.991
56	華東	寧波餘姚	3.250	78	3.474	48	3.123	83	3.413	49	3.617	34	3.322	54	3.484	42	3.421	42	2.991	86	2.729	93	3.317	51.172
57	華東	杭州余杭	3.389	58	3.540	39	3.611	28	3.299	62	3.135	85	3.167	75	2.978	85	3.411	45	3.250	63	3.230	56	3.304	50.157
58	華東	徐州	3.262	76	3.340	59	3.270	68	3.242	67	3.306	61	3.360	50	3.181	69	3.467	35	3.333	54	3.218	59	3.299	49.903
59	華北	濟南	3.274	73	3.449	51	3.294	61	3.319	58	3.415	51	3.381	48	3.333	50	3.229	57	3.024	82	2.864	87	3.281	49.776
60	華東	蘇州常熟	3.400	56	3.321	68	3.383	55	3.292	64	3.264	63	2.994	90	3.070	78	3.600	20	3.283	60	3.450	36	3.298	49.734
61	華東	嘉興市區	3.405	55	3.156	82	3.294	61	3.176	74	3.177	80	3.164	76	3.486	41	3.314	53	3.516	40	3.612	22	3.308	49.226
62	華南	福州馬尾	3.663	30	3.571	35	3.592	34	3.538	34	3.486	37	3.150	81	2.870	95	2.610	110	3.083	76	2.600	106	3.263	48.930
63	華北	威海	3.550	41	3.190	79	3.511	44	3.308	60	3.048	90	3.104	84	3.107	72	3.467	37	3.156	67	3.352	43	3.277	47.914
64	華中	鄭州	3.211	82	3.308	71	3.263	69	3.453	44	3.263	64	3.386	47	3.305	56	3.453	38	2.895	93	2.955	81	3.274	47.830
65	西南	南寧	3.420	53	3.474	47	3.500	45	3.381	52	3.240	70	3.268	64	3.191	68	2.945	89	2.833	97	2.695	100	3.229	44.911
66	華東	蘇州太倉	3.156	91	3.185	80	3.229	73	3.176	73	3.250	68	3.162	77	3.325	51	3.417	43	3.479	42	3.173	62	3.255	44.530
67	華北	天津市區	3.313	68	3.440	52	3.306	59	3.163	77	3.262	65	3.190	69	3.067	80	3.183	66	3.271	61	3.024	77	3.229	43.811
68	華南	東莞松山湖	3.281	71	3.054	88	3.271	66	3.385	51	3.295	62	3.153	78	3.275	58	3.088	75	3.125	71	3.116	67	3.218	43.388
69	華北	唐山	3.162	89	3.345	58	3.216	75	3.199	71	3.261	66	3.314	57	3.306	55	3.153	70	3.137	70	3.042	75	3.221	42.965
70	華東	泰州	3.262	76	3.163	81	3.294	60	3.293	63	3.327	59	3.185	70	3.038	82	3.086	77	3.190	64	3.367	42	3.217	42.923
71	華北	保定	3.250	78	3.203	78	3.281	65	2.992	90	3.248	69	3.246	66	3.137	70	3.137	73	3.404	49	3.316	50	3.205	40.934
72	華南	東莞市區	3.208	84	3.222	76	2.991	90	3.094	80	3.024	91	3.185	70	3.322	52	3.267	56	3.380	52	3.119	66	3.180	39.581
73	華南	莆田	2.950	99	3.107	86	3.200	78	3.100	79	3.429	50	3.067	86	3.270	60	3.350	49	3.117	72	3.257	54	3.177	39.454
74	西南	貴陽	3.211	82	3.331	66	3.096	85	3.223	68	3.218	74	3.152	79	3.200	64	3.211	60	3.149	69	2.744	91	3.177	39.369

表 17-8　2015 TEEMA 中國大陸城市投資環境力排名分析（續）

排名	地區	城市	❶生態環境 評分	❶ 排名	❷基建環境 評分	❷ 排名	❸社會環境 評分	❸ 排名	❹法制環境 評分	❹ 排名	❺經濟環境 評分	❺ 排名	❻經營環境 評分	❻ 排名	❼創新環境 評分	❼ 排名	❽網通環境 評分	❽ 排名	❾內需環境 評分	❾ 排名	❿文創環境 評分	❿ 排名	投資環境力 評分	加權分數
75	華中	長沙	3.342	65	3.331	65	3.202	76	3.061	84	3.180	78	3.175	73	3.084	74	3.211	60	3.079	78	3.105	68	3.175	39.158
76	華東	湖州	3.355	63	3.211	77	3.167	81	2.923	92	2.977	93	3.287	62	3.200	64	3.063	83	3.412	47	3.301	51	3.171	38.777
77	華北	日照	3.484	49	3.313	70	3.271	66	3.202	70	3.214	75	3.118	82	3.075	77	2.938	90	3.115	73	2.696	98	3.168	38.565
78	華南	廣州天河	3.395	57	3.383	57	3.254	71	3.045	87	3.233	71	3.035	88	2.832	99	3.168	68	3.114	74	3.083	72	3.152	37.254
79	華北	泰安	3.367	61	3.019	89	3.289	64	3.349	54	3.057	89	3.281	63	3.080	76	2.867	97	2.933	91	2.914	84	3.137	37.127
80	華南	海口	3.176	87	3.487	45	3.245	72	3.167	76	3.218	73	3.150	80	2.976	86	3.071	81	3.000	84	2.891	85	3.152	36.154
81	西北	蘭州	2.632	109	2.689	105	2.755	105	2.941	91	3.538	40	3.510	30	3.247	61	2.765	104	3.304	56	3.319	49	3.051	35.604
82	華南	漳州	3.383	60	3.314	69	3.311	58	3.092	82	3.162	81	2.733	101	2.867	96	3.107	74	3.078	79	3.095	69	3.114	35.223
83	華南	三亞	3.117	92	3.295	72	3.489	46	3.328	55	3.229	72	3.304	59	3.067	79	2.440	113	2.656	106	2.219	114	3.070	34.970
84	華東	潘陽	3.281	71	3.250	75	3.201	77	3.154	78	3.179	79	3.106	83	2.858	97	3.000	86	3.153	68	3.208	60	3.136	34.589
85	華中	咸寧	3.200	86	3.286	73	2.808	102	3.062	83	3.107	86	3.039	87	3.240	62	3.200	63	3.083	76	3.029	76	3.107	33.362
86	華東	嘉興嘉善	3.313	67	3.065	87	3.125	82	2.881	93	2.940	94	3.171	74	3.083	75	3.075	80	3.097	75	2.952	82	3.067	31.924
87	華北	石家莊	3.033	97	3.333	63	3.011	88	2.841	95	3.143	83	3.015	89	2.973	87	3.080	78	3.300	57	3.095	69	3.070	31.543
88	華南	汕頭	3.319	66	2.929	99	3.093	86	3.192	72	3.206	76	3.321	55	2.778	100	2.600	111	2.639	107	2.738	92	3.004	28.582
89	東北	長春	3.406	54	2.964	94	2.938	92	2.587	108	2.571	109	2.701	102	3.013	83	3.138	72	3.177	65	3.330	46	2.945	28.413
90	西南	昆明	3.083	94	2.984	91	3.176	80	3.094	81	3.206	76	3.204	68	2.889	93	2.878	94	2.880	94	2.722	94	3.030	28.201
91	華東	紹興	3.274	73	2.932	98	2.873	98	3.055	85	3.143	83	3.185	70	3.057	81	2.876	95	3.040	81	2.456	111	3.019	27.905
92	華南	佛山	3.059	95	2.983	92	2.931	93	3.172	75	2.908	95	2.902	95	3.000	84	3.024	84	3.020	83	2.866	86	3.002	26.678
93	華中	武漢武昌	3.211	81	3.135	83	3.114	84	3.020	88	3.015	92	2.982	91	2.937	91	2.947	88	2.807	99	2.767	90	3.006	25.874
94	西南	桂林	3.171	88	3.113	85	2.991	89	3.049	86	2.902	96	3.094	85	2.968	88	2.874	96	3.000	84	2.654	101	3.001	25.494
95	華中	武漢漢口	3.203	85	2.991	90	2.906	95	3.010	89	3.161	82	2.674	104	3.113	71	2.900	92	2.969	90	2.616	104	2.974	25.155
96	華中	武漢漢陽	2.609	110	3.116	84	2.990	91	2.870	94	3.107	86	2.826	99	2.888	94	3.000	85	2.865	95	2.491	109	2.895	21.348
97	東北	鞍山	3.100	93	2.943	96	2.789	104	2.677	103	3.076	88	2.904	94	2.907	92	2.893	93	2.978	87	2.990	79	2.910	21.221

表 17-8　2015 TEEMA 中國大陸城市投資環境力排名分析（續）

排名	地區	城市	❶生態環境 評分	排名	❷基建環境 評分	排名	❸社會環境 評分	排名	❹法制環境 評分	排名	❺經濟環境 評分	排名	❻經營環境 評分	排名	❼創新環境 評分	排名	❽網通環境 評分	排名	❾內需環境 評分	排名	❿文創環境 評分	排名	投資環境力 評分	加權分數
98	東北	哈爾濱	2.800	102	2.562	112	2.911	94	2.692	101	2.533	112	2.696	103	2.947	89	3.160	69	2.833	97	3.190	61	2.808	19.614
99	華東	溫州	2.861	101	2.873	100	3.074	87	2.701	99	2.595	108	2.401	113	2.378	114	3.067	82	3.046	80	3.087	71	2.789	18.852
100	西南	北海	3.219	80	2.955	95	2.740	106	2.736	98	2.652	105	2.889	96	2.750	103	2.800	100	2.792	100	2.652	102	2.823	17.668
101	華中	襄陽	3.264	75	2.841	102	2.843	101	2.748	97	2.770	100	2.858	98	2.844	98	2.611	109	2.583	108	2.722	95	2.810	17.583
102	華南	中山	2.987	98	2.940	97	2.877	97	2.700	100	2.632	106	2.673	105	2.516	111	2.968	87	2.711	104	2.714	96	2.771	15.975
103	華東	台州	2.781	103	2.723	104	2.740	106	2.625	105	2.723	102	2.979	92	2.638	108	2.738	106	2.917	92	2.973	80	2.766	15.341
104	華中	宜昌	2.706	106	2.597	111	2.794	103	2.579	109	2.790	99	2.778	100	2.776	101	2.800	100	2.971	89	3.000	78	2.758	15.256
105	華南	江門	3.047	96	2.670	106	2.844	100	2.659	104	2.902	97	2.882	97	2.500	112	2.788	102	2.365	114	2.652	102	2.731	13.606
106	華北	太原	2.659	108	2.617	109	2.576	111	2.538	110	2.877	98	2.909	93	2.673	107	2.855	99	2.712	102	2.857	88	2.711	13.183
107	華南	惠州	2.882	100	2.966	93	2.873	99	2.624	106	2.546	111	2.588	108	2.718	105	2.859	98	2.471	112	2.202	116	2.694	12.591
108	華南	東莞石碣	2.588	111	2.513	115	2.578	110	2.679	102	2.739	101	2.510	111	2.941	90	2.765	104	2.667	105	2.832	89	2.674	12.464
109	華中	岳陽	2.717	105	2.610	110	2.900	96	2.795	96	2.476	114	2.667	106	2.773	102	2.493	112	2.467	113	2.590	107	2.659	11.534
110	華南	深圳寶安	2.453	115	2.554	113	2.563	112	2.510	111	2.598	107	2.285	115	2.750	103	3.088	75	2.781	101	2.696	98	2.618	11.449
111	華南	東莞虎門	2.766	104	2.643	108	2.719	108	2.606	107	2.723	102	2.583	109	2.588	109	2.388	114	2.583	108	2.527	108	2.616	9.757
112	華南	東莞厚街	2.433	116	2.867	101	2.622	109	2.349	114	2.571	109	2.430	112	2.533	110	2.773	103	2.856	96	2.467	110	2.584	9.291
113	華南	深圳龍崗	2.693	107	2.656	107	2.348	116	2.458	113	2.656	104	2.652	107	2.418	113	2.736	105	2.508	111	2.610	105	2.566	8.276
114	華南	東莞長安	2.569	114	2.762	103	2.472	113	2.496	112	2.524	113	2.580	110	2.711	106	2.689	108	2.583	108	2.349	112	2.581	7.853
115	華南	東莞清溪	2.578	112	2.518	114	2.427	114	2.313	115	2.152	117	2.021	118	2.275	115	2.188	115	1.990	117	2.089	117	2.266	3.284
116	華中	九江	2.375	117	2.018	118	2.354	115	2.245	116	2.393	115	2.326	114	2.188	116	2.088	117	2.292	115	2.339	113	2.257	2.904
117	華中	吉安	2.578	112	2.348	116	2.198	117	2.072	117	2.179	116	2.201	116	1.950	118	2.163	116	2.177	116	2.214	115	2.201	2.692
118	華中	贛州	1.875	118	2.119	117	1.944	118	1.880	118	1.881	118	2.142	117	2.111	117	1.844	118	1.954	118	1.873	118	1.963	1.254

資料來源：本研究整理

四、2014-2015 TEEMA 中國大陸投資環境力差異分析

　　就 2015《TEEMA 調查報告》表 17-9 顯示，其為 2014 年及 2015 年調查共同的 115 個城市之投資環境力評分的差異表，可看出有 87 個城市的投資環境力評分呈現下降，占 75.7%，而評分上升的城市則只有 28 個，占 24.3%，茲將投資環境力評價差異變化分述如下：

1. 就 2014-2015 投資環境力評分上升前十城市而言：

　　從表 17-9 可知 2014 年與 2015 年投資環境力評價差異分析，其上升幅度前十名城市排序為：（1）北海；（2）深圳市區；（3）東莞市區；（4）東莞厚街；（5）貴陽；（6）福州市區；（7）廈門島外；（8）杭州蕭山；（9）江門；（10）天津市區。其中，廈門島外的投資環境力評價上升 0.159 分，雖然不是所有城市上升最大，但其表現更在所有城市評價中，占據第一名，如表 17-8 可知。此外，杭州蕭山之投資環境力評價上升 0.116 分，也在明顯的上升幅度中，一舉衝向所有城市當中的第五名。綜上所述，各個城市能在投資環境力評分上有所提升表現，其必定是在各個投資環境有所改善，才能在其評價獲得台商肯定。

2. 就 2014-2015 投資環境力評分下降前十城市而言：

　　根據表 17-9 所示，2014 年與 2015 年投資環境力差異降幅前十名的城市，其依序分別為：（1）東莞清溪；（2）吉安；（3）中山；（4）南京江寧；（5）贛州；（6）威海；（7）桂林；（8）東莞虎門；（9）岳陽；（10）東莞石碣。其中，發現東莞地區在投資環境力評價下降前十城市中占有三位，可見東莞地區投資環境逐漸變差，使得台商對東莞評價不佳。

表 17-9　2014-2015 TEEMA 中國大陸城市投資環境力評分差異

城　　市	2014 評分	2015 評分	2014 至 2015 評分差異	城　　市	2014 評分	2015 評分	2014 至 2015 評分差異
北　海	2.232	2.823	0.591	海　口	3.174	3.152	-0.022
深圳市區	3.251	3.505	0.254	杭州余杭	3.327	3.304	-0.023
東莞市區	2.937	3.180	0.243	嘉興嘉善	3.090	3.067	-0.023
東莞厚街	2.364	2.584	0.220	紹　興	3.044	3.019	-0.025
貴　陽	3.007	3.177	0.170	上海浦東	3.764	3.738	-0.026
福州市區	3.301	3.463	0.162	重　慶	3.690	3.664	-0.026
廈門島外	4.100	4.259	0.159	蘇州常熟	3.328	3.298	-0.030
杭州蕭山	3.830	3.946	0.116	馬鞍山	3.584	3.553	-0.031
江　門	2.615	2.731	0.116	洛　陽	3.414	3.383	-0.031

表 17-9　2014-2015 TEEMA 中國大陸城市投資環境力評分差異（續）

城　　市	2014 評分	2015 評分	2014 至 2015 評分差異	城　　市	2014 評分	2015 評分	2014 至 2015 評分差異
天津市區	3.116	3.229	0.113	武漢漢口	3.006	2.974	-0.032
佛　山	2.890	3.002	0.112	德　陽	3.552	3.519	-0.033
成　都	3.839	3.943	0.104	北京亦庄	3.574	3.536	-0.038
廣州市區	3.314	3.388	0.074	惠　州	2.734	2.694	-0.040
連雲港	3.617	3.688	0.071	珠　海	3.449	3.408	-0.041
蘭　州	2.984	3.051	0.067	泰　安	3.179	3.137	-0.042
蘇州市區	3.881	3.936	0.055	廣州天河	3.194	3.152	-0.042
上海閔行	3.636	3.691	0.055	嘉興市區	3.356	3.308	-0.048
泉　州	3.389	3.443	0.054	武漢漢陽	2.953	2.895	-0.058
無錫宜興	3.528	3.565	0.037	襄　陽	2.870	2.810	-0.060
南　昌	3.351	3.385	0.034	天津濱海	3.769	3.702	-0.067
青　島	3.800	3.833	0.033	武漢武昌	3.076	3.006	-0.070
長　沙	3.153	3.175	0.022	無錫江陰	3.784	3.714	-0.070
杭州市區	3.668	3.690	0.022	淮　安	3.792	3.722	-0.070
南　寧	3.213	3.229	0.016	莆　田	3.248	3.177	-0.071
福州馬尾	3.253	3.263	0.010	常　州	3.521	3.447	-0.074
遂　寧	3.565	3.568	0.003	蘇州張家港	3.599	3.520	-0.079
揚　州	3.615	3.618	0.003	蕪　湖	3.589	3.510	-0.079
溫　州	2.788	2.789	0.001	鄭　州	3.355	3.274	-0.081
北京市區	3.548	3.543	-0.005	東莞松山湖	3.299	3.218	-0.081
上海松江	3.521	3.515	-0.006	石家莊	3.153	3.070	-0.083
南　通	3.740	3.733	-0.007	漳　州	3.203	3.114	-0.089
宿　遷	3.590	3.582	-0.008	三　亞	3.159	3.070	-0.089
蘇州吳江	3.474	3.465	-0.009	西　安	3.781	3.691	-0.090
上海市區	3.739	3.730	-0.009	寧波奉化	3.546	3.455	-0.091
湖　州	3.183	3.171	-0.012	寧波北侖	3.626	3.532	-0.094
廈門島內	3.838	3.823	-0.015	唐　山	3.320	3.221	-0.099
綿　陽	3.567	3.546	-0.021	蘇州太倉	3.355	3.255	-0.100
大　連	3.717	3.614	-0.103	蘇州新區	4.010	3.863	-0.147

表 17-9　2014-2015 TEEMA 中國大陸城市投資環境力評分差異（續）

城　　市	2014 評分	2015 評分	2014 至 2015 評分差異	城　　市	2014 評分	2015 評分	2014 至 2015 評分差異
上海嘉定	3.474	3.370	-0.104	泰　州	3.364	3.217	-0.147
太　原	2.816	2.711	-0.105	深圳寶安	2.766	2.618	-0.148
寧波市區	3.813	3.707	-0.106	昆　明	3.186	3.030	-0.156
東莞長安	2.687	2.581	-0.106	蘇州工業區	4.203	4.046	-0.157
宜　昌	2.865	2.758	-0.107	日　照	3.332	3.168	-0.164
煙　台	3.507	3.397	-0.110	濟　南	3.445	3.281	-0.164
鹽　城	3.477	3.367	-0.110	南京市區	3.843	3.665	-0.178
鎮　江	3.438	3.324	-0.114	瀋　陽	3.316	3.136	-0.180
汕　頭	3.118	3.004	-0.114	寧波餘姚	3.521	3.317	-0.204
合　肥	3.645	3.531	-0.114	東莞石碣	2.888	2.674	-0.214
保　定	3.328	3.205	-0.123	岳　陽	2.876	2.659	-0.217
廊　坊	3.571	3.446	-0.125	東莞虎門	2.839	2.616	-0.223
無錫市區	3.751	3.625	-0.126	桂　林	3.249	3.001	-0.248
哈爾濱	2.938	2.808	-0.130	威　海	3.530	3.277	-0.253
蘇州昆山	4.132	3.995	-0.137	贛　州	2.217	1.963	-0.254
九　江	2.398	2.257	-0.141	南京江寧	3.919	3.641	-0.278
徐　州	3.442	3.299	-0.143	中　山	3.131	2.771	-0.360
寧波慈溪	3.738	3.594	-0.144	吉　安	2.586	2.201	-0.385
深圳龍崗	2.710	2.566	-0.144	東莞清溪	2.710	2.266	-0.444
長　春	3.090	2.945	-0.145				

資料來源：本研究整理

第 18 章
2015 TEEMA 中國大陸 投資風險度

2015《TEEMA 調查報告》投資風險度之衡量，由六個構面及 42 個衡量指標所構成，其分別為：（1）社會風險有三項指標；（2）法制風險有八項指標；（3）經濟風險有八項指標；（4）經營風險有 15 項指標；（5）轉型風險有四項指標；（6）道德風險有四項指標，而道德風險構面為 2015《TEEMA 調查報告》所新增的投資風險度衡量構面，因此，中國大陸投資風險度由六大構面的每個細項指標之結果給予評分及排名。

一、2015 TEEMA 中國大陸投資風險度評估指標分析

根據 2015《TEEMA 調查報告》針對 118 個城市被列入風險度之評估，評分結果如表 18-1 顯示，而表 18-2 將能看出各構面平均觀點評分與排名結果。此外，為詳細分析台商在中國大陸投資布局之投資風險度評估指標結果，茲針對投資風險度六大評估構面、42 項細項指標，剖析如下：

1. 就社會風險構面而言：2015《TEEMA 調查報告》表 18-2 所示，社會風險構面評價為 2.564 分，相較於 2014 年的評分 2.525 分上升 0.039 分，排名也從第四名降至第五名，進一步從歷年《TEEMA 調查報告》中，得知台商認為中國大陸的社會風險日漸加劇。根據表 18-1 顯示，社會風險構面三個指標，其風險高低順序分別為：（1）「當地發生勞資或經貿糾紛不易排解的風險（2.627）」；（2）「當地發生員工抗議、抗爭事件頻繁的風險（2.550）」；（3）「當地人身財產安全受到威脅的風險（2.513）」。由近五年評價顯示，上述三項衡量指標風險度逐年提高，可見台商在中國大陸投資所面臨的社會風險，是台商企業不容忽視的重大課題。

2. 就法制風險構面而言：2015《TEEMA 調查報告》可知法制風險構面評價觀點為 2.531 分，較於 2014 年的 2.466 分高 0.065 分，從而得知台商認為在

中國大陸投資之法制風險呈上升趨勢，此風險構面相較於其他構面為歷年來之首。從表 18-1 顯示，在此構面八項指標中，風險最高的三項指標依序為：（1）「當地政府行政命令經常變動的風險（2.577）」；（2）「與當地政府協商過程難以掌控的風險（2.567）」；（3）「機構無法有效執行司法及仲裁結果的風險（2.552）」。而法制風險的指標中風險最低的前三項為：（1）「當地政府以不當方式要求台商回饋的風險（2.477）」；（2）「當地常以行事方式處理經濟案件的風險（2.487）」；（3）「政府調解、仲裁糾紛對台商不公平程度風險（2.527）」。綜觀上述，可知中國大陸地方政府常受到政策影響，導致行政措施較無法穩定持續，不斷的變動之下，致使經營管理者無法掌握其相關政策配套，以致使風險提高。

3. 就經濟風險構面而言：2015《TEEMA 調查報告》中，表 18-2 顯示經濟風險構面評價觀點為 2.560 分，相較於 2014 年 2.497 分上升 0.063 分，在全球環境不斷變化下，充斥經濟風險，與台商在中國大陸投資評價所見略同。而從表 18-1 可知，經濟風險構面的八項細項指標中，其風險最高的前三項為：（1）「台商藉由當地銀行體系籌措與取得資金困難（2.588）」；（2）「當地外匯嚴格管制及利潤匯出不易的風險（2.578）」；（3）「當地政府刪減優惠政策導致喪失投資優勢的風險（2.574）」，可見台商在中國大陸投資布局之際，籌措資金困難還是首要難題，有礙布局發展。相反地，在其指標中表現最好的前三項分別為：（1）「當地政府對台商優惠政策無法兌現的風險（2.532）」；（2）「台商企業在當地發生經貿糾紛頻繁的風險（2.538）」；（3）「當地的地方稅賦政策變動頻繁的風險（2.547）」。

4. 就經營風險構面而言：由表 18-2 中，得知經營風險構面評價觀點為 2.571 分，較 2014 年的 2.518 分高 0.053 分，並從近五年《TEEMA 調查報告》數據顯示，經營風險逐年升高，影響台商在中國大陸投資布局之決策。而從細項指標觀察，如表 18-1 顯示，其中以「當地適任人才及員工招募不易的風險（2.648）」、「員工缺乏忠誠度造成人員流動率頻繁的風險（2.648）」及「勞工成本上升幅度與速度高於企業可負擔風險（2.640）」等三項風險最為嚴重，由此可知，中國大陸在快速的經濟發展之下，隨之而來勞工成本不斷上漲，造成企業投資成本的上升，此外，在人才招募、人才育成不易、人力高流動性等相關經營問題，致使企業在投資布局面臨龐大的阻礙。而在經營風險構面之細項分數較低者，為「當地政府干預台商企業經營運作的風險（2.453）」、「當地台商因經貿、稅務糾紛被羈押的風險（2.483）」及「當地物流、運輸、通路狀況不易掌握的風

險（2.519）」，由此可見，在所有中國大陸投資風險度指標評價與排名中，此三項為所有細項風險指標中，表現相對其他指標良好，可見中國大陸在改革開放以來，其經營貿易相關的基礎建設、配套措施等，均相較為穩健成熟，利於各界在中國大陸投資發展，但仍有相當的進步空間。

5. 就轉型風險構面而言：在 2015《TEEMA 調查報告》表 18-2 得知，轉型風險構面評價觀點為 2.564 分，較於 2014 年的 2.534 分低 0.030 分，其風險從歷年顯示出逐年提升之趨勢，可見台商在面對新常態環境競爭下，台商企業面對轉型之困局，將是未來企業升級一大難題。而表 18-1 中，「政府協助台商轉型升級政策落實不到位（2.583）」為四細項風險評價構面中之最，由此可見，中國大陸政府政策仍需有所調整執行，以利執行到位。「台商進行轉型升級過程當地政府政策阻礙或限制（2.581）」為其細項中第二，其歷年數據顯示也較往年高，可見台商有意要轉型升級，但當地政府仍為轉型關鍵角色，如無力協心輔佐將影響企業轉型之成敗。

6. 就道德風險構面而言：根據表 18-2 所示，道德風險構面評價觀點為 2.544 分，其四項構面細項排序分別為「當地企業未盡企業社會責任之風險（2.560）」、「當地人民違反善良風俗的道德風險（2.547）」、「當地政府違反中央政策規定之風險（2.535）」及「當地企業員工違反工作紀律之倫理風險（2.534）」，從而可知，企業有待加強實踐社會責任，並且當地道德風氣的育成也擁有相當大的進步空間。

7. 就整體投資風險度而言：由 2015《TEEMA 調查報告》表 18-2 得知整體投資風險度綜合五項構面的評價為 2.556 分，其較 2014 年高 0.048 分，並進一步看出歷年的《TEEMA 調查報告》之投資風險度逐年提高，可見台商在中國大陸布局思維，隨著投資風險不斷的提高，進而產生動搖。其中，在綜合細項中顯示，投資風險度最差評比為「經營風險」，目前台商在中國大陸面臨的重大困境風險，如「當地適任人才及員工招募不易的風險」、「員工缺乏忠誠度造成人員流動率頻繁的風險」、「勞工成本上升幅度與速度高於企業可負擔風險」等風險，此三項細項構面評價為 42 項中，風險最高的前三名，由此可知，台商在中國大陸投資布局遭遇難題日趨嚴重，此外，也因勞動成本隨之上升，中國大陸原本具有廉價生產優勢不再，許多大型企業紛紛前往更偏僻、勞工成本更廉價的地區或國家，另外尋找白地市場。

8. 就投資風險度歷年排名變化而言：2015《TEEMA 調查報告》表 18-1 顯示，在 2011 年至 2014 年投資風險度評估指標進行排名比較分析，在高風險前十名

表 18-1 2011-2015 TEEMA 中國大陸投資風險度指標評分與排名分析

投資風險度評估構面與指標	2011 評分	2011 排名	2012 評分	2012 排名	2013 評分	2013 排名	2014 評分	2014 排名	2015 評分	2015 排名	2011至2015 排名平均	2011至2015 總排名
社會-01) 當地發生員工抗議、抗爭事件頻繁的風險	2.283	22	2.301	23	2.364	22	2.525	25	2.550	18	22.000	26
社會-02) 當地發生勞資或經貿糾紛不易排解的風險	2.302	25	2.315	25	2.384	27	2.572	35	2.627	39	30.200	33
社會-03) 當地人身財產安全受到威脅的風險	2.209	12	2.206	7	2.270	5	2.476	11	2.513	5	8.000	7
法制-01) 當地政府行政命令經常變動的風險	2.251	18	2.255	16	2.311	12	2.522	24	2.577	29	19.800	23
法制-02) 違反對台商合法取得土地使用權承諾風險	2.193	6	2.189	6	2.290	6	2.481	12	2.534	12	8.400	8
法制-03) 官員對法令、合同、規範執行不一致的風險	2.208	11	2.220	11	2.301	10	2.463	7	2.529	9	9.600	10
法制-04) 與當地政府協商過程難以掌控的風險	2.228	17	2.237	14	2.336	16	2.507	20	2.567	25	18.400	21
法制-05) 政府調解、仲裁糾紛對台商不公平程度風險	2.196	7	2.212	9	2.291	7	2.459	5	2.527	8	7.200	6
法制-06) 機構無法有效執行司法及仲裁結果的風險	2.205	10	2.218	10	2.306	11	2.484	14	2.552	19	12.800	13
法制-07) 當地政府以不當方式要求台商回饋的風險	2.144	3	2.174	3	2.246	2	2.412	2	2.477	2	2.400	3
法制-08) 當地常以刑事方式處理經濟案件的風險	2.143	1	2.170	2	2.250	3	2.402	1	2.487	4	2.200	2
經濟-01) 當地外匯嚴格管制及利潤匯出不易的風險	2.278	21	2.289	21	2.366	23	2.511	21	2.578	30	23.200	28
經濟-02) 當地的地方稅賦政策變動頻繁的風險	2.262	20	2.279	18	2.348	18	2.492	16	2.547	17	17.800	20
經濟-03) 台商藉由當地銀行體系籌措與取得資金困難	2.314	26	2.332	29	2.414	32	2.551	32	2.588	35	30.800	34
經濟-04) 當地政府對台商優惠政策無法兌現的風險	2.199	8	2.208	8	2.299	9	2.471	9	2.532	10	8.800	9
經濟-05) 台商企業在當地發生經貿糾紛頻繁的風險	2.211	13	2.227	12	2.323	14	2.471	10	2.538	15	12.800	13
經濟-06) 當地政府保護主義濃厚影響企業獲利的風險	2.226	16	2.242	15	2.341	17	2.482	13	2.557	20	16.200	17
經濟-07) 當地政府收費、攤派、罰款項目繁多的風險	2.259	19	2.286	20	2.363	21	2.489	15	2.564	23	19.600	22
經濟-08) 當地政府刪減優惠政策導致台商喪失投資優勢的風險	2.325	28	2.284	19	2.354	19	2.512	22	2.574	27	23.000	27
經營-01) 當地水電、燃氣、能源供應不穩定的風險	2.211	14	2.265	17	2.333	15	2.504	19	2.563	22	17.400	19
經營-02) 當地物流、運輸、通路狀況不易掌握的風險	2.160	4	2.177	4	2.293	8	2.460	6	2.519	6	5.600	5
經營-03) 當地配套廠商供應不穩定的風險	2.204	9	2.229	13	2.315	13	2.463	8	2.535	14	11.400	12

表 18-1 2011-2015 TEEMA 中國大陸投資風險度指標評分與排名分析（續）

投資風險度評估構面與指標	2011 評分	2011 排名	2012 評分	2012 排名	2013 評分	2013 排名	2014 評分	2014 排名	2015 評分	2015 排名	2011至2015 排名平均	2011至2015 總排名
經營-04) 當地企業信用不佳暨借貸索不易的風險	2.298	24	2.323	26	2.412	31	2.536	27	2.579	31	27.800	32
經營-05) 員工道德操守造成台商企業營運損失的風險	2.318	27	2.33	28	2.417	33	2.547	31	2.593	37	31.200	35
經營-06) 當地適任人才及員工招募不易的風險	2.356	30	2.379	30	2.448	36	2.593	36	2.648	42	34.800	40
經營-07) 員工缺乏忠誠度造成人員流動率頻繁的風險	2.358	31	2.382	31	2.443	35	2.598	37	2.648	41	35.000	41
經營-08) 當地經營維持人際網絡成本過高的風險	2.296	23	2.304	24	2.374	24	2.539	30	2.576	28	25.800	29
經營-09) 當地政府干預台商企業經營運作的風險	2.143	2	2.149	1	2.241	1	2.414	3	2.453	1	1.600	1
經營-10) 當地台商因經貿、稅務糾紛被羈押的風險	2.166	5	2.183	5	2.268	4	2.421	4	2.483	3	4.200	4
經營-11) 貨物通關時，受當地海關行政阻擾的風險	2.224	15	2.293	22	2.362	20	2.503	18	2.567	26	20.200	24
經營-12) 政府對內資與台資企業不公平待遇	2.331	29	2.328	27	2.378	25	2.521	23	2.581	32	27.200	31
經營-13) 勞工成本上升幅度與速度高於企業可負擔風險	2.511	33	2.524	33	2.477	37	2.606	38	2.640	40	36.200	42
經營-14) 原物料成本上升幅度過高造成企業虧損風險	2.462	32	2.492	32	2.402	30	2.537	28	2.588	36	31.600	36
經營-15) 環保要求日益嚴峻造成經營成本增加風險	-	-	-	-	-	-	2.533	26	2.593	38	32.000	37
轉型-01) 當地投資結束營運所造成的退出障礙風險	-	-	-	-	2.398	28	2.538	29	2.565	24	27.000	30
轉型-02) 台商進行轉型升級過程當地政府政策阻礙或限制	-	-	-	-	2.399	29	2.552	34	2.581	33	32.000	37
轉型-03) 政府協助台商轉型升級政策落實不到位	-	-	-	-	2.430	34	2.551	33	2.583	34	33.667	39
轉型-04) 台商因轉型升級造成企業供應鏈整合不到位	-	-	-	-	2.383	26	2.494	17	2.525	7	16.667	18
道德-01) 當地政府違反中央政策規定之風險	-	-	-	-	-	-	-	-	2.535	13	13.000	15
道德-02) 當地人民違反善良風俗的道德風險	-	-	-	-	-	-	-	-	2.547	16	16.000	16
道德-03) 當地企業未盡企業社會責任之風險	-	-	-	-	-	-	-	-	2.560	21	21.000	25
道德-04) 當地企業員工違反工作紀律之倫理風險	-	-	-	-	-	-	-	-	2.534	11	11.000	11

資料來源：本研究整理

當中，經營風險評估構面占有五名，其分別為「勞工成本上升幅度與速度高於企業可負擔風險」、「員工缺乏忠誠度造成人員流動率頻繁的風險」、「當地適任人才及員工招募不易的風險」、「環保要求日益嚴峻造成經營成本增加風險」、「原物料成本上升幅度過高造成企業虧損風險」，可明顯看出中國大陸勞工成本上升明顯地造成台商在當地經營風險之難題；此外，面對全球大環境的強大競爭下，中國大陸亦面臨新一波經濟挑戰之戰帖，為強化未來經濟之競爭力，政府政策亦針對產業轉型相關配套措施下足苦心，但每個政策配套必定會有政策陣痛期，並不是每項措施都受利於各個企業，因而使台商在中國大陸布局遭受到限制與阻礙，增加其投資風險。

表 18-2　2015 TEEMA 中國大陸投資風險度構面平均觀點評分與排名

投資風險度評估構面	2011		2012		2013		2014		2015		2011至2015	
	評分	排名	評分	排名	評分	排名	評分	排名	評分	排名	評分	排名
❶社會風險	2.265	3	2.274	3	2.340	2	2.525	4	2.564	5	2.394	3
❷法制風險	2.196	1	2.209	1	2.291	1	2.466	1	2.531	1	2.339	1
❸經濟風險	2.259	2	2.268	2	2.351	3	2.497	2	2.560	3	2.387	2
❹經營風險	2.288	4	2.311	4	2.369	4	2.518	3	2.571	6	2.411	4
❺轉型風險	-	-	-	-	2.403	5	2.534	5	2.564	4	2.500	5
❻道德風險	-	-	-	-	-	-	-	-	2.544	2	2.544	6
平均值	2.252		2.266		2.351		2.508		2.556		2.429	

資料來源：本研究室整理

二、2014-2015 TEEMA 中國大陸投資風險度比較分析

2015《TEEMA 調查報告》之 2014-2015 中國大陸投資風險度差異與排名變化分析如表 18-3 所示，在探討問卷對投資風險度透過 42 項評估指標，探討 TEEMA 2014-2015 中國大陸投資風險度五大構面，並對其五大構面進行差異分析，其結果與排名變化敘述如下：

1. 就 42 項評估指標而言：在 2015《TEEMA 調查報告》表 18-3 中，其投資風險度的 42 項評估之評估指標排名，除新增「道德風險」之四項細項指標外，其餘風險細項指標均呈現上升的趨勢，可知中國大陸在投資風險度上的變化，風險日漸提升，較過往投資更不易。

2. 就 42 項評估指標差異分析而言：從表 18-3 顯示，評估指標與 2014 年進行差異分析，而分數增加最多的構面為「法制風險」，其以「當地常以刑事方

式處理經濟案件的風險」為分數增加最高的指標，上升 0.085 分；再者為「經濟風險」構面，其以「當地政府收費、攤派、罰款項目繁多的風險」為最高，增加 0.075 分，顯示中國大陸相關措施日趨嚴謹，增加台商投資限制。

3. 就十項最優指標排名變化分析而言：根據 2015《TEEMA 調查報告》表 18-3，顯示其指標變化分析以經營風險構面之「當地政府干預台商企業經營運作的風險（2.453）」的分數最佳，再者為法治風險構面之「當地政府以不當方式要求台商回饋的風險（2.447）」，與經營風險構面的「當地台商因經貿、稅務糾紛被羈押的風險（2.483）」為分別二、三名分數較優之細項指標。

4. 就十項最劣指標排名變化分析而言：在 2015《TEEMA 調查報告》表 18-3 中，投資風險度排名最劣前三名均在經營風險構面中，其依序分別為「當地適任人才及員工招募不易的風險（2.648）」、「員工缺乏忠誠度造成人員流動率頻繁的風險（2.648）」及「勞工成本上升幅度與速度高於企業可負擔風險（2.640）」，由此可知，台商在中國大陸整體投資方面，以經營方面遭遇到重大的風險。

5. 就五項評估構面而言：就 2015《TEEMA 調查報告》表 18-4 顯示，在其六項投資風險評估構面中，其依序排名為：（1）法治風險；（2）道德風險；（3）經濟風險；（4）轉型風險；（5）社會風險；（6）經營風險。相較於 2014《TEEMA 調查報告》，法治風險構面仍為台商評價中最大的風險，而在 2015 年所新增的道德風險構面，由於近年中國大陸經濟快速發展，人民在各項意識逐漸抬頭，在道德水平不斷推高，經過台商評價調查中，其評價為第二名，可見中國大陸對道德意識的重視，無形中亦對台商投資經營中設下侷限。

表 18-3　2014-2015 TEEMA 投資風險度差異與排名變化分析

投資風險度評估構面與指標	2014 評分	2015 評分	2014至2015 差異分析	▲	▼	一
社會-01）當地發生員工抗議、抗爭事件頻繁的風險	2.525	2.550	+0.025	38	-	-
社會-02）當地發生勞資或經貿糾紛不易排解的風險	2.572	2.627	+0.055	21	-	-
社會-03）當地人身財產安全受到威脅的風險	2.476	2.513	+0.037	30	-	-
法制-01）當地政府行政命令經常變動的風險	2.522	2.577	+0.055	22	-	-
法制-02）違反對台商合法取得土地使用權承諾風險	2.481	2.534	+0.053	24	-	-
法制-03）官員對法令、合同、規範執行不一致的風險	2.463	2.529	+0.066	9	-	-

表 18-3　2014-2015 TEEMA 投資風險度差異與排名變化分析（續）

投資風險度評估構面與指標	2014 評分	2015 評分	2014至2015 差異分析	排名 ▲	▼	—
法制-04）與當地政府協商過程難以掌控的風險	2.507	2.567	+0.060	17	-	-
法制-05）政府調解、仲裁糾紛對台商不公平程度風險	2.459	2.527	+0.068	5	-	-
法制-06）機構無法有效執行司法及仲裁結果的風險	2.484	2.552	+0.068	6	-	-
法制-07）當地政府以不當方式要求台商回饋的風險	2.412	2.477	+0.065	10	-	-
法制-08）當地常以刑事方式處理經濟案件的風險	2.402	2.487	+0.085	1	-	-
經濟-01）當地外匯嚴格管制及利潤匯出不易的風險	2.511	2.578	+0.067	8	-	-
經濟-02）當地的地方稅賦政策變動頻繁的風險	2.492	2.547	+0.055	20	-	-
經濟-03）台商藉由當地銀行體系籌措與取得資金困難	2.551	2.588	+0.037	32	-	-
經濟-04）當地政府對台商優惠政策無法兌現的風險	2.471	2.532	+0.061	14	-	-
經濟-05）台商企業在當地發生經貿糾紛頻繁的風險	2.471	2.538	+0.067	7	-	-
經濟-06）當地政府保護主義濃厚影響企業獲利的風險	2.482	2.557	+0.075	3	-	-
經濟-07）當地政府收費、攤派、罰款項目繁多的風險	2.489	2.564	+0.075	2	-	-
經濟-08）當地政府刪減優惠政策導致喪失投資優勢的風險	2.512	2.574	+0.062	13	-	-
經營-01）當地水電、燃氣、能源供應不穩定的風險	2.504	2.563	+0.059	19	-	-
經營-02）當地物流、運輸、通路狀況不易掌握的風險	2.46	2.519	+0.059	18	-	-
經營-03）當地配套廠商供應不穩定的風險	2.463	2.535	+0.072	4	-	-
經營-04）當地企業信用不佳欠債追索不易的風險	2.536	2.579	+0.043	28	-	-
經營-05）員工道德操守造成台商企業營運損失的風險	2.547	2.593	+0.046	27	-	-
經營-06）當地適任人才及員工招募不易的風險	2.593	2.648	+0.055	23	-	-
經營-07）員工缺乏忠誠度造成人員流動率頻繁的風險	2.598	2.648	+0.050	26	-	-
經營-08）當地經營企業維持人際網絡成本過高的風險	2.539	2.576	+0.037	31	-	-
經營-09）當地政府干預台商企業經營運作的風險	2.414	2.453	+0.039	29	-	-

表 18-3　2014-2015 TEEMA 投資風險度差異與排名變化分析（續）

投資風險度評估構面與指標	2014評分	2015評分	2014至2015差異分析	排名 ▲	▼	—
經營-10）當地台商因經貿、稅務糾紛被羈押的風險	2.421	2.483	+0.062	12	-	-
經營-11）貨物通關時，受當地海關行政阻擾的風險	2.503	2.567	+0.064	11	-	-
經營-12）政府對內資與台資企業不公平待遇	2.521	2.581	+0.060	16	-	-
經營-13）勞工成本上升幅度與速度高於企業可負擔風險	2.606	2.640	+0.034	33	-	-
經營-14）原物料成本上升幅度過高造成企業虧損風險	2.537	2.588	+0.051	25	-	-
經營-15）環保要求日益嚴峻造成經營成本增加風險	2.533	2.593	+0.060	15	-	-
轉型-01）當地投資結束營運所造成的退出障礙風險	2.538	2.565	+0.027	37	-	-
轉型-02）台商進行轉型升級過程當地政府政策阻礙或限制	2.552	2.581	+0.029	36	-	-
轉型-03）政府協助台商轉型升級政策落實不到位	2.551	2.583	+0.032	34	-	-
轉型-04）台商因轉型升級造成企業供應鏈整合不到位	2.494	2.525	+0.031	35	-	-
道德-01）當地政府違反中央政策規定之風險	-	2.535	-	-	-	3
道德-02）當地人民違反善良風俗的道德風險	-	2.547	-	-	-	2
道德-03）當地企業未盡企業社會責任之風險	-	2.560	-	-	-	1
道德-04）當地企業員工違反工作紀律之倫理風險	-	2.534	-	-	-	4

資料來源：本研究整理

表 18-4　2014-2015 TEEMA 投資風險度細項指標變化排名分析

投資風險度構面	2014評分	2015評分	2014至2015差異分析	名次	細項指標 指標數	▲	▼	新增
❶ 社會風險	2.525	2.564	+0.039	5	3	3	0	0
❷ 法制風險	2.466	2.531	+0.065	1	8	8	0	0
❸ 經濟風險	2.497	2.560	+0.063	2	8	8	0	0
❹ 經營風險	2.518	2.571	+0.053	3	15	15	0	0
❺ 轉型風險	2.534	2.564	+0.030	4	4	4	0	0
❻ 道德風險	-	2.544	-	-	4	0	0	4
投資風險度平均	2.508	2.556	+0.048	-	42	38	0	4
百分比					100.00%	90.47%	0.00%	9.53%

資料來源：本研究整理

從表 18-5 可看出 2015 TEEMA 投資風險度排名十大最優指標，其前十名分別為「當地政府干預台商企業經營運作的風險」、「當地政府以不當方式要求台商回饋的風險」、「當地台商因經貿、稅務糾紛被羈押的風險」、「當地常以刑事方式處裡經濟案件的風險」、「當地人身財產安全受到威脅的風險」、「當地物流、運輸、通路狀況不易掌握的風險」、「台商因轉型升級造成企業供應鏈整合不到位」、「政府調解、仲裁糾紛對台商不公平程度風險」、「官員對法令、合同、規劃執行不一致的風險」及「當地政府對台商優惠政策無法兌現的風險」。其中，「台商因轉型升級造成企業供應鏈整合不到位」，此細項指標從 2014 年的第 17 名上升至 2015 年的第七名，上升十名，可見台商在轉型升級的過程中，其相關產業轉型升級跟進速度過慢，阻礙整體產業的發展，當地政府應盡力輔佐產業轉型發展，以利能更穩定的增加轉型效益。另一方面，「當地人身財產安全受到威脅的風險」此細項構面從 2014 年的第 11 名上升至 2015 年的第五名，上升六名，可知中國大陸隨著經濟快速起飛，但社會人文水準的培育教養速度緩慢，造成人民文化水平落差、貧富落差懸殊，以致此因。

表 18-5　2015 TEEMA 投資風險度排名十大最優指標

投資風險度排名十大最優指標	2014		2015	
	評分	排名	評分	排名
經營 -09）當地政府干預台商企業經營運作的風險	2.414	3	2.453	1
法制 -07）當地政府以不當方式要求台商回饋的風險	2.412	2	2.477	2
經營 -10）當地台商因經貿、稅務糾紛被羈押的風險	2.421	4	2.483	3
法制 -08）當地常以刑事方式處理經濟案件的風險	2.402	1	2.487	4
社會 -03）當地人身財產安全受到威脅的風險	2.476	11	2.513	5
經營 -02）當地物流、運輸、通路狀況不易掌握的風險	2.46	6	2.519	6
轉型 -04）台商因轉型升級造成企業供應鏈整合不到位	2.494	17	2.525	7
法制 -05）政府調解、仲裁糾紛對台商不公平程度風險	2.459	5	2.527	8
法制 -03）官員對法令、合同、規範執行不一致的風險	2.463	7	2.529	9
經濟 -04）當地政府對台商優惠政策無法兌現的風險	2.471	9	2.532	10

2015《TEEMA 調查報告》之投資風險度排名十大劣勢指標，其為「當地適任人才及員工招募不易的風險」、「員工缺乏忠誠度造成人員流動率頻繁的風險」、「勞工成本上升幅度與速度高於企業可負擔風險」、「當地發生勞資或經貿糾紛不易排解的風險」、「環保要求日益嚴峻造成經營成本增加風險」、「員工道德操守造成台商企業營運損失的風險」、「原物料成本上升幅度過高造成企

業虧損風險」、「台商藉由當地銀行體系籌措與取得資金困難」、「政府協助台商轉型升級政策落實不到位」與「台商進行轉型升級過程當地政府政策阻礙或限制」。其中，經營風險構面中的「環保要求日益嚴峻造成經營成本增加風險」，從 2014 年的第 13 名升至 2015 年的第五名，由此可見，中國大陸對環保意識不斷的提升，制定相關配套措施，以規範保護環境友愛大地，隨之影響台商投資布局。此外，「原物料成本上升幅度過高造成企業虧損風險」從 2014 年的第 11 名上升至 2015 年的第七名，可見近年由於全球經濟環境動盪不安及氣候變化劇烈，導致原物料波動過大，亦間接造成台商在中國大陸投資發展。

表 18-6　2015 TEEMA 投資風險度排名十大劣勢指標

投資風險度排名十大劣勢指標	2014		2015	
	評分	排名	評分	排名
經營 -06）當地適任人才及員工招募不易的風險	2.593	3	2.648	1
經營 -07）員工缺乏忠誠度造成人員流動率頻繁的風險	2.598	2	2.648	2
經營 -13）勞工成本上升幅度與速度高於企業可負擔風險	2.606	1	2.640	3
社會 -02）當地發生勞資或經貿糾紛不易排解的風險	2.572	4	2.627	4
經營 -15）環保要求日益嚴峻造成經營成本增加風險	2.533	13	2.593	5
經營 -05）員工道德操守造成台商企業營運損失的風險	2.547	8	2.593	6
經營 -14）原物料成本上升幅度過高造成企業虧損風險	2.537	11	2.588	7
經濟 -03）台商藉由當地銀行體系籌措與取得資金困難	2.551	6	2.588	8
轉型 -03）政府協助台商轉型升級政策落實不到位	2.551	6	2.583	9
轉型 -02）台商進行轉型升級過程當地政府政策阻礙或限制	2.552	5	2.581	10

2015《TEEMA 調查報告》針對 2015 年整體投資風險調查細項指標與 2014 年進行比較分析，如表 18-7 所示，風險上升前十名依序為：（1）當地常以刑事方式處理經濟案件的風險（上升 0.085 分）；（2）當地政府收費、攤派、罰款項目繁多的風險（上升 0.075 分）；（3）當地政府保護主義濃厚影響企業獲利的風險（上升 0.075 分）；（4）當地配套廠商供應不穩定的風險（上升 0.072 分）；（5）政府調解、仲裁糾紛對台商不公平程度風險（上升 0.068 分）；（6）機構無法有效執行司法及仲裁結果的風險（上升 0.068 分）；（7）台商企業在當地發生經貿糾紛頻繁的風險（上升 0.067 分）；（8）當地外匯嚴格管制及利潤匯出不易的風險（上升 0.067 分）；（9）官員對法令、合同、規範執行不一致的風險（上升 0.066 分）；（10）當地政府以不當方式要求台商回饋的風險（上升 0.065 分）。

表 18-7　2014-2015 TEEMA 投資風險度指標變化排名

投資風險度細項指標	2014 至 2015 差異分數	風險上升
法制 -08）當地常以刑事方式處理經濟案件的風險	+0.085	1
經濟 -07）當地政府收費、攤派、罰款項目繁多的風險	+0.075	2
經濟 -06）當地政府保護主義濃厚影響企業獲利的風險	+0.075	3
經營 -03）當地配套廠商供應不穩定的風險	+0.072	4
法制 -05）政府調解、仲裁糾紛對台商不公平程度風險	+0.068	5
法制 -06）機構無法有效執行司法及仲裁結果的風險	+0.068	6
經濟 -05）台商企業在當地發生經貿糾紛頻繁的風險	+0.067	7
經濟 -01）當地外匯嚴格管制及利潤匯出不易的風險	+0.067	8
法制 -03）官員對法令、合同、規範執行不一致的風險	+0.066	9
法制 -07）當地政府以不當方式要求台商回饋的風險	+0.065	10

三、2015 TEEMA 中國大陸城市投資風險度分析

　　表 18-8 為 2015《TEEMA 調查報告》列入評估的 118 個城市投資風險調查排名，有關投資風險度評論分述如下：

　　1. 就投資風險度十佳城市而言：2015《TEEMA 調查報告》投資風險度排名前十名的城市分別為：（1）蘇州工業區；（2）廈門島外；（3）杭州蕭山；（4）蘇州市區；（5）成都；（6）蘇州昆山；（7）上海浦東；（8）蘇州新區；（9）南通；（10）青島。其中，與 2014 年同時被列入前十名的城市分別為：蘇州工業區、廈門島外、杭州蕭山、蘇州市區、成都、蘇州新區、蘇州昆山，這些城市仍為台商在中國大陸投資風險當中，風險相對較低的常勝軍城市，此外，上海浦東、南通與青島於 2014 年尚未進入前十名，而於 2015《TEEMA 調查報告》挺進前十名，可見這幾個城市在社會、法制、經濟、經營等風險下足功夫，訂定相關政策配套措施，得以獲得台商投資青睞。根據中國大陸上海浦東新區台灣事務辦公室主任邵煜棟（2015）表示：「台商投資上海浦東正邁向長遠方向發展。如今台商投資浦東已從單跳獨行方式，轉向產業聯繫方式，從而要求優惠政策到對生活、服務、文化及居住條件之追求。」由此道出台商對上海浦東的投資眼光，將進一步的深化扎根投資思維。

　　2. 就投資風險度十劣城市而言：有關投資風險度排名後十名城市分別為：（1）吉安；（2）贛州；（3）九江；（4）東莞清溪；（5）東莞厚街；（6）太原；（7）東莞長安；（8）深圳寶安；（9）惠州；（10）深圳龍崗。其中，與 2014 年同時列為投資風險度十劣城市為：吉安、贛州、九江、東莞清溪及東莞厚街，此些城市其在六大評價構面當中，表現均不亮眼。

表 18-8　2015 TEEMA 中國大陸城市投資風險度排名分析

排名	地區	城市	❶社會風險 評分	❶社會風險 排名	❷法制風險 評分	❷法制風險 排名	❸經濟風險 評分	❸經濟風險 排名	❹經營風險 評分	❹經營風險 排名	❺轉型風險 評分	❺轉型風險 排名	❻道德風險 評分	❻道德風險 排名	投資風險度 評分	投資風險度 加權分數
1	華東	蘇州工業區	1.818	2	1.705	2	1.631	1	1.830	1	1.841	3	1.886	2	1.780	99.398
2	華南	廈門島外	1.619	1	1.696	1	1.815	2	1.924	3	1.821	2	1.893	3	1.818	99.017
3	華東	杭州蕭山	2.038	11	1.841	3	1.957	4	2.013	5	2.096	13	2.019	7	1.992	95.252
4	華東	蘇州市區	2.038	10	1.957	5	1.880	3	1.921	2	2.240	21	2.106	8	2.005	94.744
5	西南	成　都	2.222	29	2.214	25	2.044	6	1.948	4	1.922	4	1.861	1	2.018	93.407
6	華東	蘇州昆山	2.146	20	2.055	8	2.167	22	2.076	6	1.973	7	1.943	5	2.063	91.614
7	華東	上海浦東	2.133	17	2.060	9	2.100	13	2.184	15	2.110	15	2.130	11	2.124	89.583
8	華東	蘇州新區	1.987	7	1.938	4	2.111	14	2.085	7	2.337	36	2.154	15	2.106	89.414
9	華東	南　通	1.974	6	2.019	7	2.149	19	2.187	16	1.971	6	2.346	45	2.125	86.368
10	華北	青　島	2.179	25	2.207	24	2.058	7	2.167	14	2.298	29	2.135	12	2.167	86.326
11	華南	廈門島內	2.360	41	2.235	29	2.130	17	2.099	8	2.100	14	2.150	13	2.159	85.565
12	華東	淮　安	1.821	3	2.080	10	2.063	9	2.114	9	2.509	59	2.259	31	2.150	84.465
13	華東	上海市區	1.931	5	2.112	15	2.116	15	2.191	17	2.328	35	2.259	30	2.169	84.126
14	華北	天津濱海	2.000	8	2.185	23	2.060	8	2.270	26	2.274	26	2.238	25	2.184	83.915
15	華東	上海閔行	2.194	27	2.167	22	2.063	9	2.200	20	2.115	16	2.313	36	2.171	83.407
16	華東	杭州市區	2.150	21	2.088	11	2.094	11	2.293	29	2.038	9	2.338	43	2.176	83.069
17	西北	西　安	2.074	13	2.102	13	2.097	12	2.151	10	2.352	38	2.370	49	2.188	82.899
18	華東	南京江寧	2.185	26	2.132	19	2.139	18	2.222	22	2.264	25	2.208	22	2.192	82.561
19	華東	連雲港	2.508	56	2.262	32	2.167	22	2.197	19	1.952	5	2.119	10	2.183	82.392
20	西南	重　慶	2.293	38	2.341	46	2.356	41	2.156	12	2.053	10	2.015	6	2.201	80.277
21	華東	無錫江陰	2.315	39	2.563	67	2.299	33	2.163	13	1.764	1	1.917	4	2.168	80.065
22	華東	南京市區	2.130	16	2.104	14	2.250	28	2.374	40	2.250	22	2.194	20	2.239	79.177
23	華東	蘇州張家港	2.471	53	2.412	51	2.287	29	2.153	11	2.029	8	2.250	27	2.246	78.204
24	華東	寧波慈溪	2.365	43	2.214	26	2.155	20	2.235	24	2.429	49	2.155	16	2.246	77.188

表 18-8 　2015 TEEMA 中國大陸城市投資風險度排名分析（續）

排名	地區	城市	❶社會風險 評分	排名	❷法制風險 評分	排名	❸經濟風險 評分	排名	❹經營風險 評分	排名	❺轉型風險 評分	排名	❻道德風險 評分	排名	投資風險度 評分	加權分數
25	東北	大連	2.256	32	1.981	6	2.288	30	2.279	28	2.260	24	2.413	52	2.251	76.723
26	華東	無錫市區	2.227	30	2.325	41	2.160	21	2.245	25	2.300	31	2.290	34	2.253	76.004
27	華北	北京市區	2.153	22	2.349	47	2.349	40	2.331	34	2.146	17	2.115	9	2.259	75.750
28	華東	寧波北侖	2.133	17	2.125	18	2.121	16	2.231	23	2.625	75	2.333	40	2.258	74.946
29	華中	合肥	2.375	44	2.099	12	2.313	35	2.322	33	2.417	44	2.229	23	2.292	74.185
30	華東	揚州	2.321	40	2.317	40	2.290	31	2.271	27	2.313	32	2.241	26	2.289	74.058
31	華東	上海松江	2.000	8	2.113	16	2.394	43	2.573	68	2.075	12	2.150	13	2.273	73.297
32	西南	綿陽	2.396	46	2.219	27	2.297	32	2.196	18	2.344	37	2.422	54	2.296	72.747
33	華中	馬鞍山	2.091	14	2.119	17	2.528	56	2.294	30	2.398	42	2.341	44	2.317	70.758
34	華東	無錫宜興	2.286	34	2.679	77	2.333	38	2.203	21	2.298	28	2.250	27	2.330	70.335
35	華北	北京亦庄	2.288	35	2.335	44	2.216	25	2.367	39	2.216	20	2.432	56	2.311	70.166
36	華東	寧波市區	2.520	57	2.275	34	2.030	5	2.307	32	2.570	64	2.440	59	2.327	68.474
37	華東	上海嘉定	2.397	47	2.488	61	2.423	47	2.419	43	2.060	11	2.190	19	2.340	68.262
38	華東	蘇州吳江	2.362	42	2.418	52	2.405	45	2.409	42	2.299	30	2.196	21	2.356	67.712
39	西南	德陽	2.246	31	2.257	31	2.421	46	2.351	36	2.487	55	2.368	48	2.363	65.809
40	華東	宿遷	2.210	28	2.157	21	2.199	24	2.432	46	2.574	67	2.444	62	2.345	65.640
41	華南	泉州	2.175	24	2.333	43	2.345	39	2.495	55	2.429	48	2.250	27	2.362	65.597
42	華中	蕪湖	2.125	15	2.500	63	2.695	74	2.296	31	2.203	19	2.313	36	2.378	65.513
43	西南	遂寧	2.292	37	2.328	42	2.594	69	2.346	35	2.297	27	2.297	35	2.373	65.428
44	華東	寧波奉化	2.167	23	2.271	33	2.444	50	2.441	47	2.514	60	2.333	39	2.383	63.736
45	華東	徐州	2.143	19	2.232	28	2.327	36	2.530	61	2.440	52	2.512	66	2.390	61.705
46	華東	寧波餘姚	2.561	63	2.276	35	2.243	27	2.460	51	2.592	69	2.355	46	2.403	61.113
47	華北	廊坊	2.444	50	2.146	20	2.243	26	2.526	59	2.583	68	2.486	65	2.407	60.309
48	華東	蘇州常熟	2.633	72	2.338	45	2.463	53	2.513	57	2.175	18	2.425	55	2.425	58.744
49	華中	鄭州	2.632	71	2.849	93	2.566	64	2.351	37	2.316	33	2.158	17	2.462	58.025

表 18-8　2015 TEEMA 中國大陸城市投資風險度排名分析（續）

排名	地區	城市	❶社會風險 評分	❶社會風險 排名	❷法制風險 評分	❷法制風險 排名	❸經濟風險 評分	❸經濟風險 排名	❹經營風險 評分	❹經營風險 排名	❺轉型風險 評分	❺轉型風險 排名	❻道德風險 評分	❻道德風險 排名	投資風險度 評分	投資風險度 加權分數
50	華東	杭州余杭	2.463	52	2.472	56	2.722	76	2.378	41	2.375	40	2.333	40	2.462	57.644
51	華南	珠海	2.483	54	2.369	48	2.469	54	2.493	54	2.400	43	2.438	58	2.446	56.798
52	華北	威海	2.289	36	2.292	37	2.433	48	2.422	44	2.600	70	2.683	78	2.457	56.756
53	華北	濟南	2.603	65	2.429	55	2.375	42	2.425	45	2.571	66	2.440	60	2.458	55.741
54	華中	南昌	2.653	74	2.422	53	2.490	55	2.358	38	2.479	54	2.469	64	2.458	55.529
55	華南	福州市區	2.571	64	2.476	57	2.458	51	2.492	53	2.607	72	2.357	47	2.488	53.245
56	華東	蘇州太倉	2.486	55	2.547	66	2.599	70	2.564	66	2.396	41	2.260	32	2.490	52.737
57	華東	常州	2.061	12	2.301	38	2.443	49	2.497	56	2.773	86	2.852	89	2.508	52.652
58	華中	咸寧	2.167	24	2.500	63	2.750	79	2.673	78	2.488	57	2.238	24	2.494	52.356
59	華南	福州馬尾	2.267	33	2.281	36	2.306	34	2.593	73	2.600	70	2.988	103	2.517	50.326
60	西北	蘭州	2.608	67	2.485	60	2.728	77	2.592	72	2.250	22	2.412	51	2.526	49.903
61	華東	湖州	2.439	48	2.395	50	2.329	37	2.533	62	2.855	94	2.645	73	2.527	49.860
62	華南	廣州市區	2.652	73	2.608	72	2.545	61	2.455	50	2.432	50	2.580	70	2.531	49.395
63	華南	深圳市區	2.463	51	2.389	49	2.569	65	2.544	64	2.528	61	2.597	71	2.523	49.014
64	華東	鎮江	2.697	77	2.585	68	2.540	59	2.582	70	2.420	45	2.557	68	2.557	46.561
65	華南	海口	2.784	86	2.787	85	2.684	72	2.569	67	2.426	47	2.324	38	2.588	45.630
66	華中	洛陽	2.778	85	2.742	79	2.700	75	2.453	49	2.750	83	2.333	40	2.605	44.953
67	華南	東莞松山湖	2.750	80	2.477	58	2.461	52	2.638	75	2.609	73	2.516	67	2.567	44.276
68	華南	莆田	2.817	90	2.769	82	2.644	71	2.463	52	2.425	46	2.725	81	2.614	43.684
69	華東	鹽城	2.526	60	2.243	30	2.533	57	2.712	81	2.868	95	2.671	76	2.605	43.473
70	華北	煙台	3.042	98	2.594	71	2.992	101	2.450	48	2.359	39	2.453	63	2.626	43.346
71	華東	泰州	2.683	76	2.542	65	2.542	60	2.676	79	2.571	65	2.440	61	2.579	43.303
72	西南	南寧	2.439	49	2.784	84	2.767	82	2.527	60	2.534	62	2.614	72	2.619	42.457
73	華中	武漢漢陽	2.604	66	2.813	86	2.789	85	2.829	90	2.438	51	2.172	18	2.639	42.161

表 18-8 2015 TEEMA 中國大陸城市投資風險度排名分析（續）

排名	地區	城市	❶社會風險 評分	排名	❷法制風險 評分	排名	❸經濟風險 評分	排名	❹經營風險 評分	排名	❺轉型風險 評分	排名	❻道德風險 評分	排名	投資風險度 評分	加權分數
74	華南	廣州天河	2.614	68	2.586	69	2.579	66	2.660	76	2.763	85	2.421	53	2.608	41.569
75	華北	日照	2.896	93	2.422	53	2.555	63	2.550	65	2.641	77	2.891	95	2.631	40.004
76	華北	天津市區	2.542	61	2.490	62	2.536	58	2.725	82	2.667	78	2.854	90	2.644	39.327
77	華東	嘉興市區	2.381	45	2.310	39	2.548	62	2.730	84	2.845	91	3.048	107	2.661	38.692
78	華北	保定	3.228	112	2.612	74	2.395	44	2.516	58	3.000	103	2.737	83	2.683	38.650
79	西南	桂林	2.614	68	2.743	80	2.809	86	2.677	80	2.487	55	2.566	69	2.662	37.719
80	東北	瀋陽	2.667	75	2.839	89	2.854	91	2.886	93	2.448	53	2.281	33	2.694	37.212
81	華東	嘉興嘉善	2.764	84	2.766	81	2.786	84	2.536	63	2.625	75	2.813	86	2.698	35.477
82	華北	唐山	2.745	79	2.588	70	2.581	67	2.729	83	2.853	92	2.721	80	2.697	34.547
83	華中	武漢武昌	2.789	87	2.691	78	2.684	73	2.586	71	2.855	93	2.763	84	2.709	33.743
84	華南	三亞	2.756	81	2.483	59	2.758	81	2.742	85	2.750	83	2.850	87	2.725	33.235
85	華中	長沙	2.526	59	2.901	98	2.941	97	2.842	91	2.500	58	2.434	57	2.727	33.151
86	華東	紹興	2.857	92	2.863	95	2.869	93	2.581	69	2.560	63	2.679	77	2.720	32.897
87	華東	台州	2.521	58	2.844	91	2.781	83	2.746	86	2.719	80	2.766	85	2.744	31.205
88	華北	泰安	2.622	70	2.883	97	2.592	68	2.862	92	2.667	78	2.850	87	2.756	30.697
89	西南	貴陽	2.544	62	2.625	75	2.849	90	2.611	74	2.934	100	2.934	97	2.751	30.189
90	東北	鞍山	3.089	101	3.050	106	3.050	107	3.000	100	2.317	34	2.400	50	2.834	28.920
91	華南	汕頭	3.111	103	2.938	101	2.847	88	2.670	77	2.778	87	2.653	74	2.803	27.693
92	華南	漳州	2.756	82	2.842	90	2.733	78	2.822	89	2.783	88	2.950	99	2.814	26.720
93	華中	武漢漢口	2.979	96	2.781	83	2.914	95	2.946	94	2.734	82	2.875	93	2.876	24.013
94	西南	昆明	2.722	78	2.611	73	2.958	98	2.789	88	3.250	110	2.875	93	2.872	24.013
95	華南	東莞市區	3.148	106	3.021	105	2.854	92	2.770	87	2.889	98	2.667	75	2.865	22.617
96	華北	石家莊	2.978	95	2.858	94	2.908	94	3.031	102	2.733	81	2.867	91	2.906	21.559
97	西南	北海	3.167	108	2.875	96	2.758	80	2.950	95	2.875	96	2.984	102	2.916	20.756

表 18-8　2015 TEEMA 中國大陸城市投資風險度排名分析（續）

排名	地區	城市	❶社會風險 評分	排名	❷法制風險 評分	排名	❸經濟風險 評分	排名	❹經營風險 評分	排名	❺轉型風險 評分	排名	❻道德風險 評分	排名	投資風險度 評分	加權分數
98	華中	岳陽	2.800	88	2.633	76	2.825	87	3.102	108	2.900	99	3.050	108	2.908	19.910
99	華東	溫州	2.759	83	3.000	103	2.847	88	2.959	97	2.986	102	3.111	110	2.950	18.429
100	華中	宜昌	3.098	102	3.154	111	3.022	103	3.043	104	2.794	89	2.691	79	2.971	17.371
101	華中	佛山	2.941	94	2.831	88	3.059	109	3.169	110	2.618	74	3.176	112	2.992	16.398
102	東北	長春	3.125	104	3.125	110	2.977	99	2.983	98	2.875	96	2.922	96	2.992	16.229
103	華南	東莞虎門	3.208	111	2.844	91	2.930	96	2.992	99	3.172	107	3.281	114	3.049	14.664
104	華中	襄陽	2.815	89	2.903	99	3.090	110	3.200	112	3.194	108	2.736	82	3.025	14.326
105	華中	中山	3.246	113	3.059	108	2.980	100	3.032	103	2.829	90	3.026	106	3.016	13.987
106	華南	東莞石碣	3.020	97	2.926	100	3.044	106	3.016	101	3.206	109	3.015	105	3.037	13.480
107	東北	哈爾濱	3.200	110	3.325	115	3.267	114	2.956	96	2.950	101	2.867	92	3.083	12.845
108	華南	江門	2.854	91	2.828	87	3.031	104	3.263	114	3.297	113	3.094	109	3.090	12.210
109	華南	深圳龍崗	3.364	115	3.114	109	3.000	102	3.048	105	3.136	105	2.966	100	3.081	11.787
110	華南	惠州	3.176	109	2.993	102	3.051	108	3.196	111	3.044	104	3.000	104	3.082	10.518
111	華南	深圳寶安	3.146	105	3.055	107	3.313	116	3.050	106	3.141	106	2.938	98	3.110	10.434
112	華南	東莞長安	3.463	116	3.208	114	3.035	105	3.089	107	3.333	115	3.111	110	3.173	7.599
113	華北	太原	3.076	100	3.170	112	3.091	111	3.112	109	3.318	114	3.386	117	3.185	7.007
114	華南	東莞厚街	3.156	107	3.192	113	3.333	117	3.262	113	3.250	110	2.983	101	3.212	6.711
115	華南	東莞清溪	3.542	117	3.000	103	3.203	112	3.363	116	3.250	110	3.250	113	3.260	6.076
116	華中	九江	3.667	118	3.391	117	3.258	113	3.358	115	3.422	116	3.375	115	3.386	3.242
117	華中	贛州	3.074	99	3.382	116	3.507	118	3.544	118	3.792	118	3.625	118	3.515	2.861
118	華中	吉安	3.313	114	3.406	118	3.297	115	3.433	117	3.578	117	3.375	115	3.403	2.565

資料來源：本研究整理

四、2014-2015 TEEMA 中國大陸投資風險度差異分析

2015《TEEMA 調查報告》表 18-9 顯示，針對 2014 年與 2015 年同時列入評估的 115 個城市進行投資風險調查差異分析，茲將重要評論分述如下：

1. 就 2014-2015 投資風險度評分下降前十城市而言：投資風險度評分中，上升前十名的城市依序為：（1）哈爾濱；（2）漳州；（3）東莞長安；（4）南京江寧；（5）三亞；（6）蘇州昆山；（7）瀋陽；（8）昆明；（9）唐山；（10）寧波市區。

2. 就 2014-2015 投資風險度評分上升前十城市而言：投資風險度評分中，上升城市依序為：（1）蘭州；（2）北海；（3）紹興；（4）溫州；（5）岳陽；（6）嘉興嘉善；（7）武漢武昌；（8）宜昌；（9）連雲港；（10）蘇州工業區。

表 18-9 2014-2015 TEEMA 中國大陸城市投資風險度評分差異

城 市	2014 評分	2015 評分	2014 至 2015 評分差異	城 市	2014 評分	2015 評分	2014 至 2015 評分差異
蘭 州	2.969	2.526	-0.443	東莞厚街	3.212	3.212	0.000
北 海	3.207	2.916	-0.291	鄭 州	2.460	2.462	+0.002
紹 興	3.005	2.720	-0.285	東莞石碣	3.034	3.037	+0.003
溫 州	3.159	2.950	-0.209	深圳龍崗	3.078	3.081	+0.003
岳 陽	3.082	2.908	-0.174	威 海	2.453	2.457	+0.004
嘉興嘉善	2.844	2.698	-0.146	宿 遷	2.337	2.345	+0.008
武漢武昌	2.827	2.709	-0.118	綿 陽	2.282	2.296	+0.014
宜 昌	3.080	2.971	-0.109	太 原	3.171	3.185	+0.014
連雲港	2.291	2.183	-0.108	徐 州	2.373	2.390	+0.017
蘇州工業區	1.885	1.780	-0.105	天津市區	2.627	2.644	+0.017
福州市區	2.584	2.488	-0.096	蘇州吳江	2.336	2.356	+0.020
江 門	3.172	3.090	-0.082	西 安	2.164	2.188	+0.024
武漢漢口	2.955	2.876	-0.079	長 沙	2.699	2.727	+0.028
上海嘉定	2.414	2.340	-0.074	重 慶	2.172	2.201	+0.029
襄 陽	3.097	3.025	-0.072	上海閔行	2.142	2.171	+0.029
泉 州	2.423	2.362	-0.061	石家莊	2.874	2.906	+0.032
汕 頭	2.864	2.803	-0.061	北京市區	2.227	2.259	+0.032
福州馬尾	2.574	2.517	-0.057	蘇州常熟	2.390	2.425	+0.035
杭州蕭山	2.043	1.992	-0.051	貴 陽	2.715	2.751	+0.036
南 寧	2.667	2.619	-0.048	寧波慈溪	2.210	2.246	+0.036
深圳市區	2.566	2.523	-0.043	深圳寶安	3.070	3.110	+0.040
海 口	2.628	2.588	-0.040	寧波北侖	2.218	2.258	+0.040
杭州余杭	2.502	2.462	-0.040	寧波餘姚	2.361	2.403	+0.042

表 18-9　2014-2015 TEEMA 中國大陸城市投資風險度評分差異（續）

城　市	2014 評分	2015 評分	2014 至 2015 評分差異	城　市	2014 評分	2015 評分	2014 至 2015 評分差異
上海松江	2.312	2.273	-0.039	大　連	2.208	2.251	+0.043
武漢漢陽	2.675	2.639	-0.036	馬鞍山	2.271	2.317	+0.046
東莞虎門	3.082	3.049	-0.033	遂　寧	2.327	2.373	+0.046
中　山	3.047	3.016	-0.031	南　昌	2.410	2.458	+0.048
北京亦庄	2.333	2.311	-0.022	蘇州市區	1.957	2.005	+0.048
廣州天河	2.629	2.608	-0.021	蘇州張家港	2.197	2.246	+0.049
佛　山	3.009	2.992	-0.017	廈門島外	1.763	1.818	+0.055
淮　安	2.166	2.150	-0.016	莆　田	2.559	2.614	+0.055
南　通	2.134	2.125	-0.009	成　都	1.960	2.018	+0.058
桂　林	2.666	2.662	-0.004	德　陽	2.305	2.363	+0.058
日　照	2.570	2.631	+0.061	常　州	2.360	2.508	+0.148
嘉興市區	2.597	2.661	+0.064	東莞清溪	3.112	3.260	+0.148
天津濱海	2.120	2.184	+0.064	鹽　城	2.453	2.605	+0.152
杭州市區	2.108	2.176	+0.068	泰　州	2.425	2.579	+0.154
無錫市區	2.184	2.253	+0.069	吉　安	3.248	3.403	+0.155
珠　海	2.373	2.446	+0.073	蘇州新區	1.948	2.106	+0.158
南京市區	2.164	2.239	+0.075	長　春	2.824	2.992	+0.168
濟　南	2.382	2.458	+0.076	東莞市區	2.692	2.865	+0.173
湖　州	2.448	2.527	+0.079	廈門島內	1.985	2.159	+0.174
廣州市區	2.451	2.531	+0.080	無錫江陰	1.989	2.168	+0.179
揚　州	2.202	2.289	+0.087	煙　台	2.441	2.626	+0.185
合　肥	2.204	2.292	+0.088	九　江	3.199	3.386	+0.187
上海浦東	2.035	2.124	+0.089	泰　安	2.557	2.756	+0.199
無錫宜興	2.232	2.330	+0.098	蕪　湖	2.175	2.378	+0.203
東莞松山湖	2.467	2.567	+0.100	寧波市區	2.115	2.327	+0.212
洛　陽	2.505	2.605	+0.100	唐　山	2.483	2.697	+0.214
鎮　江	2.452	2.557	+0.105	昆　明	2.644	2.872	+0.228
上海市區	2.063	2.169	+0.106	瀋　陽	2.442	2.694	+0.252
廊　坊	2.290	2.407	+0.117	蘇州昆山	1.807	2.063	+0.256
惠　州	2.968	3.082	+0.114	三　亞	2.441	2.725	+0.284
蘇州太倉	2.375	2.490	+0.115	南京江寧	1.892	2.192	+0.300
贛　州	3.399	3.515	+0.116	東莞長安	2.865	3.173	+0.308
保　定	2.567	2.683	+0.116	漳　州	2.469	2.814	+0.345
寧波奉化	2.260	2.383	+0.123	哈爾濱	2.676	3.083	+0.407
青　島	2.027	2.167	+0.140				

資料來源：本研究整理

第 19 章
2015 TEEMA 中國大陸
台商推薦度

2015《TEEMA 調查報告》延續既有之「兩力兩度」研究評估模式，針對城市競爭力、投資環境力、投資風險度及台商推薦度進行分析，藉由調查台商對於中國大陸各地 118 個城市之觀點，進行城市綜合實力評估。其針對「台商推薦度」的部分，衡量的標準係針對前往中國大陸的企業做為研究調查之母體，透過台商對該城市投資的相關經驗做為評選基準，藉以提供企業未來前赴中國大陸投資之參考依據。其細項衡量指標係依據 2006《TEEMA 調查報告》，以十項衡量指標衡量「台商推薦度」，其中包括：（1）城市競爭力；（2）投資環境力；（3）投資風險度；（4）城市發展潛力；（5）城市投資效益；（6）國際接軌程度；（7）台商權益保護；（8）政府行政效率；（9）內銷市場前景；（10）整體生活品質。2015《TEEMA 調查報告》為完整呈現各項重要指標的變化趨勢，茲以十項衡量指標為比較基準，進行中國大陸 118 個城市台商推薦度排名。

一、2015TEEMA 中國大陸台商推薦度分析

2015《TEEMA 調查報告》依據對已在中國大陸投資的台商企業調查結果分析，2015 年台商推薦度與細項指標的城市排名順序，如表 19-1 所示，有關調查重要內涵分述如下：

1. 就推薦度前十佳城市而言：依 2015《TEEMA 調查報告》顯示，台商推薦度前十佳的城市依序為：（1）成都；（2）蘇州工業區；（3）廈門島外；（4）蘇州市區；（5）杭州蕭山；（6）蘇州昆山；（7）青島；（8）廈門島內；（9）蘇州新區；（10）南通。綜觀 2015 年台商推薦度結果，成都從 2014 年的第八名躍升為 2015 年榜首，最主要的原因在於 2014 年成都的地區總產值高達 1 兆人民幣，比起 2014 年成長 8.9%。而從經濟趨勢來看，成都做為西部特大中心城市，在策略性新興產業和新興服務上具有較好的條件，加上中國大陸一帶一路策

略的推廣，成都受惠於新一輪西部大開發以及長江經濟帶、成渝經濟區、四川天府新區建設等一系列的重大機遇，還有政府改革制度紅利的釋放，均成為成都平穩成長的經濟基礎。而在 2014 年分別佔據第十一名和十五名的青島與南通，則搶進了前十名之列，其關鍵在於 2015 年為青島西海岸新區的改革創新年和落實提升年，也是該經濟區落十三年行動計畫的關鍵之年。青島西海岸新區將以重點產業項目、重點政府投資項目、固定資產類政府實施項目和在談簽約等為推手，預計項目總數超過 675 個，投資總額超過 4,000 億人民幣。南通市在 2015 年則是積極落實包含：（1）完成固定資產投資 4,500 億人民幣的目標，以 29 個省級重大項目為核心並強化市級 160 個重大項目的推展；（2）強化產業鏈、專業化和政府企業聯合招商，配合中國大陸「互聯網＋」行動計畫、新型城鎮化、智慧成市建設等政策機會，大力發展新產業、新業態和新模式；（3）配合投資體制的創新，進一步以改革開放激發成長活力；（4）開展三大推展活動，在提升重大項目拓展的力度上尋求突破等四個工作重點。

2. 就推薦度前十劣城市而言：2015《TEEMA 調查報告》台商推薦度之結果顯示，最不推薦的十大城市依序為：（1）東莞厚街；（2）九江；（3）贛州；（4）太原；（5）吉安；（6）東莞清溪；（7）岳陽；（8）襄陽；（9）襄江門；（10）深圳龍崗。其中往有世界鞋都之稱的厚街也開始敵不過因為工資和稅收高漲的衝擊，造成產業逐漸外移而沒落。

3. 台商推薦度十項指標分析而言：透過 2015《TEEMA 調查報告》台商推薦度的十項指標顯示，成都在 2015 年調查中，在台商推薦度中整體推薦度（4.478）上升了七個名次來到榜首。其中城市競爭力（4.556）、投資效益（4.511）、權益保護（4.556）、行政效率（4.511）、內銷市場（4.533）和生活品質（4.533）都在所有 118 個列入評估城市的首位。最主要原因，除了成都一直以來都是西部開發的重要經濟重鎮之外，伴隨著中國大陸政府於 2015 年所提出的一帶一路政策，身為中國大陸東西鐵路連接要塞的成都，其地理位置和戰略地位更顯重要。此外，成都致力於服務行政府的推展，經過十多年來的努力，現在已經成為中國大陸同類型城市中審批事項最少，效率最高的城市之一。在權益維護方面，成都也是中國大陸首個知識產權保護示範成市，率先於其他城市設立政府專利獎，並被世界銀行組織評選為「中國大陸內陸投資環境標竿城市」。成都近幾年來也積極的發展產業配套，目前已形成電子訊息、汽車、新能源、新材料、生物醫藥、節能環保以及高端裝備製造等產業群聚，同時在上下游產業鏈的發展也更加成熟。

表 19-1 2015 TEEMA 中國大陸城市台商推薦度細項指標排名分析

排名	城市	地區	❶競爭力	❷環境力	❸風險度	❹發展潛力	❺投資效益	❻國際接軌	❼權益保護	❽行政效率	❾內銷市場	❿生活品質	台商推薦度
1	成都	西南	4.556	4.422	4.200	4.578	4.511	4.378	4.556	4.511	4.533	4.533	4.478	99.458
2	蘇州工業區	華東	4.455	4.545	4.591	4.500	4.409	4.227	4.455	4.409	3.818	4.227	4.364	97.621
3	廈門島外	華南	4.238	4.333	4.190	4.667	4.190	4.190	4.190	4.048	3.905	4.286	4.224	96.963
4	蘇州市區	華東	4.154	4.308	4.269	4.269	4.154	4.154	4.192	4.077	3.808	4.231	4.162	96.654
5	杭州蕭山	華東	4.346	4.308	4.269	4.115	4.154	3.846	4.077	4.154	4.038	4.000	4.131	92.523
6	蘇州昆山	華東	3.894	4.045	3.833	3.970	3.909	4.045	4.106	4.136	4.136	4.227	4.030	92.014
7	青島	華北	4.077	3.846	3.731	4.000	3.769	4.115	4.385	4.077	3.846	4.385	4.023	91.783
8	廈門島內	華南	3.720	3.880	4.040	4.120	4.120	4.240	4.160	4.000	3.960	3.840	4.008	91.445
9	蘇州新區	華東	4.038	4.077	4.115	4.231	3.692	4.000	3.846	3.923	3.885	4.077	3.988	90.683
10	南通	華東	3.885	4.154	4.077	3.962	3.846	3.769	4.000	4.038	3.769	3.808	3.931	88.737
11	上海浦東	華東	3.800	3.880	3.800	4.160	3.840	4.280	3.880	4.040	3.720	3.800	3.920	87.891
12	淮安	華東	3.750	3.857	3.857	3.750	4.071	3.607	4.000	4.143	3.786	3.964	3.879	87.384
13	杭州市區	華東	3.900	4.150	3.850	3.950	3.650	3.550	3.750	4.000	3.950	4.100	3.885	87.130
14	上海市區	華東	3.724	3.724	3.759	3.759	3.724	4.448	4.103	3.966	3.621	4.034	3.886	84.930
15	無錫江陰	華東	3.944	3.889	3.889	4.000	3.833	3.556	3.722	3.778	3.778	3.722	3.811	84.253
16	南京市區	華東	3.722	3.667	3.611	4.000	3.722	3.889	4.056	4.000	3.500	3.944	3.811	82.561
17	天津濱海	華北	3.952	4.095	4.286	4.048	3.762	3.762	3.714	3.762	3.333	3.667	3.838	82.476
18	上海閔行	華東	4.000	3.917	3.708	3.667	4.042	4.083	3.667	3.708	3.708	3.708	3.821	82.476
19	西安	西北	3.407	3.593	3.593	4.037	4.000	3.741	3.667	3.741	4.444	4.000	3.822	81.461
20	連雲港	華東	4.048	3.714	3.810	3.810	3.667	3.476	3.810	3.857	3.762	3.619	3.757	80.869
21	大連	東北	3.654	3.731	3.846	3.846	4.154	3.731	3.769	3.654	3.731	3.692	3.781	80.615
21	重慶	西南	3.727	3.576	3.394	3.758	3.788	3.758	3.818	3.939	3.939	3.758	3.745	80.615
23	寧波市區	華東	3.880	3.800	3.640	3.800	3.560	3.640	3.640	3.720	3.760	3.760	3.720	78.838
24	無錫市區	華東	3.600	3.640	3.680	3.960	3.880	3.520	3.880	3.840	3.400	3.880	3.728	78.584
25	寧波慈溪	華東	3.714	3.810	3.714	3.476	3.429	3.762	3.857	3.857	3.762	3.571	3.695	77.146
26	蘇州張家港	華東	3.588	3.824	3.824	3.765	3.765	4.059	3.941	3.588	3.353	3.471	3.718	76.892

表 19-1 2015 TEEMA 中國大陸城市台商推薦度細項指標排名分析（續）

排名	城市	地區	❶競爭力	❷環境力	❸風險度	❹發展潛力	❺投資效益	❻國際接軌	❼權益保護	❽行政效率	❾內銷市場	❿生活品質	台商推薦度
26	馬鞍山	華中	3.409	3.727	3.591	3.727	3.682	3.773	3.727	3.682	3.773	3.773	3.686	76.892
28	北京市區	華北	3.750	3.792	3.917	3.750	3.625	4.000	3.583	3.500	3.917	3.250	3.708	76.639
29	南京江寧	華東	3.389	3.500	3.389	3.611	3.778	3.667	3.778	3.889	3.778	4.056	3.683	76.215
30	揚州	華東	3.750	3.607	3.607	3.536	3.607	3.607	3.607	3.643	3.750	3.750	3.646	74.185
31	綿陽	西南	3.813	3.625	3.500	3.688	3.250	3.625	3.688	3.938	3.813	3.375	3.631	73.339
32	廊坊	華北	3.667	3.833	3.667	4.167	3.833	3.444	3.556	3.556	3.611	3.278	3.661	72.747
33	寧波北侖	華東	3.700	3.533	3.567	3.467	3.533	3.467	3.733	3.633	3.733	3.733	3.610	71.477
34	德陽	西南	3.474	3.579	3.105	3.421	3.526	3.316	3.842	3.789	3.947	3.895	3.589	70.885
35	北京亦庄	華北	3.773	3.455	3.682	3.500	3.545	3.591	3.636	3.545	3.591	3.636	3.595	70.801
36	上海松江	華東	3.850	3.850	3.650	3.750	3.450	3.450	3.450	3.400	3.350	3.650	3.585	70.039
37	合肥	華中	3.375	3.542	3.500	3.708	3.667	3.208	3.750	3.708	3.750	3.542	3.575	69.955
38	宿遷	華東	3.704	3.444	3.481	3.778	3.519	3.296	3.630	3.815	3.630	3.370	3.567	68.262
39	寧波奉化	華東	3.222	3.444	3.444	3.667	3.667	3.722	3.500	3.444	3.944	3.389	3.544	67.586
40	上海嘉定	華東	3.429	3.429	3.333	3.619	3.524	3.762	3.381	3.333	3.524	3.810	3.514	65.555
41	無錫宜興	華東	3.571	3.524	3.524	3.524	3.524	3.333	3.286	3.333	3.619	3.905	3.514	65.470
42	遂寧	西南	3.688	3.750	3.500	3.625	3.250	3.313	3.500	3.688	3.688	3.313	3.531	65.301
43	蘇州吳江	華東	3.457	3.326	3.283	3.413	3.391	3.370	3.565	3.609	3.783	3.848	3.504	65.047
44	威海	華北	3.533	3.533	3.400	3.467	3.400	3.933	3.533	3.200	3.467	3.467	3.493	63.609
45	鎮江	華東	3.409	3.273	3.364	3.682	3.591	3.318	3.364	3.636	3.455	3.545	3.464	62.763
46	珠海	華南	3.450	3.500	3.500	3.450	3.550	3.450	3.300	3.350	3.400	3.550	3.450	62.002
47	無湖	華中	3.375	3.000	3.313	3.563	3.438	3.188	3.813	3.563	4.125	3.250	3.463	61.071
48	寧波餘姚	華東	3.947	3.421	3.368	3.474	3.421	3.263	3.526	3.474	3.263	3.316	3.447	60.056
49	泉州	華南	3.286	3.286	3.095	3.381	3.286	3.524	3.524	3.571	3.619	3.667	3.424	58.786
50	鄭州	華中	3.368	3.105	3.211	3.579	3.526	3.158	3.632	3.526	3.368	3.526	3.400	57.771

表 19-1　2015 TEEMA 中國大陸城市台商推薦度細項指標排名分析（續）

排名	城市	地區	❶競爭力	❷環境力	❸風險度	❹發展潛力	❺投資效益	❻國際接軌	❼權益保護	❽行政效率	❾內銷市場	❿生活品質	台商推薦度
51	南昌	華中	3.833	3.708	3.667	3.375	3.167	3.208	3.083	3.375	3.667	3.083	3.417	57.602
52	深圳市區	華南	3.222	3.056	3.000	3.222	3.333	3.444	3.389	3.500	3.778	3.778	3.372	56.671
53	常州	華東	3.591	3.500	3.545	3.545	3.364	3.318	3.136	3.045	3.136	3.364	3.355	55.318
54	濟南	華北	3.238	3.333	3.333	3.619	3.286	3.238	3.286	3.476	3.333	3.381	3.352	54.895
55	徐州	華東	3.238	3.333	3.286	3.476	3.333	3.143	3.429	3.333	3.476	3.381	3.343	54.810
56	廣州市區	華南	3.273	3.045	3.455	3.318	3.318	3.545	3.227	3.182	3.455	3.409	3.323	53.202
57	泰州	華東	3.000	3.333	3.429	3.381	3.048	3.143	3.381	3.381	3.333	3.571	3.300	51.764
58	蘇州大倉	華東	3.208	3.375	3.167	3.333	3.292	3.417	3.292	3.333	3.250	3.375	3.304	51.087
59	莆田	華南	3.550	3.200	3.150	3.550	3.150	3.450	3.300	3.400	3.250	2.950	3.295	51.003
60	鹽城	華東	3.474	3.526	3.158	3.105	3.263	3.263	3.579	3.105	3.316	3.263	3.305	51.003
61	煙台	華北	3.188	3.063	3.188	3.313	3.125	3.125	3.313	3.250	3.813	3.500	3.288	50.664
62	保定	華北	2.842	3.158	3.158	3.158	3.158	3.474	3.526	3.526	3.421	3.421	3.284	50.495
63	杭州余杭	華東	3.278	3.389	3.333	3.000	3.167	3.222	3.222	3.278	3.444	3.333	3.267	48.972
64	湖州	華東	3.211	3.211	3.263	3.211	3.368	3.263	3.263	3.211	3.211	3.316	3.253	48.295
65	洛陽	華中	2.867	2.800	3.067	2.867	3.467	2.867	3.533	3.600	3.267	3.600	3.193	45.165
66	蘇州常熟	華東	3.700	3.450	3.350	3.250	3.200	3.000	3.050	2.900	2.950	3.100	3.195	44.742
67	海口	華南	3.235	3.176	3.353	3.059	2.882	3.294	3.176	3.294	3.235	3.294	3.200	44.573
68	福州馬尾	華南	3.250	3.200	3.000	3.400	3.200	3.300	3.200	3.150	2.750	3.350	3.180	44.403
69	嘉興市區	華東	2.857	2.952	3.000	3.429	3.286	3.048	3.238	3.381	3.524	3.095	3.181	43.388
70	日照	華北	2.938	3.500	3.063	3.063	3.063	2.813	2.938	3.750	3.188	3.313	3.163	42.034
71	福州市區	華南	3.048	3.095	3.190	3.190	2.810	3.095	3.476	3.238	3.000	3.238	3.138	40.681
72	蘭州	西北	3.176	2.882	2.941	3.294	3.294	3.000	3.118	3.353	3.588	2.706	3.135	40.258
73	東莞松山湖	華南	3.188	3.125	3.250	3.125	3.250	2.938	3.125	2.938	3.000	3.188	3.113	39.835
74	天津市區	華北	2.917	3.042	3.208	3.167	3.292	3.125	3.125	2.917	3.083	2.875	3.075	37.719
75	廣州天河	華南	3.211	3.158	3.105	2.947	3.368	2.842	3.000	2.789	3.158	3.105	3.068	36.789
76	武漢武昌	華中	3.421	3.263	3.105	3.211	2.789	2.895	2.895	2.895	3.053	3.053	3.058	36.704

表 19-1　2015 TEEMA 中國大陸城市台商推薦度細項指標排名分析（續）

排名	城市	地區	❶競爭力	❷環境力	❸風險度	❹發展潛力	❺投資效益	❻國際接軌	❼權益保護	❽行政效率	❾內銷市場	❿生活品質	台商推薦度
77	南寧	西南	2.909	2.955	2.773	3.227	3.091	2.636	3.045	3.091	3.409	3.455	3.059	35.943
78	貴陽	西南	2.789	3.053	3.000	3.632	3.421	2.895	2.789	2.737	3.158	2.895	3.037	35.773
79	唐山	華北	3.118	3.118	3.353	3.000	3.059	2.765	2.882	3.059	2.882	3.294	3.053	35.689
80	漳州	華南	2.800	2.800	2.800	2.933	2.933	2.800	3.133	3.267	3.467	3.533	3.047	35.604
81	桂林	西南	3.000	3.158	3.000	3.000	2.947	3.105	3.105	3.000	2.947	3.158	3.042	35.520
82	瀋陽	東北	2.958	3.125	3.000	3.042	3.125	2.833	2.833	2.792	3.500	3.167	3.038	35.266
83	昆明	西南	3.333	3.333	3.167	3.167	3.000	2.778	2.889	2.778	2.667	3.167	3.028	35.181
84	紹興	華東	3.190	2.905	3.143	3.000	3.095	2.905	2.810	3.000	2.857	3.333	3.024	34.589
85	三亞	華南	3.133	2.600	2.733	2.933	3.333	3.333	3.067	3.067	2.600	3.133	2.993	33.235
86	台州	華東	3.000	2.750	2.938	3.125	2.875	3.125	3.063	3.063	3.313	2.875	3.013	32.728
87	泰安	華北	2.733	2.667	2.867	2.867	3.133	3.200	3.067	2.933	2.600	2.933	2.973	30.697
88	武漢漢陽	華中	3.000	2.875	2.875	2.813	2.625	2.938	3.125	3.000	2.938	3.063	2.925	28.666
89	長沙	華中	3.000	2.895	2.842	2.842	2.842	2.789	2.842	2.895	3.105	3.211	2.926	28.413
90	嘉興嘉善	華東	2.625	2.667	2.667	2.750	2.625	3.000	3.167	3.125	3.333	3.125	2.908	28.074
91	中山	華南	2.895	2.895	2.947	3.000	2.842	2.789	2.895	2.842	2.632	2.947	2.868	25.536
92	咸寧	華中	2.900	2.950	3.050	3.100	2.750	2.850	2.500	2.650	2.750	2.950	2.845	25.282
93	東莞市區	華南	2.833	2.889	2.833	2.833	2.722	2.944	2.667	2.833	2.944	2.778	2.828	23.336
94	武漢漢口	華中	2.750	2.688	2.625	2.688	2.688	2.625	3.313	3.125	2.813	2.813	2.813	22.998
95	石家莊	華北	2.800	3.200	2.800	2.867	2.867	2.600	3.067	2.267	2.800	2.733	2.800	22.913
96	佛山	華南	2.941	3.059	3.118	3.118	2.706	2.706	2.118	2.588	2.706	2.529	2.759	22.406
97	溫州	華東	2.833	2.778	2.944	2.889	2.889	2.500	2.500	2.500	2.833	2.889	2.756	20.544
98	北海	西南	2.125	2.250	2.500	2.688	3.188	2.938	2.750	2.875	2.938	2.875	2.713	20.460
99	東莞石碣	華南	2.824	2.706	2.529	2.706	2.588	2.882	2.706	2.882	2.824	2.824	2.747	19.529
99	汕頭	華南	2.944	2.778	3.056	2.833	2.778	2.778	2.333	2.778	2.556	2.500	2.733	19.529

表 19-1　2015 TEEMA 中國大陸城市台商推薦度細項指標排名分析（續）

排名	城　市	地區	❶ 競爭力	❷ 環境力	❸ 風險度	❹ 發展潛力	❺ 投資效益	❻ 國際接軌	❼ 權益保護	❽ 行政效率	❾ 內銷市場	❿ 生活品質	台商推薦度	
101	哈爾濱	東北	2.800	3.000	2.933	3.133	2.867	2.533	2.467	2.667	2.533	2.400	2.733	19.275
102	鞍　山	東北	2.667	2.467	2.600	2.800	3.000	2.600	2.733	2.600	2.600	2.800	2.687	16.314
103	宜　昌	華中	2.529	2.588	2.941	2.765	2.588	2.588	2.765	2.706	2.588	2.824	2.688	16.060
104	惠　州	華南	2.706	2.529	2.765	2.765	2.529	2.647	2.529	2.529	2.706	2.529	2.624	13.945
105	長　春	東北	2.688	2.438	2.375	2.750	2.625	2.625	2.563	2.563	2.688	2.750	2.606	13.776
106	東莞虎門	華南	2.563	2.813	2.500	2.438	2.500	2.438	2.500	2.688	2.688	2.563	2.569	12.676
107	東莞長安	華南	2.611	2.500	2.500	2.444	2.556	2.722	2.500	2.611	2.667	2.556	2.567	12.337
108	深圳寶安	華南	2.625	2.625	2.313	2.313	2.313	2.563	2.438	2.563	2.875	2.625	2.525	11.068
109	深圳龍崗	華南	2.727	2.455	2.545	2.591	2.636	2.500	2.364	2.409	2.500	2.636	2.536	10.899
110	江　門	華南	2.438	2.688	2.625	2.750	2.500	2.375	2.188	2.313	2.688	2.563	2.513	10.645
111	襄　陽	華中	2.500	2.389	2.278	2.389	2.500	2.556	2.722	2.667	2.611	2.611	2.522	10.307
112	岳　陽	華中	2.400	2.333	2.267	2.467	2.533	2.400	2.400	2.600	2.933	2.467	2.480	9.545
113	東莞清溪	華南	2.438	2.313	2.375	2.563	2.438	2.750	2.500	2.375	2.250	2.313	2.431	8.361
114	吉　安	華中	2.250	2.313	2.250	2.438	2.813	2.063	2.188	2.313	2.438	2.438	2.350	6.584
115	太　原	華北	2.455	2.227	2.318	2.409	2.545	2.227	2.227	2.182	1.909	1.727	2.223	4.723
116	贛　州	華中	2.389	2.111	2.111	2.056	2.111	2.222	1.833	2.167	2.389	2.000	2.139	2.692
117	九　江	華中	2.063	2.188	2.063	1.938	2.063	2.000	2.250	2.000	2.313	2.313	2.119	2.269
118	東莞厚街	華南	2.200	1.800	2.067	2.200	2.067	2.333	1.800	2.133	2.133	2.200	2.093	2.184

註：[1] 問卷評分轉換：「非常同意＝5分」、「同意＝4分」、「沒意見＝3分」、「不同意＝2分」、「非常不同意＝1分」。

[2] 台商推薦度＝【城市競爭力 ×10%】+【投資環境力 ×10%】+【投資風險度 ×10%】+【城市發展潛力 ×10%】+【整體投資效益 ×10%】+【國際接軌程度 ×10%】+【台商權益保護 ×10%】+【政府行政效率 ×10%】+【內銷市場前景 ×10%】+【整體生活品質 ×10%】

[3] 台商推薦度評分越高，代表台商對社該城市願意推薦給下一個來投資的台商之意願強度越高，換言之，也代表這個城市的台商推薦程度越高。

表 19-2　2015 TEEMA 中國大陸台商推薦度構面平均觀點評分與排名

台商推薦度 評估構面	2011 評分	2011 排名	2012 評分	2012 排名	2013 評分	2013 排名	2014 評分	2014 排名	2015 評分	2015 排名	2011至2015 評分	2011至2015 排名
❶城市競爭力	3.606	9	3.614	9	3.506	9	3.392	4	3.268	5	3.477	9
❷投資環境力	3.700	2	3.686	2	3.552	4	3.398	2	3.251	8	3.517	2
❸投資風險度	3.681	5	3.658	5	3.529	5	3.356	8	3.235	9	3.492	7
❹發展潛力	3.737	1	3.740	1	3.616	1	3.445	1	3.319	1	3.571	1
❺投資效益	3.685	4	3.663	4	3.553	3	3.393	3	3.261	7	3.511	4
❻國際接軌	3.599	10	3.598	10	3.495	10	3.327	10	3.228	10	3.449	10
❼權益保護	3.688	3	3.674	3	3.563	2	3.371	5	3.263	6	3.512	3
❽行政效率	3.650	8	3.627	8	3.527	6	3.359	6	3.276	4	3.488	8
❾內銷市場	3.667	6	3.648	7	3.509	8	3.347	9	3.302	3	3.495	6
❿生活品質	3.663	7	3.658	5	3.521	7	3.357	7	3.303	2	3.500	5
平均值	3.667		3.657		3.537		3.374		3.271		3.501	

二、2014-2015 TEEMA 中國大陸台商推薦度差異分析

　　2015《TEEMA 調查報告》延續 2014《TEEMA 調查報告》對台商推薦度評分加以探討，因 2015 年加入台州、咸寧、鞍山等三個新城市，因此，本研究為調查其差異程度，將此三城市剔除，不列入分析內。僅針對 2014 年與 2015 年同樣列入調查的 115 個城市進行台商推薦度差異分析，結果顯示 2015 年較 2014 相比，有 23 個城市之台商推薦度呈上升趨勢，占 115 個城市的 20.00%，而下滑的城市總共有 91 個，占整體 79.13%，較 2014 年的 86.61% 少，茲將台商推薦度評分差異，分析結果重要內涵分述如下：

　　1. 就 2014-2015 台商推薦度評分上升城市而言：2015《TEEMA 調查報告》結果顯示，在台商推薦度評分上，上升最多前十個城市依序為：（1）大連（2.894上升至 3.781）；（2）北海（2.128 上升至 2.713）；（3）成都（4.077 上升至4.478）；（4）溫州（2.415 上升至 2.756）；（5）蘭州（2.850 上升至 3.135）；（6）深圳市區（3.200 上升至 3.372）；（7）蘇州工業區（4.220 上升至 4.364）；（8）福州馬尾（3.072 上升至 3.180）；（9）南昌（3.327 上升至 3.417）；（10）鄭州（3.319 上升至 3.400）。其中，評分上升幅度超過 0.50 有大連（2.894 上升至 3.781）和北海（2.128 上升至 2.713），主要原因在大連的地理位置優越，除了緊鄰中韓自貿區外，更做為東北三省與內蒙古自治區的出海橋頭堡。此外，大連更充分利用優勢大力發展跨境電子商務產業環境，2015 年五月更是將大連

跨境電子商務辦工中心正式投入營運，目前已吸引阿里巴巴與騰訊等公司入駐，亦代表大連將正式對外宣告由昔日的鋼鐵工業重鎮開始轉型為電子商務大城。北海則是伴隨著中國大陸一帶一路政策推廣，成為路線中所圈選的 15 個港口之一，不僅在基礎設施建設中扮演重要角色，也將成為昔日海上絲路傳承與推進的突破點。而北海的鐵山港將同時打開內陸與東協港口間的銜接，通過與東協港口間的開通，最大化發揮現有物流資源，將物流網絡延伸至更內陸地區，同時能夠做為東西經濟區交流中樞，進一步實現一帶一路推行。

2. 就 2014-2015 台商推薦度評分下降城市而言： 依 2015《TEEMA 調查報告》顯示，在台商推薦度評分上，下降最多的前十個城市依序為：（1）中山（3.724 下降至 2.868）；（2）九江（2.682 下降至 2.119）；（3）南京江寧（4.242 下降至 3.683）；（4）東莞厚街（2.571 下降至 2.093）；（5）東莞虎門（2.983 下降至 2.569）；（6）東莞松山湖（3.522 下降至 3.113）；（7）唐山（3.454 下降至 3.053）；（8）泰安（3.373 下降至 2.973）；（9）長春（2.894 下降至 2.606）；（10）漳州（3.330 下降至 3.047）。其中，評分下降幅度超過 0.5 的城市共有三個，較 2014 年減少四個。從下降幅度最大的中山市來看，主要是因為中山市賴以為生的農村集體經濟發展面臨到重大困境。首先是因為中山市是以小加工、小五金、小冶煉、小化工與小塑料等產業的貼牌加工和低價競爭為主，但隨著珠三角經濟區的產業轉型升級不乏逐漸加快，中山市缺乏技術水平的支援，以拼資源的粗放式發展模式已難以為繼。此外，由於廣東省全力推行雙轉型政策，使得原處中山市的部分企業紛紛外移，造成原本被租用的廠房產生空置現象。最後是因農村集體經濟發展的區域經濟非常不平衡，以年收入最高與最低的城鎮來看，就差距有 290 倍之多，使得許多經濟收入較弱的城鎮，往往掌握較少的資源，使其經濟陷入惡性循環當中。

表 19-3　2014-2015 TEEMA 中國大陸城市台商推薦度評分差異

城　　市	2014 評分	2015 評分	2014 至 2015 評分差異	城　　市	2014 評分	2015 評分	2014 至 2015 評分差異
大　連	2.894	3.781	0.887	昆　明	3.068	3.028	-0.040
北　海	2.128	2.713	0.585	南　寧	3.100	3.059	-0.041
成　都	4.077	4.478	0.401	宿　遷	3.609	3.567	-0.042
溫　州	2.415	2.756	0.341	上海嘉定	3.557	3.514	-0.043
蘭　州	2.850	3.135	0.285	寧波慈溪	3.738	3.695	-0.043
深圳市區	3.200	3.372	0.172	綿　陽	3.679	3.631	-0.048

表 19-3　2014-2015 TEEMA 中國大陸城市台商推薦度評分差異（續）

城　　市	2014 評分	2015 評分	2014 至 2015 評分差異	城　　市	2014 評分	2015 評分	2014 至 2015 評分差異
蘇州工業區	4.220	4.364	0.144	無錫市區	3.779	3.728	-0.051
福州馬尾	3.072	3.180	0.108	遂　寧	3.587	3.531	-0.056
南　昌	3.327	3.417	0.090	廊　坊	3.718	3.661	-0.057
鄭　州	3.319	3.400	0.081	寧波市區	3.783	3.720	-0.063
海　口	3.125	3.200	0.075	德　陽	3.656	3.589	-0.067
蘇州吳江	3.440	3.504	0.064	長　沙	2.994	2.926	-0.068
廈門島內	3.950	4.008	0.058	洛　陽	3.263	3.193	-0.070
天津濱海	3.782	3.838	0.056	蘇州常熟	3.268	3.195	-0.073
岳　陽	2.433	2.480	0.047	西　安	3.904	3.822	-0.082
連雲港	3.715	3.757	0.042	廣州市區	3.405	3.323	-0.082
杭州市區	3.845	3.885	0.040	徐　州	3.427	3.343	-0.084
北京市區	3.675	3.708	0.033	石家莊	2.887	2.800	-0.087
青　島	4.007	4.023	0.016	鹽　城	3.394	3.305	-0.089
佛　山	2.744	2.759	0.015	鎮　江	3.554	3.464	-0.090
紹　興	3.011	3.024	0.013	寧波餘姚	3.548	3.447	-0.101
上海松江	3.575	3.585	0.010	汕　頭	2.839	2.733	-0.106
福州市區	3.130	3.138	0.008	廈門島外	4.332	4.224	-0.108
蘇州市區	4.162	4.162	0.000	上海市區	3.996	3.886	-0.110
南　通	3.933	3.931	-0.002	廣州天河	3.181	3.068	-0.113
莆　田	3.300	3.295	-0.005	湖　州	3.375	3.253	-0.122
杭州余杭	3.275	3.267	-0.008	威　海	3.619	3.493	-0.126
上海浦東	3.933	3.920	-0.013	重　慶	3.872	3.745	-0.127
上海閔行	3.837	3.821	-0.016	南京市區	3.938	3.811	-0.127
馬鞍山	3.700	3.686	-0.014	蕪　湖	3.594	3.463	-0.132
珠　海	3.474	3.450	-0.024	深圳龍崗	2.675	2.536	-0.139
杭州蕭山	4.157	4.131	-0.026	保　定	3.424	3.284	-0.140
泉　州	3.453	3.424	-0.029	武漢漢陽	3.071	2.925	-0.146
淮　安	3.909	3.879	-0.030	三　亞	3.140	2.993	-0.147
寧波奉化	3.576	3.544	-0.032	哈爾濱	2.880	2.733	-0.147
貴　陽	3.071	3.037	-0.034	東莞市區	2.975	2.828	-0.147
太　原	2.257	2.223	-0.034	蘇州太倉	3.452	3.304	-0.148
東莞石碣	2.784	2.747	-0.037	武漢武昌	3.206	3.058	-0.148
北京亦庄	3.744	3.595	-0.149	濟　南	3.565	3.352	-0.213
吉　安	2.500	2.350	-0.150	嘉興市區	3.395	3.181	-0.214
桂　林	3.195	3.042	-0.153	日　照	3.378	3.163	-0.216

表 19-3　2014-2015 TEEMA 中國大陸城市台商推薦度評分差異（續）

城　　市	2014 評分	2015 評分	2014 至 2015 評分差異	城　　市	2014 評分	2015 評分	2014 至 2015 評分差異
武漢漢口	2.967	2.813	-0.155	常　州	3.572	3.355	-0.217
蘇州張家港	3.878	3.718	-0.160	嘉興嘉善	3.138	2.908	-0.230
揚　州	3.811	3.646	-0.165	贛　州	2.381	2.139	-0.242
東莞清溪	2.600	2.431	-0.169	惠　州	2.869	2.624	-0.245
深圳寶安	2.695	2.525	-0.170	無錫江陰	4.060	3.811	-0.249
瀋　陽	3.214	3.038	-0.177	無錫宜興	3.784	3.514	-0.270
煙　台	3.465	3.288	-0.178	漳　州	3.330	3.047	-0.283
襄　陽	2.705	2.522	-0.183	長　春	2.894	2.606	-0.288
宜　昌	2.875	2.688	-0.187	泰　安	3.373	2.973	-0.400
天津市區	3.265	3.075	-0.190	唐　山	3.454	3.053	-0.401
蘇州新區	4.180	3.988	-0.192	東莞松山湖	3.522	3.113	-0.410
合　肥	3.768	3.575	-0.193	東莞虎門	2.983	2.569	-0.414
蘇州昆山	4.229	4.030	-0.199	東莞厚街	2.571	2.093	-0.478
東莞長安	2.768	2.567	-0.201	南京江寧	4.242	3.683	-0.559
寧波北侖	3.816	3.610	-0.206	九　江	2.682	2.119	-0.563
江　門	2.720	2.513	-0.208	中　山	3.724	2.868	-0.856
泰　州	3.511	3.300	-0.211				

第 20 章
2015 TEEMA 中國大陸城市綜合實力

2015 《TEEMA 調查報告》城市綜合實力計算方式延續過去《TEEMA 調查報告》調查報告所評估之「兩力兩度」模式,構面如下:(1)城市競爭力;(2)投資環境力;(3)投資風險度;(4)台商推薦度等四個構面,並根據 2014 年原有的 115 個城市再加上 2015 年新增之台州、咸寧、鞍山三座城市於此四個構面所獲得之原始分數,將原始分數的高低經過排列順序,透過百分位數轉換後計算其加權分數,除城市競爭力以 20.00 到 99.99 為百分位數加權計算外,其餘三個構面則以 1.00 到 99.99 為百分位數加權計算,再各別乘上構面的權重後,將四個構面之加總分數並予以排名,最後將獲得每一個城市的「城市綜合實力」綜合評分與排名。鑒於「兩力兩度」構面之權重分配,分別為:(1)城市競爭力(15%);(2)投資環境力(40%);(3)投資風險度(30%);(4)台商推薦度(15%)。

一、2015 TEEMA 中國大陸城市綜合實力排名

2015《TEEMA 調查報告》調查中國大陸 118 個城市之城市綜合實力排名,如表 20-1 所示,依據「城市綜合實力」分數之結果,以 25 分為區隔,分為【A】、【B】、【C】、【D】四項「城市推薦等級」如下:(1)75 分以上城市為【A】級城市,為「極力推薦」等級城市;(2)50 分到 75 分(含)城市為【B】級城市,屬於「值得推薦」等級城市;(3)25 分到 50 分(含)之城市為【C】級城市,歸類於「勉予推薦」等級城市;(4)25 分(含)以下之城市則為【D】級城市,則為「暫不推薦」等級城市。2015《TEEMA 調查報告》城市綜合實力前十佳城市排名依序為:(1)蘇州工業區;(2)廈門島外;(3)成都;(4)蘇州市區;(5)杭州蕭山;(6)蘇州昆山;(7)蘇州新區;(8)青島;(9)上海浦東;(10)廈門島內。

有關 2015 年中國大陸「城市綜合實力」最佳十名城市與 2014 年調查結果相比，可發現成都由 2014 年的第七名擠進 2015 年第三名，進步四個名次；而蘇州工業區和廈門島內一如以往，均維持在前三名的位置。另一方面，2015 年「城市綜合實力」排名最後十名則分別為：（1）贛州；（2）吉安；（3）九江；（4）東莞清溪；（5）太原；（6）東莞厚街；（7）江門；（8）東莞長安；（9）岳陽；（10）惠州。

在 2015 年隨著中國大陸諸多政策施行及「一帶一路」政策推動影響，中國大陸整體城市投資環境排名面臨重新洗牌，部分「一帶一路」沿線以及西部城市亦因此而有所變動。而東南沿海地區長期做為中國大陸對外貿易的重要窗口，因其發展較早而擁有較完善的投資環境，從而持續吸引大量企業及投資者湧入，形成有利企業轉型升級、尋求合作的優質投資環境，使得蘇州、廈門等沿海主要城市仍是企業投資的首選地區。因此，2015《TEEMA 調查報告》遂針對蘇州工業區、廈門島外、成都、蘇州市區、杭州蕭山等城市綜合實力前五名進行深入探究，分析各個城市所具備的不同競爭優勢。

1. 蘇州工業區：是中國大陸和新加坡兩國政府間眾要的國際合作項目，亦是蘇州市商業、金融及未來的城市中心，目標是建設成為具有國際競爭力的高科技工業園區和現代化、國際化與資訊化的創新型及生態型新城區，肩負蘇州經濟未來發展。據 2015《TEEMA 調查報告》顯示，蘇州工業區除連續九年均列城市綜合實力排行榜上的【A】級「極力推薦」城市外，2015 年更是躍昇為年度第一名，整體投資環境優勢已不容置疑，其投資環境優越之理由分述如下：

❶理由一【積極推動眾創產業】：蘇州工業區在近年來不斷積極推動「大眾創業、萬眾創新」，打造出「金雞湖創業長廊」品牌，為創業者營造出更好的環境。同時再根據雲端計算及其相關產業所具備的草根性、創新性、輕量性和爆發性等特點，提出「政府影導、社會為主、鼓勵創新與打造一體化創新創業生態圈」的口號，推展《園區管委會關於蘇州工業區推動雲端計算產業培育發展的若干意見》等一系列鼓勵政策，在工業區內建構一批低成本、便利性和開放式的創新型產業環境。此外，「眾創空間」的概念與落實，恰好是中國大陸 2015 年在全國積極推行政策，蘇州工業區經多年的沉潛後，早已做好在 2015 年扮演中國大陸創業領頭羊角色的準備。2014 年 12 月 16 日，由 Forbes 所提出的《中國大陸最具創新力的 25 個城市》調查報告中，蘇州高居第二名，亦在在肯定蘇州這幾年在創新產業上的努力。

❷理由二【具體投資環境升級計畫】：蘇州工業區在 2014 年啟動實施新三

年計畫,藉由大招商、大開發與大發展的三年計畫來全面完成十年開發建設的衝刺階段,目的是為下個十年打下基礎。而在 2014 到 2016 這三年中,重點將著重於大項目和外資項目的引進與推廣,以實現主要經濟指標三年穩定成長為目標,積極推動招商引資、城市建設和社層管理創新,並於 2016 年底將蘇州工業區整體投資環境升級優化到下個層級,此外,對於現在正面臨由傳統製造轉型為創新服務產業的台商企業而言,蘇州工業區整體的投資環境以其未來發展的指標,都有充足理由能成為多數台商企業的首選投資地點。

❸理由三【完善交通基礎建設】:2014 年 10 月《蘇州市城市軌道交通近期建設規劃調整方案》獲得中國大陸國家發展和改革委員會同意,將五號線納入近期的建設規劃中,用以連結太湖國家旅遊中心到蘇州工業區的 34 的站點。此外,2015 年到 2024 年間六、七、八號線也會逐漸開通,建設規模將達 102.8 公里並涵蓋有 81 個站點。屆時,蘇州工業區的對外交通將會更加完善,且能夠同步與中國大陸「一帶一路」政策中的各個主要城市交通要道相互結合,更有機會整合週邊城市,發展成為規模和範圍更大的經濟與工業中心。

2. 廈門島外:廈門是副省級城市,是中國大陸最早對外開放政策的四個經濟特區之一,亦是綜合配套改革試驗區之一。廈門更兼具兩岸區域性金融服務中心、東南國際航運中心、中國大陸對台貿易中心和兩岸新興產業與現代服務業合作示範區等角色。根據富比士(Forbes)於 2014 年 12 月 17 日發布《2014 客貨運能力最強 25 個城市》排名,廈門排名居第 14 名,顯示廈門仍是中國大陸重要的國際運輸樞紐。另據 2015《TEEMA 調查報告》顯示,廈門島外由第三名上升至第二名,其投資環境優越理由分述如下:

❶理由一【地理位置優越】:廈門海倉保稅港區位於廈門島西面的海滄區,不僅是珠三角與長三角經濟區的連接樞紐,同時亦是廈門、漳州、泉州與台灣對接的主要城市,可透過發達高速鐵路、公路等現代化綜合交通運輸體系連結各個主要城市和經濟區,加之中國大陸「一帶一路」政策推行,廈門島是處於整個經濟帶的海路中最重要的關鍵地理位置,其為上海、廣州和香港等經濟大城海路要道的重要節點,而陸路則可依賴完善鐵路及公路建設聯繫中西部各個大城市,在下一波經濟發展藍圖中有著不可或缺的地位。

❷理由二【便捷法治環境】:在中國大陸擁有一個有保障且穩定的投資環境,對於台商而言是相對關鍵的要素,其次則是要能夠有效的提升整體作業流程的效益,在最短的時間為台商企業帶來最大的利益,而 2015 年廈門自貿區開始設置綜合服務大廳,提供投資企業設立、變更與納稅等多項服務。包括有工商、關稅、

地稅、質監等相關單位的高效率服務外,亦設置有國際商事仲裁院及國際商事協調中心,以因應未來的商事糾紛,此外,廈門更致力改善進出口貨物的申報時間,使其從四小時改善縮短至約 15 分鐘,大幅提升程序處理效率。因此,台商在廈門島進行投資,不但未來遇到糾紛時有一定的保障之外,在整個流程效率的提升上,從而為台商創造更大的利益。

❸理由三【商務機構改革】:2015 年廈門為更進一步的招商引資,特別強化外資、外貿和外經互動,透過對外貿易引進國際資本,提高外資質量與擴大外資規模,並透過對外投資深度開拓國際市場,參與國際競爭。在招商引資方面,亦會繼續推動全市產業升級,以重點項目為導引,建立廈門島的招商機制,並加強對「一帶一路」經濟帶沿線重要國家和地區的招商力度。顯示在 2015 年中,廈門島即將針對整個台商投資的環境進行改革,預計將對台商帶來正面的效益,同時亦能夠幫助台商進一步的與國際企業接軌,達到一舉數得的功效。

3. 成都:為中國大陸中西部最重要的主力城市之一,同時亦是中西南地區的物流、商貿、金融、科技、文化、教育中心、交通樞紐中心和國家統籌城鄉綜合配套改革的實驗區。除以電子資訊、醫藥、航天科技、食品為其主要產業之外,近年更積極發展冶金、建材、化工、機械和汽車等產業,並坐擁中國大陸國家級經濟技術開發區的成都經濟技術開發區和成都高新技術產業開發區,亦是西部地區唯一的國家級海峽兩岸科技產業開發園與新加坡投資聚集地的成都新加坡科技產業開發園。2015 年 5 月 15 日,中國大陸社會科學院財經戰略研究院以中國大陸 289 個城市做為評估發布《中國城市競爭力報告 No.13》中,成都在綜合經濟競爭力評比高居第 15 名,可持續競爭力上也擠進第 18 名,顯示成都發展對中國大陸極其重要。根據 2015《TEEMA 調查報告》顯示,成都近幾年一直是台商大西部投資的主要選擇,2015 年更躍升至第三名,且隨著「一帶一路」推展,未來成都投資環境更被看好,其投資環境優越之理由茲列如下:

❶理由一【西部交通樞紐】:成都長期以來都是中國大陸西部地區的陸運樞紐,伴隨著 2015 年中國大陸「一帶一路」策略的推展和長江經濟帶建設,遂使得成都逐漸從內陸城市的定位轉變為向西與向南開發的龍頭城市。因為成都既是西部高原的門戶,又連接西南、西北和華中三大地區,若從國際投資角度來看,位於居中位置的成都,將成為南亞、西亞和日韓的最佳轉運站,同時具備成為南亞、西亞、東南亞、中東以及歐洲進入中國大陸門戶的潛力。一旦未來「一帶一路」經濟帶開始運作,成都將成為整個經濟帶的中樞城市,連動整個經濟帶其他重點城市及國家的經濟發展。

❷理由二【招商環境建構】：成都為增進其招商環境的建構，遂針對其市區核心經濟區域的金牛區進行規劃，透過產業功能區建設改善程度，將其劃為人北中央商務區、環交大智慧產業城、國賓文化旅遊商貿區、成都北部新城、成都金牛高新技術產業園區和環城生態區六大產業功能區，並強化各功能區核心區的產業聚及功能和「四態合一」銜接，以點帶面推動轉型。同時，為提高投資的規模效應，成都更按照六大產業功能區的規劃布局，引導各類要素和投資進入產業功能區內。此外，成都亦按照「軸線支撐、組團發展、全域覆蓋」的思路，積極落實體地政策，以確保 2015 年的經營性土地上市面積超過 1,400 畝、經營性土地新開工面積達到 380 萬平方米，確保排在中心城區前列。一旦招商環境整體建構的更加健全，勢必能夠為成都帶來另一波的投資潮。由薩斯坦智庫學術委員會（Sustain Think Tank）（2014）所編《2014 中國城市外資吸引力研究報告》（Assessment of China's urban attraction of foreign investment）指出成都在中國大陸 500 強城市中排名第十，顯示成都近幾年來對招商環境的改善及吸引外資投資的成效。

❸理由三【交通建設完善】：成都在 2014 年全年交通建設投入 250 億人民幣，連續三年落實投入交通固定資產投資超過 200 億元人民幣的目標，並規劃在 2015 年完成第二條繞城與成安高速公路通車。鐵路方面，包括成蘭鐵路、成貴鐵路等多項工程正積極鋪設，以確保成都得以在 2020 年承擔全中國大陸鐵路第五大樞紐的重要任務，並全面達成重慶與成都間一小時、至週邊省會城市四小時以及至環渤海、長三角及珠三角經濟區八小時的目標，從而全面建構貫通南北與連接東西的鐵路網，進而成為中國大陸政府「一帶一路」中的交通樞紐。

4. 蘇州市區：蘇州市是中國大陸經濟高度發展的地區，亦是江蘇省經濟中心、工商業和物流中心城市，同時也是重要的金融、文化、藝術、教育和交通中心。2014 年蘇州市的地區生產總值高達 1 兆 3,760 億人民幣，僅次於上海、北京、廣州、深圳、天津和重慶，位居中國大陸全國地級市以上城市的第七位，華東區域第二位。其中蘇州市區的地區生產總值就高達 7,086.92 億人民幣，可望再次成為中國大陸的經濟中心。蘇州市更於 2014 年聯合國城市發展報告中評比為全球最具潛力的新興城市第一名，顯示蘇州未來幾年發展逐漸被世界所重視。根據 2015《TEEMA 調查報告》顯示，蘇州市區城市綜合實力較 2014 年進步二個名次，排名第四，其投資環境優越理由分述如下：

❶理由一【注重第三產業發展】：伴隨中國大陸政府提倡企業轉型升級的政策催化下，第三產業的發展與未來潛力漸漸的被重視。而位居華東長三角經

濟區重鎮的蘇州，更致力於推動服務業跨越發展，從而促進服務業的產值成長14.5%，並加大旅遊精品戰略實施力度，使旅遊總收入成長42.2%。此外，蘇州政府對於歷史古蹟的保護亦非常重視，透過維持「水路並行、河街相鄰」的方式，讓整個市區環境不隨著經濟成長而產生變化，使其能繼續藉由蘇州各水鄉古鎮的風光魅力，加速區域內第三產業的發展。蘇州更因第三產業的發展，在2014年被聯合國教科文組織（United Nations Educational, Scientific and Cultural Organization）納入全球創意城市網絡的新成員，賦予民間藝術之都的稱號。

❷理由二【完善商業環境】：蘇州長年為列中國大陸各城市間投資及商務環境的評比前端，主要係因蘇州政府致力打造服務型政府，推出一站式服務中心，從而成為全中國大陸公認商業效率最高的城市之一，同持秉持親商、安商、富商的理念，透過完善的商業服務業配套來提供高效率且優質的服務。而在招商方面，蘇州並非透過全民化招商，而是藉由專業化的團隊進行招商，使蘇州政府能先配合蘇州市區本身所具備的天然資源以及競爭優勢，篩選過濾企業型態和產業，進而讓進駐蘇州的產業和企業都能夠充分利用資源，達到效益最大化。

❸理由三【經濟穩定成長】：根據蘇州市政府2014年《政府工作報告》所示，蘇州市各項經濟指標皆呈成長的趨勢，其區域生產總值成長8%、地方公共財政預算收入成長8.5%、固定資產投資成長3.8%。此外，蘇州亦積極推動資訊化和工業化融合，大力發展智能製造並著重於服務業質量的提升，實現成長9%的目標，在在顯示蘇州經濟發展態勢良好，已具備迎接2015年中國大陸經濟發展改革挑戰的基礎，因此，不論是位居「一帶一路」的東方主要城市還是產業轉型升級的領頭羊，中國大陸2015的經濟要有突破性成長，蘇州將會是不可或缺的要角。

5. 杭州蕭山：杭州蕭山經濟開發區成立於1993年，管轄有市北、橋南和江東三大區塊，總規畫面積為181平方公里，其園區內設有杭州江東國家新能源高新技術產業化基地、裝備製造國家新型工業化產業示範基地以及國家級杭州軟體產業基地等。除此之外，蕭山還具備有江東新城和蕭山高新技術產業園區兩個省級開發區。然而杭州與週邊主要城市被選為中國大陸創新與轉型的重要基地，是有跡可尋的。根據2015年5月6日亞太文化創意產業協會與北京清華大學國家文化產業研究中心共同發布《兩岸城市文化創意產業競爭力研究報告2015》指出，杭州在全中國大陸39個評比城市中位居第三，只落後北京以及上海。根據2015《TEEMA調查報告》顯示，杭州蕭山由2014年的第八名上升三個名次，其投資環境優越之理由茲列如下：

❶理由一【培育企業轉型】：中小企業長年是蕭山最具發展潛力的族群，而隨著中國大陸經濟結構轉變，中小企業面臨轉型升級的存亡關頭，而杭州蕭山政府遂於 2015 年推出「千企業轉型三年行動」，針對該區約 1,000 家的企業分批進行改造提升、產業轉型、關停重組以及軟體升級。希望透過三年的栽培和輔導，培育出一批轉型升級的示範企業，讓該區域的中小企業有不同的轉變，而以中小企業發展為主體的台商企業，亦將因此而獲得實質性的幫助，預計在三年之後，將為中國大陸產業轉型升級帶來實質性的影響。

❷理由二【發展金融改革制度】：為支持「千企業轉型三年行動」推行，杭州蕭山將規劃透過實施企業上市、金融創新和財富管理中心建設三個三年行動計畫，扶持實體經濟的發展、改善企業融資結構，為中小企業營造友善的資金周轉環境。此外，杭州蕭山將深化金融群聚區的建設，加快金融創新中心的發展，吸引地區性、功能性金融總部在杭州蕭山設立據點，進而打造錢塘江財富管理中心、湘湖金融小鎮與臨浦新城金融科技園區，以促進區域內各項經濟活動運行。

❸理由三【提升服務效率】：2015 年蕭山的服務中心積極推展審批程序簡化、服務最優以及效率最高的服務環境，透過協同推展區辦事服務中心、市民服務中心與招設交易等三位一體建設，進而打造發展出集合化標準化的審批平台、全天後智慧民生服務平台、內控有序招投標平台等三大平台亮點。並利用資訊連動建構一體化的網路平台，確實的簡化企業和辦事群眾的時間。隨著服務效率的提高，遂使得在蕭山投資的台商企業，可藉由公家機關更有效率的作業服務，進而確實掌握戰機並創造效益。

另外，有關昆山從 2014 年的第一名下滑至 2015 年的第六名，探究其原因主要乃是中國大陸正面臨經濟轉型，以勞動密集型工廠為主的台商，重要性日漸下降，加之 2014 年 8 月昆山台商中榮金屬爆炸事件衝擊，開啟了中國大陸政府對昆山台商公司優待政策的檢討，使得昆山投資環境產生部門不定時盤查，要求停工檢查，部分台商因停產無法如期交貨造成賠償與信譽損失，此外，還要加裝各種安全設備，然部分設備並非中小企業能夠負擔，面臨倒閉或被迫遷廠的困境。而對於汙染廠商則會採連續處罰、停產、扣押機制，若造成重大環境事件，將承擔巨額罰款。而爆炸事件亦讓原本對台商關係友好的當地政府體系面臨更換，台商擔心政策承諾是否具有延續性與一致性。此外，員工罷工潮亦開始由華南地區蔓延至華中地區，昆山部分企業亦面臨罷工、怠職潮，台商苦於善後。

而為瞭解 TEEMA 2011 年至 2015 年中國大陸城市綜合實力排行及台商推薦投資等級之變化，2015《TEEMA 調查報告》將 2011 年至 2015 年之結果整理如

表 20-2。由表可知，【A】、【B】、【C】、【D】四等級城市數分布，2015 年
列入【A】級的城市共有 27 個，占總受評城市數比例的 22.88%；列入【B】級
的城市共有 37 個，其占總受評城市數比例為 31.36%；【C】級的城市共有 35 個，
其占總受評城市數比例為 29.66%；至於列入【D】級的城市僅有 19 個，所占比
例最小，占 16.10%。與 2014 年相比，【A】級「極力推薦」之城市數量比例小
幅下滑，而【B】級「值得推薦」之城市數量比例略微下降，【C】級「勉予推薦」
之城市數量比例則明顯增加，【D】級「暫不推薦」的城市數比例則持平。結果
顯示，【A】等級之城市與 2014 年結果相比，「極力推薦」的城市成員無大幅
改變，仍以中國大陸沿海地區為主，然而成都、西安及重慶等西部大城，近年亦
常駐於【A】級城市之列，而隨著「一帶一路」政策逐步展開，未來將更具發潛力。
而 2015 年新列入評估的台州、咸寧與鞍山三個城市皆僅落於【C】級「勉予推薦」
等級。

　　2015《TEEMA 調查報告》亦以調查城市所在區域進行區隔，將其城市綜
合實力推薦等級與該城市所屬之七大經濟區域分布進行比較，結果整理如表
20-3。中國大陸七大經濟區域內，2015 年台商「極力推薦」城市排名依序為：（1）
華東地區 18 個（15%）；（2）華中地區 3 個（3%）；（3）華南、西南地區各
2 個（2%）。由此可知，華東地區依然是台商較喜愛之主要投資環境區域，值
得注意的是，華中區域在 2015 年「極力推薦」城市排名中排名上升至第二，也
顯示華中區域城市開始逐漸被重視。

二、2014-2015 TEEMA 城市推薦等級變遷分析

　　根據 2015《TEEMA 調查報告》2014 年與 2015 年城市綜合實力及城市綜合
實力推薦等級綜合比較結果，根據圖 20-1 至圖 20-4 可看出重要資訊如下述：

　　1. 2015 調查評估城市的區域劃分：2015《TEEMA 調查報告》城市劃分如下：
（1）「蘇州市」：分成蘇州昆山、蘇州工業區、蘇州市區、蘇州新區、蘇州張家港、
蘇州吳江、蘇州太倉、蘇州常熟八區；（2）「上海市」：分成上海閔行、上海市區、
上海浦東、上海嘉定、上海松江五區；（3）「東莞市」：分成東莞長安、東莞
市區、東莞虎門、東莞清溪、東莞石碣、東莞厚街、東莞松山湖七區；（4）「寧
波市」：分成寧波市區、寧波北侖、寧波慈溪、寧波奉化、寧波餘姚五區；（5）「深
圳市」：分成深圳龍崗、深圳市區、深圳寶安三區；（6）「無錫市」：分成無
錫江陰、無錫市區、無錫宜興三區；（7）「武漢市」：分成武漢漢口、武漢漢
陽、武漢武昌三區；（8）「杭州市」：分成杭州蕭山、杭州市區、杭州余杭三區；

表 20-1　2015 TEEMA 中國大陸城市綜合實力排名分析

排名	城市	省市	區域	❶城市競爭力 加權評分	排名	❷投資環境力 加權評分	百分位	排名	❸投資風險度 加權評分	百分位	排名	❹台商推薦度 加權評分	百分位	排名	2015 城市綜合實力 綜合評分	等級	2014 城市綜合實力 綜合評分	等級	排名	2014至2015排名差異
1	蘇州工業區	江蘇省	華東	82.355	7	4.046	96.690	2	1.780	99.398	1	4.364	97.621	2	95.492	A01	94.474	A02	2	1↑
2	廈門島外	福建省	華南	64.765	34	4.259	99.609	1	1.818	99.017	2	4.224	96.963	3	93.808	A02	93.836	A03	3	1↑
3	成都	四川省	西南	77.888	14	3.943	95.294	4	2.018	93.407	5	4.478	99.458	1	92.742	A03	89.622	A07	7	4↑
4	蘇州市區	江蘇省	華東	82.355	7	3.936	93.560	6	2.005	94.744	4	4.162	96.654	4	92.699	A04	90.380	A06	6	2↑
5	杭州蕭山	浙江省	華東	82.940	6	3.946	94.491	5	1.992	95.252	3	4.131	92.523	5	92.691	A05	88.905	A08	8	3↑
6	蘇州昆山	江蘇省	華東	82.355	7	3.995	96.648	3	2.063	91.614	6	4.030	92.014	6	92.299	A06	95.659	A01	1	-5↓
7	蘇州新區	江蘇省	華東	82.355	7	3.863	92.714	7	2.106	89.414	8	3.988	90.683	9	89.866	A07	93.089	A04	4	-3↓
8	青島	山東省	華北	79.205	11	3.833	90.472	8	2.167	86.326	10	4.023	91.783	7	87.735	A08	86.444	A10	10	2↑
9	上海浦東	上海市	華東	86.831	3	3.738	83.745	13	2.124	89.583	7	3.920	87.891	11	86.582	A09	85.118	A12	12	3↑
10	廈門島內	福建省	華南	64.765	34	3.823	90.345	9	2.159	85.565	11	4.008	91.445	8	85.239	A10	85.482	A11	11	1↑
11	上海市區	上海市	華東	86.831	3	3.730	84.042	12	2.169	84.126	13	3.886	84.930	14	84.619	A11	84.745	A13	13	2↑
12	南通	江蘇省	華東	70.179	25	3.733	85.099	11	2.125	86.368	9	3.931	88.737	10	83.788	A12	80.568	A17	17	5↑
13	上海閔行	上海市	華東	86.831	3	3.691	83.322	14	2.171	83.407	15	3.821	82.476	18	83.747	A13	78.927	A21	21	8↑
14	杭州市區	浙江省	華東	82.940	6	3.690	80.996	20	2.176	83.069	16	3.885	87.130	13	82.829	A14	80.057	A19	19	5↑
15	天津濱海	天津市	華北	80.611	8	3.702	82.942	16	2.184	83.915	14	3.838	82.476	17	82.814	A15	82.006	A16	16	1↑
16	西安	陝西	西北	78.352	13	3.691	81.250	19	2.188	82.899	17	3.822	81.461	19	81.342	A16	80.189	A18	18	2↑
17	無錫江陰	江蘇省	華東	75.911	18	3.714	82.857	17	2.168	80.065	21	3.811	84.253	15	81.187	A17	86.733	A09	9	-8↓
18	淮安	江蘇省	華東	50.397	56	3.722	85.861	10	2.150	84.465	12	3.879	87.384	12	80.351	A18	78.027	A23	23	5↑
19	南京市區	江蘇省	華東	80.553	9	3.665	80.107	22	2.239	79.177	22	3.811	82.561	16	80.263	A19	84.212	A14	14	-5↓
20	重慶	重慶市	西南	79.096	12	3.664	80.446	21	2.201	80.277	20	3.745	80.615	21	80.218	A20	78.798	A22	22	2↑
21	南京江寧	江蘇省	華東	80.553	9	3.641	79.261	23	2.192	82.561	18	3.683	76.215	29	79.988	A21	92.223	A05	5	-16↓
22	大連	遼寧省	東北	76.369	17	3.614	76.173	26	2.251	76.723	25	3.781	80.615	21	77.034	A22	77.999	A24	24	2↑
23	寧波市區	浙江省	華東	76.434	16	3.707	82.984	15	2.327	68.474	36	3.720	78.838	23	77.027	A23	82.312	A15	15	-8↓

（2015 城市綜合實力等級：極力推薦）

表20-1　2015 TEEMA 中國大陸城市綜合實力排名分析（續）

排名	城市	省市	區域	城市競爭力 加權評分	城市競爭力 排名	投資環境力 加權評分	投資環境力 百分位	投資環境力 排名	投資風險度 加權評分	投資風險度 百分位	投資風險度 排名	台商推薦度 加權評分	台商推薦度 百分位	台商推薦度 排名	2015城市綜合實力 綜合評分	2015城市綜合實力 等級	2014城市綜合實力 綜合評分	2014城市綜合實力 等級	2014城市綜合實力 排名	2014至2015排名差異
24	無錫市區	江蘇省	華東	75.911	18	3.625	76.596	25	2.253	76.004	26	3.728	78.584	24	76.614	A24	79.647	A20	20	-4↓
25	寧波慈溪	浙江省	華東	76.434	16	3.594	75.835	27	2.246	77.188	24	3.695	77.146	25	76.528	A25	77.858	A25	25	0
26	連雲港	江蘇省	華東	44.265	68	3.688	81.376	18	2.183	82.392	19	3.757	80.869	20	76.038	A26	66.762	B08	36	10↑
27	北京市區	北京市	華北	88.627	1	3.543	70.674	34	2.259	75.750	27	3.708	76.639	28	75.784	A27	72.096	B02	30	3↑
28	蘇州張家港	江蘇省	華東	82.355	7	3.520	68.178	38	2.246	78.204	23	3.718	76.892	26	74.619	B01	75.666	A26	26	-2↓
29	北京亦庄	北京市	華北	88.627	1	3.536	70.462	35	2.311	70.166	35	3.595	70.801	35	73.149	B02	70.950	B03	31	2↑
30	寧波北侖	浙江省	華東	76.434	16	3.532	71.139	32	2.258	74.946	28	3.610	71.477	33	73.126	B03	75.509	A27	27	-3↓
31	揚州	江蘇省	華東	59.267	40	3.618	76.850	24	2.289	74.058	30	3.646	74.185	30	72.975	B04	72.269	B01	29	-2↓
32	上海松江	上海市	華東	86.831	3	3.515	68.178	38	2.273	73.297	31	3.585	70.039	36	72.791	B05	66.862	B07	35	3↑
33	合肥	安徽省	華中	73.095	20	3.531	69.743	37	2.292	74.185	29	3.575	69.955	37	71.610	B06	75.196	A28	28	-5↓
34	宿遷	江蘇省	華東	42.411	73	3.582	75.158	28	2.345	65.640	40	3.567	68.262	38	71.381	B07	63.235	B14	42	8↑
35	馬鞍山	安徽省	華中	46.018	64	3.553	71.689	31	2.317	70.758	33	3.686	76.892	26	68.340	B08	65.647	B09	37	2↑
36	蘇州吳江	江蘇省	華東	82.355	7	3.465	64.244	42	2.356	67.712	38	3.504	65.047	43	68.122	B09	62.984	B16	44	8↑
37	綿陽	四川省	西南	38.148	79	3.546	70.885	33	2.296	72.747	32	3.631	73.339	31	66.901	B10	64.847	B11	39	2↑
38	無錫宜興	江蘇省	華東	75.911	18	3.565	72.831	30	2.330	70.335	34	3.514	65.470	41	66.415	B11	70.369	B04	32	-6↓
39	寧波奉化	浙江省	華東	76.434	16	3.455	63.990	43	2.383	63.736	44	3.544	67.586	39	66.320	B12	67.985	B06	34	-5↓
40	上海嘉定	上海市	華東	86.831	3	3.370	55.487	54	2.340	68.262	37	3.514	65.555	40	65.531	B13	62.008	B17	45	5↑
41	德陽	四川省	西南	36.527	80	3.519	69.870	36	2.363	65.809	39	3.589	70.885	34	63.802	B14	63.060	B15	43	2↑
42	蕪湖	安徽省	華中	53.040	52	3.510	67.459	40	2.378	65.513	42	3.463	61.071	47	63.754	B15	69.398	B05	33	-9↓
43	遂寧	四川省	西南	30.650	82	3.568	73.804	29	2.373	65.428	43	3.531	65.301	42	63.543	B16	60.918	B18	46	3↑
44	泉州	福建省	華南	65.598	31	3.443	62.678	47	2.362	65.597	41	3.424	58.786	49	63.408	B17	54.200	B28	56	12↑

（2015城市綜合實力等級：A 極力推薦；B 值得推薦）

表 20-1　2015 TEEMA 中國大陸城市綜合實力排名分析（續）

排名	城市	省市	區域	城市競爭力 加權評分	城市競爭力 排名	投資環境力 加權評分	投資環境力 百分位	投資環境力 排名	投資風險度 加權評分	投資風險度 百分位	投資風險度 排名	台商推薦度 加權評分	台商推薦度 百分位	台商推薦度 排名	2015 城市綜合實力 綜合評分	2015 城市綜合實力 等級	2014 城市綜合實力 綜合評分	2014 城市綜合實力 等級	2014 城市綜合實力 排名	2014至2015排名差異
45	深圳市區	廣東省	華南	86.469	5	3.505	67.247	41	2.523	49.014	63	3.372	56.671	52	63.074	B18	46.886	C02	67	22↑
46	廊坊	河北省	華北	44.891	67	3.466	63.144	45	2.407	60.309	47	3.661	72.747	32	60.996	B19	64.969	B10	38	-8↓
47	常州	江蘇省	華東	67.862	27	3.447	63.144	45	2.508	52.652	57	3.355	55.318	53	59.530	B20	63.946	B13	41	-6↓
48	寧波餘姚	浙江省	華東	76.434	16	3.317	51.172	56	2.403	61.113	46	3.447	60.056	48	59.276	B21	64.416	B12	40	-8↓
49	廣州市區	廣東省	華南	87.979	2	3.388	56.967	52	2.531	49.395	62	3.323	53.202	56	58.783	B22	53.289	B29	57	8↑
50	珠海	廣東省	華南	56.736	45	3.408	58.533	48	2.446	56.798	51	3.450	62.002	46	58.263	B23	56.782	B24	52	2↑
51	福州市區	福建省	華南	70.611	23	3.463	63.186	44	2.488	53.245	55	3.138	40.681	71	57.942	B24	44.022	C04	69	18↑
52	南昌	江西省	華中	60.165	39	3.385	57.856	51	2.458	55.529	54	3.417	57.602	51	57.466	B25	52.021	B31	59	7↑
53	杭州余杭	浙江省	華東	82.940	6	3.304	50.157	57	2.462	57.644	50	3.267	48.972	63	57.143	B26	51.706	B33	61	8↑
54	蘇州常熟	江蘇省	華東	82.355	7	3.298	49.734	60	2.425	58.744	48	3.195	44.742	66	56.581	B27	54.400	B27	55	1↑
55	鄭州	河南省	華中	73.126	19	3.274	47.830	64	2.462	58.025	49	3.400	57.771	50	56.174	B28	52.939	B30	58	3↑
56	濟南	山東省	華北	71.771	21	3.281	49.776	59	2.458	55.741	53	3.352	54.895	54	55.632	B29	60.688	B19	47	-9↓
57	徐州	江蘇省	華東	59.083	41	3.299	49.903	58	2.390	61.705	45	3.343	54.810	55	55.557	B30	57.144	B22	50	-7↓
58	煙台	山東省	華北	66.522	30	3.397	58.490	49	2.626	43.346	70	3.288	50.664	61	53.978	B31	59.248	B20	48	-10↓
59	威海	山東省	華北	54.861	49	3.277	47.914	63	2.457	56.756	52	3.493	63.609	44	53.963	B32	58.935	B21	49	-10↓
60	蘇州太倉	江蘇省	華東	82.355	7	3.255	44.530	66	2.490	52.737	56	3.304	51.087	58	53.650	B33	57.092	B23	51	-9↓
61	鎮江	江蘇省	華東	57.722	43	3.324	52.991	55	2.557	46.561	64	3.464	62.763	45	53.237	B34	55.590	B25	53	-8↓
62	福州馬尾	福建省	華南	70.611	23	3.263	48.930	62	2.517	50.326	59	3.180	44.403	68	51.922	B35	43.445	C07	72	10↑
63	洛陽	河南省	華中	54.825	50	3.383	58.067	50	2.605	44.953	66	3.193	45.165	65	51.711	B36	51.049	B34	62	-1↓
64	鹽城	江蘇省	華東	53.047	51	3.367	56.798	53	2.605	43.473	69	3.305	51.003	60	51.369	B37	55.183	B26	54	-10↓

值得推薦

表 20-1 2015 TEEMA 中國大陸城市綜合實力排名分析（續）

排名	城市	省市	區域	城市競爭力 加權評分	城市競爭力 排名	投資環境力 加權評分	投資環境力 百分位	投資環境力 排名	投資風險度 加權評分	投資風險度 百分位	投資風險度 排名	台商推薦度 加權評分	台商推薦度 百分位	台商推薦度 排名	2015 城市綜合實力 綜合評分	2015 城市綜合實力 等級	2014 城市綜合實力 綜合評分	2014 城市綜合實力 等級	2014 城市綜合實力 排名	2014至2015排名差異
65	嘉興市區	浙江省	華東	64.523	35	3.308	49.226	61	2.661	38.692	77	3.181	43.388	69	47.485	C01	46.741	C03	68	3↑
66	東莞松山湖	廣東省	華南	70.826	22	3.218	43.388	68	2.567	44.276	67	3.113	39.835	73	47.237	C02	50.923	B35	63	-3↓
67	天津市區	天津市	華北	80.611	8	3.229	43.811	67	2.644	39.327	76	3.075	37.719	74	47.072	C03	40.443	C11	76	9↑
68	廣州天河	廣東省	華南	87.979	2	3.152	37.254	78	2.608	41.569	74	3.068	36.789	75	46.087	C04	42.092	C09	74	6↑
69	泰州	江蘇省	華東	52.678	53	3.217	42.923	70	2.579	43.303	71	3.300	51.764	57	45.826	C05	51.869	B32	60	-9↓
70	湖州	浙江省	華東	51.585	55	3.171	38.777	76	2.527	49.860	61	3.253	48.295	64	45.451	C06	43.614	C06	71	1↑
71	南寧	廣西	西南	57.351	44	3.229	44.911	65	2.619	42.457	72	3.059	35.943	77	44.696	C07	38.008	C16	81	10↑
72	保定	河北省	華北	48.775	59	3.205	40.934	71	2.683	38.650	78	3.284	50.495	62	42.859	C08	47.123	C01	66	-6↓
73	莆田	福建省	華南	41.366	76	3.177	39.454	73	2.614	43.684	68	3.295	51.003	59	42.742	C09	41.048	C10	75	2↑
74	蘭州	甘肅省	西北	48.178	60	3.051	35.604	81	2.526	49.903	60	3.135	40.258	72	42.478	C10	25.057	C31	96	22↑
75	瀋陽	遼寧省	東北	80.290	10	3.136	34.589	84	2.694	37.212	80	3.038	35.266	82	42.332	C11	50.355	B36	64	-11↓
76	唐山	河北省	華北	61.170	38	3.221	42.965	69	2.697	34.547	82	3.053	35.689	79	42.079	C12	50.334	B37	65	-11↓
77	海口	海南省	華南	45.840	65	3.152	36.154	80	2.588	45.630	65	3.200	44.573	67	41.713	C13	35.511	C18	83	6↑
78	長沙	湖南省	華中	77.728	15	3.175	39.158	75	2.727	33.151	85	2.926	28.413	89	41.529	C14	37.965	C17	82	4↑
79	日照	山東省	華北	41.839	75	3.168	38.565	77	2.631	40.004	75	3.163	42.034	70	40.008	C15	43.654	C05	70	-9↓
80	武漢武昌	湖北省	華中	86.721	4	3.006	25.874	93	2.709	33.743	83	3.058	36.704	76	38.986	C16	35.351	C19	84	4↑
81	貴陽	貴州省	西南	56.125	46	3.177	39.369	74	2.751	30.189	89	3.037	35.773	78	38.589	C17	30.867	C26	91	10↑
82	武漢漢陽	湖北省	華中	86.721	4	2.895	21.348	96	2.639	42.161	73	2.925	28.666	88	38.496	C18	34.943	C20	85	3↑
83	咸陽	湖北省	華中	35.824	81	3.107	33.362	85	2.494	52.356	58	2.845	25.282	92	38.218	C19	-	-	-	-
84	嘉興嘉善	浙江省	華東	64.523	35	3.067	31.924	86	2.698	35.477	81	2.908	28.074	90	37.302	C20	31.458	C24	89	5↑
85	東莞市區	廣東省	華南	70.826	22	3.180	39.581	72	2.865	22.617	95	2.828	23.336	93	36.742	C21	30.934	C25	90	5↑

勉予推薦

表 20-1　2015 TEEMA 中國大陸城市綜合實力排名分析（續）

排名	城市	省市	區域	城市競爭力 加權評分	城市競爭力 排名	投資環境力 加權評分	投資環境力 百分位	投資環境力 排名	投資風險度 加權評分	投資風險度 百分位	投資風險度 排名	台商推薦度 加權評分	台商推薦度 百分位	台商推薦度 排名	2015 城市綜合實力 綜合評分	2015 城市綜合實力 等級	2014 城市綜合實力 綜合評分	2014 城市綜合實力 等級	2014 城市綜合實力 排名	2014 至 2015 排名差異
86	泰安	山東省	華北	47.190	63	3.137	37.127	79	2.756	30.697	88	2.973	30.697	87	35.743	C22	40.336	C12	77	-9↓
87	紹興	浙江省	華東	61.679	37	3.019	27.905	91	2.720	32.897	86	3.024	34.589	84	35.471	C23	28.166	C28	93	6↑
88	三亞	海南省	華南	43.412	70	3.070	34.970	83	2.725	33.235	84	2.993	33.235	85	35.456	C24	39.948	C13	78	-10↓
89	漳州	福建省	華南	47.967	61	3.114	35.223	82	2.814	26.720	92	3.047	35.604	80	34.641	C25	43.133	C08	73	-16↓
90	昆明	雲南省	西南	67.565	28	3.030	28.201	90	2.872	24.013	94	3.028	35.181	83	33.896	C26	38.358	C14	79	-11↓
91	武漢漢口	湖北省	華中	86.721	4	2.974	25.155	95	2.876	24.013	93	2.813	22.998	94	33.724	C27	30.857	C27	92	1↑
92	桂林	廣西	西南	42.858	72	3.001	25.494	94	2.662	37.719	79	3.042	35.520	81	33.270	C28	38.285	C15	80	-12↓
93	石家莊	河北省	華北	65.065	33	3.070	31.543	87	2.906	21.559	96	2.800	22.913	95	32.282	C29	32.637	C22	87	-6↓
94	佛山	廣東省	華南	70.260	24	3.002	26.678	92	2.992	16.398	101	2.759	22.406	96	29.491	C30	24.111	D01	97	3↑
95	台州	浙江省	華東	59.047	42	2.766	15.341	103	2.744	31.205	87	3.013	32.728	86	29.264	C31	-	-	-	-
96	汕頭	廣東省	華南	41.872	74	3.004	28.582	88	2.803	27.693	91	2.733	19.529	99	28.951	C32	27.940	C30	95	-1↓
97	長春	吉林省	東北	68.831	26	2.945	28.413	89	2.992	16.229	102	2.606	13.776	105	28.625	C33	33.581	C21	86	-11↓
98	鞍山	遼寧省	東北	49.753	57	2.910	21.221	97	2.834	28.920	90	2.687	16.314	102	27.075	C34	-	-	-	-
99	溫州	浙江省	華東	65.154	32	2.789	18.852	99	2.950	18.429	99	2.756	20.544	97	25.924	C35	18.474	D10	106	7↑
100	哈爾濱	黑龍江	東北	66.820	29	2.808	19.614	98	3.083	12.845	107	2.733	19.275	101	24.613	D01	32.032	C23	88	-12↓
101	中山	廣東省	華南	55.284	48	2.771	15.975	102	3.016	13.987	105	2.868	25.536	91	22.709	D02	28.044	C29	94	-7↓
102	東莞石碣	廣東省	華南	70.826	22	2.674	12.464	108	3.037	13.480	106	2.747	19.529	99	22.583	D03	23.679	D02	98	-4↓
103	北海	廣西	西南	40.523	77	2.823	17.668	100	2.916	20.756	97	2.713	20.460	98	22.441	D04	8.738	D18	114	11↑
104	深圳寶安	廣東省	華南	86.469	5	2.618	11.449	110	3.110	10.434	111	2.525	11.068	108	22.340	D05	23.133	D04	100	-4↓
105	宜昌	湖北省	華中	51.707	54	2.758	15.256	104	2.971	17.371	100	2.688	16.060	103	21.479	D06	21.177	D07	103	-2↓
106	深圳龍崗	廣東省	華南	86.469	5	2.566	8.276	113	3.081	11.787	109	2.536	10.899	109	21.452	D07	22.503	D06	102	-4↓

勉予推薦

暫不推薦

表20-1 2015 TEEMA 中國大陸城市綜合實力排名分析（續）

排名	城市	省市	區域	城市競爭力		投資環境力			投資風險度			台商推薦度			2015 城市綜合實力		2014 城市綜合實力			2014 至 2015 排名差異
				加權評分	排名	加權評分	百分位	排名	加權評分	百分位	排名	加權評分	百分位	排名	綜合評分	等級	綜合評分	等級	排名	
107	東莞虎門	廣東省	華南	70.826	22	2.616	9.757	111	3.049	14.664	103	2.569	12.676	106	20.827	D08	23.201	D03	99	-8
108	襄陽	湖北省	華中	48.828	58	2.810	17.583	101	3.025	14.326	104	2.522	10.307	111	20.201	D09	18.811	D09	105	-3
109	惠州	廣東省	華南	62.026	36	2.694	12.591	107	3.082	10.518	110	2.624	13.945	104	19.588	D10	21.049	D08	104	-5
110	岳陽	湖南省	華中	43.409	71	2.659	11.534	109	2.908	19.910	98	2.480	9.545	112	18.529	D11	17.544	D12	108	-2
111	東莞長安	廣東省	華南	70.826	22	2.581	7.853	114	3.173	7.599	112	2.567	12.337	107	17.896	D12	22.641	D05	101	-10
112	江門	廣東省	華南	44.905	66	2.731	13.606	105	3.090	12.210	108	2.513	10.645	110	17.438	D13	14.274	D14	110	-2
113	東莞厚街	廣東省	華南	70.826	22	2.584	9.291	112	3.212	6.711	114	2.093	2.184	118	16.681	D14	14.201	D15	111	-2
114	太原	山西省	華北	55.690	47	2.711	13.183	106	3.185	7.007	113	2.223	4.723	115	16.437	D15	17.117	D13	109	-5
115	東莞清溪	廣東省	華南	70.826	22	2.266	3.284	115	3.260	6.076	115	2.431	8.361	113	15.015	D16	17.978	D11	107	-8
116	九江	江西省	華中	47.786	62	2.257	2.904	116	3.386	3.242	116	2.119	2.269	117	9.642	D17	12.184	D16	112	-4
117	吉安	江西省	華中	39.669	78	2.201	2.692	117	3.403	2.565	117	2.350	6.584	114	8.784	D18	11.016	D17	113	-4
118	贛州	江西省	華中	43.835	69	1.963	1.254	118	3.515	2.861	117	2.139	2.692	116	8.339	D19	8.057	D19	115	-3

（2015 城市綜合實力 等級 D 級：暫不推薦）

註：2014年列入評選城市115個，A級極力推薦城市為「28個」、B級值得推薦城市為「37個」、C級勉予推薦「27個」、D級暫不推薦為「19個」；2015年列入評選城市118個，A級極力推薦為「31個」、B級值得推薦為「37個」、C級勉予推薦「35個」、D級暫不推薦為「19個」

表 20-2　2011-2015 TEEMA 中國大陸城市綜合實力推薦等級彙總表

年度	2011	2012	2013	2014	2015
【A】極力推薦	蘇州昆山、蘇州工業區、天津濱海、無錫江陰、成都、青島、蘇州新區、南昌、揚州、寧波市區、濟南	蘇州昆山、天津濱海、杭州蕭山、廈門島外、蘇州新區、無錫江陰、大連、南京市區、廈門島內、杭州市區、揚州、蘇州市區、寧波慈溪、淮安	蘇州工業區、成都、廈門島外、重慶、無錫江陰、南京市區、廈門島內、寧波市區、上海浦東、南京江寧、北京市區、淮安、揚州、張家港、西安	蘇州工業區、蘇州昆山、蘇州新區、成都、杭州蕭山、青島、上海浦東、南京市區、天津濱海、無錫江陰、重慶、大連、蘇州市區、合肥、張家港	蘇州工業區、成都、杭州蕭山、蘇州新區、上海浦東、上海市區、天津濱海、南京江寧、寧波市區、北京市區、廈門島外、蘇州昆山、青島、廈門島內、南京市區、西安、重慶、大連、無錫江陰、雲內、安慶、重慶、大連港
比率	20/104（19.23%）	28/109（25.68%）	28/112（25.00%）	28/115（24.35%）	27/118（22.88%）
【B】值得推薦	淮安、連雲港、上海市區、北京亦莊、合肥、鎮江、蘇州太倉、福州市區、廊坊、煙台、蘇州吳江、鹽城、泉州、蘇州常熟、大連、廣州天河、嘉興市區、泰州、武漢漢口	濟南、鎮江、寧波餘姚、綿陽、無錫宜興、德陽、北京亦莊、鹽城、無錫市區、湖州、上海嘉定、鄭州、長沙、上海松江、武漢漢陽、桂林	無錫宜興、上海松江、北京市區、蘇州吳江、德陽、徐州、無錫市區、鎮江、常州、馬鞍山、威海、蘇州太倉、湖州、蘇州常熟、泰州、廣州天河、杭州餘杭、松山、唐	北京市區、無錫宜興、寧波奉化、連雲港、廊坊、寧波餘姚、宿遷、蘇州常熟、徐州、煙台、珠海、鹽城、泉州、鄭州、泰州、洛陽、潘	北京亦莊、揚州、合肥、馬鞍、綿陽、德陽、慈溪、深圳、常州、廣州市區、福州市區、鄭州、徐州、威海、鎮、洛陽
比率	37/104（35.58%）	32/109（29.36%）	34/112（30.36%）	37/115（32.17%）	37/118（31.36%）

表 20-2 2011-2015 TEEMA 中國大陸城市綜合實力推薦等級彙總表（續）

年度	2011	2012	2013	2014	2015
【C】勉予推薦	天津市區、武漢漢陽、莆田、南寧、武漢武昌、桂林、東莞長安、東莞市區、嘉興嘉善、鄭州、東莞清溪、長沙、襄陽、中山、東莞厚街、昆明、石家莊、無錫宜興、上海松江、紹興、常州、漳州、珠海、溫州、佛山、東莞虎門、東莞石碣、東莞、木頭、東莞塘慶、潘海。	泰州、福州市區、漳州、保定、泰安、蘇州太倉、天津市區、嶺州市區、廣州市區、紹興、昆山、石家莊、襄陽、潘海、海口、東莞虎門、武漢武昌、日照、廣州天河、福州馬尾、蘇州常熟、嘉興嘉善、汕頭、溫州、中山、珠海、深圳市區、東莞市區、莆田、佛山、東莞厚街。	鄭州、潘陽、桂林、南寧、福州馬尾、福州、莆田、嘉興市區、汕頭、中山、嘉興嘉善、天津市區、東莞市區、紹興、哈爾濱、長春、襄陽、蘭州、唐山、武漢漢陽、保定、深圳市區、武漢漢口、武漢武昌、安、泰安、嶺山、福州市區、昆山、三亞、石家莊、佛山、深圳寶安、海口、溫州。	保定、嘉興市區、日照、福州馬尾、廣州天河、天津市區、三亞、桂林、長春、武漢武昌、長安、哈爾濱、東莞市區、武漢漢口、中山、蘭州、深圳市區、福州市區、湖州、漳州、莆田、泰安、昆山、南海、武漢漢陽、石家莊、嘉興嘉善、貴陽、紹興、汕頭。	東莞松山湖、廣州天河、湖州、保定、蘭州、唐山、武漢漢陽、武漢漢口、嘉興嘉善、泰安、三亞、昆明、桂林、佛山、嘉興市區、天津市區、泰州、南寧、莆田、潘海、日照、貴陽、咸寧、東莞市區、紹興、漳州、武漢漢口、石家莊、家莊、興、杭州。
比率	31/104（29.81%）	32/109（29.36%）	35/112（31.25%）	31/115（26.96%）	35/118（29.66%）
【D】暫不推薦	汕頭、贛州、吉安、深圳寶安、江門、大原、長春、蘭州。	九江、東莞龍崗、深圳市區、惠州、貴陽、北海、哈爾濱、宜昌。	惠州、宜昌、東莞虎門、九江、東莞長安、吉安、贛州、貴陽。	佛山、東莞虎門、東莞長安、宜昌、襄陽、東莞清溪、大原、東莞厚街、吉安、贛州。	汕頭、鞍山、哈爾濱、東莞石碣、深圳寶安、深圳龍崗、襄陽、岳陽、江門、大原、九江、贛州。
比率	16/104（15.38%）	17/109（15.60%）	15/112（13.39%）	19/115（16.52%）	19/118（16.10%）

資料來源：本研究整理

表 20-3　2006-2015 TEEMA 中國大陸七大經濟區域之城市推薦等級百分比彙總表

年度	地區	❶華南地區				❷華東地區				❸華中地區				❹華北地區				❺西南地區				❻西北地區				❼東北地區			
	推薦等級	A 極力推薦	B 值得推薦	C 勉予推薦	D 暫不推薦	A 極力推薦	B 值得推薦	C 勉予推薦	D 暫不推薦	A 極力推薦	B 值得推薦	C 勉予推薦	D 暫不推薦	A 極力推薦	B 值得推薦	C 勉予推薦	D 暫不推薦	A 極力推薦	B 值得推薦	C 勉予推薦	D 暫不推薦	A 極力推薦	B 值得推薦	C 勉予推薦	D 暫不推薦	A 極力推薦	B 值得推薦	C 勉予推薦	D 暫不推薦
2006		2 3%	8 8%	10 10%	0 11%	12 15%	16 18%	3 5%	0 1%	1 1%	2 3%	3 4%	0 0%	3 4%	6 8%	1 1%	5 0%	1 1%	2 0%	1 4%	0 0%	0 0%	0 0%	1 1%	0 0%	1 1%	0 0%	2 3%	0 0%
2007		0 0%	6 7%	12 14%	6 7%	13 15%	15 17%	5 6%	0 0%	1 1%	0 0%	6 7%	2 2%	5 6%	3 3%	2 2%	0 0%	1 1%	3 3%	0 0%	2 2%	0 0%	0 0%	0 0%	2 2%	1 1%	0 0%	1 1%	2 2%
2008		0 0%	4 4%	10 11%	9 10%	14 16%	18 20%	1 1%	1 1%	1 1%	0 0%	7 8%	1 1%	6 7%	3 3%	3 3%	0 0%	1 1%	0 0%	3 3%	2 2%	0 0%	0 0%	0 0%	2 2%	1 1%	0 0%	1 1%	2 2%
2009		2 2%	2 2%	11 12%	8 9%	14 15%	18 19%	4 4%	0 0%	1 1%	1 1%	7 8%	1 1%	3 3%	5 5%	3 3%	1 1%	1 1%	1 1%	3 3%	1 1%	0 0%	0 0%	1 1%	1 1%	1 1%	0 0%	1 1%	2 2%
2010		2 2%	1 1%	16 16%	4 4%	14 14%	20 20%	4 4%	0 0%	1 1%	5 5%	4 4%	2 2%	4 4%	8 8%	1 1%	1 1%	2 2%	0 0%	3 3%	2 2%	0 0%	0 0%	1 1%	1 1%	1 1%	0 0%	1 1%	2 2%
2011		1 1%	5 5%	14 13%	6 6%	12 12%	21 20%	6 6%	0 0%	1 1%	2 2%	5 5%	4 4%	3 3%	8 8%	2 2%	1 1%	2 2%	0 0%	3 3%	2 2%	0 0%	1 1%	0 0%	1 1%	1 1%	0 0%	1 1%	2 2%
2012		2 2%	1 1%	15 14%	7 6%	20 18%	14 13%	7 6%	0 0%	1 1%	6 6%	3 3%	4 4%	2 2%	6 6%	5 5%	1 1%	2 2%	4 4%	1 1%	2 2%	0 0%	1 1%	0 0%	1 1%	1 1%	0 0%	1 1%	0 0%
2013		2 2%	4 4%	12 11%	8 7%	19 17%	18 16%	4 4%	0 0%	1 1%	5 4%	6 5%	6 5%	3 3%	5 4%	6 5%	1 1%	2 2%	3 3%	3 3%	2 2%	0 1%	0 0%	0 0%	0 0%	1 1%	0 0%	3 3%	0 0%
2014		2 2%	4 3%	11 10%	10 9%	19 17%	17 15%	4 3%	1 1%	1 1%	4 4%	3 3%	5 5%	2 2%	6 6%	5 4%	6 1%	2 2%	3 3%	4 4%	1 1%	1 1%	0 0%	1 1%	1 1%	1 1%	1 1%	2 2%	0 0%
2015		2 2%	6 5%	9 8%	10 8%	18 15%	17 14%	7 6%	0 0%	3 3%	5 4%	6 5%	1 5%	2 2%	5 5%	4 4%	5 5%	2 2%	3 3%	3 3%	1 1%	1 1%	0 0%	1 1%	1 1%	1 1%	0 0%	3 3%	1 1%

表 20-4 2000-2015 TEEMA 中國大陸推薦城市排名變化

排名	城市	省市	區域	2000	2001	2002	2003	2004	2005	2006	2007	2008	2009	2010	2011	2012	2013	2014	2015
01	蘇州工業區	江蘇省	華東	A01	A01	--	--	B01	A18	A01	A01	A01	A03	A06	A02	A04	A02	A02	A01
02	廈門島外	福建省	華南	B07	B10	B10	B03	B19	A16	A13	B06	B06	A12	A10	B02	A07	A06	A03	A02
03	成　都	四川省	西南	B05	B13	B07	A08	A03	A04	A16	A09	A09	A11	A12	A09	A06	A04	A07	A03
04	蘇州市區	江蘇省	華東	A01	A01	A01	A07	B01	A18	A06	A14	A19	A14	A11	A03	A10	A07	A06	A04
05	杭州蕭山	浙江省	華東	A07	B21	A07	A01	A01	A02	A18	A03	A06	A07	A07	A12	A05	A03	A08	A05
06	蘇州昆山	江蘇省	華東	--	A02	A04	B14	A01	A03	A03	A02	A02	A01	A01	A01	A01	A01	A01	A06
07	蘇州新區	江蘇省	華東	A01	A01	--	--	B01	A18	A11	A07	A04	A19	A22	A11	A09	A08	A04	A07
08	青　島	山東省	華北	B09	B12	A08	A02	A14	A12	B01	A11	A22	A18	A09	A08	A08	A15	A10	A08
09	上海浦東	上海市	華東	B13	B14	B05	B07	B12	A08	A14	B24	B24	B11	B10	B14	B07	A23	A12	A09
10	廈門島內	福建省	華南	B07	B10	B10	B03	B19	A16	B12	B08	B11	A20	A24	A18	A17	A16	A11	A10
11	上海市區	上海市	華東	B13	B14	B06	A04	B16	B01	B21	B26	B17	B10	A16	B05	A22	A20	A13	A11
12	南　通	江蘇省	華東	--	--	--	--	B13	B19	D03	C23	C06	B16	B08	B09	A24	A22	A17	A12
13	上海閔行	上海市	華東	B13	B14	B06	B08	A01	A01	A12	A08	A12	A06	A05	A10	A14	A11	A21	A13
14	杭州市區	浙江省	華東	B10	B16	A05	A09	C02	B10	A04	A16	A23	A13	A23	A20	A19	A17	A19	A14
15	天津濱海	天津市	華北	B21	B05	B08	B24	A07	A07	A07	A05	A03	A04	A02	A05	B01	A09	A16	A15
16	西　安	陝西省	西北	C03	B32	D04	--	--	B08	C21	D10	D11	C29	C22	B10	B01	A27	A18	A16
17	無錫江陰	江蘇省	華東	B17	A06	A02	A03	A06	A05	A05	A04	A05	A10	A13	A07	A11	A12	A09	A17
18	淮　安	江蘇省	華東	--	--	--	--	--	--	--	--	B12	B08	B04	B01	A27	A26	A23	A18
19	南京市區	江蘇省	華東	B14	B17	B15	B23	B02	A15	A08	B02	A13	B14	A15	A16	A15	A14	A14	A19
20	重　慶	重慶市	西南	--	B19	C17	B16	B14	B11	C03	B25	C13	B01	A08	A06	A18	A10	A22	A20
21	南京江寧	江蘇省	華東	B14	B17	B15	B23	B02	B04	B16	A10	A07	A02	A03	A04	A02	A05	A05	A21
22	大　連	遼寧省	東北	B04	B22	B09	A06	A10	A14	A19	A15	A14	A16	A21	A14	A13	A13	A24	A22
23	寧波市區	浙江省	華東	A03	A05	A03	A05	B04	A13	B08	A21	B13	A15	A14	A17	A12	A19	A15	A23
24	無錫市區	江蘇省	華東	B17	A06	A02	A03	C01	B05	C07	B07	A11	A21	B05	B06	A26	A21	A20	A24
25	寧波慈溪	浙江省	華東	--	--	--	--	--	--	--	--	--	B22	B14	B18	A25	B04	A25	A25
26	連雲港	江蘇省	華東	--	--	--	--	--	--	--	--	--	B07	B18	B03	A28	B10	B08	A26
27	北京市區	北京市	華北	B06	B20	C02	B19	B17	B02	B18	C06	C04	C13	B17	B30	B17	B05	B02	A27
28	蘇州張家港	江蘇省	華東	A01	A01	--	--	--	C04	B24	B11	B05	B02	B12	B15	A23	A25	A26	B01
29	北京亦庄	北京市	華北	B06	B20	C02	B19	C04	B20	A10	A19	A17	A09	A20	B07	B14	A24	B03	B02
30	寧波北侖	浙江省	華東	--	--	--	--	B04	A13	A02	A06	A08	A05	A19	B08	A16	A18	A27	B03
31	揚　州	江蘇省	華東	B03	B07	A06	A10	A04	A09	A09	A20	A08	A17	A18	A15	A21	A28	B01	B04
32	上海松江	上海市	華東	B13	B14	B06	B05	B09	B03	B28	B22	B08	C08	B23	C06	B28	B03	B07	B05
33	合　肥	安徽省	華中	--	--	--	--	--	B09	C12	C22	C02	B19	B15	B11	B03	B02	A28	B06
34	宿　遷	江蘇省	華東	--	--	--	--	--	--	--	--	--	--	--	--	--	B24	B14	B07
35	馬鞍山	安徽省	華中	--	--	--	--	--	--	--	--	--	--	--	--	--	B19	B09	B08

表 20-4 2000-2015 TEEMA 中國大陸推薦城市排名變化（續）

排名	城市	省市	區域	2000	2001	2002	2003	2004	2005	2006	2007	2008	2009	2010	2011	2012	2013	2014	2015
36	蘇州吳江	江蘇省	華東	A05	A03	B03	B25	B22	C03	C09	C03	B09	B25	B06	B23	B09	B07	B16	B09
37	綿陽	四川省	西南	--	--	--	--	--	--	--	--	--	--	--	C04	B08	B08	B11	B10
38	無錫宜興	江蘇省	華東	B17	A06	A02	A03	--	--	B13	A18	A18	B05	B27	C04	B10	B01	B04	B11
39	寧波奉化	浙江省	華東	A06	B26	B01	B01	B20	B14	B22	B20	B02	B12	B20	B22	B15	B16	B06	B12
40	上海嘉定	上海市	華東	A02	B14	B06	B18	C07	B25	C02	B23	B25	C17	B26	B26	B22	B12	B17	B13
41	德陽	四川省	西南	--	--	--	--	--	--	--	--	--	--	--	--	B12	B09	B15	B14
42	無湖	安徽省	華中	--	--	--	--	--	--	--	--	--	--	--	--	B18	B13	B05	B15
43	遂寧	四川省	西南	--	--	--	--	--	--	--	--	--	--	--	--	--	--	B18	B16
44	泉州	福建省	華南	B20	--	D03	D02	D05	B06	B04	B19	C17	C11	C05	B27	B23	B32	B28	B17
45	深圳市區	廣東省	華南	--	B23	C14	C01	C20	C09	D01	C21	C18	D01	C26	D06	C24	C08	C02	B18
46	廊坊	河北省	華北	--	--	--	--	--	--	B05	A13	A16	B04	B16	B19	B11	B22	B10	B19
47	常州	江蘇省	華東	B22	B06	C08	B11	B10	B17	B07	B15	B21	B03	B22	B16	B21	B17	B13	B20
48	寧波餘姚	浙江省	華東	A04	A04	C07	C09	B08	B23	B19	B05	B15	C04	C02	B24	B06	B18	B12	B21
49	廣州市區	廣東省	華南	B11	B28	C12	B26	C11	C10	B17	C20	C20	C20	C21	C30	C17	B34	B29	B22
50	珠海	廣東省	華南	B15	B24	B20	B06	B07	B29	B15	C05	C22	C05	C10	C14	C22	B30	B24	B23
51	福州市區	福建省	華南	C01	B01	C06	B09	C16	C07	C06	C16	C14	B26	C01	B17	C03	C20	C04	B24
52	南昌	江西省	華中	--	B31	D05	--	A11	A10	A17	A12	A10	A08	A04	A13	A20	B06	C04	B25
53	杭州餘杭	浙江省	華東	--	--	--	--	--	--	--	--	--	--	--	--	--	--	B31	B26
54	蘇州常熟	江蘇省	華東	B22	B04	B11	B12	--	B30	B02	B27	B14	B24	B24	B32	B27	B33	B33	B27
55	鄭州	河南省	華中	--	B25	C04	B15	A13	A11	A15	C24	--	--	B34	C19	C12	C01	B30	B28
56	濟南	山東省	華北	--	--	--	--	A05	A06	C08	B04	B07	B09	A17	A19	B02	B20	B19	B29
57	徐州	江蘇省	華東	--	B01	B01	--	--	B24	C04	B09	B04	B13	B03	B04	B05	B11	B22	B30
58	煙台	山東省	華北	--	--	--	--	--	C14	B11	B10	A20	B06	B02	B20	B19	B26	B20	B31
59	威海	山東省	華北	--	--	--	--	--	--	B06	A17	A21	B20	B01	B12	B13	B21	B21	B32
60	蘇州太倉	江蘇省	華東	A01	A01	--	--	B03	C05	B25	B21	B01	B18	B11	B29	C11	B23	B23	B33
61	鎮江	江蘇省	華東	--	B18	C05	C04	--	--	--	C18	B03	A22	B07	B13	B04	B15	B25	B34
62	福州馬尾	福建省	華南	C01	B01	B01	B09	--	B24	C04	C13	C15	C15	C12	B20	C08	C09	C07	B35
63	洛陽	河南省	華中	--	--	--	--	--	--	--	--	--	--	--	--	--	--	B34	B36
64	鹽城	江蘇省	華東	--	--	--	--	--	--	B10	B12	B18	B17	--	B25	B16	B14	B26	B37
65	嘉興市區	浙江省	華東	--	--	--	--	A09	B07	B09	B03	B19	C03	B25	B33	C10	C15	C03	C01
66	東莞松山湖	廣東省	華南	--	--	--	--	--	--	--	--	--	--	--	--	--	--	B35	C02
67	天津市區	天津市	華北	B21	B05	B08	B24	A07	A07	A20	B03	B19	C03	C11	C01	C13	C23	C11	C03
68	廣州天河	廣東省	華南	B11	B28	C12	--	C11	C10	A20	B01	C03	B23	B19	B31	C06	B31	C09	C04

表20-4 2000-2015 TEEMA 中國大陸推薦城市排名變化（續）

排名	城市	省市	區域	2000	2001	2002	2003	2004	2005	2006	2007	2008	2009	2010	2011	2012	2013	2014	2015
69	泰州	江蘇省	華東	--	--	--	D08	D07	C06	B23	C19	D13	B15	B33	B35	C01	B29	B32	C05
70	湖州	浙江省	華東	--	--	--	--	--	--	--	--	--	--	--	--	B20	B25	C06	C06
71	南寧	廣西	西南	--	B30	D01	C03	C08	--	--	D09	C22	C07	C09	C07	B29	C07	C16	C07
72	保定	河北省	華北	--	--	--	--	--	--	--	--	--	--	B21	B36	C07	C06	C01	C08
73	莆田	福建省	華南	--	--	D06	C07	B11	B12	--	B18	C25	C01	C30	C05	C28	C13	C10	C09
74	蘭州	甘肅省	西北	--	--	--	--	--	--	--	D13	D15	D14	D12	D15	D17	C35	C31	C10
75	潘陽	遼寧省	東北	B16	--	B19	B17	--	C01	C15	D03	C05	C09	C25	C22	C27	C03	B36	C11
76	唐山	河北省	華北	--	--	--	--	--	--	--	--	--	--	--	--	--	C02	B37	C12
77	海口	海南省	華南	--	--	--	--	--	--	--	--	--	--	--	--	C29	C32	C18	C13
78	長沙	湖南省	華中	--	B33	B13	--	C15	B21	C13	C01	C19	C26	C23	C23	B26	B28	C17	C14
79	日照	山東省	華北	--	--	--	--	--	--	--	--	--	--	B09	B28	C04	C10	C05	C15
80	武漢武昌	湖北省	華中	B12	B09	C01	B21	B23	B13	B20	C10	C07	C25	B31	C09	C02	C14	C19	C16
81	貴陽	貴州省	西南	--	--	--	--	--	--	--	--	--	--	D08	D10	D16	D15	C26	C17
82	武漢漢陽	湖北省	華中	B12	B09	C01	--	B23	B27	C14	C11	C11	C22	B30	C03	B30	C04	C20	C18
83	咸寧	湖北省	華中	--	--	--	--	--	--	--	--	--	--	--	--	--	--	--	C19
84	嘉興嘉善	浙江省	華東	--	--	--	--	A09	B07	B10	B12	B18	B17	B32	C17	C14	C21	C24	C20
85	東莞市區	廣東省	華南	B18	--	D04	D05	D02	D05	D05	D05	D02	C30	C14	C15	C26	C25	C25	C21
86	泰安	山東省	華北	--	--	--	--	--	--	B27	C09	C21	C27	B29	B37	B31	C16	C12	C22
87	紹興	浙江省	華東	--	--	--	--	B06	--	--	B17	B23	B27	C03	C08	C19	C27	C28	C23
88	三亞	海南省	華南	B02	--	C03	D01	C14	--	--	C04	C01	C12	C16	C18	C30	C24	C13	C24
89	漳州	福建省	華南	--	--	B14	B13	B05	--	C10	C02	D08	C23	C13	C12	C05	C11	C08	C25
90	昆明	雲南省	西南	--	B27	C09	--	C10	C16	C05	B14	C10	C10	C19	C31	C21	C22	C14	C26
91	武漢漢口	湖北省	華中	--	B29	C01	--	--	B22	--	B13	D05	C19	B34	C11	B32	C12	C27	C27
92	桂林	廣西	西南	--	--	--	--	--	--	C11	--	--	--	B13	B34	C23	C05	C15	C28
93	石家莊	河北省	華北	--	B15	--	D04	--	--	--	C15	B20	C16	C15	C16	C18	C34	C22	C29
94	佛山	廣東省	華南	--	--	--	--	--	--	C20	D08	D14	D13	D10	D14	D12	C29	D01	C30
95	台州	浙江省	華東	C01	--	--	--	--	--	--	--	--	--	--	--	C20	C19	C30	C31
96	汕頭	廣東省	華南	--	C01	B02	B01	B18	B18	B26	B16	B16	C06	C17	C27	C16	C17	C21	C32
97	長春	吉林省	東北	--	--	C09	--	--	--	--	C14	C09	D12	D07	D13	D14	C31	C31	C33
98	鞍山	遼寧省	東北	--	--	--	--	--	--	--	--	--	--	--	--	--	--	--	C34
99	溫州	浙江省	華東	D02	--	--	--	--	--	--	--	--	--	--	--	D15	C34	D10	C35
100	哈爾濱	黑龍江	東北	B23	B08	--	--	--	--	--	D08	D14	D13	D10	D14	D12	C29	C23	D01
101	中山	廣東省	華南	C01	C01	B02	B01	A12	A17	B26	B16	B16	C06	C17	C24	C20	C19	C29	D02
102	東莞石碣	廣東省	華南	B18	C03	B02	B03	B18	B18	B26	D02	D07	D07	D07	D13	D02	D08	D02	D03
103	北海	廣西	西南	--	--	--	--	--	D08	--	D14	--	D10	D09	D12	D15	D14	D18	D04

表20-4 2000-2015 TEEMA 中國大陸推薦城市排名變化（續）

排名	城市	省市	區域	2000	2001	2002	2003	2004	2005	2006	2007	2008	2009	2010	2011	2012	2013	2014	2015
104	深圳寶安	廣東省	華南	B20	B23	--	C05	C06	D03	C18	C17	C16	D02	D03	D07	D09	C30	D04	D05
105	宜昌	湖北省	華中	--	--	--	--	--	--	--	D04	D16	D11	D11	D16	D08	D03	D07	D06
106	深圳龍崗	廣東省	華南	B20	B23	C13	B27	C05	D02	C16	D06	D01	D04	D04	D04	D05	D02	D06	D07
107	東莞虎門	廣東省	華南	B18	C03	D04	C06	D03	D04	C19	C12	D04	D06	C07	C20	C31	D05	D03	D08
108	襄陽	湖北省	華中	--	--	--	--	--	--	--	--	--	--	C28	C29	C25	C33	D09	D09
109	惠州	廣東省	華南	B19	B03	B12	B20	D01	D01	D04	D12	D10	D03	D02	D08	D06	D01	D08	D10
110	岳陽	湖南省	華中	--	--	--	--	--	--	--	--	--	--	--	--	C15	C18	D12	D11
111	東莞長安	廣東省	華南	B18	C03	D04	--	C18	C17	D06	D11	D12	C24	C08	C13	D03	D09	D05	D12
112	江門	廣東省	華南	--	--	--	--	B15	B15	C01	C08	C08	D05	D05	D09	D11	D06	D14	D13
113	東莞厚街	廣東省	華南	B18	C03	D04	C12	B21	B28	D07	D01	D06	D08	C28	D05	C32	D10	D15	D14
114	太原	山西省	華北	--	--	--	--	--	--	--	--	C24	D09	D06	D11	D04	D04	D13	D15
115	東莞清溪	廣東省	華南	--	--	--	--	--	--	--	--	--	--	--	C21	D07	D12	D11	D16
116	九江	江西省	華中	--	--	--	--	--	--	--	--	--	C02	C24	D02	D01	D07	D16	D17
117	吉安	江西省	華中	--	--	--	--	--	--	--	--	C09	C21	D01	C25	D10	D11	D17	D18
118	贛州	江西省	華中	--	--	--	--	--	--	--	--	--	C18	C27	D03	D13	D13	D19	D19

資料來源：本研究整理

註：

[1] 由於2005年「廣州市區」於2006、2007、2008、2009、2010年細分為「廣州天河」與「廣州市區」，因此2006、2007、2008、2009、2010「廣州天河」與「廣州市區」對比的城市是2005的「廣州市區」。

[2] 由於2005年「北京其他」於2006重新命名為「北京亦莊」，因此2006、2007、2008、2009、2010「北京亦莊」對比的城市是2005的「北京市區」。

[3] 由於2005年「天津」於2006、2007、2008、2009、2010年細分為「天津市區」與「天津濱海區」，因此2006、2007、2008、2009、2010「天津市區」與「天津濱海區」對比的城市是2005的「天津」。

[4] 由於2005年「廈門」於2006細分為「廈門島內」與「廈門島外」，因此2006、2007、2008、2009、2010年「廈門島內」與「廈門島外」對比的城市是2005的「廈門」。

[5] 由於2005年「蘇州市區」於2006年細分為「蘇州工業區」與「蘇州新區」，因此2006、2007、2008、2009、2010「蘇州工業區」與「蘇州新區」對比的城市是2005的「蘇州市區」。

[6] 由於2005年「寧波市區」於2006年細分為「寧波市區」與「寧波北侖區」，因此2006、2007、2008、2009、2010「寧波市區」與「寧波北侖區」對比的城市是2005的「寧波市區」。

[7] 由於2003年「南京」於2004年細分為「南京市區」與「南京江寧」，因此2004、2005、2006、2007、2008、2009、2010「南京市區」與「南京江寧」對比的城市是2003的「南京」。

[8] 由於2003年「無錫」於2004年細分為「無錫市區」、「無錫江陰」、「無錫宜興」，因此2004、2005、2006、2008、2009、2010「無錫市區」、「無錫江陰」、「無錫宜興」對比的城市是2003的「無錫」。

[9] 由於2009年「嘉興」於2010年細分為「嘉興市區」與「嘉興嘉善」，因此2010「嘉興市區」與「嘉興嘉善」對比城市是2009的「嘉興」。

（9）「福州市」：分成福州市區、福州馬尾兩區；（10）「廈門市」：分成廈門島內、廈門島外兩區；（11）「南京市」：分成南京市區、南京江寧兩區；（12）「北京市」：分成北京市區、北京亦庄兩區；（13）「天津市」：分成天津市區、天津濱海兩區；（14）「嘉興市」：分為嘉興市區與嘉興嘉善兩區；（15）「廣州市」：分為廣州天河與廣州市區兩區。

2. 2014-2015 調查評估城市的投資環境變動：2015 年列入《TEEMA 調查報告》分析 118 個城市，計有三個新增城市，分別為：（1）華東地區台州；（2）華中地區咸寧；（3）東北地區鞍山，可發現 2015 年新增的三個城市，台州、咸寧與鞍山都落於【C】級「勉予推薦」等級。其中又以 C34 的鞍山表現較差，主要原因在於人才市場不飽和，高素質人才產生斷層而制約當地企業發展。

3. 2014-2015 城市綜合實力推薦的投資環境變動：2015 年《TEEMA 調查報告》列入【A】級「極力推薦」等級的城市共有 27 個，其中 2014 年、2015 年兩年皆列入【A】級「極力推薦」等級之城市共 25 個，所占比例達 92.59%，與 2014 年的 92.85% 相差不大，可知排名與變化趨於穩定，而 2014 年、2015 兩年均列入【B】級「值得推薦」的城市共有 32 個，占 2015 年【B】級城市的 86.48%，較 2014 年的 78.37% 來的高，可知有明顯上升的趨勢，再者，兩年度共有 28 個城市皆列入【C】級「勉予推薦」，占 2015 年【C】級城市 80.00%，較 2014 年所占的比例 87.09% 有較小幅度的下降情況，最後兩年度皆列入【D】級「暫不推薦」的城市則有 14 個，占 2014 年【D】級城市 73.68%，較 2013 年所占的比例 73.68% 相同，由此可知，【A】、【D】等級其今年變動幅度小於【B】、【C】等級之變動幅度。

4. 2014-2015【A】級「極力推薦」城市投資環境變動：觀看 2014 年至 2015 年《TEEMA 調查報告》中列入【A】級「極力推薦」前十名城市，依序為：（1）蘇州工業區（A01）；（2）廈門島外（A02）；（3）成都（A03）；（4）蘇州市區（A04）；（5）杭州蕭山（A05）；（6）蘇州昆山（A06）；（7）蘇州新區（A07）；（8）青島（A08）；（9）上海浦東（A09）；（10）廈門島內（A10）。且在 2015 年【A】級「極力推薦」城市新增設兩個城市為：連雲港（B08→A26）；北京市區（B02→A27），此外，在 2014 年屬於【A】級「極力推薦」城市，但 2015 年滑落至【B】級「值得推薦」等級者有：蘇州張家港（A26→B01）；寧波北侖（A27→B03）及合肥（A28→B06）。

5. 2014-2015【D】級「暫不推薦」城市投資環境變動：2014 年至 2015 年《TEEMA 調查報告》研究結果顯示，兩年度均列入【D】級「暫不推薦」的城市

共有14個，位居【D】級「暫不推薦」的倒數十名城市分別為：（1）贛州（D19）；
（2）吉安（D18）；（3）九江（D17）；（4）東莞清溪（D16）；（5）太原（D15）；
（6）東莞厚街（D14）；（7）江門（D13）；（8）東莞長安（D12）；（9）岳
陽（D11）；（10）惠州（D10）。其中以哈爾濱（C23 → D01）下降幅度最高，
自 2014 年的第 88 名至 2015 年降到第 100 名，落差高達 12 名，需特別注意。

圖 20-1　2014-2015 TEEMA「極力推薦」等級城市變遷圖

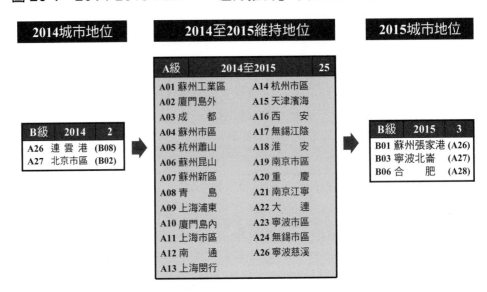

圖 20-2　2014-2015 TEEMA「值得推薦」等級城市變遷圖

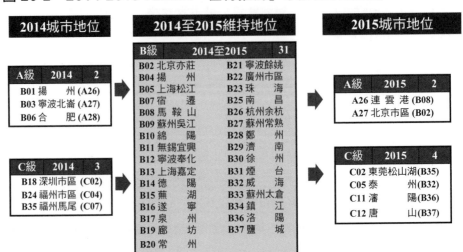

圖 20-3　2014-2015 TEEMA「勉予推薦」等級城市變遷圖

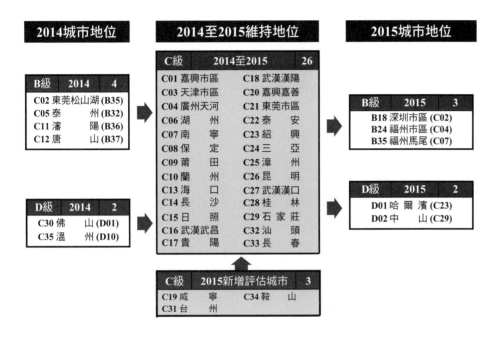

圖 20-4　2014-2015 TEEMA「暫不推薦」等級城市變遷圖

三、2015 TEEMA 中國大陸 11 大經濟區城市綜合實力排名

2015《TEEMA 調查報告》研究分析中國大陸 118 個城市之其城市綜合實力，歸納為 11 個經濟區域，並針對經濟區域內各別城市之「兩力兩度」分數加權平均後，所得之各經濟區域的區域綜合實力排名，如圖 20-17 所示。

根據圖 20-17 所示，可看出「西三角經濟區」經加權後在中國大陸 11 大經濟區域的城市綜合實力排名中獨占鰲頭，加權總分為 74.758，且如圖 20-6 所示西三角經濟區域共計有六個城市納入評比，且西安、成都、綿陽、德陽、遂寧及重慶的排名都比 2014 年上升，而在排名方面又以擠入台商極力推薦的【A】等級評比的成都（92.742）、西安（81.342）、重慶（80.218）最佳。近年，由於東部沿海的主要經濟區無論在租稅優惠減免還是生產成本增加上，均對台商造成投資壓力，使得台商紛紛思索西進，加上中國大陸政府對於西三角經濟區的政策扶持，遂使得近幾年來西三角經濟區在城市綜合實力排名名列前茅。加之，2015 年隨著「一帶一路」政策推展，未來西三角經濟區發展將備受關注。此外，根據 2015 年 5 月 15 日中國大陸社會科學院財經戰略研究院以中國大陸 289 個城市做為評估所發布的《中國城市競爭力報告 No.13》中，成都、重慶和西安分別位列第 15、24 和 27 名，顯示西三角經濟區的各主要城市，整體競爭力排名都明顯較其他經濟區城市突出。

由圖 20-17 可知，「長三角經濟區」經加權後得分為 68.023 分，在中國大陸 11 大經濟區域的綜合實力中排名位居第二，根據圖 20-7 可知，長三角經濟區此次共有 42 個城市納入評比，並與 2014 年相比依舊共計 18 個城市列入極力推薦的【A】級評比城市中，其中排名在前五名分別為蘇州工業區、蘇州市區、杭州蕭山、蘇州昆山及上海浦東，其中蘇州工業區綜合實力在 2015 年晉升到第一位，而蘇州更占據五名中的三名，其主要係因蘇州多年來積極發展基礎及交通建設，同時配合 2015 年中國大陸政府政策推廣眾創空間，實施產業轉型升級，以及位居「一帶一路」的東部重鎮，從而確立蘇州產業競爭力。

由圖 20-17 可知，「西部地區」經加權後在中國大陸 12 大經濟區域的綜合實力中位列第三，加權分數為 55.327 分，相較於 2014 年，上升兩個名次，且由圖 20-11 可知，2015 共計有 12 個城市列入評比，列入極力推薦之【A】級評比的城市分別為成都、西安及重慶，綜合實力分別為 92.742 分、81.342 分以及 80.218 分，且除昆明和桂林兩個城市外，其餘區域內城市的綜合實力都出現上升的情況。主要原因是因為中國大陸的「一帶一路」政策推展後，西部地區各城市將會扮演連結東、西部交通和經濟交流的主要樞紐，尤其是「一帶一路」沿線城市，將因此形成龐大經濟效益，從而使得除成都、重慶、西安等大城市排名上升外，蘭州、北海、南寧、貴陽等城市之評比在 2015 年都有超過十名的突破性成長。

由圖 20-17 可知，「黃三角經濟區」經加權後在中國大陸 11 大經濟區域的

綜合實力中位列第四，加權分數為 54.510 分，根據圖 20-8 可知，本次評比中黃三角經濟區計有六個城市納入評比，其中，相比 2014 年依舊僅有青島被列入極為推薦的【A】級評比且有進步趨勢，城市綜合實力為 87.735 分，其他濟南、煙台、威海、日照、泰安五個城市皆呈現下降態勢，黃三角經濟區域城市評比呈現下降趨勢。雖然，黃三角經濟區比 2014 年的表現有略微下滑，但仍然有四個城市的評比在【A】級與【B】級以上，顯示黃三角經濟區仍是台商在中國大陸投資的主要選擇區域之一。其中，又以青島表現最為出色，不僅是連續九年獲得【A】級城市評比，2015 年更是黃三角經濟區中唯一成長的城市，伴隨著中國大陸與韓國簽訂「中韓自由貿易協定」後，青島將扮演與韓國經濟合作的示範城市，在未來將持續成為帶動黃三角經濟區成長的領頭羊。且根據 2015 年 5 月 15 日中國大陸社會科學院財經戰略研究院以中國大陸 289 個城市做為評估所發布的《中國城市競爭力報告 No.13》中，青島在綜合經濟競爭力評比和可持續競爭力上都名列第 16 名，顯示在 2015 年中，青島市在全中國大陸城市競爭力中仍會持續處於前段班的位置。

由圖 20-17 可知，「環渤海經濟區」經加權後在中國大陸 11 大經濟區域的綜合實力中位列第五名，加權分數為 52.610 分，相較於 2014 年衰退一名，由圖 20-9 可知環渤海經濟區內計有 18 個城市納入評比，其中被列為極力推薦之【A】級評比城市分別為青島、天津濱海、大連及北京市區，其綜合實力加權分數依序為 87.735 分、82.814 分、77.034 分及 75.784 分，其中北京市區由 2014 年的【B】級城市在 2015 年晉升為【A】級城市之列。主要原因在於北京仍然是中國大陸的首都，同時掌握較多資源，以 2015 年 1-5 月份投資數據來看，北京市固定資產投資高達 2,300 億人民幣，較 2014 年同比成長 4.2%。其中，城鎮投資完成 2,120.3 億人民幣，成長 8.5%。

由圖 20-17 顯示，「海西經濟帶」經加權過後，於中國大陸 11 大經濟區域的綜合實力中位列第六，加權統計分數為 49.292 分，相較於 2014 年排名上升一個名次，且由圖 20-12 可看出海西經濟帶於報告評比中計有十個城市納入評比，2015 年海西經濟區十個城市中有七個城市的排名上升，且廈門島外與廈門島內不僅被列入極力推薦的【A】級評比之城市外，皆擠入了評比前十名。福州馬尾與福州市區則分別上升十名與十八名，皆從【C】級「勉予推薦」評比之城市晉升為【B】級「值得推薦」評比之列。最主要原因在於「支持福建建設 21 世紀海上絲綢之路核心區」願景行動的推出，強調要加強福州、廈門以及其他主要沿海城市的港口建設，加強科技創新的力度與形成參與和引領國際合作競爭競爭優

勢，成為 21 世紀海上絲綢之路的主要城市。目前福建正在制定海上絲綢之路的核心區實施意見及方案，未來福建會持續通過一個樞紐、六個平台和三個基地建設，發揮泉州、福州、廈門、平潭的一區三點引領作用。同時發展漳州、莆田、寧德、三明、龍岩、南平，以三港三地做為腹地支撐，統籌陸上、海上及海外三個福建的經貿發展。

由圖 20-17 可知，「東北地區」經加權後在中國大陸 11 大經濟區域的綜合實力中位列第七名，加權分數為 39.936 分，相較於 2014 年退步一個名次，且由圖 20-15 可知本次東北地區共計有五座城市納入評選之中，而其中「東北地區」唯獨大連被列於極力推薦的【A】級評選城市，其餘城市皆列為勉予推薦的【C】級及暫不推薦的【D】級城市。而大連市即將發展航空產業，從 2013 年至 2025 年開始發展具有輻射面廣、產業鏈條長、成長性和連帶效應強等特點，對於完善航空體系、提高科技水平、擴大內需，帶動產業升級等具有重要意義，未來亦將努力把大連市建設成為東北及環渤海地區的重點經濟城市。

由圖 20-17 顯示，「中三角經濟區」經加權後在中國大陸 11 大經濟區域的綜合實力排名中位列第八名，加權統計分數為 37.911 分，相較於 2014 年排名維持不變，且由圖 20-10 看出，中三角經濟區本次研究共有 14 座城市被納入評比，其中皆無「極力推薦」的【A】級評比城市，除了合肥、蕪湖、馬鞍山及南昌屬【B】級值得推薦城市外，其於十個城市皆落於【C】級勉予推薦與【D】級暫不推薦城市，同時還有八個城市的整體排名呈現下滑。以中三角經濟區所涵蓋的四個省份來看，僅有湖北和湖南的 GDP 總質達到兆元人民幣，而安徽與江西兩個省分則相對較低。而就人均 GDP 來看，四個省份都低於全國的數值，經濟發展相對上有很大的努力空間，此外，中三角經濟區的產業多半以農業為主，其服務業產值占不到全中國大陸服務業產值的 20%。值得一提的是中國大陸透過四兆人民幣擴大內需的方案，一次性地將交通基礎設施建設完成後，未來將與沿海地區形成四小時的經濟生活圈，透過擴大內需方案改善基礎建設與騰籠換鳥政策的一拉一推，未來中三角經濟區發展仍是值得期待。

由圖 20-17 顯示，「中部地區」經加權過後，於中國大陸 11 大經濟區域的綜合實力中排名倒數第三位居第九，加權統計分數為 36.857 分，相較於 2014 年的排名維持不變，且由圖 20-13 看出，在 2015 年中部地區計有 18 座城市納入評比，比起 2014 年新增咸寧。比起 2014 年，中部地區今年共有 11 個城市的排名下滑，其中值得一提的是合肥市的排名由 2014 年的【A】級評比城市，下滑至【B】級值得推薦城市，主要原因在於雖然合肥建設正步入讓電力發展充分融

入經濟發展的關鍵時期，需要透過加強基礎建設、強化資訊溝通交流，來提升合肥的經濟發展。然而合肥市雖為長三角的副中心城市，然因人口密集、土地資源短缺加上部分電力設施用地為城市中的預留用地，導致變電站的選址和線路面臨極大問題，供電問題急需解決。

觀看圖 20-17 顯示，「泛北部灣」經加權過後，於中國大陸 11 大經濟區域的綜合實力中排名倒數第二位居第十，加權統計分數為 33.469 分，相較於 2014 年 3，上升一個名次，且由圖 20-14 可知，雖然泛北部灣評比分析的三座城市中表現仍然不佳，三個城市在等級上分別落在「勉予推薦」的【C】級的桂林、南寧與「暫不推薦」的【D】級評比的北海，但相較於 2014 年在名次上，南寧及北海名次皆有大幅度的上升。從 2014 年開始，南寧經濟區已經緊緊抓住「雙核區動」的策略，不斷優化投資環境，提升服務企業水平。在 2014 年底就共有 Wal-mart、Bosch、Siemens、Johnson & Johnson、Samsung、General Electric 等 24 家世界 500 強企業前往南寧考察，顯示南寧有機會成為下一個投資熱點。

由圖 20-17 顯示，「珠三角經濟區」經加權過後，於中國大陸 11 大經濟區域的綜合實力中排名倒數第一位居第 11 名，加權統計分數為 31.398 分，在 2015 年的排名下滑了一個名次，且共計 18 座城市納入評比分析。其中，除了廣州市區、深圳市區與珠海屬【B】級值得推薦城市，有高達十個城市落入【D】級暫不推薦城市。顯示珠三角經濟區的整體投資環境仍然不佳。主要乃是因為珠三角經濟區仍需面對幾個主要問題：（1）政策調整帶來投資成本及生產要素價格的提升；（2）珠三角地區存在對僑資項目引進後服務不周和管理不善的情況；（3）對海外僑胞的招商宣傳與引資力度不夠；（4）所屬產業多為傳統製造業，企業轉型升級力度有限；（5）海外華商網絡平台缺乏流暢的橫向和縱向交流渠道整合。因此，若珠三角地區要想擺脫投資困境，未來仍有許多的努力方向。

此外，圖 20-6 至圖 20-17 經濟區綜合實力排名示意方式，如圖 20-5 說明如下述：（1）第一欄位為 2015《TEEMA 調查報告》列入該經濟區評比城市之排名；（2）第二欄位是 2015 年被列入評比城市之名稱；（3）第三欄位則是該城市在 2015《TEEMA 調查報告》之城市綜合實力分數；（4）第四欄位則為 2014-2015《TEEMA 調查報告》推薦等級變化；（5）第五欄位是 2014-2015《TEEMA 調查報告》排名之變化。

2015年
中國大陸地區投資環境與風險調查

圖 20-5　2015 TEEMA 經濟區城市綜合實力排名示意圖

該區域經濟 城市排名	列入評估 城市名稱	2015城市 綜合實力	2014至2015 推薦等級變化	2014至2015 排名變化
⬇	⬇	⬇	⬇	⬇
01	蘇州工業區	95.492	A02→ A01	1⬆

圖 20-6　2015 TEEMA 西三角經濟區城市綜合實力排名

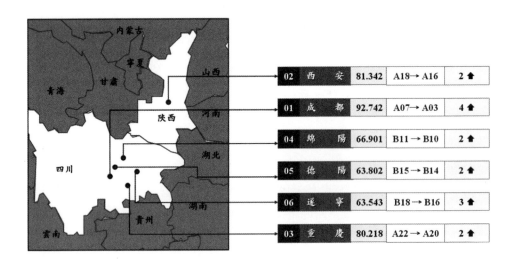

02	西　安	81.342	A18→A16	2⬆
01	成　都	92.742	A07→A03	4⬆
04	綿　陽	66.901	B11→B10	2⬆
05	德　陽	63.802	B15→B14	2⬆
06	遂　寧	63.543	B18→B16	3⬆
03	重　慶	80.218	A22→A20	2⬆

圖 20-7　2015 TEEMA 長三角經濟區城市綜合實力排名

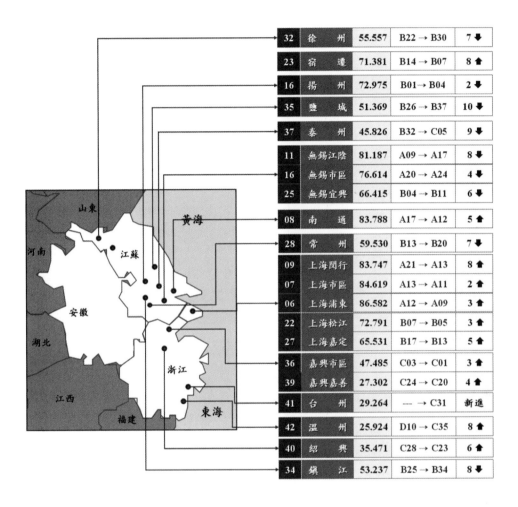

32	徐　州	55.557	B22 → B30	7 ⬇
23	宿　遷	71.381	B14 → B07	8 ⬆
16	揚　州	72.975	B01 → B04	2 ⬇
35	鹽　城	51.369	B26 → B37	10 ⬇
37	泰　州	45.826	B32 → C05	9 ⬇
11	無錫江陰	81.187	A09 → A17	8 ⬇
16	無錫市區	76.614	A20 → A24	4 ⬇
25	無錫宜興	66.415	B04 → B11	6 ⬇
08	南　通	83.788	A17 → A12	5 ⬆
28	常　州	59.530	B13 → B20	7 ⬇
09	上海閔行	83.747	A21 → A13	8 ⬆
07	上海市區	84.619	A13 → A11	2 ⬆
06	上海浦東	86.582	A12 → A09	3 ⬆
22	上海松江	72.791	B07 → B05	3 ⬆
27	上海嘉定	65.531	B17 → B13	5 ⬆
36	嘉興市區	47.485	C03 → C01	3 ⬆
39	嘉興嘉善	27.302	C24 → C20	4 ⬆
41	台　州	29.264	--- → C31	新進
42	溫　州	25.924	D10 → C35	8 ⬆
40	紹　興	35.471	C28 → C23	6 ⬆
34	鎮　江	53.237	B25 → B34	8 ⬇

圖 20-7　2015 TEEMA 長三角經濟區城市綜合實力排名（續）

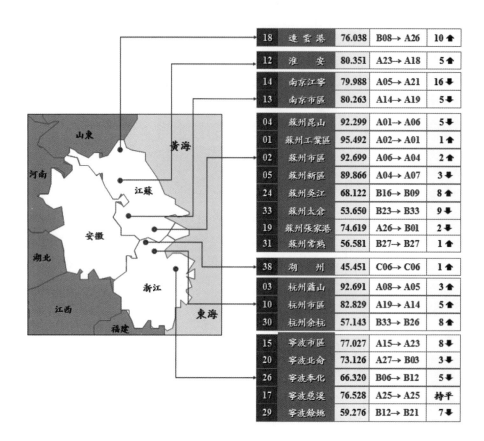

圖 20-8　2015 TEEMA 黃三角經濟區城市綜合實力排名

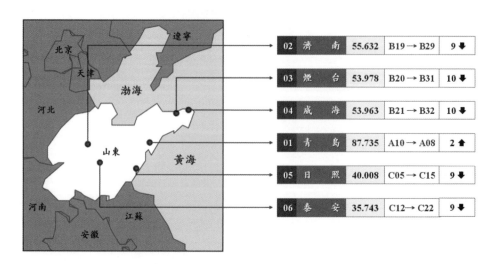

圖 20-9 2015 TEEMA 環渤海經濟區城市綜合實力排名

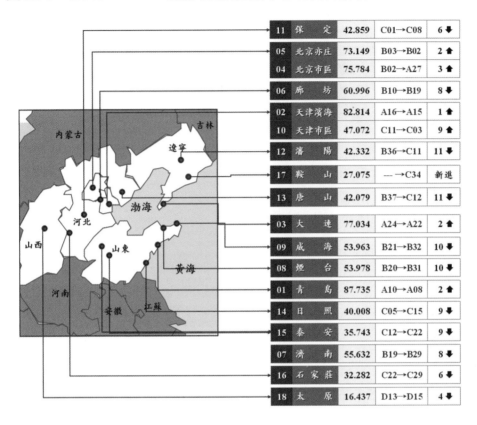

圖 20-10 2015 TEEMA 中三角經濟區城市綜合實力排名

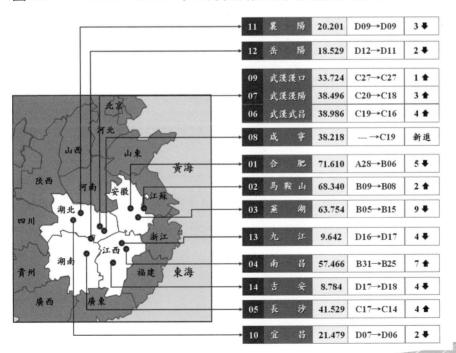

圖 20-11　2015 TEEMA 西部地區城市綜合實力排名

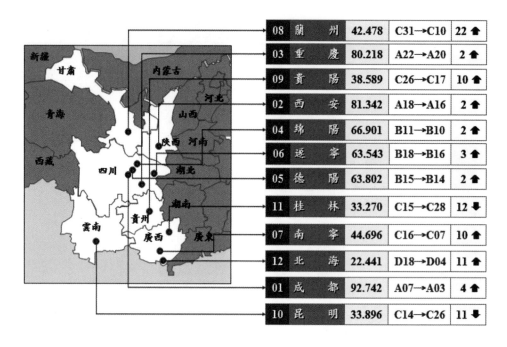

08	蘭 州	42.478	C31→C10	22 ⬆
03	重 慶	80.218	A22→A20	2 ⬆
09	貴 陽	38.589	C26→C17	10 ⬆
02	西 安	81.342	A18→A16	2 ⬆
04	綿 陽	66.901	B11→B10	2 ⬆
06	遂 寧	63.543	B18→B16	3 ⬆
05	德 陽	63.802	B15→B14	2 ⬆
11	桂 林	33.270	C15→C28	12 ⬇
07	南 寧	44.696	C16→C07	10 ⬆
12	北 海	22.441	D18→D04	11 ⬆
01	成 都	92.742	A07→A03	4 ⬆
10	昆 明	33.896	C14→C26	11 ⬇

圖 20-12　2015 TEEMA 海西經濟帶城市綜合實力排名

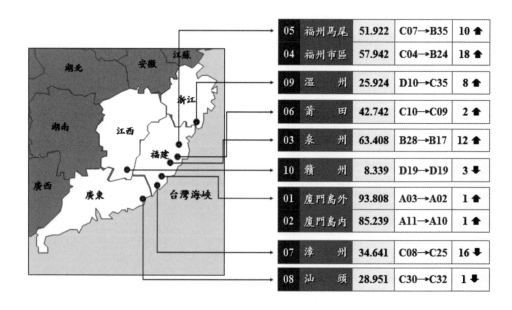

05	福州馬尾	51.922	C07→B35	10 ⬆
04	福州市區	57.942	C04→B24	18 ⬆
09	溫 州	25.924	D10→C35	8 ⬆
06	莆 田	42.742	C10→C09	2 ⬆
03	泉 州	63.408	B28→B17	12 ⬆
10	贛 州	8.339	D19→D19	3 ⬇
01	廈門島外	93.808	A03→A02	1 ⬆
02	廈門島內	85.239	A11→A10	1 ⬆
07	漳 州	34.641	C08→C25	16 ⬇
08	汕 頭	28.951	C30→C32	1 ⬇

圖 20-13　2015 TEEMA 中部地區城市綜合實力排名

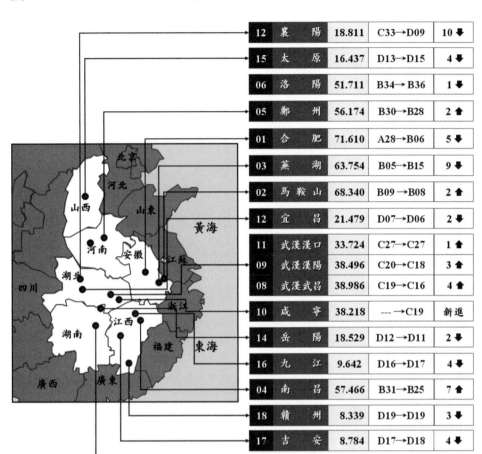

12	襄　陽	18.811	C33→D09	10 ⬇
15	太　原	16.437	D13→D15	4 ⬇
06	洛　陽	51.711	B34→B36	1 ⬇
05	鄭　州	56.174	B30→B28	2 ⬆
01	合　肥	71.610	A28→B06	5 ⬇
03	蕪　湖	63.754	B05→B15	9 ⬇
02	馬鞍山	68.340	B09→B08	2 ⬆
12	宜　昌	21.479	D07→D06	2 ⬇
11	武漢漢口	33.724	C27→C27	1 ⬆
09	武漢漢陽	38.496	C20→C18	3 ⬆
08	武漢武昌	38.986	C19→C16	4 ⬆
10	咸　寧	38.218	---→C19	新進
14	岳　陽	18.529	D12→D11	2 ⬇
16	九　江	9.642	D16→D17	4 ⬇
04	南　昌	57.466	B31→B25	7 ⬆
18	贛　州	8.339	D19→D19	3 ⬇
17	吉　安	8.784	D17→D18	4 ⬇
07	長　沙	41.529	C17→C14	4 ⬆

圖 20-14　2015 TEEMA 泛北部灣城市綜合實力排名

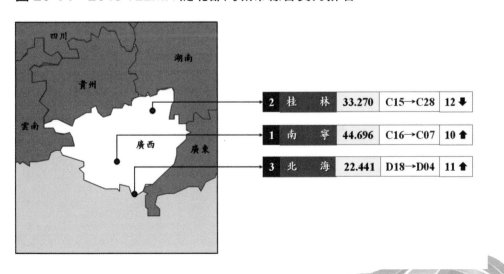

2	桂　林	33.270	C15→C28	12 ⬇
1	南　寧	44.696	C16→C07	10 ⬆
3	北　海	22.441	D18→D04	11 ⬆

圖 20-15　2015 TEEMA 東北地區城市綜合實力排名

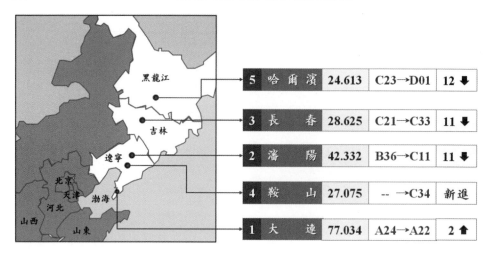

5	哈爾濱	24.613	C23→D01	12 ⬇
3	長　春	28.625	C21→C33	11 ⬇
2	瀋　陽	42.332	B36→C11	11 ⬇
4	鞍　山	27.075	-- →C34	新進
1	大　連	77.034	A24→A22	2 ⬆

圖 20-16　2015 TEEMA 珠三角經濟區城市綜合實力排名

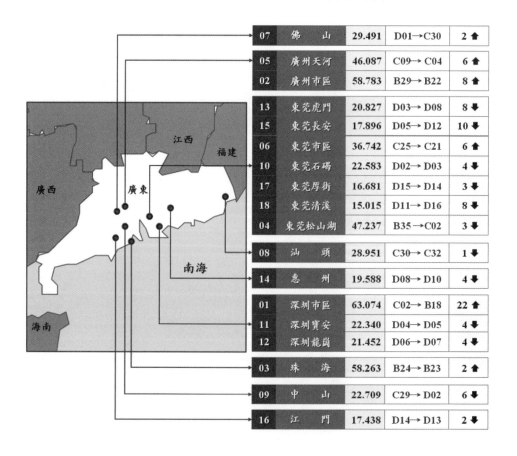

07	佛　山	29.491	D01→C30	2 ⬆
05	廣州天河	46.087	C09→ C04	6 ⬆
02	廣州市區	58.783	B29→B22	8 ⬆
13	東莞虎門	20.827	D03→ D08	8 ⬇
15	東莞長安	17.896	D05→ D12	10 ⬇
06	東莞市區	36.742	C25→ C21	6 ⬆
10	東莞石碣	22.583	D02→ D03	4 ⬇
17	東莞厚街	16.681	D15→ D14	3 ⬇
18	東莞清溪	15.015	D11→ D16	8 ⬇
04	東莞松山湖	47.237	B35→C02	3 ⬇
08	汕　頭	28.951	C30→ C32	1 ⬇
14	惠　州	19.588	D08→ D10	4 ⬇
01	深圳市區	63.074	C02→B18	22 ⬆
11	深圳寶安	22.340	D04→ D05	4 ⬇
12	深圳龍崗	21.452	D06→ D07	4 ⬇
03	珠　海	58.263	B24→B23	2 ⬆
09	中　山	22.709	C29→ D02	6 ⬇
16	江　門	17.438	D14→ D13	2 ⬇

圖 20-17　2015 TEEMA 中國大陸 11 大經濟區區域綜合實力排名

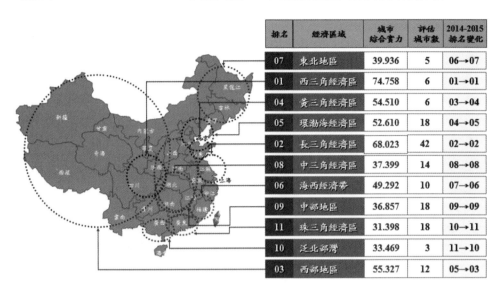

排名	經濟區域	城市綜合實力	評估城市數	2014-2015 排名變化
07	東北地區	39.936	5	06→07
01	西三角經濟區	74.758	6	01→01
04	黃三角經濟區	54.510	6	03→04
05	環渤海經濟區	52.610	18	04→05
02	長三角經濟區	68.023	42	02→02
08	中三角經濟區	37.399	14	08→08
06	海西經濟帶	49.292	10	07→06
09	中部地區	36.857	18	09→09
11	珠三角經濟區	31.398	18	10→11
10	泛北部灣	33.469	3	11→10
03	西部地區	55.327	12	05→03

四、2014-2015 TEEMA 城市綜合實力排名上升幅度最優城市分析

　　根據 2014-2015《TEEMA 調查報告》針對 118 個列入評估調查之城市，進行城市綜合實力上升幅度排名，如表 20-5 所示，2014-2015 城市綜合實力推薦排名上升前十名城市依序為：（1）深圳市區；（2）蘭州；（3）福州市區；（4）泉州；（5）北海；（6）連雲港；（7）福州馬尾；（8）南寧；（9）貴陽；（10）天津市區，其中升幅最大的前三名深圳、蘭州與福州市區在排名上分別上升 22 名、22 名與 18 名，又以深圳從 2014 年「勉予推薦」C02 上升至 2015 年值得推薦 B18，表現亮眼。根據英國《經濟學人》（The Economist）（2015）指出：「深圳是全球 4,300 個經濟特區中最突出的成功典範，從山寨走到創客模式，以引以為傲的創新驅動發展，創造深圳奇蹟。」

表 20-5　2014-2015 TEEMA 城市綜合實力推薦排名上升分析

排名	城　市	2014		2015		2014至2015
		排名	推薦等級	排名	推薦等級	排名等級差異
❶	深圳市區	C02	勉予推薦	B18	值得推薦	↑22（C→B）
❶	蘭　州	C31	勉予推薦	C10	勉予推薦	↑22（C→C）
❸	福州市區	C04	勉予推薦	B24	值得推薦	↑18（C→B）
❹	泉　州	B28	值得推薦	B17	值得推薦	↑12（B→B）

表20-5　2014-2015 TEEMA城市綜合實力推薦排名上升分析（續）

排名	城　　市	2014		2015		2014至2015
		排名	推薦等級	排名	推薦等級	排名等級差異
❺	北　　海	D18	暫不推薦	D04	暫不推薦	⬆11（D→D）
❻	連 雲 港	B08	值得推薦	A26	極力推薦	⬆10（B→A）
❻	福州馬尾	C07	勉予推薦	B35	值得推薦	⬆10（C→B）
❻	南　　寧	C16	勉予推薦	C07	勉予推薦	⬆10（C→C）
❻	貴　　陽	C26	勉予推薦	C17	勉予推薦	⬆10（C→C）
❿	天津市區	C11	勉予推薦	C03	勉予推薦	⬆09（C→C）

五、2014-2015 TEEMA 城市綜合實力排名下降幅度最大城市分析

　　2014-2015《TEEMA 調查報告》針對 118 個列入評估調查之城市，進行城市綜合實力下降幅度排名，如表 20-6 所示，2014-2015 城市綜合實力推薦排名下降前八名城市依序為：（1）南京江寧；（2）漳州；（3）桂林；（4）哈爾濱；（5）瀋陽；（6）唐山；（7）昆明；（8）長春。其中南京江寧和漳州都滑落 16 個名次，分別由 A05 到 A21 以及 C08 到 C25，皆有待加強。

表 20-6　2014-2015 TEEMA 城市綜合實力推薦排名下降分析

排名	城　　市	2014		2015		2014至2015
		排名	推薦等級	排名	推薦等級	排名等級差異
❶	南京江寧	A05	極力推薦	A21	極力推薦	⬇16（A→A）
❶	漳　　州	C08	勉予推薦	C25	勉予推薦	⬇16（C→C）
❸	桂　　林	C15	勉予推薦	C28	勉予推薦	⬇12（C→C）
❸	哈 爾 濱	C23	勉予推薦	D01	暫不推薦	⬇12（C→D）
❺	瀋　　陽	B36	值得推薦	C11	勉予推薦	⬇11（B→C）
❺	唐　　山	B37	值得推薦	C12	勉予推薦	⬇11（B→C）
❺	昆　　明	C24	勉予推薦	C26	勉予推薦	⬇11（C→C）
❺	長　　春	C21	勉予推薦	C33	勉予推薦	⬇11（C→C）
❿	煙　　台	B20	值得推薦	B31	值得推薦	⬇10（B→B）
❿	威　　海	B21	值得推薦	B32	值得推薦	⬇10（B→B）
❿	鹽　　城	B26	值得推薦	B37	值得推薦	⬇10（B→B）
❿	三　　亞	C13	勉予推薦	C24	勉予推薦	⬇10（C→C）
❿	東莞長安	D05	暫不推薦	D12	暫不推薦	⬇10（D→D）

第 21 章

2015 TEEMA 單項指標
十佳城市排行

2015《TEEMA 調查報告》除透過「兩力兩度」評估模式分析出「城市競爭力」、「投資環境力」、「投資風險度」與「台商推薦度」，並整理出最終之「城市綜合投資實力」等五項排行外，特別針對台商所關切的主題進行單項評估排名，茲將 2015《TEEMA 調查報告》之 20 個單項指標排列如下：

（1）當地**政府行政透明度**城市排行

（2）當地對**台商投資承諾實現度**城市排行

（3）當地**政府解決台商經貿糾紛滿意度**最優城市排行

（4）當地**台商人身安全程度**最優城市排行

（5）當地**台商企業獲利程度**最優城市排行

（6）當地**金融環境自由化**最優城市排行

（7）當地政府**歡迎台商投資的熱情度**排行

（8）最具**誠信道德與價值觀**的城市排行

（9）最適宜**內銷內貿**城市排行

（10）最**重視自主創新**城市排行

（11）當地**政府對台商智慧財產權保護**最優城市排行

（12）當地**政府鼓勵台商自創品牌**最優城市排行

（13）當地**政府支持台商企業轉型升級力度**最優城市排行

（14）當地**政府支持兩岸企業策略聯盟**最優城市排行

（15）當地**政府獎勵戰略性新興產業**最優城市排行

（16）當地**政府鼓勵節能減排降耗力度**最優城市排行

（17）最具**生產基地移轉優勢**城市排行

（18）最適發展**文化創意產業**之城市排行

（19）最具**智慧型發展城市**排行

（20）最具**解決台商經營困境**之城市排行

　　回顧近幾年《TEEMA 調查報告》單項指標十佳城市排名，蘇州城市排名首屈一指，蘇州昆山、蘇州工業區、蘇州市區均表現亮眼，而在 2015《TEEMA 調查報告》單項指標中，蘇州昆山表現優異，在 20 個單項指標中，有 17 個單項指標皆位於前十名，其中三個在單項指標中拿下名列第一；蘇州工業區在 20 個單項指標中，有 15 個單項指標排名前十位，並在七個單項指標排名第一；而蘇州市區則在 20 個單項指標中，位列前十名的有 10 個單項指標。

　　值得注意的是，2015《TEEMA 調查報告》在「當地政府歡迎台商投資」單項指標中，成都排名第一，在 2015 年的 1 至 3 月深入到當地台商企業進行訪查，幫助台商解決相關問題，進一步優化台商投資環境。當地政府著重在了解台商企業投資情況、生產經營狀況，並關注企業享受優惠政策、產業配套、勞工以及子女就讀等問題給予協助。目的是要把連繫與服務台商企業的活動經常化、制度化來形成服務台商的長效機制。截至 2014 年底，已有多達 1,710 家台商累計註冊，並在四川省形成電子訊息、食品飲料、建築建材、百貨零售四大產業群聚。而在 2015《TEEMA 調查報告》「最具生產基地移轉優勢」第一名是西安，其中西安高新區依托西安優越的區位地理優勢，豐富的科教資源和人才資源，訂定打造千億人民幣的智能終端產業群聚發展目標，並陸續推出扶持政策、加快平台建設、專業園區承載等措施，大力發展策略性新興產業，同時吸引上百家世界 500 強企業和國際及中資的知名電訊業者入駐。諸如：三星、中興、華為、酷派等龍頭企業紛紛進駐，設立研發基地和分支機構，對於西安智能手機產業鏈產生重要的磁吸效應。中興通訊智能終端生產項目預計在第一期投入年產能達 1,500 萬部，年產值約為 100 億人民幣，同時啟動第二期的三年計畫，預計將達成 4,500 萬部，年產值約為 300 億人民幣的規模。

　　此外，2015《TEEMA 調查報告》單項指標十佳城市排名可發現，大多數的細項指標其前三佳城市仍舊以長三角地區為主，長三角經濟區一直以來都還是具有地理位置與經濟發展等優勢，這幾年來一直未被撼動。而目前最具發展亮點的就屬於西部的各大城市，成都在 2015《TEEMA 調查報告》20 個單項指標中，名列前十名就有 17 個，顯示十二五規劃仍牽引著台商的西進熱潮。值得注意的是，成都、西安及重慶這些西部重鎮，除了本身已具備有優越的投資環境之外，面對中國大陸 2015 的一帶一路政策推展，將肩負起連繫東西主要城市的樞紐，未來西部經濟發展潛力將會更加不容小覷。

　　未來台商除參考《TEEMA 調查報告》單項指標進行布局外，亦應結合自身產業發展特性與範疇，找出最適企業產業發展的優勢城市，進而取得商機。有關 2015《TEEMA 調查報告》針對 20 項單項指標之十大城市排名整理如表 21-1 所示。

表21-1 2015 TEEMA中國大陸單項主題十大城市排名

單項主題排名		❶	❷	❸	❹	❺	❻	❼	❽	❾	❿
01 當地政府行政透明程度	城市	蘇州工業區	廈門島外	蘇州昆山	南通	蘇州市區	成都	杭州蕭山	廈門島內	青島	淮安
	評分	4.245	4.217	4.211	4.152	4.140	4.134	4.125	4.118	4.107	4.101
02 對台商投資承諾實現度	城市	蘇州工業區	廈門島外	蘇州昆山	南通	成都	蘇州市區	杭州市區	無錫江陰	西安	南通
	評分	4.250	4.228	4.214	4.205	4.199	4.153	4.141	4.129	4.098	4.063
03 解決台商經貿糾紛程度	城市	蘇州工業區	蘇州新區	蘇州昆山	上海浦東	杭州蕭山	廈門島外	廈門島內	天津濱海	無錫江陰	淮安
	評分	4.334	4.293	4.286	4.134	4.111	4.086	4.045	4.019	4.004	3.984
04 當地台商人身安全程度	城市	蘇州昆山	成都	杭州蕭山	蘇州工業區	廈門島內	上海浦東	上海蕭山	青島	杭州市區	蘇州高新區
	評分	4.305	4.281	4.224	4.176	4.117	4.109	4.048	4.033	4.013	3.995
05 當地台商企業獲利程度	城市	蘇州工業區	廈門島外	蘇州昆山	成都	南通	青島	蘇州新區	蘇州市區	廈門島內	杭州市區
	評分	4.312	4.304	4.237	4.210	4.136	4.119	4.106	4.086	4.027	3.941
06 當地金融環境之自由化	城市	上海浦東	蘇州市區	蘇州昆山	蘇州工業區	廈門島外	天津濱海	廈門島內	成都	重慶	廣州市區
	評分	4.463	4.349	4.313	4.254	4.217	4.171	4.123	4.108	4.065	4.038
07 當地政府歡迎台商投資	城市	成都	西安	淮安	南通	重慶	蘇州昆山	蘇州工業區	廈門島內	青島	南京江寧
	評分	4.369	4.254	4.228	4.204	4.192	4.156	4.127	4.106	4.064	4.038
08 最具誠信道德與價值觀	城市	蘇州昆山	廈門島外	杭州蕭山	蘇州工業區	蘇州市區	杭州市區	蘇州新區	成都	廈門島內	青島
	評分	4.351	4.342	4.301	4.269	4.233	4.218	4.122	4.093	4.056	4.032
09 適宜內銷內貿城市	城市	上海市區	北京市區	成都	廣州市區	重慶	西安	杭州市區	廣州天河	南京市區	深圳市區
	評分	4.298	4.215	4.118	4.105	4.001	3.993	3.982	3.926	3.914	3.902
10 最重視自主創新的城市	城市	蘇州工業區	蘇州新區	蘇州昆山	上海浦東	成都	北京亦莊	重慶	天津濱海	無錫江陰	廈門島外
	評分	4.303	4.219	4.202	4.188	4.180	4.165	4.137	4.118	4.106	4.084

表21-1　2015 TEEMA中國大陸單項主題十大城市排名（續）

單項主題排名		❶	❷	❸	❹	❺	❻	❼	❽	❾	❿
11 對台商智慧財產權保護	城市	蘇州工業區	蘇州昆山	上海浦東	廈門島外	蘇州市區	上海閔行	成都	天津濱海	青島	廈門島內
	評分	4.233	4.206	4.191	4.155	4.131	4.108	4.091	4.077	4.031	4.019
12 政府鼓勵台商自創品牌	城市	蘇州新區	上海浦東	成都	蘇州昆山	廈門島外	重慶	西安	上海市區	廈門島內	大連
	評分	4.350	4.324	4.217	4.209	4.182	4.165	4.144	4.120	4.103	4.086
13 支持台商轉型升級力度	城市	蘇州昆山	成都	蘇州新區	杭州蕭山	蘇州工業區	上海浦東	東莞松山湖	上海市區	南通	上海閔行
	評分	4.298	4.253	4.231	4.161	4.142	4.120	4.098	4.035	4.022	3.995
14 支持兩岸企業策略聯盟	城市	蘇州工業區	廈門島外	蘇州昆山	南通	淮安	蘇州新區	成都	蘇州市區	重慶	宿遷
	評分	4.273	4.183	4.145	4.122	4.068	4.048	4.031	4.015	4.000	3.978
15 獎勵戰略性新興產業	城市	蘇州新區	蘇州昆山	成都	廈門島外	蘇州工業區	重慶	深圳市區	西安	東莞松山湖	寧波北侖
	評分	4.212	4.162	4.087	4.063	4.031	4.018	4.005	3.992	3.973	3.964
16 鼓勵節能減排降耗力度	城市	蘇州市區	上海市區	北京市區	杭州市區	蘇州昆山	蘇州工業區	杭州蕭山	廈門島外	南京江寧	無錫江陰
	評分	4.302	4.254	4.214	4.203	4.180	4.171	4.154	4.126	4.109	4.081
17 最具生產基地移轉優勢	城市	西安	成都	南通	淮安	綿陽	馬鞍山	合肥	重慶	德陽	鄭州
	評分	4.195	4.151	4.132	4.116	4.105	4.101	4.093	4.075	4.022	4.007
18 最適合發展文化創意	城市	北京市區	上海市區	杭州市區	深圳市區	廣州市區	蘇州市區	南京市區	成都	廈門島內	天津市區
	評分	4.405	4.315	4.296	4.271	4.250	4.198	4.170	4.131	4.126	4.105
19 最具智慧型發展城市	城市	上海市區	杭州市區	蘇州昆山	北京市區	青島	寧波市區	成都	重慶	西安	大連
	評分	4.307	4.230	4.201	4.195	4.188	4.128	4.116	4.104	4.055	3.995
20 最具解決台商經營困境	城市	廈門島外	成都	蘇州昆山	淮安	蘇州工業區	南通	蘇州新區	廈門島內	杭州蕭山	蘇州市區
	評分	4.404	4.388	4.321	4.206	4.158	4.130	4.126	4.105	4.092	4.081

資料來源：本研究整理

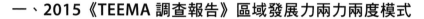

第 22 章
2015 TEEMA 中國大陸
區域發展力排名

一、2015《TEEMA 調查報告》區域發展力兩力兩度模式

2015《TEEMA 調查報告》除延續 2000-2014 年的城市綜合實力排名外，亦延續 2010《TEEMA 調查報告》針對 11 大經濟區域進行「區域發展力」排名。有關區域發展力之「兩力兩度」評估模式乃是指：（1）區域政策力：包括中央支持力度、區域定位層級、城市間連結能力、國家級活動度與政府行政效率等五項指標；（2）區域環境力：包括內需市場潛力、區位投資吸引力、基礎建設完備度、人力資本匹配度、區域國際化程度及區域治安良善度六項細項指標；（3）區域整合度：則有產業群聚整合度、區域資源共享度、技術人才完備度、生活素質均衡度、供應鏈整合度五項指標；（4）區域永續度：包括自主創新能力、科技研發實力、可持續發展度、環境保護度與資源聚集能力五項指標。有關 2015《TEEMA 調查報告》區域發展力之「兩力兩度」評估構面與指標如圖 22-1 所示。

二、2015 TEEMA 中國大陸區域發展力排名

2015《TEEMA 調查報告》針對中國大陸主要台商密集城市所屬之經濟區域，相關領域專家進行調查匯整出「11 大區域發展力調查評估（TEEMA Area11）」，區域發展力的專家評估對象主要是以：（1）中國大陸台商會會長及重要經營幹部；（2）在中國大陸投資主要企業高管及負責人；（3）對中國大陸具有深入研究的學者專家，共計 68 人，並透過結構式問卷方式，請每位專家針對其所熟知的經濟區域填寫該區的樣本評估，共回收有效樣本 323 份進行第一輪平均值計算，得出 TEEMA Area11 排名，再經由德爾菲法（Delphi method）進行第二輪的匿名調查，經初步微調後，將第二輪調查收斂結果說明如下：

由圖 22-2 可知，「中國大陸 11 大經濟區區域發展力排名」前五名依序為：

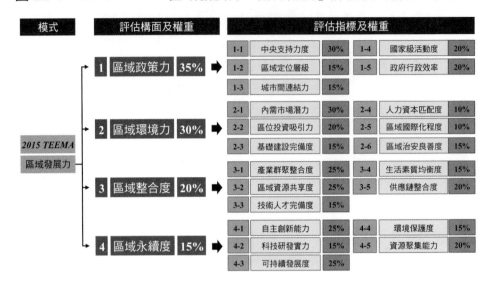

圖 22-1　2015 TEEMA 區域發展力「兩力兩度」評估模式構面與指標

（1）長三角經濟區；（2）西三角經濟區；（3）環渤海經濟區；（4）海西經濟區；（5）中三角經濟區。然而，第 20 章依城市綜合實力所歸納的區域經濟排行所歸納出的「中國大陸 11 大經濟區區域綜合實力排名」結果相比，其前五名依序為：（1）西三角經濟區；（2）長三角經濟區；（3）西部地區；（4）黃三角經濟區；（5）環渤海地區。可發現兩項排名之前五名呈現不同結果，從專家觀點分析的經濟區區域發展力中，長三角優於西三角，環渤海經濟區則排第三，黃三角經濟區並無法進入前五名。但就經濟區域綜合實力觀點看來，西三角優於長三角，黃三角優於環渤海，且西部地區更躍升到了第三名的位置。最主要的差異原因除了在於西三角及西部地區受惠中國大陸「西進」政策的影響之外，在 2015 年更主要的原因是中國大陸積極推展一帶一路的政策，為能夠帶動絲路國家的經濟發展，位居中國大陸與周邊鄰國交通樞紐的西部各大城市，在 2015 年的發展都是不容小覷。西三角經濟區所涵蓋的六個城市中，2015 年的綜合實力排名皆比起 2014 年要提升，而西部地區所涵蓋的 12 個城市裡則有十個城市的綜合實力排名比起 2014 年要提升。研究結果呼應中國大陸 2015 年的政策發展，也印證 2015 年將是西部各大城市經濟起飛的一年。而根據《第一財經週刊》（2013）發布中國城市定位排名時便提出「15 個新一線城市」，其中最熱門的，莫過於重慶、成都、西安組成的「西三角經濟區」，擁有雄厚經濟實力和龐大中產階級人群，且具深厚的文化積澱和便利交通，未來發展潛力不容小覷。

而由圖 22-2 所示，2015「中國大陸 11 大經濟區區域發展力排名」第六名
至第 11 名分別為黃三角經濟區、東北地區、中部地區、珠三角經濟區、泛北部
灣、西部地區。根據 2015《TEEMA 調查報告》區域發展力兩力兩度四個構面詳
細結果與排名如表 22-1、表 22-2 表 22-3、表 22-4 所示，茲論述如下：

❶**區域政策力排名**：根據表 22-1 所示，可知排名前五名的經濟區域依序為：
（1）長三角經濟區；（2）西三角經濟區；（3）海西經濟帶；（4）環渤海經濟區；
（5）中三角經濟區。

❷**區域環境力排名**：由表 22-2 所示，可知排名在前五名的經濟區域依序為：
（1）長三角經濟區；（2）西三角經濟區；（3）環渤海經濟區；（4）海西經濟帶；
（5）中三角經濟區。

❸**區域整合度排名**：根據表 22-3 所示，可知排名在前五名的經濟區域依序為：
（1）長三角經濟區；（2）西三角經濟區；（3）環渤海經濟區；（4）海西經濟區；
（5）珠三角經濟區。

❹**區域永續度排名**：由表 22-4 所示，可知排名在前五名的經濟區域依序為：
（1）長三角經濟區；（2）西三角經濟區；（3）環渤海經濟區；（4）海西經濟區；
（5）黃三角經濟區。

圖 22-2　2015 TEEMA 11 大經濟區區域發展力排名

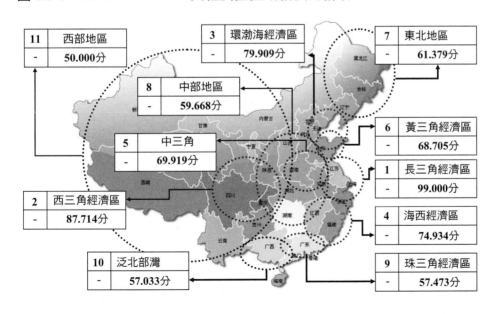

表22-1 2015 TEEMA中國大陸11大經濟區區域政策力排名

排名	經濟區	❶ 政策支持力度	❷ 區域定位層級	❸ 城市間連結力	❹ 國家級活動度	❺ 政府行政效率	區域政策力 加權評分	區域政策力 百分位
1	長三角	4.373	4.214	3.801	4.503	3.994	4.177	99.000
2	西三角	4.228	3.913	3.505	3.919	3.603	3.834	88.452
3	海西經濟帶	3.865	3.668	3.403	3.333	3.414	3.537	79.329
4	環渤海	3.714	3.635	3.304	3.567	3.298	3.504	78.315
5	中三角	3.358	3.487	3.401	3.156	3.201	3.321	72.694
6	黃三角	3.218	3.496	3.157	3.241	3.114	3.245	70.378
7	東北地區	3.124	2.986	2.942	2.413	2.589	2.811	57.034
8	中部地區	3.114	2.861	2.620	2.503	2.510	2.722	54.294
9	珠三角	2.643	2.602	2.598	2.625	2.533	2.600	50.565
10	泛北部灣	2.686	2.525	2.571	2.568	2.604	2.591	50.276
11	西部地區	2.847	2.551	2.403	2.456	2.652	2.582	50.000

資料來源：本研究整理

註：區域政策力＝【政策支持力度×30%】＋【區域定位層級×15%】＋【城市間連結力×15%】＋【國家級活動度×20%】＋【政府行政效率×20%】

表22-2 2015 TEEMA中國大陸11大經濟區區域環境力排名

排名	經濟區	❶ 內需市場潛力	❷ 區位投資吸引力	❸ 基礎建設完備度	❹ 人力資本匹配度	❺ 區域國際化程度	❻ 區域治安良善度	區域環境力 加權評分	區域環境力 百分位
1	長三角	4.213	3.905	3.945	3.895	4.212	4.033	4.052	99.000
2	西三角	4.056	3.912	3.605	3.333	3.504	3.435	3.739	89.462
3	環渤海	3.715	3.812	3.604	3.324	3.151	3.504	3.591	84.949
4	海西經濟帶	2.907	3.121	3.716	3.157	3.458	3.516	3.243	74.358
5	中三角	3.405	3.204	3.214	3.194	3.157	3.045	3.236	74.165
6	黃三角	3.204	3.087	3.115	3.098	3.154	3.204	3.152	71.591
7	中部地區	3.311	3.017	3.014	2.986	3.254	3.008	3.124	70.749
8	泛北部灣	2.858	3.112	3.001	2.891	2.685	3.053	2.946	65.317
9	東北地區	2.765	3.015	3.221	2.706	3.001	3.015	2.939	65.107
10	珠三角	2.905	2.798	3.257	2.735	2.703	2.691	2.867	62.931
11	西部地區	2.605	2.407	2.335	2.196	2.337	2.505	2.442	50.000

資料來源：本研究整理

註：區域環境力＝【內需市場潛力×30%】＋【區位投資吸引力×20%】＋【基礎建設完備度×15%】＋【人力資本匹配度×15%】＋【區域國際化程度×10%】＋【區域治安良善度×15%】

表22-3　2015 TEEMA中國大陸11大經濟區區域整合度排名

排名	經濟區	❶ 產業群整合度	❷ 區域資源共享度	❸ 技術人才完備度	❹ 生活素質均衡度	❺ 供應鏈整合度	區域整合度 加權評分	區域整合度 百分位
1	長三角	4.441	4.120	3.905	4.014	3.884	4.105	99.000
2	西三角	3.896	3.684	3.515	3.225	3.518	3.610	83.872
3	環渤海	3.561	3.356	3.308	3.982	3.046	3.432	78.446
4	海西經濟帶	3.458	3.333	3.005	3.287	3.156	3.273	73.584
5	珠三角	3.325	2.986	2.451	3.013	3.058	3.009	65.526
6	黃三角	3.098	2.904	2.714	3.152	3.085	2.997	65.174
7	中三角	3.125	2.901	2.806	2.914	2.997	2.964	64.151
8	東北地區	3.026	2.985	3.011	2.768	2.854	2.940	63.433
9	泛北部灣	3.114	2.685	2.865	2.708	2.912	2.868	61.225
10	中部地區	2.715	2.511	2.896	2.768	2.668	2.690	55.776
11	西部地區	2.445	2.501	2.508	2.334	2.689	2.501	50.000

資料來源：本研究整理

註：區域整合度＝【產業群聚整合度×25%】＋【區域資源共享度×25%】＋【技術人才完備度×15%】＋【生活素質均衡度×15%】＋【供應鏈整合度×20%】

表22-4　2015 TEEMA中國大陸11大經濟區區域永續度排名

排名	經濟區	❶ 自主創新能力	❷ 科技研發實力	❸ 產業可持續發展度	❹ 環境保護度	❺ 資源聚集能力	區域永續度 加權評分	區域永續度 百分位
1	長三角	4.011	3.905	3.962	3.985	4.025	3.982	99.000
2	西三角	3.919	3.545	3.433	3.589	3.787	3.666	87.617
3	環渤海	3.257	3.433	3.401	3.359	3.228	3.329	75.501
4	海西經濟帶	3.301	3.005	3.014	3.012	3.145	3.110	67.632
5	黃三角	3.224	2.706	2.893	3.104	3.007	3.002	63.739
6	中三角	3.211	3.046	3.001	2.789	2.717	2.972	62.641
7	東北地區	3.055	2.628	3.000	2.986	2.612	2.935	61.326
8	中部地區	2.716	2.658	2.865	2.905	2.703	2.766	55.232
9	珠三角	2.865	2.658	2.605	2.453	2.701	2.674	51.940
10	泛北部灣	2.658	2.601	2.568	2.669	2.706	2.638	50.639
11	西部地區	2.705	2.613	2.598	2.613	2.554	2.620	50.000

資料來源：本研究整理

註：區域永續度＝【自主創新能力×25%】＋【科技研發實力×15%】＋【產業可持續發展度×25%】＋【環境保護度×15%】＋【資源聚集能力×20%】

表22-5　2015 TEEMA中國大陸11大經濟區區域發展力排名

排名	經濟區	❶ 區域政策力 平均值	加權分數	排名	❷ 區域環境力 平均值	加權分數	排名	❸ 區域整合度 平均值	加權分數	排名	❹ 區域永續度 平均值	加權分數	排名	區域發展力 2015	2014	2013	2012	2011	2010
1	長三角	4.177	99.000	1	4.052	99.000	1	4.105	99.000	1	3.982	99.000	1	99.000	99.000	99.000	99.000	98.373	99.000
2	西三角	3.834	88.452	2	3.739	89.462	2	3.610	83.872	2	3.666	87.617	2	87.714	87.535	85.872	86.018	93.004	86.193
3	環渤海	3.504	78.315	4	3.591	84.949	3	3.432	78.446	3	3.329	75.501	3	79.909	81.444	80.638	82.407	89.167	83.402
4	海西經濟帶	3.537	79.329	3	3.243	74.358	4	3.273	73.584	4	3.110	67.632	4	74.934	74.703	71.703	76.297	85.294	80.629
5	中三角	3.321	72.694	5	3.236	74.165	5	2.964	64.151	7	2.972	62.641	6	69.919	72.201	70.514	-	-	-
6	黃三角	3.245	70.378	6	3.152	71.591	6	2.997	65.174	6	3.002	63.739	5	68.705	73.150	71.348	79.467	85.348	77.200
7	東北地區	2.811	57.034	7	2.939	65.107	9	2.940	63.433	8	2.935	61.326	7	61.379	63.085	61.513	50.000	52.512	50.000
8	中部地區	2.722	54.294	8	3.124	70.749	7	2.690	55.776	10	2.766	55.232	8	59.668	60.374	60.207	68.220	71.093	70.519
9	珠三角	2.600	50.565	9	2.867	62.931	10	3.009	65.526	5	2.674	51.940	9	57.473	56.637	57.129	64.720	63.980	66.191
10	泛北部灣	2.591	50.276	10	2.946	65.317	8	2.868	61.225	8	2.638	50.639	10	57.033	58.434	59.594	71.810	71.744	64.183
11	西部地區	2.582	50.000	11	2.442	50.000	11	2.501	50.000	11	2.620	50.000	11	50.000	50.417	50.097	52.851	53.740	53.556

資料來源：本研究整理

註：區域發展力＝【區域政策力×35%】＋【區域環境力×30%】＋【區域整合度×20%】＋【區域永續度×15%】

6

電電調查報告新總結

第23章
2015 TEEMA 調查報告
趨勢觀察

2015《TEEMA 調查報告》延續 2000-2014《TEEMA 調查報告》15 年研究方法及研究方法，以城市競爭力、投資環境力之「兩力」及投資風險度、台商推薦度之「兩度」為核心研究構面。茲將 2015《TEEMA 調查報告》研究成果發現與趨勢歸納如下：

一、就「中國大陸台商樣本結構經營管理現況」分析

2015《TEEMA 調查報告》針對中國大陸台商樣本結構經營管理現況分析，歸納台商對中國大陸經營八項趨勢，茲分述如下：

趨勢一：台商增加對中國大陸布局意願呈現連續五年下降趨勢

在瞬息萬變全球經濟環境中，中國大陸原為各界投資的經濟重地，但在經濟迅速崛起之際，相關國家政策發展配套措施未緊密跟進，導致埋下諸多隱憂，進而提升投資不穩定性風險。2015《TEEMA 調查報告》針對企業未來布局規劃可發現，其中「擴大對大陸投資生產」比例從 2011 年 50.95%，2012 年 49.39%，2013 年的 46.12%，2014 年的 40.28%，直到 2015 年的 38.96%，逐年呈現下滑趨勢，而根據經濟部投審會（2015）統計數據顯示：「台商近年投資中國大陸件數及金額逐年下滑，從 2011 年投資件數 575 件到 2014 年只剩 388 件，2011 年許可的投資金額 131 億美元，2014 年只有 98 億美元。」顯示台商在中國大陸的經營成本日漸上升、政策補貼優惠到期，加之紅色供應鏈崛起衝擊、當地廠商削價紅海競爭，使台商投資面臨許多壓力及困境，因而對中國大陸未來布局抱持較為謹慎之態度。

趨勢二：中國大陸台商未來布局城市海外城市意願比例增加且多元

面對中國大陸投資環境紅利優勢不再，台商未來布局模式不是轉向內陸城

市，就是撤離中國大陸而轉往海外城市布局。根據 2015《TEEMA 調查報告》受訪企業「未來布局城市」分析，可發現排名第九與第十為中國大陸以外的國家，即「緬甸」及「柬埔寨」，而台商欲往這兩個國家發展重要原因，主要乃是因其擁有充沛的勞動力與廉價的勞工成本等優勢條件，與早期開放的中國大陸狀況相似，在軍事政府逐漸鬆綁走向民主社會，其開放的政策措施紛紛出籠，對於經濟發展將更多元，吸引諸多企業進駐投資。而台商思索轉向越南、泰國、巴西、墨西哥比例亦有所增加，可發現在中國大陸面臨風險提升及經濟環境轉差情況下，台商紛紛轉向利多的海外市場投資布局。

趨勢三：中國大陸台商願意返台上市比例意願連續六年呈上升趨勢

在投資風險日漸劇增的中國大陸，台商在中國大陸投資布局面臨眾多挑戰困局，諸如資金籌措不易，導致台商在中國大陸受到經營阻礙，因此，許多台商陸續回台申請上市，期許能夠籌措較多資源以利投資布局。根據 2015《TEEMA 調查報告》受訪企業「希望回台上市融資」比例逐年上升，從 2010 年的 1.41%，2011 年的 2.54%，2012 年的 2.92%，2013 年的 4.08%，2014 年的 6.29%，直到 2015 年的 6.85%，呈現連續六年上升之趨勢。根據富邦金控董事長蔡明忠（2015）表示：「旺旺 TDR 獲得超過 20 倍的超額申購，目前台灣尚未有一個 IPO 受到這樣的熱捧，因此旺旺回台上市的成功，對於其他有計畫回台上市的台商，這將是一個很大的激勵。」可知面對中國大陸籌資不易，加之已有知名台商企業回台上市的成功案例，更激勵諸多台商回台上市的動機，希冀透過回台上市的機遇，以更穩固其事業布局發展，與 2015《TEEMA 調查報告》結果不謀而合。

趨勢四：中國大陸台商經營績效連續四年呈現下降趨勢

從 2015《TEEMA 調查報告》中，可知台商在中國大陸經營績效項目，2010 年台商在中國大陸事業淨利成長之負成長部分，於 -50% 以上之比例為 1.29%；2011 年比例為 2.75%；2012 年比例為 3.30%；2013 年比例為 4.27%；2014 年比例為 4.07%。而在淨利負成長 -10% 至 -50% 部分，2010 年比例為 5.11%；2011 年比例升為 16.54%；2012 年為 25.02%；2013 年則為 24.90%，到 2014 年比例更飆至 30.85%。而根據中華徵信所（2015）調查顯示：「自 2013 年起，台商從中國大陸撤資開始發酵，2013、2014 年已持續兩年中大型企業登陸投資零獲利或虧損占比高達 60% 以上，若再加上小微企業，則有將近八成的中小台商是處於虧損狀態。換言之，大型台商獲利正加速惡化，中型台商獲利持續在谷底掙扎，而多數小型台商則面臨營運存亡危機。」綜上所述，台商在中國大陸的經營

績效，一年比一年表現差，整體而言對中國大陸經營績效評價呈現悲觀，亦顯示台商在中國大陸經營面臨風險與困境，亦降低台商進行布局的投資意願。

趨勢五：中國大陸台商未來經營預期連續三年呈悲觀趨勢

全球環境快速變遷，致使中國大陸經濟環境亦受到牽連，以往都是全球經濟發展的資優生，近期受到歐美經濟環境疲軟影響，導致中國大陸出口大國的名號瞬間衰弱不少。根據 2015《TEEMA 調查報告》有關台商預測 2015 年中國大陸淨利成長，可知 2015 年呈正成長比例連續三年呈下滑趨勢，即從 2012 年的 35.55% 到 2013 年的 29.09%、2014 年為 23.60%、到 2015 年的 22.83%；反之，預測負成長比例則由 2012 年的 39.70% 升至 2013 年的 52.71%，2014 更增至 60.10%，到 2015 年的 62.62%。從而得知，台商對中國大陸未來經營淨利預測持續悲觀趨勢，其因環境不斷變化，導致台商投資心態猶豫，充滿風險與不確定性，使得台商評價呈現悲觀趨勢。

趨勢六：中國大陸台商經貿糾紛比例連續四年呈現上升趨勢

兩岸經貿互動頻繁情況下，從 2015《TEEMA 調查報告》可看出台商在中國大陸經貿糾紛發生比例逐年上升，2012 年發生糾紛比例為 119.91%；2013 年則為 127.63%；2014 年更提升至 140.63%，而 2015 年比例為 140.89%。綜上所述，可知隨著中國大陸經濟政策轉變、智慧財產權法規模糊、依法治國理念影響各級政府裁量權以及過往陋習積累，導致法制規範不明確、當地政府公正性備受質疑、籌措資金難度提高等相關問題，都對台商在中國大陸投資布局產生重大的威脅，進而影響台商投資意願，因此，台商在中國大陸投資布局之際，應多注意當前環境的改變，再進行規劃布局以降低經貿糾紛的發生。

趨勢七：中國大陸台商經貿糾紛解決滿意度連續五年下降

隨著兩岸互動日趨頻繁，使得台商在中國大陸投資糾紛日益增加，而台商紛紛透過當地政府、仲裁、台商協等相關管道進行溝通協調，由 2011-2015 歷年《TEEMA 調查報告》，可探究台商對於經貿糾紛解決之滿意度，呈現逐年下降態勢，其滿意度為：2011 年 69.38%，2012 年為 62.93%，2013 年為 58.48%，2014 年 57.16%，到 2015 年下滑至 54.51%，可見台商在中國大陸所遭遇經貿糾紛難題，解決方法越來越艱鉅，其因中國大陸政府法規不明確、判決偏袒中國大陸企業等問題，造成台商在中國大陸投資權益受損，而對其解決滿意度持續降低，對中國大陸日漸喪失投資信心。

趨勢八：中國大陸台商經貿糾紛類型中勞動糾紛連續九年位列首位

隨著中國大陸迅速崛起，帶動物價水準不斷提升，其政府順應民意遂硬性制定薪資、勞動福利相關政策配套措施規範，諸如「五險一金」社會保險等，以保障其國民基本民生，卻導致台商在中國大陸投資成本的負擔增加，其提升速度快過於企業成長的速度，進而引發相關勞動糾紛。根據歷年《TEEMA 調查報告》可發現「勞資糾紛」一直以來都是台商在中國大陸投資時，最常發生的經貿糾紛類型，於 2014 年勞資糾紛的成長比例為 11.56%，其件數 982 件，占總件數3,573 件的 27.48%，已超過 12 項經貿糾紛的四分之一比例，可見此為台商在中國大陸投資常面臨的一大難題，根據全國台灣同胞投資企業聯誼會總會長郭山輝（2014）即指出：「中國大陸勞動成本高漲已是大勢所趨，但眼前另一項重大挑戰則是勞資糾紛，中國大陸經營環境改變速度快速，台商未來經營應盡量依法依規。」

二、就「兩力兩度」分析

依據 2015《TEEMA 調查報告》調查結果，經兩力兩度模式計算，並結合排名變化歸納十大趨勢如下：

趨勢一：中國大陸城市投資環境力台商評價連續七年呈下降趨勢

根據 2015《TEEMA 調查報告》投資環境力平均評分為 3.164 分，其分數已連續七年呈下滑趨勢，而將十大構面與 2014 年《TEEMA 調查報告》進行對比，可發現其數據亦呈現全面下滑態勢，其中「法制構面」中的當地的政策優惠條件、行政命令與國家法令的一致性程度、當地政府政策穩定性及透明度為「2014-2015 TEEMA 投資環境力指標下降前三排名」。根據中國美國商會（2015）發布《2015 年度商務環境調查報告》指出：「三分之一受訪者表示許可和政府審批流程越來越複雜，導致中國大陸投資環境質量正處於不斷惡化中。」此外，其亦於 2015 年 4 月 21 日發布《2015 年度美國企業在中國白皮書》指出：「美國在中國大陸企業經營信心與期望每況愈下，其中 65% 的中國美國商會會員企業認為中國大陸立法程序缺透明度、清晰度及一致性。」其更指出中國大陸這幾十年來在對外資投資環境，不是更加開放而是惡化，過去的稅收減免、優惠待遇都已取消，逆市場化行為導致美國企業在中國大陸經營信心大受打擊。

趨勢二：中國大陸城市投資風險度台商評價連續四年呈上升趨勢

根據 2015《TEEMA 調查報告》投資風險度平均評分數為 2.556 分，已連續

四年上升趨勢,五大構面全面上升,台商認為各項經營風險不斷攀升,其中「經營風險構面」中的當地適任人才及員工招募不易、員工缺乏忠誠度造成人員流動率頻繁、勞工成本上升幅度與速度高於企業可負擔風險為 2015 TEEMA 投資風險度排名前三大劣勢指標。根據青島台商協會榮譽會長許利雄於 2015 年 4 月 6 日表示:「隨著中國大陸工資成本近三年上漲三倍,而占勞工成本 50% 的五險一金亦隨之上揚,預計兩年內台商關廠潮將掀高峰。」而中華全國台灣同胞聯誼會副會長紀斌亦於 2015 年 5 月 28 日表示:「中國大陸勞動力成本上漲的速度,已超過其勞動生產率提升的速度。」顯示隨著中國大陸勞動成本墊高速度過快,已嚴重侵害台商企業生存空間,導致台商對中國大陸的投資風險認知逐年增加。

趨勢三:中國大陸城市台商推薦度台商評價連續五年呈下降趨勢

根據 2015《TEEMA 調查報告》台商推薦度構面平均觀點評分為 3.271 分,已連續五年呈現持續下滑態勢,其十大構面評比亦全面下滑,其中「投資環境力」由 2014 年排名第 2,一口氣下滑 6 個名次到第 8 名,在生產要素成本提高下,台商持續投資意願下滑,誠如全國台灣同胞投資企業聯誼會總會長郭山輝於 2015 年 6 月 22 日表示:「台商於中國大陸投資環境越來越嚴峻,近期東莞台資企業工人不滿住房公積金補繳問題,發生大罷工事件,加上環保規範日趨嚴峻、工資調漲下,台商處境十分艱難。」此外,前廣州市台協會長程豐原亦於 2015 年 6 月 4 日表示:「2014 年裕元三萬人大罷工、今年興昂怠工事件,在台商界已產生寒蟬效應。」突顯出隨著工人維護權益高漲,以及投資報酬逐步下降,台商對中國大陸已出現投資信心不足情況,其中,「投資效益」細項指標更從 2014 年排名第 3 名下滑到 2015 年的第 7 名,導致部分台商開始思索將生產基地轉移至東協國家布局之可行性。

趨勢四:西三角所轄城市其城市綜合實力均呈上升趨勢

根據 2015《TEEMA 調查報告》「城市綜合實力排名」顯示,西三角所轄城市其城市綜合實力均呈上升態勢,重慶因「渝新歐鐵路」規劃,未來由重慶出貨到德國最快只要 13 至 15 天,大幅縮短運輸成本,使其排名自 A22 上升至 A20;而西安則因為「一帶一路」起點,物流、金流與人流的匯聚使其排名自 A18 上升至 A16;此外,成都因具有「人居環境舒適、經濟腹地廣闊、人才資源豐富、產業配套完善、商務環境優良、政務服務規範」六大優勢,因此吸引 265 家世界 500 強企業落戶其中,面向利多環境與政策紅利,其排名由 A07 上升 4 名至 A03;而其餘西三角所涵蓋城市如綿陽由 B11 上升至 B10、德陽由 B15 上升

至 B14、遂寧則由 B18 上升至 B16。而根據重慶市市長黃奇帆（2015）表示：「四川、陝西、重慶三省市目前正進一步加強聯合，儘快實現交通、流通、融通等『三通』，企圖培育兆元級戰略產業鏈，打造內陸地區新的增長點。」可見未來西三角成長潛力不容小覷。

趨勢五：受惠於一帶一路效應之城市其綜合實力均呈上升趨勢

根據 2015《TEEMA 調查報告》「中國大陸城市綜合實力排名」顯示，受惠於「一帶一路」效應，其輻射城市綜合實力均呈現上升趨勢，其中「一帶」城市：西安（A18 → A16，上升 2 個名次）、蘭州（C31 → C10，上升 21 個名次）；而「一路」城市：泉州（B28 → B17，上升 11 個名次）、廣州市區（B29 → B22，上升 7 個名次）、福州市區（C04 → B24，上升 17 個名次）、福州馬尾（C07 → B35，上升 9 個名次）、廣州天河（C09 → C04，上升 5 個名次）、海口（C18 → C13，上升 5 個名次）、北海（D18 → D04，上升 14 個名次）。根據深圳台商協會會長陳合泰（2015）表示：「中國大陸主導的一帶一路是帶動台商轉型的重要契機。」而海基會董事長林中森（2015）亦表示：「參與一帶一路為台商開發新藍海，沿線國家人口眾多但國內生產毛額（GDP）仍低，顯示還有很多建設開發的空間。」面對一個蘊含人口 44 億、經濟規模達 21 兆美元，沿線國家 60 多國，總里程約 8.1 萬公里的世界級經濟區域，為台商經營提供新成長機會點，也使「一帶一路」含括城市綜合實力排名呈現上升態勢。

趨勢六：受惠於長江經濟帶效應中三角城市群綜合實力呈上升趨勢

長江經濟帶連接東部、中部、西部三區的經濟帶，被視為中國大陸區域發展最重要的部份，2014 年 9 月 12 日，國務院發布「國務院關於依託黃金水道推動長江經濟帶發展的指導意見」，希望透過此發掘長江中上游廣闊的腹地以及強大的內需動能，將經濟發展由沿海向內陸拓展，以上海為龍頭配置「三大兩小」城市群，其中三大跨區域城市群即為長三角城市群、長江中游城市群、成渝城市群；兩小區域性城市群是指滇中城市群與黔中城市群。而根據 2015《TEEMA 調查報告》顯示，長江中游城市群的城市綜合實力呈上升趨勢，其中南昌 B31 上升 7 個名次至 B25 為最多、武漢武昌 C19 上升四個名次 C16、武漢漢口兩年都維持 C27，但整體排名由 92 上升一個名次到 91 名、武漢漢陽由 C20 至 C18 共上升三個名次、長沙 C17 到 C14 前進 4 個名次，都是受惠於長江經濟帶發展影響。

趨勢七：中國大陸四大自貿區所轄之城市綜合實力均呈上升趨勢

根據 2015《TEEMA 調查報告》「中國大陸城市綜合實力排名」顯示，自貿

區內所轄之城市排名均為上升，上海自貿區的上海浦東（A12 → A09，上升三個名次）；天津自貿區的天津濱海上升（A16 → A15，上升一個名次）；福建自貿區：廈門島內（A11 → A10，上升一個名次）、廈門島外（A03 → A02，上升一個名次）、福州馬尾（C07 → B35，上升十個名次）、福州市區（C04 → B24，上升18 個名次）；廣東自貿區：廣州市區（B29 → B22，上升八個名次）、廣州天河（C09 → C04，上升六個名次），自上海自貿區於 2013 年正式掛牌後，2015 年4 月 20 日中國大陸國務院發布廣東、天津、福建自由貿易試驗區總體方案，強調各自貿區的經濟戰略地位，同時也與國家戰略一帶一路的發展無縫對接，於此效應下自貿區內的城市排名均較 2014 年有所提升。

趨勢八：近兩年國務院核准之國家級新區所轄之城市綜合實力均呈上升趨勢

國家級新區是由中國大陸國務院核准設立，區內總體發展目標、發展定位均由國務院統一進行規劃和審核，在轄區內實行更加開放和優惠的特殊政策，鼓勵新區進行各項制度改革與創新的探索工作。2015《TEEMA 調查報告》「中國大陸城市綜合實力排名」顯示，由於國家級新區帶動城市排名上升，諸如：2014 年 1 月 6 日核准貴州貴安新區的貴陽（C26 → C17，上升十個名次）、陝西西咸新區的西安（A18 → A16，上升兩個名次）；2014 年 6 月 3 日批准青島西海岸新區的青島（A10 → A08，上升兩個名次）；2014 年 6 月 23 日設立大連金新區的大連（A24 → A22，上升兩個名次）；2014 年 10 月 2 日核准四川天新區的成都（A07 → A03，上升四個名次）；2015 年 4 月 25 日設立湖南湘江新區的長沙（C17 → C14，上升四個名次）。

趨勢九：轉型朝創客與眾創空間之城市其綜合實力呈上升趨勢

2015 年 3 月 10 日，中國大陸國務院發布《關於發展眾創空間推進大眾創新創業的指導意見》，將「大眾創業、萬眾創新」視為中國大陸未來經濟發展的動能，近年來創客運動在中國大陸蓬勃發展，創客空間的成立也成為創客們的加速器，更快的將創新創意實現。2015《TEEMA 調查報告》「中國大陸城市綜合實力排名」顯示，由轉型為創新導向的城市其排名呈現上升態勢，上海由 A13上升兩個名次到 A11、廣州由 B29 提升八個名次到 B22、深圳由 C02 上升 22 個名次到 B18。而著名的柴火創客空間便是坐落於深圳，其寓意為「眾人拾柴火焰高」，期望提供創客開放的協作環境，透過跨界交流實現創意並更進一部產品化，輔以深圳完整硬體供應鏈之優勢，國家創新政策的扶持，許多大型創新孵化器入駐，為製造工業背景濃厚的城市注入新力量。

趨勢十：以智慧城市為主體之其城市綜合實力均呈上升趨勢

中國大陸工業和信息化部部長苗圩於 2015 年 5 月 14 日的 2015 智慧製造國際會議提及：「中國製造 2025 將主攻智慧製造，致力研發、生產智慧家電和服務機器人，並進一步打造智慧城市。」2015《TEEMA 調查報告》「中國大陸城市綜合實力排名」顯示，智慧城市為主體之城市綜合實力均呈上升，其中北京 B02 上升三個名次 A27、上海 A13 上升兩個名次 A11、深圳 C02 上升 22 個名次 B18、杭州 A19 上升五個名次 A14。智慧城市是指城市透過物聯網、互聯網與雲計算等技術讓市民生活更安全與便利，更是中國大陸加速城鎮化重要引擎。

第 24 章
2015 TEEMA 調查報告
兩岸建言

近年來全球經濟與政治環境的變動加劇，兩岸之間的關係已逐漸從漸進式改變轉為跳躍式變化，在快速變遷時代下，對於不符合時代的企業，不會再是逐漸淡出，而很可能會是一夕之間的消失，2015《TEEMA 調查報告》經由 118 個城市之「城市競爭力」、「投資環境力」、「投資風險度」、「台商推薦度」、「城市綜合實力」以及「城市綜合實力推薦等級」等六項分析排行，特針對：台商企業；台灣政府；大陸政府；兩岸政府，提出建言與建議，茲分述如後：

一、2015《TEEMA 調查報告》對台商企業建議

從 1990 年台商開始遷往中國大陸投資至今已邁入第 25 個年頭，在這四分之一個世紀裡，台商傳統製造產業及高科技產業對中國大陸經濟發展與產業建設做出相當貢獻。然隨著近幾年中國大陸本土企業逐漸抬頭和政府政策方向轉變，加上區域性經濟整合，台商企業不得不開始思索轉型升級，以在這一個全球環境持續變化的年代，找到生存及永續經營法則。

建議一：預應中國大陸「調整產業結構」加速「轉型升級」步伐

2014 年中國大陸經濟成長率為 7.4%，創下 24 年來的最低紀錄，亦代表著中國大陸正面臨產業結構調整壓力，為此中國大陸針對產業結構調整提出四項因應策略，首先是透過推動貿易自由化來因應自身結構調整，面對以服務業為主的產業結構趨勢，在自由貿易區試點推動服務業自由化，同時推動建構法治經濟，轉變政府職能以改善中國大陸投資環境。第二則是提出國家新型城鎮化，優化生活品質並且鬆綁戶籍限制，促進勞工在城鄉之間流動，達到消費擴大內需的效果。第三則是透過持續提升策略性新興產業比重，進一步發展雲端運算和機器人產業等高科技，運用創新調升科技水準，帶動產業升級。最後則是透過「一帶一

路」策略，增加向鄰國輸出基礎建設的機會，提升自身基礎建設產能且進一步加深與東協及周圍國家的經貿關係。而台商在面對中國大陸的產業結構改變更是不能置身事外，傳統製造業已不再是台商的天下。建議台商應以服務自動化產業做為轉型升級的主軸，加速雲端科技發展，利用雲端讓服務無國界，同時更能利用台灣比中國大陸網路自由優勢，積極推動與擴張雲端服務於中國大陸以外的地區。

建議二：預應中國大陸「生態文明建設」轉向「綠色智能」製造

中國大陸改革開放開始，為經濟發展必要，環境殺手幾乎成為中國大陸的代名詞。然，中國大陸政府近幾年不斷宣傳「建設生態文明」的環境目標，脫離過去「用環境換經濟」的局面，顯示中國大陸已改變過去忽視生態的做法，而是選擇一條綠色轉型之路，2015 年 5 月舉辦的「工程科技論壇—工業綠色發展工程科技戰略及對策」中，特別提到中國大陸必須依靠科技創新達到綠色發展。一方面靠能源結構的調整來達到能節能減碳，另一方面是透過資源高效利用及循環經濟的核心技術來推進資源節約型綠色企業。加上許多如北京控煙法案等政策的制定，明示著中國大陸政府對於環境保護的決心。前海協會會長陳雲林（2015）出席 2015 年生態文明貴陽國際論壇時指出：「兩岸經濟合作發展至今，已進入了攜手共同發展綠色產業新階段。」建議台商企業需以環保科技、節能減碳為產業發展主軸，結合太陽能、綠能、風能等環保動力，藉此減少碳排放，並透過資源再利用減少資源過度浪費。相信在未來，綠色智能不僅是在中國大陸，亦會逐漸成為各個國家未來產業的發展趨勢。

建議三：預應中國大陸「工資倍增計劃」朝向「中國製造 2025」布局

中國大陸從 2011 年實施「十二五規劃」，開始積極進行「工資倍增計畫」，除在 2011 年 1 月 1 日將北京基本工資調漲 20.8%，進而帶動同日重慶市與陝西省的工資調整外，更預計每年薪水要上調 15%，預計於 2016 年達到薪水倍數的成長。然為因應工資上漲，越來越多企業開始發展由機器設備取代人力的技術，以鴻海富士康為例，昆山廠工人從 2013 年到目前為止，已從 11 萬人銳減到 5 萬多人，將近一半工人的工作已被機器人所取代。而根據《2014 年機器人產業深度報告》指出：「估計至 2016 年，全球工業機器人市場以年均 6% 速度成長，但中國大陸會以 15% 成長速度領跑，雖然起步較慢，但未來商機大。」預示機器人產業新興熱潮已湧現，在未來整個互聯網及機器人開發技術將會日趨成熟，加上工資成本不斷攀升，依靠勞力密集的製造業勢必然會面臨生存衝擊和考驗，

台企聯總會長郭山輝（2015）表示：「中國大陸提出『中國製造2025』，此政策鼓勵廠商轉向自動化生產，也會促使台商升級。」建議台商企業不要忽視自動化生產的未來趨勢，必須要能夠積極投入自動化生產設備以及物聯網投資和發展，透過高生產效率、生產工時和高良率的機器設備來穩定企業本身競爭的優勢。

建議四：預應中國大陸「中等收入陷阱」探尋「持續成長」動力

雖然中國大陸在近幾年的經濟呈現突破性成長，不過人口老齡化及勞動人口快速下降問題，將使得中國大陸人民的平均年收入呈現「中等收入陷阱」停滯不前現象。為改善此一現象，中國大陸政府除針對釋放農業人口、戶籍改革、合理城鎮化及社會保險體系的改革外，另一重要部分就是進行產業升級。必須要能夠加快中國大陸國有企業和壟斷行業的改革方案，透過市場競爭開放，讓供需來決定價格，進而提升效率。因為一旦國有企業與壟斷行業掌握行政和金融等方面的龐大資源，都會阻礙產業升級的速度和造成劣幣驅逐良幣的後果。在中國大陸面對針對「中等收入陷阱」進行經濟和產業升級改革方案的同時，這將可能成為台商企業的另一個商機，建議台商能夠先逐漸培養本身的競爭優勢，同時必須要專注於所選定的目標和產業，才能從逐漸從封閉壟斷到開放市場競爭的中國大陸內需市場中，找到企業自身立基點。

建議五：預應中國大陸「一帶一路」新政尋覓「先占卡位」商機

中國大陸於2015年推出結合絲綢之路經濟帶與21世紀海上絲綢之路的「一帶一路」戰略企圖，並同時透過亞投行（AIIB）設立，對於「一帶一路」經濟帶內的亞洲國家進行基礎建設的投資和發展。此外，當「一帶一路」沿線經濟區域建構完成後，整體沿線區域內的交通、貿易及貨幣流通將更加順暢。而亞洲長期以來即是全球人口最密集的地區，加上以東協為主的幾個新興國家，透過「一帶一路」的影響，國家經濟將呈現更突破性發展，整個亞洲區域的內需市場潛力將持續看漲，未來全球的消費趨勢將會從中國大陸市場轉為亞洲市場。建議台商應該在「一帶一路」沿線經濟區域建構完成前，先行搶進其中之重要城市進行布局與卡位，實現有限資源正確配置，當未來「一帶一路」計畫落實後，勢必會為周邊城市帶來另一波經濟發展的高潮。

建議六：預應中國大陸「眾創空間思維」培育「創客孵化」模式

2015年初，中國大陸政府提出「眾創空間」的思維，希望能夠順應網絡時代來臨推動「大眾創業、萬眾創新」的形式，主要確立積極發展「眾創空間」、

完善創業投融資機制、簡化登記手續等為創客發展提供更便利的多項措施,以培育包括大學在內的各類青年創新人才和團隊,帶動擴大就業與經濟成長。下一步更是要在創客空間與創新工廠等孵化模式的基礎上,大力發展市場化、專業化、集成化、網絡化的眾創空間。同時實現創新與創業、線上與線下、孵化與投資的相結合。為小型創新企業的成長和個人創業提供地成本、便利化和全要素的開放是綜合服務平台。在中國大陸積極推動「眾創空間」政策之下,亦帶給了許多以創新創意為主的中小型台商許多的機會。建議台商能夠開始思考企業轉型和創新的模式,充分利用現在的互聯網、網絡科技及雲端技術來發展產品及經營模式的創新,提升企業競爭優勢。

建議七:預應中國大陸「互聯網+」政策落實「跨界整合」策略

中國大陸產業結構已步入轉型與調整的關鍵時期,而中國大陸政府為達成維持經濟成長率、降低失業率及去貧化三個目標,除傳統金融操作及強調產業面臨轉型外,亦須透過培育和催生經濟社會發展的新動力,加大結構性改革的力度,加快實施創新驅動發展策略。「互聯網+」在此一行動方案中就扮演相當重要的角色,以移動互聯網、雲端計算、大數據和物聯網的技術與現代製造業進行跨界產業整合,同時設立 400 億人民幣的新興產業創業投資引導基金,來促進電子商務、工業互聯網和互聯網金融健康發展,引導互聯網企業拓展國際市場。為順應此一潮流,建議無論是傳統製造業或是服務業的台商企業,都必須思索發展 E 化無國界的策略思維進行未來布局,以達到傳統產業互聯網化、傳統產業跨界整合化的境地。未來企業版圖變化,絕對會是以誰能夠透過「互聯網+」的概念來整合最多的資源,誰就能在產業競爭中脫穎而出。

建議八:預應中國大陸「自貿區與新區」掌握「政策優惠」效益

中國大陸在 2013 年成立上海自貿區外,2015 年又同時掛牌成立天津、廣東及福建三個自由貿易試驗區,並依據各自的地理位置和產業發展,訂定發展目標。天津依據其濱海的特性,除以飛機、船舶和大型設備融資租賃會成為其特色之外,天津自貿區會先以先進製造業為基礎,發展融資租賃業,進而帶動銀行金融業與生產性服務業的發展。廣東自貿區的側重點則在於金融服務、商貿服務、專業服務、科技文化服務和社會服務等領域,在 CEPA 的框架下對港澳進行更深度的開放,同時也會是未來在法令政策改革上的重要突破地區。福建則一直都是中國大陸對台灣政策的重要執行區域,其重點主要是試驗政府職能的轉變,其中也包括審批模式的簡化、外商投資進入前國民待遇和負面清單等。然而,相信在

未來的「一帶一路」成形之後，會有更多的自由貿易區依據不同的策略及需要陸續成立。建議台商能先評估自身企業優勢，及各經濟區在不同的政策發展主軸下為企業所帶來的效益，進行未來產業策略布局，在自助人助情勢下，達到事半功倍之成效。

建議九：預應中國大陸「紅色供應鏈崛起」構建「產業競合」平台

台灣在 2015 年的 1-5 月份出口衰退 5.7%，其中很大的原因是對中國大陸的出口持續衰退，除全球經濟不景氣及油價和原物料價格下跌原因外，中國大陸紅色供應鏈崛起亦對台商造成衝擊。根據資誠聯合會計事務所（PwC）（2015）公布《2015 資誠台灣企業領袖調查報告》指出：「受到中國大陸紅色供應鏈崛起影響，台灣企業對未來一年營收有信心僅 33%，創近四年來新低。」主要是因為中國大陸許多內資企業，無論就資金和規模都已具備跨國企業實力，但在中國大陸市場仍享有諸多保護及補貼，使台商企業越來越難在中國大陸市場上公平的與內資企業競爭。然而，台商企業在許多製造的環節和服務上仍是有其優於內資企業的技術存在，當兩岸企業持續處於一個競爭的型態之下，勢必會有一方取而代之，但反觀若是雙方可以截長補短，以合作取代競爭，則更有機會把餅做大，進而創造雙贏之局面。建議台商企業應避免陷入與內資企業進行產品及價格紅海競爭，而是要能夠在整個供應鏈當中找到適當的位置。最後不能只是單看一個產業市場，而是要以供應鏈整合的高度和視野來評估，才能更進一步的找到與供應鏈中其他企業的合作與雙贏模式。

二、2015《TEEMA 調查報告》對台灣政府之建言

依據 2015《TEEMA 調查報告》總體分析與台商意見之彙總，針對台灣政府提五項建言，茲分述如下：

建言一：建請政府積極加入亞投行以提升國際金融競爭力

亞投行（AIIB）是由中國大陸所主導的金融平台，主要是援助亞洲基礎建設為主的多邊國際金融組織，而截至 2015 年 4 月 1 日時，該行的創始成員國已確定擁有 57 個國家參與其中，但台灣卻意外未能成為創始成員之一，根據行政院長毛治國（2015）表示：「台灣雖無法成為亞投行（AIIB）創始會員，而使得無法如願於其中制定章程，但仍會盡力爭取成為一般會員」。台灣與中國大陸僅一水之隔，需要加入國際組織，避免被邊緣化。根據台灣大學經濟學系教授林建甫（2015）表示：「加入亞投行（AIIB）對台灣具有正面實際的意義，特別有利於

提升國際金融空間,並且將助於台灣本地融資情形。」此外,中國社會科學院台灣研究所所長周志懷(2015)亦表示:「加入亞投行(AIIB)將助於推動台灣經濟發展,亦為兩岸經濟共同發展與亞太區域經濟合作相銜接之新路徑,替台灣經濟發展注入新活力」。可知台灣此整合趨勢洪流下不能缺席,這將是台灣提升國際金融競爭力最好的時機,也為參與區域經濟合作努力,並且化被動為主動,讓兩岸攜手擴展國際市場新空間,進而提高中華民族經濟在國際的競爭力。

建言二:建請政府妥善規劃對接中國大陸「一帶一路」策略

「一帶一路」策略係以中國大陸本身做出發點,東起連接亞太經濟圈、西邊則是以歐洲經濟圈為目標,以實踐絲綢之路經濟帶與 21 世紀海上絲綢之路橫跨歐亞大陸為手段,不難看出中國大陸欲進一步拓展在全球經貿影響力,亦將帶領其至更開放的經貿合作,然根據國立台灣師範大學教授施正屏(2015)表示:「在『一帶一路』規劃路線中,不論在陸上絲路或是海上絲路的連結,中國大陸都繞開台灣,倘若其成功完成經貿戰略之連結,則台灣將面臨被孤立於十數億人口之經濟版圖。」由此可知,若台灣無法成功與一帶一路計畫形成連結,待其計畫落實建成後,將導致台灣陷入被孤立的巨大危機,政府須審慎處理此一議題。

根據《工商時報》(2015)發布〈一帶一路凸顯台灣全球化策略之不足〉一文指出:「面對中國大陸『一帶一路』策略將帶來的全球市場效應,藉由此策略的各項支持政策,將輕易取代台灣在各產業供應鏈中之地位,台灣的未來發展令人擔憂。」顯示此次中國大陸所提出此一策略,蘊含著對台灣的危機與轉機,希冀各界應該深刻檢討當前政府全球化策略的不足,並研擬妥善規劃對接中國大陸「一帶一路」策略,為中長期經濟發展鞏固基礎,而非只本著狹隘思維,算計能在中國大陸「一帶一路」的政策布局中獲取多少短期利益。

建言三:建請政府積極推動自由貿易港區對接中國大陸自貿區

2013 年 9 月 29 日,上海自由貿易區正式掛牌上市,中國大陸將上海自由貿易區被視為其重要的改革政策試驗區,藉以擴展對外自由開放新路徑和新模式。此外,中國大陸國務院在 2014 年底時,再批准新設的三個自由貿易區,分別是廣東自由貿易區、天津自由貿易區、福建自由貿易區,同時擴展上海自貿試驗區的區域範圍。而值得注意的是福建自由貿易區,根據福建省省長蘇樹林(2015)表示:「福建自貿區未來將做為打造台灣與福建之溝通橋樑,其中金融合作與服務貿易合作的示範區之重要平台之一」。由上可知,福建自貿區將擴大對台灣服務貿易開放,推動對台貿易自由化,使得兩岸往來更加便利。

福建自貿區落地催促與台灣經貿對接合作,將深化兩岸經濟合作的新模式,然而反觀台灣自由經濟示範區卻尚未完全建成,對於陸資、外資進入台灣的發展產生一定阻礙,根據中華經濟研究院台灣WTO中心副執行長杜巧霞(2015)表示:「若台灣自由經濟示範區無法落實,將會對台灣的經濟發展造成極大衝擊,而福建自貿區的成功經驗也為台灣提供很多借鑒意義,若兩岸自貿區進行對接,將能相互合作,互利雙贏。」由上可知,完善台灣自由經濟示範區的重要性,希冀台灣政府能加速建設與兩岸自貿區的對接平台。

建言四:建請政府搭建生產力 4.0 規劃與中國製造 2025 合作平台

放眼全球,各工業國家已為角逐工業強國開始摩拳擦掌,布署新一輪的製造革命計畫。諸如德國推出「工業4.0」、美國啟動「再工業化」,以及日、韓等國提出產業創新戰略,台灣「生產力4.0」計畫亦在2015年時孕育而生,希冀跟上全球工業4.0的浪潮,而台灣生產力4.0主要是藉由智慧機器人(Intelligent Robot)、物聯網(Internet of Things)及大數據(Big Data)等技術,推動產業邁向系統虛實化、工廠智慧化與設備智能化的發展方向,加速提升其附加價值與生產力,為台灣產業再創新一波高峰。

面對全球重返製造業與中國大陸崛起,台灣更應掌握自身發展優勢與機會,觀看在全球平台上,相比下中國大陸市場規模大、人才多、科研實力亦不斷成長,搭配台灣的靈活創意與商品化能量,將形成互補之組合,根據中國社科院台灣研究所副所長張冠華(2015)表示:「中國大陸《中國製造2025》與台灣的《生產力4.0》有異曲同工的發展理念,而兩岸產業化亦擁有相當的一致性,若兩岸能進行互補性合作,形成合適分工布局,將實現利益最大化的雙贏結果。」由上可知,建請台灣政府搭建與《中國製造2025》之合作平台,此將使得兩岸高端製造業具備更高的國際競爭力。

建言五:建請政府儘速提出「文創+」結合中國大陸「互聯網+」

近年來兩岸文創產業日益蓬勃,而中國大陸與台灣文創之間的合作趨勢蔚為風潮,截長補短使得雙方互惠利多,根據海峽交流基金會董事長林中森(2015)表示:「文創產業發展擁有無窮商機,正是兩岸合作的重要時機」。此外,台灣文化創意產業聯盟協會榮譽理事長李永萍(2015)亦表示:「中國大陸雖擁有龐大的文化資源,但文化創意卻顯得相對貧乏,恰好台灣的文化創新能力,正符合中國大陸華麗轉身之需求。」兩岸擁有共同的文化記憶,雙方應攜手合作互相交流,從而迸發全新元素,並積極推廣至國際市場。

而觀看兩岸文創產業發展軌跡，現今的年輕世代因生長於物質充裕、資訊爆發及美學經濟的年代，不僅擁有許多創意思維之外，亦將成為引領文創產業消費端的重要力量，對此海納亞洲執行董事杜海濤（2015）表示：「希冀提前抓住年輕一代消費者，而文創產業和移動互聯網結合，主要就是要抓住年輕世代的消費需求點。」此外，啟賦資本董事長傅哲寬（2015）亦表示：「傳統文創產業與網際網路的結合，如網路教育、網路旅遊、網路體育等，將為文創產業帶來許多的投資機會和啟發。」因此，建請政府能推進台灣文創結合中國大陸網際網路之相關策略，從而為台灣文創業者拓展中國大陸市場指引方向。

三、2015《TEEMA 調查報告》對中國大陸政府之建議

根據 2015《TEEMA 調查報告》研究成果及相關分析，茲將對中國大陸政府提出四大建議分述如下：

建議一：建請中國大陸政府對台商相關法規頒布採取法律不溯既往之原則

隨著習李執政團隊逐漸掌握政權且確立執政方向後，中國大陸政府積極推動打貪整肅運動和諸多制度改革，並逐漸將過往下放各級地方政府的權力收回中國大陸中央政府，以確保中國大陸稅賦和債務能在其中央政府的統籌分配下獲得有效控制，更於 2014 年 12 月 9 日發布《62 號文》，要求各級地方政府限期清理過往不當的土地、租稅、社保減免等優惠措施，從而釐清地方稅賦、優惠措施和地方債務等實情狀況，象徵中國大陸各級政府過去擁有龐大彈性和權限的優惠政策裁量權將退出歷史舞台，引發各國外資企業譁然，而與中國大陸關係密切的台商企業亦陷入危機，遂積極四處奔走請託、串聯請願，顯示中國大陸政策不確性對台商企業生存已形成嚴重威脅。

而隨著 2015 年 5 月 11 日中國大陸政府釋出《25 號文》做為補充《62 號文》之文件，確保台商在中國大陸過往已經簽訂的合法優惠和權益將不受影響後，並推遲《62 號文》的改革時程，確實讓台商吃下一顆定心丸。然此事件已喚醒部分台商企業對於中國大陸法規與政治不確定性的恐懼，加上中國大陸近年生產要素成本節節攀高、經濟成長放緩及市場漸趨激烈，對於投資中國大陸的意願轉趨保守。因此，建請中國大陸政府往後針對有關台商企業之法規修正，除前期進行衝擊評估外，應以「不溯及既往」為主要原則，並針對相關必要更動部分給予緩衝期和提供相關輔導，透過漸進改革以降低台商企業在中國大陸的潛藏風險和所受影響衝擊之力道，從而維繫兩岸商業活動互補和合作的良性交流。

建議二：建請中國大陸政府落實習近平主席全面依法治國理念保障台商權益

過去中國大陸因地域遼闊、各地文化民情不同，因此中國大陸中央政府即使推動全國性的政令和法規，仍給予各級地方政府極大的調整空間和裁量權限，使其能依循當地民情而因地制宜進行相關調整，因此得以迅速推行諸多優惠措施、執照發放，以及鋪設相關基礎建設，從而吸引各方企業前往投資，造福當地經濟發展，然而此舉卻亦使外來企業因各級政府裁量權的調整而無所依從，因中國大陸各級政府的部分裁量措施，缺乏明確的監管機制而受到諸多外國企業詬病，此外，過去中國大陸市場對於智慧財產權的保護較不重視，導致許多企業利益飽受侵蝕，甚至面臨生死存亡的威脅，使許多企業不願加大在中國大陸投入的研發能量，甚至考慮撤出中國大陸市場。

根據台企聯總會長郭山輝於 2015 年 6 月 22 日表示：「雖中國大陸投資環境日益嚴峻，但因中國大陸邁向法治化，不公平的競爭環境正在改善，台商正迎來世界上最大的法制化內銷市場。」顯示中國大陸經濟環境雖陷入陣痛期，然在「以法治國」的宣示下，台商對中國大陸市場的前景抱持樂觀看法，且因中國大陸國務院總理李克強於 2015 年 4 月 22 日針對智慧財產權表示：「由於台商的產品和商標常遭到當地業者之侵權，未來必須針對智慧財產權規範進行大規模之改革。」顯示中國大陸政府對於智慧財產權改革的決心，而台商亦樂見其成。因此，建請中國大陸中央政府營造符合中國大陸中央政府、地方政府和企業界三方的合理運作機制，促使在法制化和適當裁量權的前提下，建立具公權力的制度化管道和溝通機制，為台商合理的權益提供法律和公權力的後盾。

建議三：建請中國大陸政府研擬「一帶一路」攜手台商共同布局具體措施

有鑒於中國大陸積極推動「一帶一路」和亞投行（AIIB）計畫，其計畫涵蓋範圍達全球 44 億人口分布地域，未來投資資金和經濟效應龐大，預計將帶動中國大陸企業走出國門，而部分產業台商企業亦亟欲順勢而行，一同參與爭取基礎建設商機，並挖掘沿線國家為開發之潛能。此外，其計畫沿線亦將涵蓋東協市場，台企聯新世代新青年委員會執行長林子凱於 2015 年 6 月 30 日表示：「台商擁有布局發展東協市場經驗的優勢，中國大陸『一帶一路』深入沿線國家的計畫應讓台商密切參與。」一語道出，台商企業因早年「南進計畫」而對東協地區擁有豐富經驗，若中國大陸政府將台商納入「一帶一路」計畫內，從而降低沿線許多進入障礙，將有助於形成多贏局面。

然根據 2015 年 4 月 1 日全國工業總會副祕書長蔡宏明表示：「雖中國大陸

多次釋出善意，然因台商被視為準外資，在『一帶一路』塊大餅上仍須面臨政府採購法等問題，可能面臨看的到、吃不到的窘境。」突顯出台商企業對於「一帶一路」可涉入的範圍和深度，將因中國大陸現行法規以及未來修改幅度而定，此外，上海台協會長葉惠德 2015 年 6 月 30 日亦表示：「若中國大陸歡迎台商參與『一帶一路』，基礎建設供應鏈相關的台商將直接受惠，然而其政策尚處初步構想階段，諸多台商尚不知道應從何著手對接。」一語道出雖然「一帶一路」計畫前景，惟因詳細計畫、時程和規劃尚處推展初期，以及涉及範圍、領域和地域過於宏觀，導致台商暫時尚無明確切入點，因此希冀中國大陸政府在推動「一帶一路」計畫時，能聽取台商意見，並邀請台商企業前進布局，共同開拓潛在成長動能。

建議四：建請中國大陸政府制定十三五規劃之際納入兩岸產業合作專章

過去台商企業布局中國大陸，主要係看中其龐大且低廉的勞動要素，以及天然資源，並經長期耕耘後，除為中國大陸帶來可觀的經濟收益，亦帶動外資企業進軍中國大陸布局的風潮，直至近年，隨著中國大陸經濟總量年年攀升，各方企業對於中國大陸的定位始由「世界工廠」轉為「世界市場」。然而，隨著十二五計畫中的薪資倍增計畫，中國大陸政府雖成功帶動內需市場能量，卻亦造成民間物價上漲和企業生產要素成本墊高的負面影響，許多倚賴低廉勞動成本的勞力密集台商企業因未有準備而受到嚴重衝擊，進而使諸多台商逐漸落入被動局面，此外，十二五計畫中有許多台商引頸期盼的合作項目，僅以原則性表述進行發表，亦使台商企業無所適從。

有鑒於十三五規劃為習李執政團隊上任後第一個制定之五年計畫，被各界視為是習李執政團隊政治理念和中國大陸未來布局的風向球，預料將全面影響中國大陸投資經營環境，影響幅度深遠且巨大。因此，建請中國大陸中央政府擬定十三五規劃時，能將台商企業因素納入規劃考量內，並於事前先與各地台商協會就十三五規劃可能方向進行討論和溝通，一面聽取台商們的心聲和建言，從中斟酌政策面的調整，一面針對台商企業就可能的變化進行預警，使台商企業有所準備爾後之衝擊。此外，亦希冀中國大陸政府能於十三五規劃中，將有利兩岸產業合作的項目進行具體化的規範，以供兩岸企業做為合作和投資的依循，從而深化兩岸企業合作共贏的基礎，以及達成互利共享的經貿目標。

四、2015《TEEMA 調查報告》對兩岸政府建言

根據 2015《TEEMA 調查報告》總體分析之結論，對兩岸政府提出四項建言茲分述如下：

建言一：建請兩岸政府搭建「兩岸跨境電子商務平台」加速商品通關

兩岸電子商務現況而言，仍處於不對等的狀態，台灣網路暨電子商務產業發展協會理事長詹宏志（2014）即指出：「政府應正視兩岸電子商貿的『不對等（unequal）』、『不平衡（unbalance）』與『不公平（unfair）』，盡速透過兩岸協商來突破此問題。」另外，在貨品的通關及檢驗方面，一旦遇到「卡關」輕則財務損失重則面臨倒閉關店，因此，貨品的通關檢驗可謂業者面對跨境交易最大的風險。因此建請兩岸政府搭建「兩岸跨境電子商務平台」，建立制度化商品通關及檢驗程序，加速商品通關檢驗速度，並同時完善跨境電子商務支付結算機制及降低通關稅率，以降低整體交易成本。另針對台灣電商網站被屏蔽問題，進一步研議，創造出公平競爭、安全且對等的跨境電子商務環境。

建言二：建請兩岸政府洽簽「兩岸社會保險互免協議」減輕台商負擔

中國大陸自 2011 年 7 月 1 日實施《社會保險法》規定所有於中國大陸工作者均須投保養老、醫療、工傷、失業、生育等五類社會保險。此一制度實施無疑是繼 2008 年《勞動合同法》後對企業經營造成另一次深遠的影響。而 2013 年中國大陸清華大學白重恩教授根據相關研究統計，五項社會保險法定繳費率之和相當於工資水準的 40% 以上，此一比例超過多數國家，人事成本的大幅增加顯而易見。另外，根據海基會台商財經法律顧問蕭新永（2013）指出：「台籍幹部在台灣多已參加勞健保或參加商業保險，如果兩岸社會保險都要參加，便形成重複投保現象，造成資源浪費，兩岸政府不應再忽視此種無效益的資源浪費。」而工業總會秘書長蔡練生（2014）亦表示：「中國大陸經營環境成本增加，勞工薪資每年上漲，台商因為繳納高額社保費而增加用人成本，員工實質所得也隨之減少，應讓台商從強制投保間接改為由業者自由投保其中一項，呼籲兩岸簽署社保互免協議，藉此減輕台商經營負擔與互免雙重繳納之問題。」

建言三：建請兩岸政府搭建「兩岸雲端暨大數據平台」整合兩岸優勢

雲端運算（Cloud Computing）已被視為近年來全球科技業最大成長亮點，估計未來幾年全球科技業將因此重新洗牌，創造新的營運獲利模式。根據工研院產經中心主任蘇孟宗（2015）指出：「過去一個世紀以來，以石油和天然氣為主的『能源經濟（Energy Economy）』主宰著全球經濟脈動；但近二十年來

以網際網路、雲端服務、大數據分析與物聯網領軍的『資訊經濟（Information Economy）』，正迅速的透過產業典範轉移創造更高的投資價值。」在資料量方面，2010 年全球數位資料量為 1.2ZB，預估至 2020 年將會達到 40ZB，成長 30 倍以上。而涉及大數據相關技術與服務的市場規模，2014 年已超過 165 億美元，預計至 2020 年將持續成長超過 700 億美元，以高達 27% 的年複合成長率高速成長。在兩岸產業合作方面，工研院產經中心主任蘇孟宗（2015）則表示：「以往兩岸產業多屬於供應鏈上下游的垂直分工合作體系，如今隨著大數據和物聯網等新興經濟的崛起，全球許多產業脈絡已逐漸從傳統製造供應鏈，延伸為多向交織的『服務型應用生態體系（Service-based Applications Ecosystems）』。未來兩岸產業合作新體系，應在互利互惠的前提下共同合作競逐全球市場。」因此，建請兩岸政府搭建「兩岸雲端暨大數據平台」整合兩岸優勢，建立互補利基及互信共榮的合作關係，並推動制定兩岸共同資訊科技與資料傳輸標準，帶動兩岸雲端技術相關產業發展，共同進軍國際市場。

建言四：建請兩岸政府建構「大眾創業萬眾創新平台」打造眾創空間

「創客（Maker）」，亦可稱為自造者，特質為熱衷於科技、更熱衷實踐、創造的人，以分享為主軸、交流思想目的。2015 年 3 月 11 日，中國大陸國務院發布《國務院辦公廳關於發展眾創空間推進大眾創新創業的指導意見》，大力推動「大眾創業，萬眾創新」，期望透過建構眾創空間、鼓勵科技人員和青年創業、加強財政資金引導、完善創業投融資機制等措施協助創客創業。有鑑於全球創意經濟興起，打造「眾創空間」被視為互聯網時代的新型創業育成基地，中關村管委會創業處處長楊彥茹（2015）即表示：「眾創空間平台既能為創客們提供基本辦公空間，並可與投資人，提供思想交流激盪出不同的空間概念，讓創業創新者能充分釋放活力。」簡言之，眾創空間可為創客提供簡化創業登記手續，提供快速簡化的便利性，同時支持租金、網路、軟體等適當補貼。在資金支援方面，國務院會議則確立將透過政府創投引導基金和財稅政策作用，對初創期科技型中小企業給予支援，培育發展天使投資者，完善互聯網股權眾籌融資機制等政策協助提供創業基金。以「昆山青年創業園」為例，未來將提供工商稅務等一站式服務、天使投資、眾籌投資、探討階段參股等服務，盼為兩岸創客、微型企業、青年學生提供展示交流的舞臺。眾創空間除了可提供完善的創業資源，更營造濃厚的創業氛圍，創客間的彼此交流，亦有助於激盪出良好的創業創新生態環境。

建言五：建請兩岸政府建構「台商上市資本平台」創造融資管道

在金融國際化與經濟自由化浪潮之下，股票上市已成為企業永續經營重要方式，股票上市除為籌措營運資金最快速與便利外，更可提升企業社會形象，進而吸引更多人才。隨著國際經濟局勢由西朝向東望，中國大陸持續調整政策戰略，內需市場不斷擴大，台資企業要想擴大生產規模，開拓內需市場，資金成為最重要關鍵，目前台資企業在中國大陸上市成霖股份、海鷗衛浴、國祥製冷、信隆實業、晉億實業、漢鐘精機、斯米克、羅普斯金等公司均希望透過市場募集資金擴大金流來源，進行產業升級與精進，持續保持企業競爭力。2015 年 5 月 13日，於珠海橫琴灣舉行的「台商投資政策說明會」中，富蘭德林證券董事長劉芳榮即表示：「人民幣國際化道路不可阻擋，台資企業要摒棄『美元思維』樹立『人民幣思維』，積極在中國大陸尋找融資管道，而中國大陸台商解決資金的根本之道在於上市融資」，基於資金等於企業永續經營之道，建請兩岸政府搭建「台商上市資本平台」讓台商運用較快捷、公開方式募集資金，持續助益產業升級，達至雙贏境界。

建言六：建請兩岸政府建構「中華民族品牌再造平台」共創品牌復興

2015 年 5 月 4 日舉辦的「兩岸文創產業高峰論壇」，上海社會科學院文化產業研究中心主任花建針對品牌提出「蛋理論」，該理論表述：「蛋黃指某種產品的實際功能，蛋白是通過服務所衍生的潛在及週邊價值。一般顧客只想到要一個更大的產品『蛋黃』，其實『蛋白』才更具價值。」蛋白可將價值由量轉為質，差異化來源將帶給商品新風貌並提升消費者心中價值。中國大陸國家主席習近平（2015）表示：「中華民族創造源遠流長的中華文化，我們必須堅持古為今用、洋為中用，去粗取精、去偽存真，講好中華品牌故事，傳播好中國聲音，提升國家文化軟實力。」由上述可看出文化創意、民族品牌復甦已成為中國大陸政府注目焦點。此外，中國傳媒大學文化發展研究院院長范周（2015）亦指出：「兩岸應加強文創互融，共鑄大眾化的品牌，兩岸共同的市場是世界，要做就是打亮中華牌。」基於兩岸同文同種，建請兩岸政府搭建「中華民族品牌再造平台」，共同針對產業經濟、技術貿易、市場行銷、品牌服務、金融服務、智慧財產權交易及保障服務等六大項目進行平台整合，以利建構中華民族品牌成為全球知名品牌。

建言七：建請兩岸政府建構「兩岸產業省級試點平台」落實產業合作

2012 年 11 月於 ECFA 框架下舉辦「兩岸產業合作之突破與創新」論壇中，雙方選定 TFT-LCD、無線城市、汽車及電動車、LED 照明、低溫物流等五項合作

項目做為持續完善與研究創新試點模式，積極推動試點合作。而由經濟部所推動「搭橋專案」，截至 2014 年底，已輪流在兩岸舉辦 60 個場次的兩岸產業搭橋會議，兩岸企業亦有 1,740 家進行洽商合作，並簽訂 340 件合作意向書，讓兩岸企業成為合作夥伴，創造互利雙贏局面。然兩岸搭橋專案合作成效斐然，故建請兩岸能在搭橋計畫之基礎上，深化與延伸合作試點範疇，進行省級試點合作之構想，實施「一省一對接」，將中國大陸每個省份特色重點產業與台灣城市對接，進行優勢互補，促進兩岸生產要素自由流動、資源可高效配置、市場深度融合，如同電電公會高級顧問尹啟銘（2014）指出：「現代服務業是台灣與四川產業合作新焦點，過去一批電子製造業台商進駐四川，使其電子製造業占出口 64%，現在應思索朝向多元布局，在現有 IT 產業聚落基礎下持續延伸發展，包括雲端服務、大數據、智慧家庭等，而穿戴式裝置更是一大亮點。」在兩岸產業深化合作之際，兩岸政府應積極擴大產業合作領域和層次，攜手創造共融、共贏、共富的嶄新格局。

第25章
2015 TEEMA 調查報告
參考文獻

■一、中文研究報告

1. 中國大陸工業和信息化部（2014），**全國企業負擔調查評價報告**。

2. 中國大陸社科院（2014），**2014年社會藍皮書**。

3. 中國大陸社會科學院（2015），**中國城市競爭力報告No.13**。

4. 中國大陸常駐聯合國代表團科技組（2014），**G20國家創新競爭力發展報告**。

5. 中國互聯網信息中心（2015），**2014中國互聯網發展報告**。

6. 中國建投投資研究院（2014），**投資藍皮書：中國投資發展報告（2014）**。

7. 中國與全球化研究中心（2014），**國際人才藍皮書·中國大陸留學發展報告**。

8. 中國語音產業聯盟（2013），**中國智慧語音產業發展白皮書**。

9. 中國德國商會（2014），**2014年德國在華企業商業信心調查報告**。

10. 中華經濟研究院（2014），**2014年對海外投資事業營運狀況調查分析報告**。

11. 中華徵信所（2014），台灣地區中型集團企業研究。

12. 北京大學文化產業研究院（2014），**2014中國文化產業年度發展報告**。

13. 台灣區電機電子工業同業公會（2003），**當商機遇上風險：2003年中國大陸地區投資環境與風險調查**，商周編輯顧問股份有限公司。

14. 台灣區電機電子工業同業公會（2004），**兩力兩度見商機：2004年中國大陸地區投資環境與風險調查**，商周編輯顧問股份有限公司。

15. 台灣區電機電子工業同業公會（2005），**內銷內貿領商機：2005年中國大陸地區投資環境與風險調查**，商周編輯顧問股份有限公司。

16. 台灣區電機電子工業同業公會（2006），**自主創新興商機：2006年中國大陸地區投資環境與風險調查**，商周編輯顧問股份有限公司。

17. 台灣區電機電子工業同業公會（2007），**自創品牌贏商機：2007年中國大陸地區投資環境與風險調查**，商周編輯顧問股份有限公司。

18. 台灣區電機電子工業同業公會（2008），**蛻變升級謀商機：2008年中國大陸地區投資環境與風險調查**，商周編輯顧問股份有限公司。

19. 台灣區電機電子工業同業公會（2009），**兩岸合贏創商機：2009年中國大陸地區投資環境與風險調查**，商周編輯顧問股份有限公司。

20. 台灣區電機電子工業同業公會（2009），**東協布局新契機：2009東南亞暨印度投資環境與風險調查**。

21. 台灣區電機電子工業同業公會（2010），**新興產業覓商機：2010中國大陸地區投資環境與風險調查**，商業周刊出版社。

22. 台灣區電機電子工業同業公會（2011），**十二五規劃逐商機：2011中國大陸地區投資環境與風險調查**，商業周刊出版社。

23. 台灣區電機電子工業同業公會（2011），**東協印度覓新機：2009東南亞暨印度投資環境與風險調查**。

24. 台灣區電機電子工業同業公會（2012），**第二曲線繪商機：2012中國大陸地區投資環境與風險調查**，商業周刊出版社。

25. 台灣區電機電子工業同業公會（2013），**大陸改革拓商機：2013中國大陸地區投資環境與風險調查**，商業周刊出版社。

26. 台灣區電機電子工業同業公會（2014），**習李改革擘商機：2014中國大陸地區投資環境與風險調查**，商業周刊出版社。

27. 台灣經濟研究院（2014），**亞太自由貿易區對台灣經濟發展的利弊分析**。

28. 亞太文化創意產業協會（2015），**兩岸城市文化創意產業競爭力研究報告2015**。

29. 波士頓顧問公司（BCG）（2014），**中國醫藥市場制勝的新規則**。

30. 富比士（2014），**中國大陸最具創新力的25個城市**。

31. 湯森路透（2014），**2014年第五期湯森路透中國大陸固定收益市場展望**。

32. 資誠聯合會計事務所（PwC）（2015），**2015資誠台灣企業領袖調查報告**。

33. 蓋洛普（2014），**全球家庭收入調查報告**。

■二、中文書籍

1. 王伯達（2014），**再見，世界工廠：後QE時代的中國經濟與全球變局**，先覺。

2. 王燕京（2013），**中國經濟：危機剛開始**，領袖出版社。

3. 吳敬璉（2013），**中國經濟改革二十講**，生活‧讀書‧新知三聯書店。

4. 吳敬璉、俞可平等（2011），**中國未來30年：十七位國際知名學者為中國未來的發展趨勢把脈**，靈活文化。

5. 吳樹（2012），**誰在淘寶中國**，漫遊者文化。

6. 汪在滿（2012），**大困局：中國城市危與機**，山西人民出版社。

7. 林毅夫（2013），**紅色經濟：林毅夫中國經濟觀點**，翰蘆出版社。

8. 施振榮（1998），**鮮活思維**，聯經出版公司。

9. 郎咸平（2010），**郎咸平說中國即將面臨的14場經濟戰爭**，高寶出版。

10. 徐斯勤、陳德昇主編（2012），**中共「十八大」政治繼承：持續、變遷與挑戰**，刻印出版。

11. 時代編輯部（2013），**習近平改革的挑戰：我們能期待更好的中國？**，上奇時代。

12. 財信出版（2012），**贏戰2015：淘金中國十二五規劃**，財信出版。

13. 馬化騰（2015），**互聯網+：國家戰略行動路線圖**，中信出版社。

14. 陳威如、余卓軒（2013），**平台革命：席捲全球社交、購物、遊戲、媒體的商業模式創新**，商周出版。

15. 陶冬（2014），**陶冬預言中國經濟未來十年的危與機**，高寶文化。

16. 葉檀（2013），**中國經濟站在了十字路口？**，北京大學出版社。

17. 遲福林（2013），**改革紅利十八大後轉型與改革的五大趨勢**，中國經濟出版社。

18. 謝國忠（2013），**不確定的世界：全球經濟旋渦和中國經濟的未來**，商務印書館。

■三、中文期刊、報章雜誌

1. 《今週刊》（2015），亞投行背後的中國權謀大戲，第995期，5月號。

2. 《天下雜誌》（2013），「紅色供應鏈」風暴台灣如何迎戰？，第534期，10月號。

3. 《天下雜誌》（2013），中國，下一個墨西哥？，第522期，5月號。

4. 《天下雜誌》（2013），中國地方債，如何穩住不爆？，第522期，5月號。

5. 《天下雜誌》（2014），**2014年中國威脅全面來襲**，第554期，8月號。

6. 《天下雜誌》（2015），**2015年，一路一帶商機與威脅**，第572期，4月號。

7. 《天下雜誌》（2015），**2015年，習近平經濟學來了**，第573期，5月號。

8. 《台灣經濟研究月刊》（2013），前瞻亞太區域整合新趨勢，第36卷，第2期。

9. 《商業周刊》（2010），**無錨的動盪**，第1205期，12月號。

10. 《經濟日報》（2013），兩岸應以創新思維攜手走出去，12/02。

11. 《萬寶周刊》（2015），**打敗紅色供應鏈**，第1127期，6月號。

12. 《遠見雜誌》（2012），另類中國奇蹟：移民海外世界第一，第309期，3月號。

13. 《遠見雜誌》（2012），服務，啟動新中國，第309期，3月號。

14. 《遠見雜誌》（2015），一帶一路啟動東協新商機，特刊，6月號。

■四、翻譯書籍

1. Collins J.（2013），***Great by Choice：Uncertainty, Chaos, and Luck-Why Some Thrive Despite Them All***，齊若蘭譯，**十倍勝，絕不單靠運氣：如何在不確定、動盪不安環境中，依舊表現卓越？**，遠流出版社。

2. Evans D.（2013），***Risk Intelligence：How to Live with Uncertainty***，石曉燕譯，**風險思維**，北京：中信出版社。

3. Ferguson and Kissinger（2012），***Does the 21st Century Belong to China?***，廖

彥博譯，**中國將稱霸21世紀嗎？**，時報出版。

4. Mahbubani K.（2008），***The New Asian Hemisphere：The Irresistible Shift of Global Power to the East***，羅耀宗譯，**亞半球大國崛起：亞洲強權再起的衝突與挑戰**，天下雜誌出版。

5. McGrath R.（2014），***The End of Competitive Advantage: How to Keep Your Strategy Moving as Fast as Your Business***，洪慧芳譯，**動態競爭優勢時代：在跨界變局中割捨+轉型+勝出的策略**，天下雜誌。

6. Moore G.（2012），***Escape Velocity：Free Your Company's Future from the Pull of the Past***，羅耀宗譯，**換軌策略：再創高成長的新五力分析**，天下雜誌。

7. Morrison I.（1996），***The second curve：managing the velocity of charge***，溫蒂雅譯，**第二曲線：企業永續成長的未來學**，商周出版。

8. Naisbitt J.（2015），***Global Game Change：How the Global Southern Belt Will Reshape Our World***，張岩譯，**全球大變革：南環經濟帶如何重塑我們的世界**，天下文化。

9. O'Neill J.（2012），***The Growth Map:Economic Opportunity in the BRICs and Beyond***，齊若蘭、洪慧芳譯，**高成長八國：金磚四國與其他經濟體的新機會**，天下文化。

10. Olson M. and Derek B.（2010），***Stall Points***，粟志敏譯，**為什麼雪球滾不大**，中國人民大學出版社。

11. Overtveldt J.（2012），***The End of the Euro：The Uneasy Future of the European Union***，周玉文、黃仲華譯，**歐元末日**，高寶文化。

12. Rifkin J.（2014），***The Zero Marginal Cost Society：The Internet of Things, the Collaborative Commons, and the Eclipse of Capitalism***，陳玲譯，**物聯網革命：改寫市場經濟，顛覆產業運行，你我的生活即將面臨巨變**，商周出版。

13. Simpfendorfer B.（2011），***The New Silk Road:How a Rising Arab World is Turning Away from the West and Rediscovering China***，蔡宏明譯，**錢進中東大商機：中東與中國的貿易新絲路正在改變世界**，梅霖文化。

14. Sull D.（2009），***The Upside of Turbulence：Seizing Opportunity in an Uncertain World***，洪慧芳譯，**哪些企業不會倒？：在變局中維持不敗、再創優勢的關鍵**，天下雜誌。

15. 大前研一（2012），劉名揚譯，**大資金潮：大前研一預言新興國家牽動的經濟新規則**，經濟日報。

16. 村上春樹（2002），ランゲルハンス島の午後，張致斌譯，**蘭格漢斯島的午後**，時報出版。

17. 野中郁次郎、徐方啟、金顯哲（2014），アジア最強の経営を考える，鄭世彬

譯，**亞洲企業正在征服全世界：中日韓企業打敗美式管理的嶄新經營模式**，台
北市：城邦商業週刊。

■五、英文出版刊物、專書、研究報告

1. A.T.Kearney（2015），*FDI Confidence Index*。

2. A.T.Kearney（2015），*Global Retail Development Index*。

3. AmCham Shanghai（2015），*China Business Report 2014-2015*。

4. Asian Development Bank（2015），*Asian Development Outlook 2015*。

5. BCG（2015），*Top 50 Most Innovative Companies*。

6. Bloomberg（2015），*The Global Innovation Index*。

7. Citi Bank（2015），*Market Outlook*。

8. Credit Suisse Group（2015），*2015 Global Outlook*。

9. Credit Suisse（2014），*Global Wealth Report*。

10. Deloitte & Touche（2015），*Global Economic Outlook Q1 2015*。

11. Deutsche Bank（2015），*World Outlook 2015*。

12. Economist Intelligence Unit（2015），*Global Outlook 2015*。

13. Ernst & Young（2015），*European Attractiveness Survey*。

14. European Commission（2015），*European Economic Forecast Spring 2015*。

15. Fitch Ratings（2015），*Global Economic Outlook*。

16. Franklin Templeton Investments（2015），*2015 Global Investor Sentiment Survey*。

17. German Chamber of Commerce in China（2014），*Business Confidence Survey 2014：German Business in China*。

18. Goldman Sachs（2015），*Global Economics Weekly*。

19. International Monetary Fund（2015），*Global Financial Stability Report*。

20. International Monetary Fund（2015），*World Economic Outlook 2015*。

21. McKinsey Global Institute（2015），*Debt and（not much）deleveraging*。

22. Morgan Stanley（2015），*The Global Macro Analyst*。

23. Morningstar（2015），*Global Fund Investor Experience Report*。

24. OECD Science（2014），*Technology and Industry Outlook 2014*。

25. PricewaterhouseCoopers（2015），*CEO Confidence Index*。

26. Sustain Think Tank（2014），*Assessment of China's urban attraction of foreign investment*。

27. The Economist（2014），*Past and Future Tense*。

28. The European Union Chamber of Commerce in China（2014），*European Business in China：Business Confidence Survey 2014*。

29. The Organisation for Economic Co-operation and Development（2015），*OECD Economic Outlook*。

30. The World Bank（2012），*China 2030: Building a Modern, Harmonious and Creative High-Income Society*。

31. The World Bank（2014），*Doing Business 2015*。

32. The World Bank（2015），*Global Economic Prospects 2015*。

33. The American Chamber of Commerce in the People's Republic of China（2015），*China Business Climate Survey Report*。

34. Thomson Reuters（2014），*The 100 most innovative companies in the world*。

35. Time（2015），*China：Dawn of A New Dynasty*。

36. Transparency International（2015），*Corruption Perceptions Index*。

37. United Nations Conference on Trade and Development（2015），*World Investment Report*。

38. United Nations Conference on Trade and Development（2015），*World Economic Situation and Prospects 2015*。

39. World Economic Forum（2015），*The Global Enabling Trade Report 2015*。

40. World Trade Organization（2015），*World Trade Forecast*。

兩岸平台展商機

——2015年中國大陸地區投資環境與風險調查

作　　　者◎台灣區電機電子工業同業公會

理 事 長◎郭台強

副理事長◎歐正明・鄭富雄・翁樸山

秘 書 長◎陳文義

副秘書長◎羅懷家

地　　　址◎台北市內湖區民權東路六段109號6樓

電　　　話◎（02）8792-6666

傳　　　真◎（02）8792-6137

總 編 輯◎李國榮

文字編輯◎阮大宏・田美雲・黃興邦・陳怡君・羅友燦・林彥文・楊儒堃・
　　　　　黃瑛奇・曲天合・李佳雯・施文珍・王曉甄

美術編輯◎王麗鈴

出　　　版◎商周編輯顧問股份有限公司

地　　　址◎台北市中山區民生東路二段141號6樓

電　　　話◎（02）2505-6789

傳　　　真◎（02）2505-6773

劃　　　撥◎台灣區電機電子工業同業公會（帳號：50000105）

總 經 銷◎農學股份有限公司

印　　　刷◎科樂印刷事業股份有限公司

ISBN 978-986-7877-37-6

出版日期◎2015年8月初版1刷

定　　　價◎600元